中央财经大学 | 财经类院校研究生精品教材

Senior Auditing Theory and Practice

高级审计理论与实务

李晓慧 主编

北京大学出版社
PEKING UNIVERSITY PRESS

图书在版编目(CIP)数据

高级审计理论与实务 / 李晓慧主编. —北京:北京大学出版社,2021.1
财经类院校研究生精品教材
ISBN 978-7-301-31839-3

Ⅰ.①高… Ⅱ.①李… Ⅲ.①审计学—研究生—教材 Ⅳ.①F239.0

中国版本图书馆 CIP 数据核字(2020)第 226127 号

书　　　名	高级审计理论与实务 GAOJI SHENJI LILUN YU SHIWU
著作责任者	李晓慧　主编
责 任 编 辑	黄炜婷
标 准 书 号	ISBN 978-7-301-31839-3
出 版 发 行	北京大学出版社
地　　　址	北京市海淀区成府路 205 号　100871
网　　　址	http://www.pup.cn
微信公众号	北京大学经管书苑(pupembook)
电 子 信 箱	em@pup.cn
电　　　话	邮购部 010-62752015　发行部 010-62750672　编辑部 010-62752926
印 刷 者	北京溢漾印刷有限公司
经 销 者	新华书店
	787 毫米×1092 毫米　16 开本　26.5 印张　587 千字 2021 年 1 月第 1 版　2021 年 1 月第 1 次印刷
定　　　价	68.00 元

未经许可,不得以任何方式复制或抄袭本书之部分或全部内容。
版权所有,侵权必究
举报电话:010-62752024　电子信箱:fd@pup.pku.edu.cn
图书如有印装质量问题,请与出版部联系,电话:010-62756370

编 委 会

主　　任：马海涛

委　　员：（按姓氏笔画排序）

尹　飞　白彦锋　冯秀军　刘双舟　刘志东　陈斌开

李　涛　李建军　李晓林　李国武　吴　溪　张晓涛

林　嵩　林光彬　姜　玲　姚东旻　贾尚晖

丛书主编：马海涛

副 主 编：张学勇　肖　鹏

总　序

改革开放四十年来,尤其是党的十八大以来,中国经济社会发展取得了举世瞩目的成就,党和国家事业发生了历史性的变革,中国人民向着决胜全面建成小康社会,实现中华民族伟大复兴的宏伟目标奋勇前进。党的十九大报告指出,"建设教育强国是中华民族伟大复兴的基础工程,必须把教育事业放在优先位置",要"加快一流大学和一流学科建设,实现高等教育内涵式发展"。

实现高等教育内涵式发展,研究生教育是不可或缺的重要部分。2013年,教育部、国家发展改革委、财政部联合发布《关于深化研究生教育改革的意见》,明确提出研究生教育的根本任务是"立德树人",要以"服务需求、提高质量"为主线,以"分类推进培养模式改革、统筹构建质量保障体系"为着力点,更加突出"服务经济社会发展""创新精神和实践能力培养""科教结合和产学结合"及"对外开放",为研究生教育改革指明了方向。

深化研究生教育改革,要重视发挥课程教学在研究生培养中的作用,而高水平教材建设是开展高水平课程教学的基础。2014年,教育部发布《关于改进和加强研究生课程建设的意见》;2016年,中共中央办公厅、国务院办公厅发布《关于加强和改进新形势下大中小学教材建设的意见》;2017年,国务院成立国家教材委员会,进一步明确了教材建设是事关未来的战略工程、基础工程的重要地位。

中央财经大学历来重视教材建设,加强研究生教材建设是中央财经大学研究生教育改革的重要内容之一。2009年,中央财经大学开始实施《研究生培养机制综合改革方案》,提出加强研究生教材体系建设的改革目标,后组织了多批次研究生教材建设工作,逐步形成了以研究生精品教材系列、专业学位研究生教学案例集系列、博士生专业前沿文献导读系列为代表的具有中央财经大学特色的研究生教材体系。

呈现在读者面前的财经类院校研究生精品教材由多部研究生教材组成,涉及经济学、管理学、法学等多个学科门类,所对应的课程均为中央财经大学各专业研究生培养方案中的核心课程,均由教学经验丰富的一线教师组织编写。编者中既有"国家级教学名师"等称号的获得者,也不乏在专业领域造诣颇深的中青年学者。本系列丛书以"立足中国,放眼世界"的眼光和格局,本着扎根中国大地办大学的教育理念,致力于打造一批具有中国特色,具有较强思想性、科学性、系统性和时代性,适用于高等院校尤其是财经类院校研究生教学的专业教材,力求在各个专业领域内产生一定的影响力。

本系列丛书的出版得到了"中央高校建设世界一流大学（学科）和特色发展引导专项资金"的支持。我们希望本系列丛书的出版能够为相关课程的教学提供基本的教学方案和参考资料，能够启发研究生对专业知识的学习和对现实问题的思考，提高研究生运用理论知识解决现实问题的能力，进而将其培养成为具有良好职业素养、掌握前沿理论、具备国际视野的高层次拔尖创新人才。

编写本系列丛书，我们虽力求完善，但难免存在这样或那样的不足，恳请广大同行和读者批评指正。

财经类院校研究生精品教材编委会
2018 年 8 月于北京

前 言

当申请到"'双一流'建设研究生精品教材建设项目",开始编写《高级审计理论与实践》时,我有些忐忑,忐忑什么?是期盼多年圆梦的不真实,还是讲了十多年的课,送走11届会计专业硕士学生的释然?抑或是269个会计专业硕士培养单位、116所审计专业硕士培养单位同行的重托?不纠结于小情绪,要把自己讲授十多年"高级审计理论与实践"课程的积累提炼出来,要把最前沿的审计理论和实践呈现出来,我们只能潜心地撰写。

厚厚的《高级审计理论与实务》终于完稿,我长长地松了一口气,反思后欣慰地认识到,本书有别于其他教材。

第一,内容和框架上的特色。本书分为审计理论与审计准则、财务报表审计与资本市场信息监管、内部控制与舞弊审计、国家审计与内部审计、其他审计专题五大模块共十二章,既涵盖了当前社会中几乎所有重要审计类型丰富的实践活动,又充分体现了国家审计、注册会计师审计以及内部审计最前沿的理论、准则的变化,方便不同院校根据教材大纲选择安排讲授内容。

第二,理论和实务融合的特色。伴随着全球政治经济形势的变化,信息化给审计带来了革命性的变化;全球性的对资本市场和金融的严监管,也增大了审计的风险;我国中央审计委员会的成立、《审计署关于内部审计工作的规定》落地实施、注册会计师审计准则的变革,都推动了审计理论和实践的提升。本书既包括了审计全覆盖,审计、纪检和巡察大监督体系,加强版审计报告,重大政策措施跟踪审计、数据审计等最佳实践和案例的分析,又从学术上论述了每一次审计重大变革背后的理论和制度。

第三,核心专业知识与理念和实务拓展融合的特色。审计的核心专业知识是风险导向审计,但在不同领域的应用却各有特色。为此,本书从梳理审计专业术语出发阐述审计在集团财务报表、企业IPO、经济责任、舞弊、投资项目绩效、内部控制、信息系统等审计领域的应用,用案例和质疑讨论的形式融合了核心专业知识与理念和实务拓展。

第四,传统教材与多媒体融合的特色。本书在明确学习目标的基础上,运用导读资料引起读者的兴趣和思考,然后有层次、有逻辑地构建知识体系,涉及一些互联网上已有的大案例资料、协会公开的研究资料、监管者颁布的公告以及重要的新闻报道,采用二维码的形式,利用多媒体延展教材容量,为读者提供有针对性和丰富多彩的学习内容。

教材的宗旨就是要引领学生掌握系统的专业知识体系和先进的技能,这需要传承前人以及当代有价值的研究成果，我们把前人有价值的研究和最佳实践融会贯通在整本教材中。为此，我们衷心感谢审计准则的制定者，感谢对审计理论和实践不断探索的人们。

很多同行不愿意编写研究生层次的教材，原因有二：一是研究生层次的教材要求的学术和实务水平高，费了很多功夫编写，却不能被视作重要的科研成果，没有学术绩效；二是研究生学习通常不会指定教材，教材充其量只是众多参考资料之一，学生多数不会购买，没有可观的印量和稿费。尽管如此，我们还是承担了教材编写任务，用心地把每一部分的写作当作一个一个课题在研究。为什么提出这个观点？该观点如何伴随经济发展而变迁？该观点如何推动准则和实践的提升？如何扎根最佳的实践与现实问题，推动理论、准则和政策制度的创新？我们通过历史视角、现实视角、准则视角和理论视角向大家传递审计的逻辑、哲理和艺术，这将让所有读者收获的不仅仅是知识，更是思维方式、技能方法和做事技巧。这样，阅读本书的人不会仅仅是为了通过专业考试，而是能够真正地收获知识和技能。

本书适合会计专业硕士、审计专业硕士以及从事审计、稽核、纪检、巡察等监督职能的专业人士学习使用。

本书由李晓慧教授带领的中央财经大学会计学院的审计教学团队共同研究开发，李晓慧教授撰写第一章、第四章、第九章、第十章、第十一章，赵雪媛教授撰写第三章和第七章，曹强教授撰写第五章和第八章，黄益建副教授撰写第六章和第十二章，李晓博士撰写第二章。李晓慧教授负责完善、总纂全书。

感谢中央财经大学研究生院和会计学院为我们提供研究机会和条件，感谢北京大学出版社编辑们尤其是黄炜婷编辑的辛勤付出，感谢阅读本书的所有读者，请大家多提宝贵意见。

主　编
2020 年 5 月 6 日

目 录

模块一 审计理论与审计准则

第一章 市场经济、"互联网+"与审计 …… 003
  第一节 审计在市场经济中的定位 …… 003
  第二节 主要的审计专业术语 …… 009
  第三节 "互联网+"下审计的拓展 …… 022

第二章 风险导向审计理论及应用 …… 030
  第一节 风险导向审计的沿革与新特征 …… 030
  第二节 风险识别和应对的全过程 …… 037

第三章 审计报告准则及其具体运用 …… 051
  第一节 审计报告准则改革的背景与内容 …… 051
  第二节 关键审计事项的确定与披露 …… 061
  第三节 新审计报告准则运用中的难点问题 …… 072

模块二 财务报表审计与资本市场信息监管

第四章 集团财务报表审计 …… 089
  第一节 集团财务报表审计概述 …… 089
  第二节 集团财务报表审计策略选择 …… 093
  第三节 集团财务报表审计中对合并范围的确定 …… 099
  第四节 集团财务报表审计中的特殊关注 …… 104

第五章 资本市场审计关注与审计监管 …… 111
  第一节 审计与资本市场信息披露 …… 111

第二节　资本市场常见会计问题 …………………………………… 115
　　第三节　资本市场审计监管 ………………………………………… 124
　　第四节　资本市场审计失败案例 …………………………………… 131

第六章　IPO 审计理论与实践 ………………………………………… 140
　　第一节　IPO 审计概述 ……………………………………………… 140
　　第二节　IPO 审计中的重点监管风险及应对 ……………………… 145
　　第三节　IPO 审计的其他重点审计关注 …………………………… 156
　　第四节　IPO 审计的项目质量控制及其他要点 …………………… 168

模块三　内部控制与舞弊审计

第七章　内部控制评价与审计 ………………………………………… 179
　　第一节　内部控制评价与内部控制审计 …………………………… 179
　　第二节　内部控制评价的流程、方法与报告 ……………………… 185
　　第三节　内部控制审计的流程、方法与报告 ……………………… 207

第八章　舞弊审计理论与实践 ………………………………………… 225
　　第一节　舞弊审计责任沿革与确立 ………………………………… 225
　　第二节　舞弊线索与查证技巧 ……………………………………… 231
　　第三节　舞弊审计沟通与反舞弊机制 ……………………………… 242

模块四　国家审计与内部审计

第九章　国家审计的理论与实践 ……………………………………… 255
　　第一节　国家治理与国家审计 ……………………………………… 255
　　第二节　国家审计规范与国家审计报告 …………………………… 275
　　第三节　典型的国家审计实务操作 ………………………………… 284

第十章　内部审计的理论与实践 ……………………………………… 299
　　第一节　公司治理与内部审计 ……………………………………… 299
　　第二节　内部审计的规划、流程与技巧 …………………………… 311
　　第三节　价值增值型内部审计机制创新 …………………………… 320

模块五　其他审计专题

第十一章　经济责任审计理论与实践 ⋯⋯⋯⋯⋯⋯⋯⋯⋯⋯⋯⋯⋯⋯ 333
　　第一节　经济责任审计与审计联席会议制度 ⋯⋯⋯⋯⋯⋯⋯⋯⋯⋯ 333
　　第二节　经济责任审计实务流程及审计重点 ⋯⋯⋯⋯⋯⋯⋯⋯⋯⋯ 338
　　第三节　经济责任认定与审计报告 ⋯⋯⋯⋯⋯⋯⋯⋯⋯⋯⋯⋯⋯⋯ 351

第十二章　信息治理与审计信息化 ⋯⋯⋯⋯⋯⋯⋯⋯⋯⋯⋯⋯⋯⋯⋯⋯ 365
　　第一节　信息治理与信息系统 ⋯⋯⋯⋯⋯⋯⋯⋯⋯⋯⋯⋯⋯⋯⋯⋯ 365
　　第二节　信息系统审计 ⋯⋯⋯⋯⋯⋯⋯⋯⋯⋯⋯⋯⋯⋯⋯⋯⋯⋯⋯ 387
　　第三节　数据审计 ⋯⋯⋯⋯⋯⋯⋯⋯⋯⋯⋯⋯⋯⋯⋯⋯⋯⋯⋯⋯⋯ 396

参考文献 ⋯⋯⋯⋯⋯⋯⋯⋯⋯⋯⋯⋯⋯⋯⋯⋯⋯⋯⋯⋯⋯⋯⋯⋯⋯⋯⋯ 409

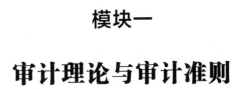

模块一

审计理论与审计准则

第一章

市场经济、"互联网+"与审计

学习目的

1. 理解市场经济中为什么需要审计
2. 掌握审计在公司治理中的职能定位
3. 熟悉审计中主要的专业术语
4. 掌握信息化对审计的影响
5. 了解"互联网+"审计的变革

第一节 审计在市场经济中的定位

导读 1-1

审计是"标签"还是"帮凶"

在某省召开的主要议题为"全面推动国有企业改制"的省长办公会上,与会代表交流了不同的情况:

A 市市长说:"国有企业改制成本太高了,尤其是中介机构提供审计、评估和验资的费用高,加大了改制成本。"

B 市市长说:"为了抓紧时间全面推动国有企业改制,我市各职能部门现场办公,一条龙解决改制问题,等改制完了再请审计师来审计。"

C 市市长说:"改制过程中国有资产被低估贱卖、管理层监守自盗、自买自卖的现象严重,而审计和评估都是帮凶。"

⋮

以上情景仅仅是社会各层面对审计误解的一个缩影,针对以上情景,我们可以从审计需求和供给两个方面思考审计在市场经济中的定位。审计在市场经济中究竟发挥了什么作用?是增加成本还是减少成本?审计是市场经济的一种制度安排还是市场经济的一个"标签"?审计是国有资产流失的"敲钟者"或"帮凶"?

一、从经济学角度分析为什么需要审计

我们基于经济学的基本理论分析为什么需要审计,这其中存在不同的解释和推理过程。

(一)基于信息理论的分析

信息不对称理论是信息理论的重要内容。信息不对称在经济学中可分为事前信息不对称和事后信息不对称。事前信息不对称会导致逆向选择,事后信息不对称会导致道德风险,两者均使得帕累托最优的交易不能实现。在极端的情况下,信息不对称甚至还会使市场交易根本不会存在。逆向选择是指掌握信息较多的一方利用另一方对信息的无知而隐瞒相关信息,以此获取额外利益,客观上导致不合理的市场分配行为。道德风险是指占有信息优势的一方为自身利益而故意隐瞒相关信息,使另一方产生损失的行为。由于逆向选择和道德风险的存在,使得信息不对称市场缺乏效率。为了保证信息不对称市场的效率,市场参与者或买卖双方需要支付一定成本使交易活动得以实现,这样支付的一定成本往往是以市场信号成本的形式来体现的。市场信号是那些可以被其他市场参与者观察,且在市场上传递信息的个体的行为和特征。在信息不对称市场上,通过大量释放信号,市场依然可以获得部分被逆向选择破坏的市场效率。信号理论为我们提供了一种观察信号的特征和研究某个具体市场信息结构的工具,它同样也可以帮助我们建立审计的甄别模型。当存在事前信息不对称时,会出现信号传递和信号甄别。信号传递是指拥有信息的一方先行动,而信号甄别是指没有信息的一方先行动,两者均是为了避免逆向选择,进而实现帕累托最优的交易。

在资本市场上,由于上市公司财务报告的外部使用者和内部使用者占有信息的质量和数量不同,管理者掌握外部投资者不了解的内部信息,外部投资者无法准确判断管理层行为与公司价值最大化目标是否一致,需要公司对外提供财务报告以缓解这种信息不对称。但是外部使用者受时间、资源及专业的限制,自己无法确定财务报告的真实性,为此,通过审计师对财务报表的独立鉴证(即审计的鉴证作用),促使信息发出者传递信息的可信性,促使信息使用者做出合理的经济决策,从而提高市场经济的资源配置效率,降低或消除信息不对称问题导致的风险。从这种意义上看,审计的本质效用在于增进财务信息的可信性及决策有用性,审计能够为企业带来经济价值。

以前的实证研究发现,审计可以改善财务信息质量并且可以传递资源配置有效的信号,由此人们对审计产生了需求。这样,经第三方审计的公司具有较低的资本成本、较高的信用评级,并享有自愿审计带来的信号附加值。一些研究也发现,经过审计的管理层自愿披露具有更高的准确性,经过审计的公司季度报告信息含量得以增加;聘请不同类

型的会计师事务所进行审计,能够向股东和债权人传递不同审计质量的特有信号,该信号能够表达客户管理层对未来现金流量的预期和对财务报告质量的信心,从而能使外部投资者区分高质量企业与低质量企业。这样,选用大型会计师事务所的公司与选用非大型会计师事务所的公司相比,存在更低的 IPO 初始回报率;存在政治关联的公司更倾向于选择审计质量较高的会计师事务所;公司对未来现金流的预期越高或对所提供财务报告的质量越有信心,越倾向于选择能够提供高质量审计服务的会计师事务所;公司治理越好的公司,对审计质量的要求越高。在其他条件相同的情况下,一方面,公司倾向于选择能够提供较高质量审计服务的公司;另一方面,高质量的会计师事务所会对财务报表进行更为严苛的审计,而本身公司治理较差的公司更容易在审计过程中暴露问题,被出具非无保留意见的审计报告。因此,只有公司治理较好的公司才能满足自身对高审计质量的需求。据此,在信息观下,审计的本质功能是提高财务信息的可信性和增进财务信息的价值,是一种降低信息风险的活动;审计评估财务报表的信息质量,以帮助信息使用者做出合理的经济决策。

(二)基于委托代理理论的分析

委托代理理论认为,企业是一系列契约(包括与股东、经营者、债权人、雇员、供应商、客户等的契约关系)的联结,企业相关各方存在相互抵触的利益冲突,从而会增加代理成本。产权经济学家迈克尔·詹森(Michael Jensen)描述的代理成本由三部分组成:委托人的监督成本、代理人的保证成本、剩余损失。为了减少委托代理关系下的代理成本,委托人与代理人会签订一系列契约。在企业经营权和所有权分离的情况下,为了企业的长远发展,企业投资人将资金投入企业,委托更加专业的管理人员负责企业的日常经营,投资人作为委托方不再参与企业经营,由此产生委托代理关系。但在这种关系的背后会产生一系列问题。首先,委托人和受托人所追求的目标并不完全一致,委托人期望获得较高的投资回报,但对企业的具体经营信息不甚了解;受托人也追求自身利益最大化,希望获得更高的薪酬,并且掌握公司经营权,十分了解公司内部信息。在这种信息不对称的情况下,难以避免地出现受托人为了高薪酬,不考虑公司长远发展的需求而做出一些短视性的决策,破坏了公司的长远利益,与委托人的初衷相悖。针对这些问题,审计也就成为能够促使委托人和代理人双方利益最大化的必不可少的制度安排。投资人希望能够及时、全面地掌握企业经营状况的有效信息,从而调整自身的投资决策,但受托人出具的财务报告信息在真实性、准确性方面有待商榷,此时作为客观第三方的审计能有效地缓解委托人和受托人的矛盾,为受托人所出具财务报告的真实性提供一定程度的保证,为委托人提供具有一定信任价值的决策相关信息,从而为委托代理关系的持续性和稳定性发挥了积极作用。

由于企业代理问题会导致公司治理水平低、经营效率低下、管理层短视行为或管理层投机性决策等,从而损害股东和债权人利益。理性的投资者会意识到代理问题对自身权益的侵害,因而在委托时会考虑这部分损失并将其反映在职业经理人的收益中;职业经理人会基于自身的报酬给投资者做出保证,甚至主动提供信息,建立相应的机制以协调相互冲突的利益,产生了利用专业审计师对财务信息进行审计的需求。这样,审计成为一种协调和监督机制,同时能够检验代理人所提供信息的质量。学术研究发现,审计是一个信号,借此可验证不同程度的代理问题会导致公司选择具有不同特征的会计师事务所。客户对审计质量的需求与客户自身的代理问题直接相关,代理问题严重的公司更倾向于选择大型会计师事务所,因为大型会计师事务所能够提高审计质量。公司代理问题的变化会带来审计需求的变化,具体表现为代理问题加剧时,公司会更换审计师,选择能够提供更高质量审计服务的会计师事务所。会计师事务所同时提供审计服务和非审计服务会降低审计的独立性,从而降低审计质量,因此代理问题较严重的公司倾向于减少雇佣同时为自己提供审计服务和非审计服务的会计师事务所。中国的国有企业更容易选择中小型审计公司,因为它们拥有专业化知识,能够满足国有企业的需求。在东亚国家中,由于替代公司治理机制匮乏,代理问题越严重的公司越倾向于选择大型会计师事务所。

随着市场经济的发展,日益复杂的委托代理关系引致了各种契约,如公司与股东、经营者、债权人、供应商和客户等的契约,委托代理链条越长,代理成本越大,无论是经营者、投资者、大股东还是股民,都需要聘请外部审计师以降低监督成本,进而降低代理成本。由于审计通过对代理人所提供的信息及其背后隐含的经济行为进行鉴证,可以检验代理人经济责任执行的效率和效果、保证代理人经济责任履行的完整性和稳定性,成为一种能够缓解委托人与受托人之间的信息不对称分布状态、约束代理人机会主义行为从而降低代理成本的制度安排。

(三)基于保险理论的分析

在20世纪70年代的审计诉讼浪潮中,社会强化了对审计师法律责任的追究,与审计相关的法律法规的制定和完善也确立了投资者可就审计失败事项向审计师寻求赔偿,由此拓展了审计的鉴证功能和风险转移功能。财务信息使用者除了期望审计能够实质上降低财务风险,还期望通过风险转移方式将财务风险全部或部分转移给保险人。

信息使用者需要审计师作为独立的第三方,对财务信息的可信性发表意见,从而能够实质上降低甚至消除财务信息错误或舞弊的风险。但审计师与信息使用者之间同样存在信息不对称,审计难以完全有效地起到监督作用。在保险观下,人们认为审计是分担风险的一项服务活动,即审计具有保险价值,能够在审计失败时向投资者提供赔偿,是一个把信息使用者的信息风险降至社会可接受水平之下的过程。信息距离、信息提供者的偏见和动机、信息量大或交易的复杂性会导致信息风险,为了降低风险压力,风险决策者愿意从自己将要得到的收入中拿出一部分,支付给风险分担者。这时,审计被看作一种保险行为,审计费用的发生纯粹是贯彻了风险分担的原则。保险观与非保险观下审计运行方式的对比如表1-1所示。

表 1-1　非保险观与保险观下审计运行方式的对比

信息提供者——→审计——→信息使用者	
目标	降低财务信息风险
非保险观下审计运行方式	鉴证和惩戒
保险观下审计运行方式	鉴证、惩戒和民事赔偿

基于保险理论分析经济生活尤其是资本市场为什么需要审计,能够解释很多经济现象。由于人们往往把审计当作一种半公共产品甚至是公共产品,赋予审计具有社会公众利益大于自身利益的属性,但保险观下审计分担风险的解释容易被人们理解为审计是"拿人钱财,替人消灾"的唯利是图行为,不符合审计"半公共产品"属性的要求,因此这种观点虽一直存在但始终不能成为主流。

二、审计在公司治理中的职能定位

在现代企业中,广义的公司治理强调公司内外的共同治理,图 1-1 描述了审计在公司治理中的职能定位。

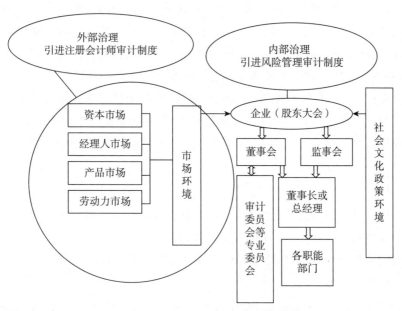

图 1-1　引入审计制度的公司治理体系

由图 1-1 可以看出,当企业的外部治理机制运行时,市场这只"看不见的手"将会发挥作用:资金在资本市场上由低效益领域流向高效益领域;经理人在经理人市场上会因企业业绩变化而提升自身价值,或被赶出经理人市场(如利用收购、兼并等);产品的适销对路(或积压)会把企业推向大发展(或濒临破产);劳动力也会追逐利益而流动。但是这些市场的敏感性反应必须借助审计师的审计,"年度审计是公司治理的基石……审计提供了外部的客观审查,而审计过程中需要准备和提供财务报表"。审计师的审计担负过滤会计信息风险、确保会计信息质量、降低会计信息识别成本的责任,被利益相关者视为重要的利益保障机制,从而有利于提高公司的透明度,减少外部治理运行中信息不对称所引发的一系列后果(逆向选择和道德风险)。为此,各国与上市公司治理相关的规定明确了外部审计师审计在公司治理中的职能定位,例如我国《上市公司治理准则》(证监会公告〔2018〕29号)第三十九条规定:"审计委员会的主要职责包括:(一)监督及评估外部审计工作,提议聘请或者更换外部审计机构;(二)监督及评估内部审计工作,负责内部审计与外部审计的协调;(三)审核公司的财务信息及其披露;(四)监督及评估公司的内部控制;(五)负责法律法规、公司章程和董事会授权的其他事项。"

当企业的内部治理机制运行时,配置和行使控制权,监督和评价董事会、经理层和职工,设计和实施激励机制等制度至关重要,但更为重要的是如何执行这些制度。众所周知,制度执行的关键在于评价,评价的关键又在于咨询,风险管理审计在公司内部治理中就承担了咨询的职责,即从企业发展战略的视角评价、鉴证企业全面风险管理,并站在战略高度,针对企业运营中各个流程和环节提出有建设性的建议。这不仅有利于企业形成"自上而下"和"自下而上"相协调的制度执行机制,还能促使企业形成自我纠正、自我完善、不断提升的内部治理机制。在现实经济生活中,公司内部治理结构设计容易,但运行难,这不仅要求董事会、高级经理和所有者之间进行良好的沟通,更要求对公司内部治理进行独立的鉴证活动,以确保风险管理活动有效并且沟通准确。这就需要引入风险管理审计制度,以保证公司内部治理高效运行,其关键的活动有:评估风险管理活动的设计是否有效,判断风险管理活动是否按设计运作,评估风险所有者对管理层就风险管理绩效的声明是否准确,评估管理层提供给董事会的信息是否完整、准确,评价风险承受水平是否由董事会和管理层及时向下传递,识别集中化的风险管理流程尚不能覆盖的风险领域。这些独立的鉴证活动为利益方、董事会和经理人增强了信心,促进公司治理有序、高效地运作。

(一)评价

审计是指针对公司内部治理的关键环节(单独或整体),如风险识别、风险计量、风险排序和风险管理等予以评价,以明确风险预警信号、关键风险点以及风险管理和应对策略等是否切实可行,企业整体风险管理流程设计是否合理、运行是否有效。

(二)监督

审计通过依法检查、依法评价、依法提出审计意见来揭露违法违纪、稽查损失浪费、查明错误弊端、判断管理缺陷和追究经济责任,从而实现其监督职责。

(三)鉴证

审计拓展了传统财务审计仅仅鉴定和证明受托人财务责任履行情况的范畴,对受托人管理责任履行情况(即业务活动和管理业绩)也予以鉴定和证明。

(四)咨询

风险管理审计不仅要针对企业风险管理活动予以评价,还要针对企业风险管理中存在的问题提出有针对性(Specific)、可测量性(Measurable)、可实施性(Actionable)、责任到人(Responsibility)、及时性(Timely)①的评价意见和改善建议,协助管理层更有效地开展风险管理活动,减少阻碍企业战略目标实现的障碍。

(五)报告或沟通

在公司治理中,向董事会报告的机制是保障企业有效和高效运行的政策、方法、程序与技术手段的总称。内部审计部门每年应至少向管理层和董事会提交一次审计工作报告,当企业出现重大风险事项时,内部审计部门应及时向董事会报告,并在风险管理审计过程中随时与管理层、风险承担者进行沟通。

正是依赖于审计的评价、鉴证、咨询和报告的功能,公司内部治理才能不断地修正,形成向管理层提供全面的指导、权限和监督的动态循环,从而有利于公司治理效率的提高。

第二节 主要的审计专业术语

一、审计假设

审计假设是指有助于审计理论的演绎推理和审计工作顺利进行而做出的假设。审计假设是认识审计对象、形成审计理论的基础,是对审计理论进行逻辑推理的起点;审计假设是不能直接检验的公理;审计假设面临知识更新的挑战,应该不断地得到充实和更新。有关审计假设的研究始于20世纪60年代,形成了不同的观点。

(一)莫茨和夏拉夫的审计假设论

1961年,莫茨和夏拉夫对审计假设研究做出了开创性的贡献,他们认为审计的基本假设包括以下八条:

(1)财务报表和财务数据的可验证性(Verifiable)。在该假设下,审计师能在合理的时间、人力和成本范围内取得足够的证据并得出有效的结论。如果审计的主要对象(财务报表和财务数据)不能验证,审计的存在就失去了必要性。这一基本假设确立了审计的存在意义和主要目的,并为建立财务审计方法和审计程序提供了明确的目标。

(2)审计师与被审单位管理者之间没有必然的利益冲突(Interest Conflict)。在该假设下,审计只有建立在可避免的利益冲突之上,才能保持超然独立的地位,对财务报表的合法性和公允性发表审计意见,从而使财务报表使用者根据财务信息的可靠程度做出相应的决策。如果审计师与被审单位存在必然的利益冲突,审计的独立性就无法得到保障,审计也就失去了存在的价值。基于此假设,审计职业道德准则的发展和演变必然以独立性规则为核心。

---

① 2004年9月国际内部审计师协会发布的《全面风险管理中内部审计角色》的"职位说明书"中提出的SMART标准。

(3) 提交鉴证的财务报表及其他资料不存在串通舞弊(Collusion)和其他异常行为(Deviant Behavior)。财务审计的主要目的之一就是查错防弊,如果认为审计师与被审计单位存在共谋和其他舞弊行为,那么其送审的资料必然不可能反映被审计单位真实的经济活动情况,串通舞弊现象虽然存在,但毕竟是少数的特殊现象,一般的审计程序和审计方法应建立在无共谋舞弊现象的假设上。20世纪60年代后期出现的审计诉讼表明,该假设的合理性和正确性正面临严峻的挑战。

(4) 完善的内部控制(Internal Control)制度可以降低错弊发生的可能性。健全的内部控制制度,可以保证各项经济业务在各个部门中得到规范的处理,它既有预防功能,也有发现与检查纠正功能。任何单位只要有完善的内部控制系统,就会减小错误和弊端发生的可能性。审计师可以根据这一基本假设,采用基础审计方法,即实施控制测试,进而决定实质性测试的范围、重点和方法。该假设对审计效率和审计方法的影响至关重大。

(5) 公认会计原则的应用可使财务状况和经营成果得到公允表达(Fair Presentation)。公认会计原则是在长期的会计实践中逐渐形成的,并经会计职业团体归纳整理而成的会计惯例和方法以及处理会计实务的准则。会计公认原则往往经过政府管理部门的认可并形成权威性的文件。会计业务处理及会计报表的编制,如果始终遵循公认会计原则,就会被认为公允地反映了企业的财务状况和经营成果。基于这一基本假设,我们可以确立审计对象衡量标准,否则审计工作无法做出是非优劣的判断。

(6) 若无确凿的反证,则被审计单位过去被认为真实的情况将来仍是真实的。该假设与会计的持续经营假设和会计分期假设相对应,意味着期初余额是可信的,如果以前年度的审计有了结论,现在没有发现相反的证据,就要承认以前的结论是有效的,也就是没有必要重新审查。当期审计应以当期的审计对象为内容,只有在出现相反的证据的情形下,才有必要对过去进行追溯性审查,审计师一般只承担鉴证本期业务真实性的责任。

(7) 审计师有能力独立地审查财务资料并发表意见。审计师为了表达公允的意见,应当要保持独立的身份,客观地进行检查和评价。如果审计师与被审查单位及被审查的事项存在利害关系,则应当回避。只有在从事审计业务时,审计师才有必要保持应有的独立性,若提供管理咨询服务则另当别论。

(8) 审计师的独立性要求负有相应的职业责任。审计师所具有的独立地位,使人们相信他有能力给出客观公正的审计结果,因此审计师的审计意见对审计信息者使用的决策具有重大影响。与此同时,审计师应当承担与其独立地位相适应的责任。审计师如因渎职而导致被审计单位或其他有关人员产生经济损失,就有可能要承担民事责任甚至刑事责任。因此,审计师应当始终保持职业上的审慎态度,严格按照审计准则的要求开展工作。

(二) 托马斯·李的审计假设论

20世纪70年代,英国审计学家托马斯·李在《公司审计》一书中发展了莫茨和夏拉夫提出的审计假设,基于"动因—行为—职能"框架将审计假设分为三大类13项内容,分别涉及必要性假设、行为假设和功能假设。

(1) 审计必要性假设。审计之所以必要,是因为:①未经审计的会计信息缺乏足够的可信性;②最迫切的要求是对企业财务报表中的会计信息进行验证,以提高会计信息的可信性;③根据法律要求和职业规范进行审计,是提高会计信息可信性的好办法;④外部审计可以验证和提高会计信息的可信性;⑤股东和其他财务报表使用者通常不能自己验证会计信息的可信性。

(2) 审计行为假设。行为假设主要包括:①在审计师和管理部门之间不存在妨碍审计师对会计信息可信性进行验证的利益冲突;②对于审计师来说,没有什么法律会妨碍他对会计信息可信性的验证;③审计师在精神和形式上完全处于独立的地位,能够客观地对会计信息的可信性进行验证;④审计师具备胜任审计工作的技能和经验,能够圆满地达成既定的审计目标;⑤审计师应对其工作质量和所发表的审计意见负责。

(3) 审计功能假设。功能假设主要包括:①审计师可以在合理的时间和成本范围内,搜集并评价充分、有效和可靠的证据材料;②内部控制的存在可使得会计信息中不存在重大的舞弊和差错;③公认会计概念与基础的适当和一致的运用,可以使财务报表得到公允表达。

(三) 戴维·弗林特的审计假设论

1988年,英国审计学家戴维·弗林特在《审计哲学与原理》中提出了七项审计假设,内容均围绕受托经济责任展开,重点在于审计的必要性方面,具体包括:

(1) 受托经济责任或公共责任关系是审计需求的首要条件。

(2) 经济责任的含义非常重要,但模糊且复杂,没有审计会很难解除经济责任关系。

(3) 审计必须具备的特征是独立性、在调查与报告过程中免受约束。

(4) 审计的内容及其相关的事实或说明,都可被审计证据予以证实。

(5) 可以对行为、业绩、成果和信息质量确定责任标准并进行计量,然后对照标准做出判断。

(6) 被审计单位的财务报表及其他报表的含义和目的是充分的、清晰的,审计可以对其可信性做出充分表达。

(7) 审计可以产生经济效益或社会效益。

(四) C.W.尚德尔的审计假设

C.W.尚德尔在《审计理论:评价、调查和判断》一书中,基于审计证据过程提出五项审计假设。

(1) 审计目的假设。收集和评价证据的范围、性质和标准取决于审计目的。

(2) 审计判断假设。为了确定审计活动的目的,要求有一个中间的或最终的决定,它使判断和意见成为必要。

(3) 审计证据假设。过去、现在和预计的证据是进行一项审计所必需的,没有证就不能形成审计意见。

（4）审计标准假设。在一种抽象但能使审计师做出陈述、意见或判断的标准体系中，标准是形成审计意见、进行审计的必要条件。

（5）审计传输假设。可以通过记忆或外界将数据传输给其他人，且这些数据是有意义的，没有它们就不可能产生合理评价或判断。

二、职业怀疑态度

职业怀疑态度又称执业谨慎（Due Professional Care or Skepticism），是指审计师以质疑的思维方式评价所获取的审计证据的有效性，并对相互矛盾的审计证据以及对文件记录或管理层和治理层提供的信息的可靠性引起怀疑的审计证据保持警觉。

职业怀疑态度并不要求审计师假设管理层不诚信，但也不能假设管理层的诚信毫无疑问，它要求审计师凭证据"说话"，具体表现在：

（一）针对识别和评估重大错报风险

在识别和评估重大错报风险时，保持职业怀疑有助于审计师设计恰当的风险评估程序，有针对性地了解被审计单位内外环境；有助于审计师对引起疑虑的情形保持警觉，充分考虑错报发生的可能性和重大程度，有效识别和评估重大错报风险。

（二）针对进一步审计程序

在设计和实施进一步审计程序以应对重大错报风险时，保持职业怀疑有助于审计师针对所评估的重大错报风险，恰当地设计进一步审计程序的性质、时间安排和范围，降低选取不适当审计程序的风险，并且对可能存在未识别的重大错报风险的情形保持警觉，安排进一步调查。

（三）针对评价审计证据

在评价审计证据时，保持职业怀疑有助于审计师评价是否已获取充分、适当的审计证据，以及是否还需执行更多的工作；有助于审计师审慎评价审计证据，纠正仅获取最容易得到的审计证据而忽视存在相互矛盾的审计证据的偏向。

（四）针对舞弊

保持职业怀疑有助于审计师认识到存在舞弊所导致的重大错报的可能性，不会受到以前对管理层、治理层的正直和诚信所形成的判断的影响；有助于审计师对所获取的信息和审计证据是否表明可能存在舞弊导致的重大错报风险始终保持警惕；促使审计师在怀疑文件可能是伪造的或文件中的某些条款发生变动时，开展进一步的调查。

三、管理层认定

管理层认定是指管理层对财务报表组成要素的确认、计量、列报做出的明确或隐含的表达。管理层认定与审计目标密切相关，审计师的基本职责就是确定被审计单位管理层对财务报表的认定是否恰当。审计师只有明确了管理层认定，才能很容易确定每个项目的具体审计目标。考虑到可能发生的不同类型的潜在错报,审计师可以运用管理层认定评估风险,并设计审计程序予以应对。

保证财务报表公允反映被审计单位的财务状况和经营情况等是管理层的责任。当管理层声明财务报表已按照适用的会计准则和相关会计制度进行编制,在所有重大方面做出公允反映时,就意味着管理层对财务报表各组成要素的确认、计量、列报以及相关的披露进行了认定。管理层在财务报表上的认定有些是明确表达的,有些则是隐含表达的。例如,管理层在资产负债表中列报存货及其金额,意味着做出了下列明确的认定:①记录的存货是存在的;②存货以恰当的金额包括在财务报表中,与之相关的计价或分摊调整已恰当记录。同时,管理层也做出下列隐含的认定:①所有应当记录的存货均已记录;②记录的存货都为被审计单位所拥有。

(一)与审计期间各类交易和事项相关的五项认定

(1)发生认定。真实的、与自身有关的而非虚构的,没有"多计"和"高估"。

(2)完整性认定。完整的、没有遗漏的,没有"少计"和"低估"。

(3)准确性。记录的金额是准确的;既不多计也不少计,恰到好处,没有差错。

(4)截止认定。入账期间正确;既没有将本期应记录的推迟,也没有将后期应记录的提前。

(5)分类认定。入账科目正确。

(二)与期末账户余额相关的四项认定

(1)存在认定。真实的而非虚构的,没有"多计"和"高估"。

(2)完整性认定。完整的、没有遗漏的,没有"少计"和"低估"。

(3)权利和义务认定。记录的资产为被审计单位所拥有或控制,记录的负债是被审计单位应当履行的偿还义务。

(4)计价和分摊认定。资产、负债和所有者权益以恰当的金额包括在财务报表中,与之相关的计价或分摊调整已恰当记录。

(三)与列报和披露相关的四项认定

(1)发生、权利和义务认定。披露的交易、事项和其他情况已发生,且与被审计单位有关。

(2)完整性认定。所有应当包括在财务报表中的披露均已列报。

(3)分类和可理解性认定。财务信息已被恰当地列报和描述,且披露内容表述清楚。

(4)准确性和计价认定。财务信息和其他信息已公允披露,且金额恰当。

四、审计重要性(水平)

(一)对审计重要性的理解

审计重要性是审计学的一个重要概念。国际会计准则委员会(IASC)对重要性的定义是:"如果信息的错报或漏报会影响使用者根据财务报表采取相应的经济决策,信息就具有重要性。重要性提供的是一个开端或截止点,而不是信息必须具备的基本质量特征。"美国财务会计准则委员会(FASB)对重要性的定义是:"一项会计信息的错报或漏报被确认为重要,是指在特定环境下,一个理性人依赖该信息所做的决策可能因错报或漏报而得以变化或修正。"中国审计师执业准则规定,重要性取决于在具体环境下对错报金额和性质的判断。我们认为财务报表整体重要性可以用一种临界值表示,该临界值就是一项错报(或全部错报的汇总数)重要到足以改变或影响报表使用者的决策,凡低于临界值的错报通常被认为不重要,高于临界值的错报说明存在重大错报。

我们从以下方面进一步理解重要性:

(1) 重要性概念中的错报包含漏报。财务报表错报包括财务报表金额的错报和财务报表披露的错报。

(2) 重要性包括对数量和性质两个方面的考虑。数量方面是指错报的金额大小,性质方面则是指错报的性质。

(3) 重要性概念是针对财务报表使用者决策的信息需求而言的。判断一项错报重要与否,应视其对财务报表使用者依据财务报表做出经济决策的影响程度而定。如果一项错报单独或连同其他错报可能影响财务报表使用者依据财务报表做出的经济决策,那么该项错报是重大的,低于特定临界值的错报通常被认为不重要,该临界值被称为"财务报表整体重要性"(整体重要性)。审计师的责任就是将财务报表中未更正和未识别错报的汇总数超过财务报表整体重要性的可能性降至低水平,为此审计师应当从严确定重要性水平,便于审计师收集更多的审计证据以降低审计风险。

(4) 重要性的确定离不开具体环境。不同被审计单位面临不同的环境,不同报表使用者有着不同的信息需求,因此审计师确定的重要性也不相同。

(5) 对重要性的评估需要运用审计师的职业判断。审计师在运用职业判断来合理评估重要性时,对财务报表使用者做出下列假定是合理的:①拥有经营、经济活动和会计方面的适当知识,并有意愿认真研究财务报表信息;②理解财务报表是在运用重要性水平的基础上编制、列报和审计的;③认可建立在对估计和判断的应用以及考虑未来事项的基础上的会计计量存在固有的不确定性。

(6) 在制定总体审计策略时,审计师应当确定财务报表整体重要性;同时,根据被审计单位的特定情况,当存在一个或多个特定类别的交易、账户余额或披露时,其发生的错报金额虽然低于财务报表整体重要性,但如果合理预期可能影响财务报表使用者依据财务报表做出的经济决策,审计师就应当确定适用于这些交易、账户余额或披露的一个或多个重要性水平。另外,在具体执行审计的过程中,审计师应当确定实际执行的重要性,以评估重大错报风险并确定下一步审计程序的性质、时间和范围。

(7) 在计划和执行审计工作,评价识别出错报对审计的影响,以及未更正错报对财务报表和审计意见的影响时,审计师需要运用重要性概念。

近年来，重要性概念常被滥用，例如审计师依赖任意的重要性水平，根据被审计单位特意变小的错报低于重要性水平而将被审计单位的行为评价为合理，不披露财务报表中存在的重大错报。因此，一些监管机构已采取措施，禁止审计师将重要性当作取悦管理层而采取某些行动的借口。

（二）重要性、审计证据与审计风险

从本质上讲，重要性和审计风险是一个事物的两个方面，两者存在反向关系。也就是说，重要性水平越高，审计风险越低；反之，重要性水平越低，审计风险越高。重要性水平偏高或偏低均对审计不利，审计师应当保持应有的职业关注，合理确定重要性水平。重要性和审计风险的关系如图1-2所示。

图1-2 重要性与审计风险的关系

审计风险和重要性都对审计师在执行审计业务时可能需要收集的证据数量产生影响，具体为：

（1）对重要性做出初步判断的目的是帮助审计师计划所要收集的适当的审计证据。如果审计师确定的重要性水平低，就要收集比这一水平更多的证据，以便降低审计风险。

（2）高风险的重大错报暗示需要收集更多的审计证据；较低的审计风险和检查风险往往是通过高强度的审计工作（即收集更多的审计证据）来实现的。

（三）不同重要性的确定及其修改的关系

在开始审计时，审计师需要就可能被认为重大错报的金额和性质做出判断，这包括确定下列重要性的数额：

（1）整体重要性（财务报表整体重要性）。整体重要性与财务报表整体有关，它是基于合理预期什么样的错报可能影响财务报表使用者依据财务报表做出的经济决策而确定的。如果在审计过程中获知某信息，而该信息可能导致审计师确定与原来不同的一个或多个金额，则需要修改整体重要性。

（2）整体实际执行的重要性。整体实际执行的重要性比整体重要性的金额设定得更低。整体实际执行的重要性有助于审计师应对特定的风险评估而不改变整体重要性,并且将未更正和未发现错报的汇总数超过财务报表整体重要性的可能性降至适当的低水平。实际执行的重要性可能根据审计发现(如在修改风险评估结果时)进行修改。

(3)具体重要性(交易、账户余额或披露的重要性)。具体重要性是针对各类交易、账户余额或披露而确定的,这些项目存在金额低于整体重要性的错报,但合理预期可能影响财务报表使用者依据财务报表做出经济决策。

(4)具体实际执行的重要性。具体实际执行的重要性比具体重要性的金额设定得更低。具体实际执行的重要性有助于审计师应对特定的风险评估,并且为可能存在的未发现错报以及汇总达到重大金额的非重大错报留有余地。

实际执行的重要性有助于审计师根据整体重要性确定重要性金额,但应当将其设定为较低的金额,以反映无法发现错报的风险及风险评估结果。这些较低的一个或多个金额,旨在测试性质和范围的重要性(即实际执行的重要性)与整体重要性之间提供一个安全缓冲。给实际执行的重要性设定一个恰当的金额,有助于确保投入更多的审计工作量,以提升识别出错报(如存在)的可能性。表1-2列出不同重要性的对比情况。

表1-2 不同重要性的对比情况

项目	整体重要性	具体重要性	实际执行重要性
目的	确定一个据以确认财务报表是否存在重大错报(无论是错误还是舞弊)的界限	当可以合理预期金额小于财务报表整体重要性的错报会影响报表使用者的经济决策时,确定一个(或多个)小于整体重要性的界限,将其应用于特定类别的交易、账户余额或披露	确定一个(或多个)小于整体或具体重要性的界限以确保识别出非重大错报(小于整体或具体重要性的错报),并为审计师提供安全余地
计算基础	报表使用者能够容忍财务报表错报达到的水平	在特定类别的交易、账户余额或披露的特殊环境下,可以合理预期何种错报水平会影响报表使用者的经济决策	要实现下列目标需要多少审计工作量:①识别低于整体或具体重要性的错报;②为未发现的错报留出充分的缓冲余地
实用方法	财务报表整体重要性 = 判断基础(关于被审计单位的函数)×百分比(关于审计风险的经验数据)	为特殊或敏感的财务报表项目确定一个较低的具体重要性数额	通常为财务报表整体/具体重要性水平的50%—75%
在审计中的应用	确定未更正错报单独或汇总的金额是否超过整体重要性	确定未更正错报单独或汇总的金额是否超过具体重要性	①评估重大错报风险;②针对评估的风险设计进一步的审计程序

（续表）

项目	整体重要性	具体重要性	实际执行重要性
在审计过程中的修改	①在审计过程中情况发生变化,如出售部分业务等;②获得新信息;③通过实施进一步审计程序,审计师对被审计单位及其经营情况的了解发生变化	具体情况发生变化	①评估风险是否发生变化;②实施进一步的审计程序所发现错报的性质和内容是否发生变化;③对被审计单位的了解是否发生变化

整体重要性不会经常变化,但随着审计师获得新的信息或对被审计单位及其经营情况的了解发生变化,可能需要对整体重要性进行修改。如果需要做出某些修改,应当确保告知项目组并评估其对审计计划的影响。

新的风险因素或审计发现可能对整体重要性没有影响,但会使实际执行重要性发生变化。实际执行重要性的变化会导致对审计程序的性质、时间安排和范围进行修正。当然,如果整体重要性发生变化,实际执行的重要性就很可能需要进行相应的修改。

五、审计证据

审计证据是指审计师为了得出审计结论和形成审计意见而使用的信息。审计证据包括构成财务报表基础的会计记录所含有的信息和其他信息。

在实务中,某一项审计测试可以运用几种审计程序来获取证据,概括如表1-3所示。

表1-3 某一项审计测试可以运用几种审计程序来获取证据

审计测试	证据类型							
	实物检查	函证	文件检查	观察	询问	重新执行	分析程序	重新计算
风险评估			√	√	√		√	
控制测试			√	√	√	√		
交易实质性测试			√		√	√		√
分析程序					√		√	
余额细节测试	√	√	√		√	√		√

从审计过程来看,风险评估程序、控制测试程序和交易实质性测试程序的执行成本越来越大,如果审计决策选择多实施风险评估程序、控制测试程序来减少交易实质性测试程序的审计方案,就可以减低审计的综合成本。

从审计证据的类型来看,实物检查和函证的成本最高,这些审计程序要求审计师在场,并对全过程执行严格的质量控制;文件检查、分析程序和重新执行的成本中等;观察、询问和重新计算的成本最低。

在选择最佳的某种类型或某些类型的证据之前,审计师必须综合考虑各种审计程序获取审计证据的支持性和成本。审计师的目标是以尽可能低的总审计成本,获取充分数量的、有支持力的、适当的审计证据。但是,审计师不应将获取审计证据的成本高低和难易程度作为增减不可替代的审计程序的理由。

六、审计风险

(一) 审计风险及其要素

审计风险是指财务报表存在重大错报而审计师发表不适当审计意见的可能性。审计风险模型为:审计风险 = 报表重大错报风险×检查风险。

(1) 重大错报风险是指财务报表在审计前存在重大错报的可能性,审计师应当从财务报表和各类交易、账户余额和列报认定两个层次考虑财务报表重大错报。财务报表层次重大错报风险与财务报表整体存在广泛的联系,可能影响多项认定。此类风险通常与内部控制环境有关,如管理层缺乏诚信、治理层形同虚设而不能对管理层实施有效监督等;也可能与其他因素有关,如经济萧条、企业所处行业处于衰退期等。此类风险难以被界定为某类交易、账户余额、列报的具体认定,反而会增大一个或多个不同认定发生重大错报的可能性,与舞弊引起的风险紧密相关。认定层次重大错报风险又可以细分为固有风险和控制风险。

固有风险是指在假设不存在相关内部控制的情形下,某项认定发生重大错报的可能性,无论该错报是单独考虑还是连同其他错报构成重大错报。报表中某些类别的交易、账户余额、披露及其认定的固有风险较高,如复杂计算比简单计算更可能出错;受重大计量不确定性影响的会计估计发生错报的可能性较大。产生经营风险的外部因素也可能影响固有风险,如技术进步可能导致某种产品过时,进而导致存货易发生高估错报(计价认定)。除上述与具体认定相关的风险外,被审计单位及其环境中的某些因素还可能与多个甚至所有类别的交易、账户余额、披露有关,进而影响多个认定的固有风险。这些因素包括维持经营的流动资金匮乏、被审计单位处于夕阳行业等。

控制风险是指某项认定发生了重大错报,无论该错报是单独考虑还是连同其他错报构成重大错报,而该错报没有被企业内部控制系统及时防止、发现和纠正的可能性。控制风险取决于与财务报表编制有关的内部控制的设计和运行的有效性。由于控制的固有局限性,控制风险始终存在。值得注意的是,固有风险和控制风险的综合水平决定了重大错报风险,是企业客观存在的,审计师既可以单独评估两者,也可以合并评估两者。具体采用的评估方法取决于会计师事务所偏好的审计技术和方法以及实务上的考虑。此外,重大错报的评估结果既可以用定量方式表述(如百分比),也可以用定性方式表述(如"高""中""低")。在任何情况下,重要的是审计师得出适当的评估结果,而不是所采用的具体方法。

(2) 检查风险是指某一账户或交易类别单独或连同其他账户、交易类别产生重大错报或漏报,而未能被实质性测试发现的可能性。由于审计师通常不对所有的交易、账户余额和列报进行检查,因此检查风险不可能降为零。在既定的审计风险水平下,可接受的检查风险与认定层次重大错报风险的评估结果呈反向关系。评估的重大错报风险越高,可接受的检查风险越低;评估的重大错报风险越低,可接受的检查风险越高。审计风险要素的属性及其确定如表1-4所示。

表1-4 审计风险要素的属性及其确定

项目		被审计单位	审计师	审计师如何确定或控制
审计风险		—	可接受水平	一般为3%—5%
重大错报风险	固有风险	具体情况	评估水平	风险评估(了解被审计单位基本情况)
	控制风险	内部控制缺陷	评估水平	风险评估(了解企业内部控制或执行穿行测试)
检查风险		—	没有查找出重大错报	执行进一步审计程序,将检查风险降至可接受水平

（二）经营风险与审计风险关系

尽管企业的经营风险最终可能会对财务报表产生影响,但不是每种经营风险都会直接转化为财务报表中的重大错报风险。经营风险是如何转化为审计风险的呢？我们从图1-3可以得知:企业经营风险越大,财务报表中易出现的错误(固有风险)越大。如果企业缺乏内部控制或内部控制不能有效识别、发现和防范这些风险(第一道拦护网代表企业内部控制),这些风险就成为财务报表中的重大错报风险;如果审计师执行的审计程序不能把进入报表的所有重大错报风险检查出来(第二道拦护网代表审计师执行的审计程序),经营风险就转化为审计风险。

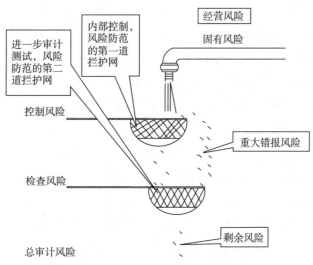

图1-3 风险导向审计的逻辑关系

七、审计质量

有学者将审计质量定义为审计师发现财务报表存在重大错报和披露该重大错报的联合概率。其中,审计师发现财务报表存在重大错报的概率取决于其专业胜任能力和独立性。目前,人们一般从两个方面评价审计质量:一是审计技术质量,主要是评价审计师在财务报表的查错防弊、发现欺诈或公司持续经营问题方面做得如何;二是审计功能质量,主要是评价审计师在审计过程中辨认管理当局利益焦点(如公司财务状况、内部控制或总体管理情况等)的能力,以及与客户的沟通能力。

在审计市场上,审计服务是否具有异质性,目前尚无强有力的实证证据予以支持;规范研究则普遍支持审计具有异质性的假设,认为高质量审计服务的审计定价较高,同时又具有较高的审计成本。

八、审计收费

基于经济人假设,只有当审计服务所带来的价值大于审计服务的购买成本时,审计客户才会接受某种质量水平的审计服务;只有当审计费收入大于其提供审计服务的成本时,会计师事务所才会有提供审计服务的动机。审计收费的高低是许多公司选择会计师事务所要考虑的重要因素,同样也是会计师事务所供应何种质量的审计服务应考虑的因素,只有当审计定价水平符合审计服务供求双方的利益需求时,才能形成有效的审计供给与需求。

在正常的审计市场上,审计师的审计收费一般由三部分构成:一是审计产品成本,即执行必要的审计程序、出具审计报告所需的费用;二是预期损失费用,包括诉讼损失和恢复名誉的潜在成本等;三是会计师事务所的正常利润。

(一)影响审计产品成本的因素

审计产品成本随客户特征而定,一般取决于客户规模的大小、业务的性质和复杂程度、内部控制的强弱。客户规模越大,其经济业务和会计事项越多,其固有风险和控制风险可能越高,相应地,审计师就需要扩大审计测试范围、增加审计时间,其面临的审计调整事项也越多,因此客户规模越大,审计收费也就越高。审计业务越复杂,需要的审计证据越多,审计测试范围越大,相应地,审计师需要更长的时间和付出更多的费用。

(二)影响预期损失费用的因素

预期损失费用(包括法律诉讼所带来的直接损失和未来审计收费减少的损失)随着被诉讼风险的增大而增加。衡量预期损失费用的指标一般以委托人是不是上市公司及若干财务比率为依据。审计师一般通过了解委托人的资产结构、销售增长率、市场公允价值及股票价格变动率,判断诉讼风险的大小,估计预期损失。如果客户是上市公司,客户总体财务状况越差,审计师承受的诉讼风险越大,向客户要求的或有诉讼保证金也越高。

（三）审计市场竞争的强弱

若审计事务所之间竞争激烈,则总体审计收费会减少;若会计市场需求旺盛,则总体审计收费会增加。

（四）会计师事务所自身特征对审计收费的影响

典型影响因素有会计师事务所的品牌、会计师事务所提供非审计服务对审计收费的影响等,拥有这些特质的审计师的审计收费较高。

九、审计任期

审计任期本应由审计委托方与受托方决定,但目前的规范研究和实证研究得出很有趣的结论:由于确认新客户的潜在审计风险需要花费一定的时间,审计任期大多不少于5年;但经过一段时间后,如果审计任期长达10—15年,审计师的职业怀疑能力就会下降,这使得会计师事务所在质量控制和监管部门实施监管时,不得不考虑审计任期对审计的影响,而把审计任期纳入会计师事务所质量控制和监管部门监管的范围。

十、审计期望差距

在有关审计市场供求的研究中,人们常常提及审计期望差距这个概念。审计期望差距是指审计服务的使用者对审计责任的期望与审计职业现状之间的差异。

最早在文献中提出审计期望差距概念的是 Liggio(1974),他将审计业绩期望差距定义为独立审计师和财务报表使用者对审计业绩的期望水平的差异。他警告人们,如果业界不采取措施来缩小审计期望差距,会计师职业将面临越来越多的诉讼和批评。目前,他的警告已经变成了现实,例如在司法实践中根据"深口袋理论"判定审计师承担责任的判例越来越多了。

审计期望差距一般由业绩差距和合理性差距两部分构成。

（一）业绩差距

业绩差距是指社会对审计师承担责任的合理期望和社会对审计师实际完成任务的认识之间的差距。业绩差距由两部分组成:一是审计业绩缺陷差距(Deficient Performance Gap),这是由于审计师未遵循审计准则导致业绩存在缺陷而导致的;二是审计准则缺陷差距(Deficient Standard Gap),审计准则制定者在制定准则时仅仅反映业界对审计责任的看法,没有接受公众的合理期望而导致准则存在缺陷,即使审计师依照准则执业,也无法达到公众的合理期望,由此产生期望差距。

（二）合理性差距

合理性差距是指社会对审计师的期望和对审计师合理期望之间的差距,即对审计师职责的不合理期望。长期以来,人们认为审计师对财务报表的审计是对财务报表的绝对保证,经过审计师审计的财务报表不能存在差错,这种过高的期望是产生合理性差距的主要原因。一般而言,当审计收费不能弥补为满足某种期望而发生的审计成本时,业界就会把这种期望看作不合理期望。

第三节 "互联网+"下审计的拓展

导读1-2

德勤对审计人工智能的探索

2016年3月,德勤宣布将人工智能引入会计、税务、审计等工作,并于2018年上半年推出产品。

一、探索人工智能的初衷

德勤与Kira Systems的合作是将德勤认知技术中的业务洞察力与Kira Systems机器学习中的先进技术相结合,建立模型快速阅读复杂文件,从中读取和构建文本信息以更好地进行分析。

这一功能将被广泛应用于大量阅读文件支撑的商业活动,包括调查、合并、合同管理以及租赁协议。从文本中搜寻关键字需阅读大量的商业术语,浪费了大量的时间和资源。然而,企业的数据量以每年两倍的速度增长,商业模式全球化不断深化并不断推陈出新,这要求我们必须在更短的时间内完成更多的审计工作。审计师发挥其认知技术所擅长的特定领域当以文件审阅莫属。以往,审计师要在成堆的合同中通过人工调阅才能找到所需的关键性材料。而目前,认知技术正在被越来越多具有远见卓识的企业加以运用。人工智能审计的应用将花费在阅读上的多余时间投入到更有价值的工作中,更多地关注战略问题。

二、人工智能审计系统的三阶段工作过程

德勤人工智能审计系统的工作过程大致分为三个阶段:初始化阶段、实质性测试阶段和生成工作底稿阶段。在每一个阶段,系统会自动根据审计师事先选择的要求和系统数据库存储的相关知识,分若干个推理判断步骤,对被审计单位的会计资料及其他相关资料进行审查,并自动查找存在的各类错误、舞弊、异常数据和变动以及其他的企业经营可疑情况,再以列表或审计意见初稿的形式向审计师展示。而在每一阶段,审计师都可以通过系统的人机对话界面监控审查情况。快速的计算与决策,有利于生产效益的最大化与减小风险。

认知技术不仅使审计流程变得更轻松、高效,随之而来的还有就业压力与危机感。从繁重的手工劳动中解放出来的审计师,应把更多的精力放在提高审计质量与培养敏锐的洞察能力上。人工智能技术以及各种机器学习形式,为审计专业人员提供了诸多令人耳目一新的可能。并行处理、获取海量数据以及算法优化等人工智能技术看似遥不可及,其实已经逐步走进我们的审计实务中。在人工智能大数据时代,充分利用数据分析手段,不仅意味着数量之大,也是能量之大。假设将企业相关财务报表和数据导入审计软件,并输入企业性质、地区和行业等相关信息,这个审计软件就会自动输出重点审计科目、主要风险领域、同行业其他企业的审计经验,并针对各个科目的增减变化提供可能的原因以待验证。这种功能的背后,就是基于大数据的信息分析。当然,专业判断是无法被量化和替代的,审计师应当依据自己的专业知识有选择地采纳审计软件的建议。

人工智能技术可以帮助人类更快、更科学地进行统计和辅助决策,对于行业的长期发展至关重要。德勤人工智能审计系统正是利用计算机快速、准确的特点,辅以审计工作的判断推理过程,帮助审计师开展审计工作,从而有效地解决"审计效率—审计风险"的矛盾。和原有系统相比,德勤人工智能审计系统在面对大量的审计证据时,可以在最短的时间内,进行广泛详细的分析与核查。审查样本的数量与审计风险是呈反比关系的。审查了充足的样本,就能相应地降低审计风险,得出更可信的审计结论,保证审计报告的质量。

三、人工智能可拓展的相关领域

在德勤的各服务领域,包括审计、其他鉴证服务、税务和咨询业务,都可以运用人工智能以及其他新的突破性技术,例如计算机视觉、自然语言处理、语音识别技术、机器人流程自动化(RPA)等。这些认知技术在很大程度上让整个审计流程变得轻松且高效,在此过程中也积累了将创新技术大规模融入审计程序的经验。自然语言处理技术能够阅读并辨识文件中出现的关键概念,计算机智能学习技术则可以在一组样本合同中很快地识别与确认审计师所需的关键术语。

人工智能和数字创新技术会让我们的工作更有价值。它将缩短采集数据的时间,减少简单重复的劳动,加强分析和监控,使审计师得以集中精力解决问题和运用职业判断。在未来的审计工作中,我们将更多地利用人工智能技术实时监控客户的交易,当发生异常、不符合预期的交易时,审计师能够及时评估其对财务报表和审计工作的影响,并向人工智能软件发出指令,收集相关数据用于进一步分析和复核。审计师应该拥有快速学习与再学习的能力,明白审计工作科技水平的提高是大势所趋,并积极地拥抱变化。

随着市场环境的不断变化,外部监管要求日趋严格,审计工作量逐渐加大。如何有效地控制审计风险、加强审计力度、提高审计效率以加大审计覆盖面、减少人工操作可能导致的数据不一致或其他误差等问题,一直是审计业界所要考虑的头等大事。

资料来源:https://www2.deloitte.com,2020年1月访问。

阅读导读1-2并思考:人工智能与大数据如何重构审计及其审计职业?

一、信息技术对审计的影响

随着信息技术的发展,与财务信息相关的未来发展趋势呈现"十化":业财深度一体化、处理全程自动化、内外系统集成化、操作终端移动化、信息提供频道化、处理规则国际化、会计信息标准化、会计组织共享化、风险威胁扩大化、处理平台云端化。在日新月异的信息技术创新下,尽管审计师制定了审计目标、进行了风险评估、了解了内部控制的原则性要求,以及基本审计准则的实用性不变,但信息化下的审计仍将发生重大变化。

(一)信息系统审计与业务审计融合是信息化环境下审计工作的必然要求

从信息系统审计的角度看,凡是与业务审计有交叉的审计领域,如果不与业务审计相结合,审计将难以深入和有效。例如,对信息治理的审计是信息系统审计中的难点之一,信息治理审计若不结合公司治理审计则难以深化。从业务审计的角度看,有些审计领域若不与信息系统审计相结合,则难以进行深入分析和做出准确判断,最明显的领域是信息化环境下对业务流程、内部控制、业务数据处理的分析与复核,因为业务审计师精业务但不懂系统,信息系统审计师懂系统但不精业务,两者不融合,审计工作是无法深入的。《萨班斯-奥克斯利法案》404条款的内部控制规则中,已经考虑到信息与业务的融合。针对业务系统的应用控制测试(ITAC),不但融合了业务审计和信息系统审计内容,而且由业务审计师和信息系统审计师共同完成。

(二)信息技术对审计过程的影响

信息技术在企业中的应用并不改变审计师制定审计目标、进行风险评估和了解内部控制的原则性要求,基本审计准则和财务报告审计目标在所有情形下都适用。系统的设计和运行对审计风险的评价、业务流程和控制的了解、审计工作的执行以及审计证据的性质都有直接的影响,审计师必须更深入地了解企业的信息技术应用范围和性质。信息技术对审计过程的影响主要体现为:

1. 对审计线索的影响

传统的手工会计系统的审计线索包括凭证、日记账、分类账和报表。审计师采用顺查和逆查的方法审查记录,检查和确定其是否正确地反映被审计单位的经济业务,检查企业的会计核算是否合理、合规。

在信息技术环境下,从业务数据的具体处理过程到报表的输出都由计算机按照程序指令完成,数据均保存在磁性介质上,从而会影响到审计线索,如数据存储介质、存取方式及处理程序等。

2. 对审计技术手段的影响

随着信息技术的广泛应用,仍以手工方式进行审计,显然已经难以满足工作的需要,难以达到审计目的。因此,审计师需要掌握相关信息技术,把信息技术当作一种有力的审计工具。当面临不太复杂的信息环境时,比如在信息技术并不对传统的审计线索产生重大影响的情况下,审计师可采取传统方式进行审计,即"绕过计算机进行审计"。当面临较为复杂的信息环境时,则要"穿过计算机进行审计"。

3. 对内部控制的影响

随着信息技术的发展,虽然完善内部控制的目标没有发生改变,但在高度自动化的信息环境中,被审计单位的各项业务活动和相关业务流程引发了新的风险,从而使具体控制活动的性质有所改变。

4. 对审计内容的影响

在信息化的会计系统中,各项会计事项是由计算机按照程序进行自动处理的,信系统的特点及固有风险决定了信息化环境下的审计内容,包括对信息化系统的处理和相关控制功能的审查。例如审计账龄分析表,在信息技术环境下,我们必须考虑数据的准确性以支持相关审计结论,因而需要考查基于系统的数据来源及其处理过程。

5. 对审计师的影响

信息技术在被审计单位的广泛应用要求审计师必须具备相关信息技术方面的知识。因此,审计师要成为知识全面的复合型人才,不仅要掌握丰富的会计、审计、经济、法律、管理等方面的知识和技能,还要熟悉信息系统的应用技术、结构和运行原理,对审计的策略、范围、方法和手段做出相应的调整,以获取充分、适当的审计证据,支持其发布的审计意见。

二、"互联网+"推动审计的拓展

把"互联网+"、大数据相关技术引入到审计,审计将会发生一系列的拓展变化。

(一) 更新审计师的思维

在大数据背景下,联网审计和非现场审计日趋增多,促使审计师不能仅仅具有审计思维,更要把数据挖掘、业务穿透和审计判断紧密衔接起来,形成大数据审计思维。

1. 需要全部数据样本而不是抽样

审计采样的目的在于用最少的数据得到最多的信息,但在样本分析过程中不可避免会丢失部分信息。在可以获得海量数据的情况下,挖掘和分析全部数据可以获得更多的信息。

2. 关注审计效率而不是精确度

只有5%的审计数据是结构化的且适用于传统数据化的,接受不精确性能使更多的非结构化数据得到利用。

3. 关注相关性而不是因果关系

建立在相关关系分析法基础上的预测是大数据的核心。通过对大数据的挖掘和分析,更加高效地实施舞弊审计,提高审计质量。

(二) 重塑审计作业流程

随着大数据、云计算、数据挖掘和区块链等技术在审计中的运用,以及数据分析能力的提升,全样本数据审计将从更大的深度和更高的效率上挖掘数据背后隐藏的审计线索。这时,大数据时代的审计整体流程将变革为:运用现代信息技术手段,以被审计单位信息系统和底层电子数据为切入点,在对信息系统进行测评的基础上,采集、转换、清理和验证底层数据,形成审计中间表;运用查询分析、多维分数据挖掘等多种技术和方法构建模型进行数据分析,发现趋势、异常和错误;基于"总体分析、系统研究、发现疑点、精确延伸"的思想收集审计证据,最终实现审计目标(见图1-4)。

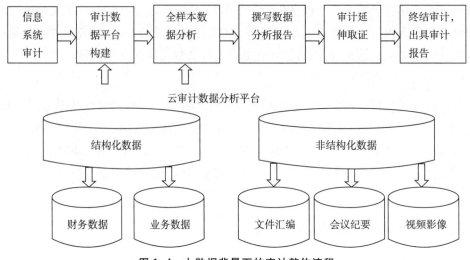

图 1-4 大数据背景下的审计整体流程

（三）促使审计服务个性化

传统的审计服务主要是提供被审计单位的审计报告,其格式固定、内容简单、信息含量较少,不能满足企业内外部不同利益主体的个性化需求。在大数据技术运用到审计中后,审计过程往往借助模型库、知识库以及具有数据分析功能的决策支持系统为单位提供辅助决策,由此更加凸显审计师的咨询性。审计师将审计中发现的问题分类别进行分析和处理,从不同的角度、层面整合提炼相关信息,以满足投资者、债权人、供应商和其他利益相关者的需求。同时,审计对带有共性、普遍性、倾向性的问题进行挖掘,为需求者提供更多的具有个性化的综合服务。这时,审计师必须平衡咨询意见与鉴证意见的关系,解决审计独立性问题。

（四）推动审计服务水平升级

传统的审计服务基于事后财务审计进行监督、评价、鉴证和反馈,仅提供简化、标准化的审计信息；但在大数据技术运用到审计中后,审计更侧重于风险管理审计,更加凸显审计的咨询功能,即审计各种业务活动和管理活动,提供实时风险状况、建立预警机制、持续改进风险管理,从而提高企业战略决策支持能力、降低风险、增强企业发展能力。

（五）创新审计技术及方法

传统审计技术及方法往往凭经验和少量的数据信息,或者简单浏览数据就进行审计,这势必会增大审计风险。进入 21 世纪以后,大数据、移动互联网、物联网、人工智能、云计算等新技术相继出现,不仅使我们的日常生活发生了巨大的变化,也使社会生产方式发生了变化。例如,德国提出"工业 4.0"概念,人类社会由第一次工业革命(1760—1840 年)蒸汽机推动机械制造自动化,第二次工业革命(1840—1950 年)电的发明推动生产量化,到第三次工业革命(1950 年至今)信息技术发展推动生产的可编程化,将会经历第四次工业革命(未来的工业 4.0 时代)数据分析技术推动智能生产,构建以智能制造为主的社会生产方式。在此期间,人们的思维方式也会发生翻天覆地的变化,例如由经验向预算转变,由注重因果关系转向注重相关关系,由抽样分析转向整体分析,由精确性转变为精确性与非精确性并存。在此背景下,审计技术和方法也进一步演进。

历经百年变迁,审计技术方法由账目基础审计、制度基础审计演变到风险导向审计。账项基础审计模式以会计账簿为切入点;制度基础审计模式以传统的会计账簿和内部控制为切入点;风险导向审计模式以广泛的风险评估和内部控制为切入点。这些模式具有共同的特征,即均以纸质凭证、账簿等为基础,主要依赖检查纸质材料获取审计证据。在大数据时代,上述审计模式的有效性面临严峻挑战。当单位全面实现信息化和数据化后,业务活动产生的证据更多地以可读的形式存在,业务处理过程全部按照计算机发出的程序指令自动完成,传统的审计线索在大数据下逐步消失或者很难被发现,这要求以数据分析为核心变革审计取证模式。2014年,《国务院关于加强审计工作的意见》(国发〔2014〕48号)指出:"加快审计网络系统提档升级,加快审计信息化人才建设,加强信息化规划制度建设,为开展联网审计奠定基础,推进有关部门与审计机关实现信息共享。推进对各部门、各单位计算机信息系统安全性、可靠性和经济性的审计,提高运用信息化技术查核问题、评价判断、宏观分析的能力。"这标志着数据分析方法将开启审计技术方法的新时代。

在大数据时代,海量数据涌现,数据结构复杂,数据种类繁多,结构化数据与非结构化数据并存,数据形式多样,财务数据、数字资料(文件、制度等文字资料,音频、视频等多媒体资料)有机融合,审计师如果着重于挖掘数据与数据之间的因果关系,会耗费大量的人力、物力和财力,在某种程度上看这是不经济的;但是,挖掘数据背后隐藏的相关关系可能会提供更多的审计线索。为此,审计师应当不断开发新的数据分析方法,对结构化数据、半结构化数据和非结构化数据进行有效处理。审计中的数据分析是为了执行审计计划、达成审计目标,对被审计单位进行数据发现、分析数据模式、识别异常、提取有用的信息,或者进行相关分析、建模等。

1. 从抽样分析扩展到总体分析

在税收政策落实跟踪审计中,涉及征收、管理、稽查、评估等多个环节的业务数据,数据关系复杂,只依靠简单的SQL查询不但费时费力,而且易产生较高的审计风险。审计师利用OLAP技术进行宏观分析,深入剖析税收结构、比例、税源税基变化情况和税收计划完成情况等,进而迅速锁定疑点,揭示税务机关在税源控制管理方面存在的薄弱环节。

2. 从因果关系分析拓展到相关性分析

在政策落实跟踪审计中,仅仅依靠因果关系分析,审计师在短时间内可能难以观察到政策执行产生的直接、间接或整体效果。利用相关性分析,审计师可以将表现相关的现象联系在一起进行相关性分析,再深入探讨其背后的因果关系,从而更加客观、全面地评价政策落实情况。审计师可以通过BigTable、云计算、分布式系统、Hadoop、Hbase、可视化技术(如Grapheur、Spotfire、TableauDesktop)等开展数据相关性分析及结果展示,捕捉问题和疑点,分析被审计单位的发展态势。

3. 大量运用非结构化数据采集方法

除原有的审计取证技术之外,一些专门针对非结构化数据的采集方法得到大量运用。例如采用网络爬虫等方法获取网站数据信息,运用 3S(遥感 RS、地理信息系统 GIS 和全球定位系统 GPS)技术获取地理数据信息;对于系统日志数据的采集,可以采用 Hadoop 的 Chukwa、Facebook 的 Scribe 等软件工具;将图像识别、语言识别、结构化数据采集、非结构化数据采集、信息系统审计规则和数据审计规则等封装进智能机器人或软件系统,实现审计数据采集、数据平台构建、数据分析、报告撰写和延伸取证的自动化,以提升审计工作的效率和效果。

4. 从数据的完整性和混杂性中认识事物的全貌与真相

如在民生政策落实跟踪审计中,由于无法实地查看某些大型建设项目的隐蔽工程,审计师可以利用大数据技术从工程建设、施工、设计、监理等内部单位和港监、石料供应、气象等外部单位采集建设期间的相关数据,通过比对分析,发现虚报工程款等审计问题。

知识要点

信息观下审计需求理论　委托代理观下审计需求理论　保险观下审计需求理论　审计在公司治理中的定位　职业谨慎　审计风险　审计重要性　审计证据　审计质量　审计收费　审计任期　信息化下审计的拓展

行动学习

在互联网上查找大数据背景下区块链技术在审计中的运用实例,为什么信息化必须基于区块链技术透明性和不可篡改性特征?讨论即便是实现了信息更安全、更真实的"自审计"机制,也不能消灭审计,只是促使审计业务和功能进行结构化调整。

质疑和讨论:

分组收集资料并讨论,列出不同的情况,并设计应对的方案。

案例分析

众华所对雅百特审计失败案

扫二维码获取详细资料:《中国证监会行政处罚决定书》〔2019〕37 号

要求:

根据中国证监会认定众华所执业中未勤勉尽责的事实以及众华所的申辩材料,讨论分析"执业谨慎"的实质,以及注册会计师执业中如何才能做到"职业谨慎"。

补充阅读

〔美〕R. K. 莫茨、H. A. 夏拉夫：《审计理论结构》，文硕译，北京：中国商业出版社，1990年版。

〔美〕C. W. 尚德尔、汤韵味：《审计理论》，吴云飞译，北京：中国财政经济出版社，1992年版。

崔春：《大数据助推审计基本理论问题发展探讨——基于区块链技术》，《经济体制改革》，2018年第3期。

秦荣生：《大数据、云计算对审计的影响研究》，《审计研究》，2014年第6期。

李晓慧、周羽杰：《对注册会计师职业怀疑缺失的问题分析及建议：以利安达对天丰节能IPO审计失败为例》，《中国注册会计师》，2015年第11期。

Liggio C. The expectation gap: The accountant's Waterloo. The Journal of Contemporary Business, 1974(3): 27-44.

第二章

风险导向审计理论及应用

学习目的

1. 熟悉风险导向审计的产生与发展
2. 了解现代风险导向审计的特征
3. 掌握风险导向审计的逻辑和运用技巧
4. 掌握识别重大错报风险的技巧
5. 熟悉大数据背景下风险导向审计的技术方法

第一节 风险导向审计的沿革与新特征

导读 2-1

质疑与反思

原国际五大会计师事务所之一的安达信,是最早研究和运用风险导向审计的事务所之一,却在安然事件毁灭了。有人说这是风险导向审计惹的祸,你认同吗?

2007—2017 年,中国证监会每年发布《上市公司年报会计监管报告》(其中 2008 年是以"证监会会计部负责人就上市公司 2008 年度财务报告监管问题答记者问"的形式发布),从《上市公司年报会计监管报告》中可以发现,几乎每年中国证监会都会指出:尽管会计师事务所在保障上市公司财务信息披露质量方面发挥着越来越重要的作用,但部分会计师事务所在执行审计业务过程中并未充分发挥应有的作用,主要包括未保持足够的职业怀疑、专业胜任能力不足、重大非常规交易审计不到位、会计估计审计不到位、部分审计程序流于形式等。这一事实说明了什么?

在质疑和反思以上现实问题的基础上,我们基于历史的视角,分析风险导向审计的沿革与新特征。

一、风险导向审计的历史沿革

百多年来,虽然审计的根本目标没有发生重大变化,但审计环境的不断变化和审计理论水平的不断提高,促进审计技术方法不断发展和完善。截至目前,审计模式的演进经历了账项基础审计(Accounting Number-based Audit)、制度基础审计(System-based Audit)和风险导向审计(Risk-oriented Audit)三个阶段。

(一)账项基础审计

账项基础审计始于19世纪中叶的英国,当时审计的对象是资产负债表,审计以公司的账簿和凭证作为审查的出发点,对会计账簿记录进行逐笔审查,检查各项分录的有效性和准确性、账簿的加总和过账是否正确、总账与明细账是否一致,以获取审计证据,达成揭弊查错的审计目标,也被称为详细审计。在详细审计阶段,审计师审计已经由任意审计转为法定审计,审计对象是会计账簿,审计目的以揭弊查错、保护企业资产的安全和完整为主,审计报告的使用者主要是公司股东。详细审计阶段是审计发展的第一阶段,在审计史上占据着十分重要的地位,账项基础审计的精华方法一直沿用至今。

一方面,账项基础审计是在当时被审计单位规模较小、业务较少、账目数量不多、审计技术和方法不发达的特定审计环境下产生的。由于审计师可以花费适当的时间对被审计单位的账簿记录进行详细审查,在一定程度上和一定时期内可以实现揭弊查错的审计目标。另一方面,账项基础审计不仅可以针对存在内部控制且有效的企业进行了解和测试,也可以针对缺乏内部控制或内部控制极度混乱的企业开展高效率的工作,验证有关凭证的真实性和合法性。但是,围绕账表事项进行详细审查,不但费力又耗时,而且无法验证账项、交易的完整性,使得审计师不能保证发现可能存在的重大舞弊,很难得出可靠的审计意见,审计结论存在很大的隐患。

随着企业规模的日渐增大和审计范围的不断扩大,对被审计单位的账目记录进行详细审查的成本越来越高,客观上要求改进账项基础审计。

(二)制度基础审计

20世纪40年代以后,随着社会和经济的发展,企业规模不断扩大,业务急剧增加,会计账目越来越多,出于管理的需要,企业开始建立内部控制制度。财务报表的外部使用者越来越关注企业的经营管理活动,日益希望审计师全面了解企业内部控制情况,审计目标逐渐从查错揭弊发展到对财务报表发表意见。早期的账项基础审计模式在日益复杂的经济环境面前显得越来越不可行,过多的人工成本降低了审计师的边际收益率,为了保证审计质量、提高审计效率,人们必须寻找更可靠、更有效的审计方法。1938年的美国麦克森·罗宾斯公司倒闭事件,成为审计史上最大的案件之一,该事件不仅削弱了公众对审计的信任,也暴露了审计方法和审计程序方面存在的弊端。

经过长期的审计实践,审计师发现企业内部控制制度与企业会计信息质量具有很强的相关性。如果内部控制制度健全、有效,财务报表发生错误和舞弊的可能性就小,会计信息质量就较高,审计测试范围就可以相应缩小;反之,就必须扩大审计测试范围,抽查更多的样本。顺应审计环境的要求,为了提高审计效率、降低审计成本、保证审计质量,账项基础审计发展为制度基础审计。制度基础审计要求审计师全面了解和评价被审计单位的内部控制制度,评估审计风险,制订审计计划,确定审计实施的范围和重点,规划实质性程序的性质、时间和范围,在此基础上实施实质性程序,获取充分、适当的审计证据,提出合理的审计意见。

与账项基础审计相比,制度基础审计在制订审计计划时,不仅考虑审计的时间资源和人力资源,还考虑内部控制制度的健全和有效性。审计师通过了解和评价被审计单位的内部控制制度,发现其薄弱之处,有重点、有目标地进行重点审计。制度基础审计注重剖析产生财务报表结果的各个过程和原因,减少了直接对凭证、账表进行检查和验证的时间与精力,改变了以往的详细审计方法,使得抽样审计有了一定的基础。这不但调整了审计工作重点,保证了审计质量,还提高了审计工作效率,节约了审计时间和费用。但是制度基础审计也存在不足之处:第一,有时进行控制测试并不能减轻实质性程序的工作量,工作效率并不能得到有效提高;第二,内部控制的评价存在很强的主观性和随意性,容易产生偏差,对审计规划产生不利影响;第三,运用制度基础审计模式很难有效规避误报、违法舞弊和经营失败三类审计风险;第四,使用范围受限制,当被审计单位内部控制制度不健全或者内部控制制度设置健全但执行不当时,不宜采用制度基础审计模式。

(三)风险导向审计

1. 传统风险导向审计

在经历了账项基础审计和制度基础审计之后,审计模式和方法进入风险导向审计阶段。审计风险会受到企业固有风险因素的影响,如管理人员的品行和能力、行业所处环境、业务性质、容易产生错报的财务报表项目、容易受损或被挪用的资产等导致的风险;又会受到内部控制风险因素的影响,如账户余额或各类交易存在错报,内部控制未能防止、发现或纠正的风险;还会受到审计师实施审计程序未能发现账户余额或各类交易存在错报风险的影响。因此,审计师仅以内部控制测试为基础实施抽样审计很难将审计风险降至可接受水平,抽取样本量的大小也很难说服政府监管部门和社会公众。为了从理论和实践上解决制度基础审计存在的缺陷,审计师业界很快开发出审计风险模型,我们称之为传统的审计风险模型:

$$审计风险 = 固有风险 \times 控制风险 \times 检查风险$$

在传统的审计风险模型中,我们综合评估固有风险和控制风险以确定实质性程序的范围、时间与程序,由于固有风险概念的内涵与外延不一致,逻辑不一贯,难以进行评估,审计的起点往往为企业的内部控制(如果没有必要测试内部控制,审计的起点则为财务报表项目),审计风险是由会计师事务所的风险管理策略所确定的,在不注重从宏观层面了解企业内外环境的情况下,出于谨慎,审计师往往简单确定固有风险为高水平,将审计资源投入到控制测试和实质性测试。从国外文献看,早在1983年,美国审计准则委员会就把这一审计思想写入第47号审计准则公告,要求审计师在充分评估固有风险和控制风险的基础上确定检查风险,最终将审计风险控制在可接受水平内;同时,还要求结合重要性原则与审计风险模型以降低审计风险,并明确审计师应当承担的责任。

伴随着安达信会计师事务所的毁灭,人们发现安达信成也风险导向审计,败也风险导向审计。安达信开发和推广风险导向审计,要求审计师在充分评估固有风险和控制风险的基础上确定检查风险,控制检查风险并最终将审计风险控制在可接受水平内;但在现实中,审计师不能客观地评估固有风险和控制风险,尤其是无法评估企业高层串通舞弊事项,即战略和宏观层面的风险。因此,审计风险模型在实际执行中出现了严重的走形式现象,甚至出现报表重大错报风险被忽视而主要精力却耗费在风险小的领域,由此增大了审计风险。

2. 现代风险导向审计

20世纪80年代以后,世界经济急剧波动,科学技术日新月异,各种文化相互渗透,市场竞争日益激烈,人类开始迈入较为成熟的信息社会和知识经济时代。在这种情况下,企业与其面临的多样的、急剧变化的内外部环境的联系日益增强,内外部经营风险很快就会转化为财务报表错报风险。环境的快速变化使审计师逐渐认识到被审计单位并不是一个孤立的主体,而是整个社会的一个有机组成部分。如果将被审计单位隔离于其所处的广泛经济网络之外,审计师就不能有效地了解被审计单位的交易及其整体绩效和财务状况。在此背景下,传统的风险导向审计的缺陷更加明显。

(1) 固有风险难以准确评估的缺陷。审计师在运用传统风险导向审计方法时,通常难以对固有风险做出准确评估,往往将固有风险简单地确定为高水平,转而将审计资源投向控制测试(如果必要)和实质性测试。这样,审计往往采用自下而上的审计思路,因而在审计实务中有关审计资源的分配经常是面面俱到,难以突出重点,浪费有限的审计资源。

(2) 风险评估缺乏整体观。由于难以评估固有风险而有意无意把固有风险简单地确定为高水平,审计师往往不注重从宏观层面了解企业及其环境(如行业状况、监管环境及目前影响企业的其他因素;企业的性质,包括产权结构、组织结构、经营、筹资和投资;企业的目标、战略以及可能导致财务报表重大错报的相关经营风险),仅从较低层面评估风险,容易犯只见树木不见森林的错误。也就是说,传统的风险导向审计注重对账户余额和交易层次风险的评估,风险评估缺乏整体观,无法满足对财务报表审计整体审计风险的把握和控制。企业是整个社会经济生活网络的一个细胞,其所处经济环境、行业状况、经营目标、战略和风险都将最终对财务报表产生重大影响,如果审计师不深入考虑财务报表背后的东西,就不能针对财务报表项目余额得出合理的期望。

(3)审计视野过于关注内部控制,忽视外部环境的评估。传统的审计风险模型实际上是假定固有风险、控制风险和检查风险之间相互独立。但固有风险和控制风险受企业内外部环境的影响,而且两者还相互影响。随着企业与内外部环境联系紧密性不断增强,这一假设的可靠性越来越受到质疑。尤其是当企业管理当局串通舞弊时,内部控制是失效的。如果审计师不把审计视角扩展到内部控制以外,就很容易受到蒙蔽和欺骗,不能发现内部控制失效所导致的财务报表重大错报和舞弊行为。因此,受利益驱使,企业管理层的欺诈舞弊活动日益盛行,致使看似完善的内部控制制度因被管理层凌驾其上而失效甚至无效,内部控制制度的局限性明显地暴露出来。

为了避免这些缺陷致使风险增大,尤其是适应内外部环境的变化,影响财务报表风险的两大因素(固有风险和控制风险)的内涵也发生了重要变化。首先,财务报表的固有风险已经不再仅仅表现为各报表项目本身的风险,更受企业经营活动好坏以及经营目标和经营战略等商业环境与商业行为的影响。其次,内部控制制度往往由管理层制定,而管理层经常凌驾于内部控制之上,设计完善的内部控制具有很大的欺骗性,无法落地实施,会增大控制风险。为了提高风险评估的效果,审计师的视野从传统模式关注的内部控制系统和财务报表,拓展到影响它们的经营环节甚至公司战略,将审计重心前移到风险评估,审计起点前移为企业的经营战略及其业务流程,形成以重大错报风险为评估重心的现代风险导向审计。

20世纪90年代后期,国际知名会计师事务所纷纷开发和运用风险导向审计理念。安永会计师事务所开发了以"审计创新"为名的风险导向审计技术,形成了对企业经营环境进行分析的系统方法,简称BEAT(Business Environment Analysis Template),并在此基础上形成了全球审计方法(Global Audit Methodology)。普华永道会计师事务所开发了以"普华永道审计方法"为名的风险导向审计方法。德勤会计师事务所开发了以"AS/2"为名的风险导向审计方法。安达信会计师事务所开发了以"经营审计"(Business Auditing,BA)为名的现代风险导向审计技术。

现代风险导向审计也称经营风险导向审计,是指以被审计单位的战略经营风险为导向,通过"战略分析—流程分析—经营业绩评价—财务报表剩余风险分析"的基本逻辑,将会计报表重大错报风险和经营风险联系起来,从而使审计师能够从整体和更高的视角来识别与评估重大错报风险,以确定实质性程序的范围、时间和程序的审计模式。

改进后的风险导向审计方法具有以下特征:

(1)审计起点前移为企业的经营战略及其业务流程。在现代风险导向审计实务中,审计师通过"战略分析—流程分析—经营业绩评价—财务报表剩余风险分析"的基本逻辑,将会计报表重大错报风险和经营风险联系起来,从整体和更高的视角来识别与评估重大错报风险。

(2)以重大错报风险为评估重心,重视控制环境、风险评估等内部控制对财务报表重大错报风险评估的影响;反对审计资源的平均分配,反对使用标准的审计程序表,要求审计师根据重大错报风险的评估结果确定审计资源的分配,做到有的放矢,但要求审计师特别注意非常规交易和事项潜藏的风险,无论评估重大错报风险结果如何,法院都应当针对所有重大的各类交易、账户余额、列报与披露实施实质性测试。

(3) 风险评估从零散化走向结构化,审计测试程序也更加个性化。重视运用系统论、战略管理理论等分析企业整体层面的风险,考察这些风险对财务报表重大错报的影响,反对割裂主义,体现整体观、"自上而下"与"自下而上"相结合的审计思想和流程,减少遗漏重大错报的情形;同时针对不同风险的客户、客户不同的风险领域,采用个性化的审计程序,审计测试程序也更加个性化,从而克服传统审计测试的缺陷。

(4) 审计证据重点向外部证据转移。由于风险评估需要评价客户在广阔经济网络中相互联系的复杂系统,因此审计师必须从外部取得大量的证据来充分了解整体企业经营环境、评价风险评估的恰当性,并据此评估客户的经营风险及审计风险。审计师形成审计结论所依据的证据不仅包括实施控制测试和实质性测试而获取的证据,还包括了解企业及其环境而获取的证据。

(5) 信息技术的运用,极大地降低了低层次无意错误发生的可能性。2003 年 10 月,IAASB(国际审计与鉴证准则委员会)将传统风险导向模型修订为审计风险=重大错报风险×检查风险,明确规定审计工作以评估财务报表重大错报风险作为新的起点和导向。其优点是便于审计师全面掌握企业可能存在的重大风险,有利于节省审计成本,克服缺乏全面性的观点而导致的审计风险。但该模型也存在局限性:一是会计师事务所必须建立功能强大的数据库,以满足审计师了解企业的战略、流程、风险评估、业绩衡量和持续改进的需要;二是审计师(至少对审计项目承担责任的审计师)应当是复合型人才,有能力判断企业是否具备生存能力、经营计划是否合理;三是由于实施的实质性程序有限,当内部控制存在缺陷而审计师没有发现或测试内部控制不充分时,审计师承担的审计风险就会大大增加。

二、风险导向审计准则的演变和修订

20 世纪 90 年代后期,大型会计师事务所倡导现代风险导向审计,并在其内部逐步推行。当时的监管者表达了对大型会计师事务所重塑审计方法的担忧。1988 年 10 月,SEC(美国证券交易委员会)首席会计师特纳(Turner)写信给美国注册会计师协会审计和鉴证准则主管,还批评大型会计师事务所重塑审计方法更多地依赖以分析性程序为主的风险评估,而不是实质性的细节测试。应 SEC 的要求,1988 年,POB(公众监督委员会)组建了审计效果研究项目组;2000 年秋,该研究项目组发布了《审计效果研究组:报告与建议》,与审计师进行讨论、对审计工作底稿进行复核,认为新的审计方法虽然尚未被普遍采用,但可以极大地提高审计效率。

1999 年,英国、美国、加拿大的准则制定者和学术界专家组成了联合工作组。该联合工作组采用实地访谈和问卷调查的方式,探讨实务中开始逐步推广的现代风险导向审计的运用及其影响;2000年5月,联合工作组发布了《大型会计师事务所审计方法的发展》,认为有足够理由支持现代风险导向审计方法是一种区别于传统风险导向审计的新方法,尽管在运用中存在差别,但大型会计师事务所的基本认识是一致的。最后,联合工作组建议准则制定者修改相关准则,推动新的、升级的审计方法的运用。2000年7—8月,IAASB在联合工作组及ASB(审计准则委员会)的建议下,成立了风险分析联合项目组,对新的审计方法进行了研究。研究认为,新的升级方法可以提高审计效率。2002年,为适应新的审计方法的需要,IAASB和ASB都修订了相关审计准则并发布了征询意见稿。IAASB发布的新的风险导向审计准则迅速被英国、加拿大等国家接受。2004年,在历经多方争论、调研的基础上,IAASB将现代风险导向审计的基本原理纳入国际审计准则体系,加速和推动了现代风险导向审计在全球的盛行和实施。

与原审计准则相比,风险导向审计准则体现出以下特点:

(1) 要求审计师必须了解被审计单位及其环境。审计师了解被审计单位及其环境,包括内部控制,可以为识别财务报表层次,以及各类交易、账户余额和列报认定层次重大错报风险提供更好的基础。

(2) 要求审计师在审计的各个阶段都要实施风险评估程序。审计师应当将识别的风险与认定层次可能发生错报的领域相联系,实施更为严格的风险评估程序,不得未经过风险评估而直接将风险设定为高水平。

(3) 要求审计师将识别和评估的风险与实施的审计程序挂钩。在设计和实施进一步审计程序(控制测试和实质性程序)时,审计师应当将审计程序的性质、时间和范围与识别、评估的风险相联系,以防止机械地利用程序表从形式上迎合审计准则对审计程序的要求。

(4) 要求审计师针对重大的各类交易、账户余额和列报实施实质性程序。审计师对重大错报风险的评估是一种判断,被审计单位内部控制存在固有限制,无论评估的重大错报风险结果如何,审计师都应当针对重大的各类交易、账户余额和列报实施实质性程序,不得将实质性程序只集中在例外事项上。

(5) 要求审计师将识别、评估和应对风险的关键程序形成审计工作记录,以保证执业质量、明确执业责任。

审计风险准则的出台,有利于降低审计失败发生的概率,增强社会公众对审计行业的信心;有利于严格审计程序,识别、评估和应对重大错报风险;有利于明确审计责任,实施有效的质量控制;有利于促使审计师掌握新知识和新技能,提高整个行业的专业水平。同时,审计风险准则对审计师风险评估程序,以及依据风险评估结果实施进一步审计程序的影响很大,影响到审计工作的各个方面。

2009年IAASB完成明晰项目(Clarity Project)准则,对国际审计准则做出了重大修订。为了实现我国审计准则与国际准则的持续全面趋同,同时解决我国审计实务中出现的新问题,进一步规范审计师的执业行为,2009 年中国审计师协会启动了审计准则修订工作,主要针对与国际审计准则明晰项目对应的准则,包括 33 项审计准则(按照明晰项目重组为 36 项)和 1 项会计师事务所质量控制准则,以及我国特有的 1 项审计准则。修订后的审计准则体系于 2010 年 11 月颁布,自 2012 年 1 月 1 日起实施。修订后的审计准则实现了与国际审计准则的持续全面趋同。

2010 年 11 月 10 日,中国审计准则委员会与 IAASB 再次签署联合声明,宣布我国修订发布的新审计准则与明晰化后的国际审计准则实现实质性趋同,并认为中国在国际趋同方面做出的巨大努力和取得的重大进展充分展现了中国政府及会计职业界超凡的决策与组织实施能力,为发展中国家和经济转型国家树立了典范。

综上所述,现代风险导向审计源于变迁社会中审计期望差距的客观存在,始于实务界的探索与运用,正式确立于监管者的准则颁布。监管者从担忧、质疑到调查研究,再到接受肯定,最终到制定准则的过程,显示了理论界和实务界对风险导向审计认识趋同的过程。

第二节 风险识别和应对的全过程

导读 2-2

银广夏事件:风险导向审计引入中国的导火线

扫二维码获取详细资料:银广夏事件:风险导向审计引入中国的导火线

从银广夏事件中,我们认识到风险导向审计在实践中必须被实质性地执行,才能防范审计风险,提高审计质量。我们基于识别和应对风险的审计全过程(见图 2-1),认识风险导向审计运用技巧。

一、风险评估总流程

风险评估程序是指审计师为了解被审计单位及其环境(包括内部控制),识别与评估财务报表层次和认定层次的重大错报风险(无论是舞弊还是错误导致的)而实施的审计程序。审计师实施风险评估程序,目的是识别与评估财务报表层次和认定层次的重大错报风险,从而为设计和实施针对评估的重大错报风险而采取的应对措施提供基础。风险评估程序虽然本身并不能为形成审计意见提供充分、适当的审计证据,但贯穿于整个审计过程。风险评估总流程如图 2-2 所示。

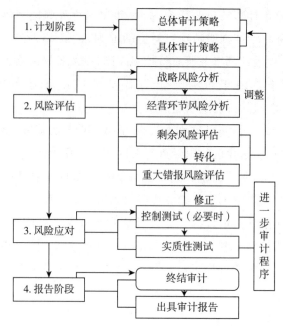

图 2-1 识别与应对风险的审计全过程

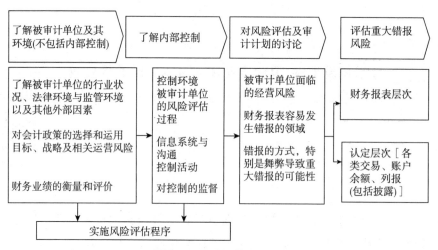

图 2-2 风险评估总流程

理论上,财务报表重大错报风险只是企业战略与经营环节风险的一种副产品,由未经控制(未被控制程序发现、纠正与阻止)的剩余风险转化而来。剩余风险是形成重大错报风险的直接源泉,剩余风险转化为重大错报风险的路径与机制为审计人员评估财务报表重大错报风险提供了一个新的视角。

在现代风险导向审计实务中,审计人员没有办法完全量化剩余风险向重大错报风险转化的程度,在很多情形中对这种转化程度的评估是一种职业判断,它与公司的性质、战略风险的类型及其与财务报表认定的相关性有关。一般认为,影响剩余风险转化为重大错报风险的程度主要有以下几个方面:

（1）被审计单位所处的外部环境的性质；
（2）被审计单位的竞争优势的特点；
（3）被审计单位经营管理人员的品行、能力与文化；
（4）容易产生错误和舞弊的账户或交易的数量与范围；
（5）利用专家工作结果予以佐证的重要交易或事项的复杂程度；
（6）确定账户金额时，需要运用估计和职业判断的程度；
（7）资产的性质与特征，其是否容易遭受损失或被挪用；
（8）是否基于各种压力导致临近会计期末更多地发生异常及复杂的交易；
（9）公司与业务的性质是否容易导致被漏记的交易或事项。

在大数据时代，包括转化程度评估在内的审计职业判断可能会慢慢演变为一种基于大数据的精算，这正是分析性程序慢慢成为"实质性分析程序"的原因。针对不同战略风险类型的转化程度的深入研究，可以使得审计师对重大错报风险的评估更加接近企业真实的错报风险，从而使得审计计划的风险应对程序（控制测试与实质性程序）的性质、时间和范围更为恰当，从而使审计效率和效果达到一种最佳的平衡。

二、风险评估的技巧

根据现代风险导向审计模型，重大错报风险系由未经控制的战略与经营环节风险（剩余风险）转化而来。因此，审计人员面临的审计风险与企业的战略风险、经营环节风险、剩余风险及重大错报风险是不可分割的，它们都是审计风险直接或间接的来源。审计人员应当对来自企业所处的宏观社会经济环境、行业环境、公司内部环境（战略目标和措施）、影响企业目标实现的业务活动和关键经营环节的风险、剩余风险以及重大错报风险进行深入的分析与评估。

审计人员应当充分认识到：审计风险直接来自企业财务报表的重大错报风险，而财务报表的重大错报风险则间接来自整个企业的战略风险、经营环节风险以及未被有效控制的剩余风险。作为风险评估的一部分，如果认为仅通过实质性程序获取的审计证据无法应对认定层次的重大错报风险（将认定层次的重大错报风险降至可接受的低水平），注册会计师就应当评价被审计单位针对这些风险设计的控制系统，并确定其执行情况。

以下我们用一个实例来说明风险评估的具体操作。

晋美公司的风险评估

晋美药业股份有限公司（以下简称"晋美公司"）是一家现代化大型医药上市公司，主要从事化学原料药、医药制剂和医疗器械的研发、生产与销售，主要产品为治疗心血管疾病、慢性肝炎和泌尿系统疾病的药物，其中12种药品被认定为新药。晋美公司所有生产线和药品均通过GMP认证。为扩大经营规模，晋美公司于2019年进行再融资。

2018年年初,由于竞争对手推出了疗效更好的替代药物,晋美公司一款治疗泌尿系统疾病的主要产品——U药品的销售额大幅下降,晋美公司2018年第一季度营业收入远低于预期。为了扭转颓势,2018年6月晋美公司召开临时股东大会,批准更换了管理层,向新管理层下达了2018—2019年销售额增长不低于20%的目标,并出台了相应的激励措施。

晋美公司新管理层上任后,对营销模式进行了一系列调整,包括:在国内若干大中型城市增设销售办事处并设立周转仓库;增聘营销人员,提高营销费用标准,由营销人员负责相关营销费用的经费申请、使用和报销。2018年下半年,晋美公司国内药品销售额快速增长。为了进一步开拓欧洲市场,2018年8月,晋美公司与一家欧洲著名的药品流通企业——斯瑞公司签订了代销协议,欧洲地区的销售额取得了较快增长,但出口销售回款的速度较慢。

受到2018年上半年主要原材料涨价的影响,晋美公司主要产品的生产成本出现了较大幅度的上升。

2018年晋美公司为研发治疗慢性肝炎的药物投入了较多经费,同时也获得了大量的政府补助。

2018年7月,证券监管机构对晋美公司开展专项检查,发现晋美公司的大股东国营健康制药厂存在通过"虚构销售交易收取晋美公司预付货款"的方式变相占用上市公司资金的情况,责令晋美公司进行整改。2018年年底,晋美公司向证券监管机构提交了整改报告,称已经完成了大股东占用资金的清理工作。

为了加强内部审计工作,晋美公司于2018年专门成立了内部审计部,内部审计部直接向晋美公司总经理汇报工作。内部审计部有5名工作人员,其中专职人员3名、财务部兼职人员2名。

分析:

1. 可能引发财务报表层次重大错报风险及舞弊风险的因素有:

(1)未来的融资条件。晋美公司拟于2019年进行再融资,可能为了满足再融资条件中的财务指标要求而粉饰财务报表。

(2)开发新产品。晋美公司在研发方面投入较大,正在研发治疗慢性肝炎的新药,新药能否成功存在较大的不确定性,对财务报表整体可能存在影响。

(3)管理层更换。由于原有主要产品销售业绩下滑,2018年度还更换了公司的管理层。新管理层可能会变更会计政策或会计估计,进而影响财务报表。

(4)调整营销模式。晋美公司2018年调整了营销模式,可能影响晋美公司内部控制的设计和执行,进而影响财务报表。

(5)原材料价格上涨。主要原材料价格上涨,对晋美公司的生产销售带来不利影响,可能影响财务报表。

(6)大股东诚信和关联交易。证券监管机构对晋美公司的专项检查发现公司存在大股东的诚信和关联交易问题,可能对晋美公司的财务报表产生影响。

（7）公司内部治理的问题。内部审计部和人员直接向总经理汇报工作缺乏独立性。

（8）对新管理层的激励政策。晋美公司对新管理层的激励政策以经营业绩为基础，可能对新管理层形成较大的压力。

2. 针对识别晋美公司2018年度财务报表认定层次存在的重大错报风险

（1）晋美公司2018年度发生较多的研究开发支出，对于资本化的开发阶段支出，存在未能满足会计准则对开发支出资本化条件，例如风险财务报表"开发支出/无形资产"的"存在"认定，财务报表"管理费用"的"完整性"认定。

（2）晋美公司2018年度获得大量的政府补助，存在未能按照会计准则在财务报表上准确列报及结转损益的风险，例如财务报表"递延收益"的"存在""计价和分摊""完整性"认定，财务报表"营业外收入"的"发生""准确性""完整性"认定。

（3）晋美公司2018年调整原有营销模式，增加销售办事处并设立周转仓库，增加销售人员的数量、提高营销费用标准，加大了公司经营业绩压力，存在未能按会计准则在财务报表正确列报和确认销售费用的风险；办事处众多并设立仓库，致使存货分散，存货管理方面的风险较高，例如财务报表"销售费用"的"发生""完整性"和"截止"认定，财务报表"存货"的"存在"和"完整性"认定，财务报表"其他应收款"的"存在"的认定。

（4）晋美公司境外销售额增长，但是回款速度较慢，应充分考虑欧洲债务危机带来的负面影响，存在应收账款可回收性的问题以及坏账准备计提不充分的风险，例如财务报表"应收账款"项目的"计价与分摊"认定。

由于向新管理层下达了2018—2019年销售额增长不低于20%的目标，同时利用海外代理机构以代销方式进行销售，存在"营业收入"不符合会计准则规定的销售确认条件的风险，例如财务报表"营业收入"项目"发生"的认定。

（5）晋美公司2018年度被证券监管机构检查，发现其存在大股东占用上市公司资金的情况，虽然晋美公司声称已改正，但仍应关注虚构预付账款实为大股东占用资金的风险，例如财务报表"预付账款"项目"存在""权利与义务"认定。

上述已识别出晋美公司收入、成本和费用的风险大，不宜将重要性水平从5%提升到10%。

三、风险应对的审计策略选择

在识别和评估风险以后，有必要应对识别出的风险，主要包括针对财务报表层次的总体应对措施和针对认定层次的进一步审计程序。进一步审计程序相对于风险评估程序而言，是指注册会计师针对评估的各类交易、账户余额和披露认定层次重大错报风险实施的审计程序，包括控制测试和实质性测试。风险评估与进一步审计测试的逻辑关系如图2-3所示。

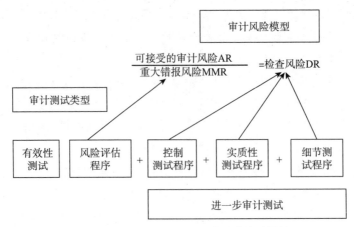

图 2-3 风险评估与进一步审计测试的逻辑关系

（一）总体应对措施

针对评估的财务报表层次重大错报风险，审计师应当采取的总体应对措施包括：

（1）向项目组强调在收集和评价审计证据的过程中保持职业怀疑态度的必要性；

（2）分派更有经验或拥有特殊技能的审计师，或利用专家的工作；

（3）提供更多的督导；

（4）在选择进一步审计程序时，应当注意使某些程序不被管理层预见或事先了解；

（5）对拟实施审计程序的性质、时间和范围做出总体修改。

（二）综合性审计方案和实质性审计方案的选择

根据公司具体情况进行风险评估，在识别出重大错报风险后，根据风险水平和是否信赖被审计单位内部控制，决定进一步审计测试的性质、时间和范围，选择综合性的审计方案或者实质性的审计方案。在综合性的审计方案中，不执行控制测试，但要了解内部控制。从成本考虑，实质性审计方案比综合性审计方案更费时费力，但这里有一个辩证关系，也就是尽管审计师要考虑成本效益原则，但不能以取证的难易程度或成本的高低作为减少不可替代审计程序的理由。要降低检查风险，审计师必须执行有效的审计测试，以风险为导向实施的有效测试包括：①风险评估，这是贯穿于整个审计过程都要做的程序，是必备的程序；②控制测试程序，这是可选择的，信赖内部控制或者仅仅执行实质性测试不足以获取充分适当的审计证据时才执行该程序；③实质性测试，包括实质性分析程序和细节测试，这是在整个审计中都要执行的审计程序。

审计实务中，在针对特殊风险实施实质性测试时，由于实质性分析程序不能单独应对特殊风险，审计师应当实施细节测试，或者将实质性分析程序与细节测试相结合。

如果通过实质性程序无法应对重大错报风险，审计师应当考虑信赖相关控制的有效性，并对其进行了解、评价和测试。

(三) 实施进一步审计测试

1. 控制测试

在测试所选定控制的有效性时,注册会计师应当根据与控制相关的风险,确定所需获取的审计证据。与控制相关的风险越高,注册会计师需要获取的审计证据就越多。与控制相关的风险包括一项控制可能无效的风险,以及如果该控制无效,可能导致重大缺陷的风险。测试控制有效性的审计程序类型有询问、观察、检查、重新执行和穿行测试。控制测试的定义和运用举例如表2-1所示。

表 2-1 控制测试

程序	定义	组合运用举例
询问	向被审计单位适当员工询问,获取与内部控制运行相关的信息	(1) 本身并不足以测试控制运行的有效性; (2) 将询问与其他审计程序结合使用,以获取有关控制运行有效性的审计证据; (3) 在询问过程中,应当保持职业怀疑态度
观察	测试不留下书面记录的控制(如职责分离)运行情况的有效方法	(1) 观察所提供的证据仅限于观察发生的时点; (2) 本身不足以测试控制运行的有效性; (3) 也可应用于实物控制,如查看仓库门是否锁好,或者空白支票是否妥善保管; (4) 通常情况下,通过观察直接获取的证据比间接获取的证据更可靠; (5) 还要考虑所观察到的控制程序在审计师不在场时可能未被执行的情况
检查	对于运行情况留有书面证据的控制,检查非常适用	书面说明、复核时留下的记号、其他记录在偏差报告中的标志都可以被当作控制运行情况的证据。例如,检查销售发票是否有复核人员签字,检查销售发票是否附有客户订购单和出库单等
重新执行	通常只有当询问、观察和检查程序结合在一起仍无法获得充分的证据时,才考虑利用重新执行来证实控制是否有效运行	重新执行主要是确定内部控制的有效性。如果需要进行大量的重新执行,应当考虑实施控制测试以缩小实质性程序的范围是否有效。将询问与检查或重新执行结合使用,通常比仅实施询问和观察能够获取更高的保证
穿行测试	穿行测试是指追踪某笔交易从发生到最终被反映在财务报表中的整个处理过程	(1) 穿行测试通常是评价控制设计的有效性以及确定控制是否得到执行的有效方法; (2) 穿行测试是多种审计程序的综合运用; (3) 穿行测试主要是了解内部控制的流转过程,并基于对这个流转过程的了解掌握相关内部控制的具体情况; (4) 穿行测试主要用于风险评估程序,不排除用于控制测试,但不能直接发现金额上的错报,不能用于实质性程序

2. 实质性测试

实质性测试包括细节测试和实质性分析程序。

（1）细节测试是对各类交易、账户余额和披露的具体细节进行测试，目的在于直接识别财务报表认定是否存在错报。细节测试被用于获取与某些认定相关的审计证据，如存在、准确性、计价等，审计师应当根据不同认定层次的重大错报风险设计有针对性的细节测试。

（2）实质性分析程序从技术特征上讲仍然是分析程序，主要是通过研究数据间关系来评价信息，将该技术方法运用于实质性程序，以识别各类交易、账户余额和披露及相关认定是否存在错报。实质性分析程序通常更适用于在一段时间内存在可预期关系的大量交易。在实施实质性分析程序时，如果使用被审计单位编制的信息，那么应当考虑测试与信息编制相关的控制，以及这些信息是否在本期或前期经过审计。此时应当考虑的因素包括：①对特定认定使用实质性分析程序的适当性；②对已记录的金额或比率做出预期，分析所依据的内部或外部数据的可靠性；③预期的准确程度是否足以在审计计划的保证水平上识别重大错报；④已记录金额与预期值之间可接受的差异额。

由于细节测试和实质性分析程序的目的与技术手段存在一定差异，各有不同的适用领域。审计师应当根据各类交易、账户余额和披露的性质选择实质性分析程序的类型。细节测试适用于对各类交易、账户余额和披露认定的测试，尤其是对存在或发生、计价认定的测试；对于在一段时间内存在可预期关系的大量交易，审计师可以考虑实施实质性分析程序。具体层面的实质性测试内容如表2-2所示。

表2-2　具体层面的实质性测试

程序	定义	方向或适用性
检查	检查是指审计师对被审计单位内部或外部生成的，以纸质、电子或其他介质形式存在的记录和文件进行审查，或者对资产进行实物审查	检查程序具有方向性，即"顺查"和"逆查"
观察	观察是指审计师查看相关人员正在从事的活动或实施的程序	观察程序具有方向性，即从账面观察到实物或过程；反之，则从实物或过程观察到账面

(续表)

程序	定义	方向或适用性
询问	询问是指审计师以书面或口头方式,向被审计单位内部或外部的知情人员获取财务信息和非财务信息,并对答复进行评价的过程	询问方法获取审计证据的特征: (1)知情人员对询问的答复可能给审计师提供尚未获悉的信息或佐证证据; (2)对询问的答复也可能提供与审计师已获取的其他信息存在重大差异的信息; (3)对询问的答复为审计师修改审计程序或实施追加的审计程序提供了基础; (4)在询问管理层意图时,获取的支持管理层意图的信息可能是有限的; (5)针对某些事项,审计师可能认为有必要向管理层和治理层(如适用)获取书面声明,以证实其对口头询问的答复; (6)审计师以书面或口头方式,向被审计单位内部或外部的知情人员获取财务信息和非财务信息,并对答复进行评价的过程
函证	函证是指审计师直接从第三方(被询证者)获取书面答复以作为审计证据的过程,书面答复可以采用纸质、电子或其他介质等形式	函证适用情形: (1)当针对的是与特定账户余额及其项目相关的认定时,函证常常是相关的程序; (2)函证不必仅仅局限于账户余额,还适用于对协议和交易条款进行函证; (3)函证程序还可以用于获取不存在特定情况的审计证据
重新计算	重新计算是指审计师对记录或文件中的数据的准确性进行核对,重新计算可通过手工或电子方式进行	
分析程序	分析程序是指审计师分析不同财务数据之间以及财务数据与非财务数据之间的内在关系,对财务信息做出评价	分析程序适用情形 (1)分析不同财务数据之间的内在关系,对财务信息做出评价; (2)分析财务数据与非财务数据之间的内在关系,对财务信息做出评价; (3)分析已识别出的、与其他相关信息不一致或与预期差异重大的波动或关系

针对晋美公司案例,识别晋美公司 2018 年度财务报表认定层次存在的重大错报风险,应对风险的进一步审计程序如下:

(1)针对晋美公司 2018 年度发生的较多的研发支出。对于资本化的开发阶段支出,存在未能满足会计准则对开发支出资本化条件的风险,应实施的审计程序包括:向有关技术人员了解各项研发项目的进展;检查管理层编制的有关可行性报告和研发项目预算等文件资料;检查管理层对研发支出在研究阶段和开发阶段的划分是否正确;检查开发支出是否满足会计准则关于开发支出资本化条件的有关规定;检查各项支出是否与研发直接相关。

(2) 针对晋美公司2018年度获得大量的政府补助,存在未能按照会计准则在财务报表上准确列报及结转损益的风险,应实施的审计程序包括:检查政府补助的有关文件;检查将政府补助划分为与资产相关的政府补助或与收益相关的政府补助是否准确;检查将政府补助结转损益时是否满足有关条件。

(3) 针对"销售费用"风险,应实施的审计程序包括:进行分析性复核,分析销售费用中主要项目的发生额占营业收入的比率,判断其变动的合理性并与前期进行比较;检查销售费用各明细项目,如广告费、宣传费、销售佣金支出等是否符合有关规定,审批手续是否健全,是否取得了有效的原始凭证;实施销售费用的截止测试程序,确定销售费用的归属期是否正确。

(4) 针对"存货"风险,应实施的审计程序包括:了解存货分布场所以及相关的存货核算方式;与管理层讨论目前的存货盘点状况,参与各主要销售办事处存货盘点的监盘工作,加大抽盘比例。

(5) 针对"其他应收款"风险,应实施的审计程序包括:了解与销售人员借款相关的核算方式;对主要销售人员借款进行函证,对未回函或回函不一致的项目实施严格的替代程序;分析与年初相比的变动情况,了解变动原因并检查其合理性;实施账龄分析,关注账龄长的借款项目。

(6) 针对"应收账款"风险,应实施的审计程序包括:应收账款余额账龄分析,重点关注账龄较长以及超过信用期限的外销项目之坏账准备计提的充分性;应收账款余额函证程序,加大对外销应收账款的函证范围以及未回函项目的替代测试程序;评价计提坏账准备的资料、假设和方法,重点逐项评估外销大额应收账款坏账准备计提的充分性;检查期后收款情况。

(7) 针对"营业收入"风险,应实施的审计程序包括:检查当期销售合同,包括境外代销机构的合同;重点检查通过境外代销机构销售的代销清单,以及是否有最终客户确认的书面依据,必要时发询证函予以确认,以证实外销是否符合销售收入确认的条件。

(8) 针对"预付账款"风险,应实施的审计程序包括:分析预付账款账龄及余额构成,特别关注账龄时间长的或与关联交易相关的大额项目,了解相关款项是否根据有关合同进行支付;选择大额或与关联交易相关的预付账款,函证其余额和交易条款;检查资产负债表日后的预付账款、存货及在建工程明细账,并检查相关凭证,核实期后是否实际收到实物并转销预付账款,分析资产负债表日预付账款的存在。

知识要点

账项基础审计　制度基础审计　风险导向审计　现代风险导向审计　风险评估　风险应对　综合性审计方案　实质性审计方案　特殊风险应对

行动学习

审计是"高尚的职业"还是唯利是图的生意？

有人认为，风险导向审计可能使审计由一门高尚的职业（其精髓由专业判断和公众责任组成）沦为一种唯利是图的生意（其核心是风险和报酬的权衡与抉择）。在民事赔偿机制不健全或赔偿风险可以转嫁（如职业保险）的环境下，风险导向审计可能诱导不遵守职业道德的审计师为节约审计成本而不惜牺牲审计质量，从而将会计师事务所变成专门对公司经营失败承担保险责任的保险公司，将审计收费变成保险费用。这样的理念，与审计师这种高尚职业的基本要求相去甚远。有人认为，只有风险导向审计才能有效发现客户存在的经营风险和舞弊风险，从而实施个性化的审计程序以发现客户存在的重大错报，但仅有实质性测试是远远不够的，风险导向审计不是用来偷工减料，而是用来在保障提高审计质量的前提下降低审计成本。

质疑和讨论：

结合大家的看法，你如何认识风险导向审计？

案例分析

万福生科财务造假与审计失败

一、造假案发

2012年8月，湖南证监局上市公司检查组对万福生科进行上市后的例行现场检查，发现万福生科2012年半年报预付账款存在重大异常：公开披露的资产负债表显示，预付账款余额为1.46亿元，而科目余额表显示，万福生科预付账款余额超过3亿元，预付账款账表不符。财务总监解释称，为了让报表好看一点，将部分预付账款重分类至在建工程等其他科目；但检查组出于职业敏感，意识到作为一家粮食精加工企业，万福生科采购的生产用原材料是稻谷。通常来讲，这类企业与农户结算时采取现结方式，而财报中出现这么大数额的预付账款，显得十分不符合常理。另外，万福生科2012年上半年曾经停产，企业在停产期间还能产生高额预付账款，这引起检查组的关注。

检查组立即追查到银行以追踪资金真实去向，而银行真实的资金流水显示，账列预付8 036万元设备款根本就没有转给供应商（法人），而是转给自然人；再进行对比追查，发现下游回款根本不是客户（法人）转进来的，而是自然人转进来的。检查组发现万福生科银行回单涉嫌造假重大违法事实之后，湖南证监局立即于2012年9月14日宣布对其立案调查。案情上报后受到中国证监会的高度重视，9月17日中国证监会稽查总队宣布对其立案调查。在铁的事实面前，万福生科财务总监无奈交出私人控制的56张个人银行卡，稽查大队又在现场截获存有2012年上半年真实收入数据的U盘，由此揭开一个伪造银行回单14亿元、虚构收入9亿多元的惊天大案。

二、万福生科上市过程及其造假流程

万福生科(湖南)农业开发股份有限公司(股票代码300268,简称万福生科)前身系湖南省桃源县湘鲁万福有限责任公司,于2003年5月8日在桃源县工商行政管理局登记注册,注册资本300万元,分别由龚永福和杨荣华以实物资产各出资150万元,龚永福和杨荣华为夫妻关系,法定代表人为杨荣华。公司注册地址为湖南省常德市桃源县陬市镇下街。从2005年4月至2009年9月24日,经过多次增资及股权变动,万福生科的注册资本增至2 488.181万元,资本公积增至6 617.419万元,经营范围变更为:收购、仓储、销售粮食;加工、销售大米、饲料;生产、销售高麦芽糖浆、麦芽糊精、淀粉、淀粉糖、糖果、饼干、豆奶粉;生产、销售稻壳活性炭、硅酸钠、油脂;畜牧养殖加工。

2008年,常德市新一届领导班子出于对多年没有公司上市的"紧迫感",希望挑选市内20家资质较好的企业进入上市企业后备资源库,并尽快扶持上市,以带动地方经济发展。万福生科成为"上市后备企业",常德市政府兑现了多项奖励措施和优惠政策。万福生科以"粮食加工农业企业"的特殊身份,不仅享受增值税零税率的待遇,还享受国家和地方政府对粮农企业的财政补贴。2008—2010年,万福生科分别获得政府免税补贴82.18万元、540.58万元和775.30万元。2016年,上至湖南省政府,下到桃园县政府,万福生科获得各种补贴共达19项,总金额达869万元,仅桃源县财源建设领导小组财源建设基金给予万福生科的补贴就高达260万元。在各方面的大力扶持下,2016年9月27日,万福生科在创业板成功挂牌上市,发行价25元/股,当天报收29.04元/股。发行上市后,万福生科注册资本变更为6 700万元。万福生科发行募集资金总额为4.25亿元,扣除发行费用3 000万元,实际募集资金净额为3.95亿元。

万福生科的造假模式是将公司的自有资金转到体外循环账户,同时虚构粮食收购和产品销售业务,虚增销售收入和利润。为完成资金体外循环,万福生科借用一些农户的身份证去开立银行账户,并由万福生科控制使用,有些个人银行账户甚至连农户本人都不知道。具体流程是:首先把自己账上的资金转到其控制的个人账户上去,同时在财务上记录粮食收购预付款,相应做粮食收购入账,完成原材料入账;然后把这些实际控制的个人账户的钱,以不同客户回款的名义分笔转回到公司的账户上,财务上相应地做这些客户的销售回款冲减应收账款,相应做客户销售收入等账目,利用资金循环达到虚增销售收入的目的。

在资金循环过程中,万福生科除伪造大量的银行凭证,还使用现金存取的方式,整个造假流程都有真实的购销合同、入库单、检验单、生产单、销售单、发票等"真实"的票据和凭证加以对应,如果把其中的某张单据单独拿出来,形式上是没有问题的,但实际上该笔业务是虚假的。万福生科利用多个个人账户、多次现金存取、伪造银行凭证、账套流水与银行账户流水一一对应虚构业务的整个造假流程很逼真,很难辨别。

三、中国证监会的查证

2012年9月14日,中国证监会正式开始立案稽查。中国证监会稽查总队组建了一支30多人的调查队伍,稽查组用3个多月完成对万福生科2008年以来财务数据的现场调查。对于虚增主营业务收入和利润这个关键问题,稽查组分银行资料调查、外围调查(以下简称"外调")两个小组同步开展调查。

银行组调取与万福生科客户回款有关的所有银行流水和凭证,确认每一笔相关资金的确切来源与去向。据稽查组负责人回忆,调查过程中发现了万福生科为造假掩人耳目所采取的小伎俩。比如,一笔资金在银行柜台现存现取,从A柜台取出,再从B柜台存进,人为割裂资金流向;再如,一些转款通过刷公司自己装的POS机转回账户,银行确认这种资金来源的难度很大,稽查人员需要协调银联调取相关数据。在整个银行资料调查过程中,稽查人员共追查了300多个账户、超过10万笔流水。

外调组同时调查了万福生科的销售客户和采购农户,目的是了解公司真实的销售数额与原材料收购规模。在历时两个多月的外调过程中,稽查人员共走访调查50多家客户,发现两类问题客户:一类是万福生科曾经的客户,交易发生时间不在万福生科上市发行期内;另一类是根本就不存在的客户,包括一些几年前已注销或关闭的小公司,万福生科居然把它们生生搬来冒充自己的客户。在稽查过程中,万福生科也向一些客户打过招呼,可想不到的是,万福生科财报上的数额假得太离谱,即使客户虚报数额"帮忙"隐瞒,其数额依旧高得令人难以企及。稽查组负责人说:"有些农户根本不知道万福生科为他们开立了银行账户,而另一些甚至根本不是粮食经纪人,而是万福生科公司的职工或职工远房亲戚等。"

稽查组最终掌握了667卷共15万余页的证据,查证万福生科2008—2010年分别虚增销售收入1.2亿元、1.5亿元和1.9亿元,虚增利润合计近1.13亿元。另外,万福生科上市后的2016年财报和2012年半年报同样存在虚假记载的情况,上述两个报告期分别虚增销售收入2.8亿元和1.65亿元,虚增利润合计超过1亿元。

四、审计师审计失败

担任万福生科IPO审计的审计师是中磊会计师事务所有限责任公司(以下简称"中磊所"),注册地在北京,并在江西、浙江、广西、吉林、上海、河北、山东、湖南、山西、陕西、广东、香港等地设有分所。2012年以前,中磊所的业务收入和审计师人数曾连续三年位居中国审计师协会公布的会计师事务所全国百家排行榜前50强。在2016年的审计机构业务排行榜中,IPO业务方面,中磊所在65家会计师事务所中排第15位,承接了包括万福生科在内的7单IPO审计项目。中磊所承办万福生科IPO审计失败主要表现在:

1. IPO审计阶段风险评估程序缺乏

(1)万福生科所处的稻米加工行业早在2009年就开始发生重大变化,全国大米加工企业因原材料供应不足而爆发了大面积停产危机,但万福生科在招股说明书中对2012年上半年由断粮危机造成的停产只字未提。对此,中磊所没有充分关注万福生科所处行业的重大变化,识破其原材料供应谎言,未有效识别和评估重大错报风险。

(2)2008—2010年,万福生科淀粉糖毛利率分别高达27.7%、29.39%和28.13%,这与生产同类产品的公司相比,在核心产品、营运能力、资本结构方面皆远不如江西恒天的情形下,万福生科实现的净利润是竞争对手的3倍。对此,中磊所缺乏必要的关注。

(3) 虽然中磊所2016年报审计时也对8 036万元预付设备款进行了供应商访谈、函证和拍照,但并没有深入实施重大错报风险评估和分析程序。

2. IPO审计阶段函证程序缺失

中磊所及其审计师在审计万福生科IPO财务报表的过程中,未对万福生科2008年年末、2009年年末的银行存款、应收账款余额进行函证,也未执行恰当的替代审计程序。其中,银行存款函证程序的缺失,导致中磊所未能发现万福生科虚构一个桃源县农信社银行账户的事实,万福生科2008年以该银行账户虚构资金发生额2.86亿元,其中包括虚构收入回款约1亿元;应收账款函证程序的缺失,导致中磊所未能发现万福生科2008年、2009年虚增收入的事实。

中磊所及其审计师在对万福生科2010年年末和2016年6月30日的往来科目余额进行函证时,未对函证实施过程保持控制。中磊所审计工作底稿中部分询证函回函上的签章并非被询证者本人的。上述程序缺陷,导致中磊所未能发现万福生科2010年、2016年上半年虚增收入和采购的事实。

3. IPO审计阶段未对评估的重大错报风险实施恰当的审计程序

中磊所及其审计师在评估万福生科舞弊风险时,认为其管理层为满足上市要求和借款融资需求,有粉饰财务报表的动机和压力。在已识别出包括营业收入、应收账款、预付账款等在内的重大错报风险领域的情况下,中磊所及其审计师未实施有效的进一步审计程序。

要求:

1. 结合中国证监会对万福生科的查证以及审计师审计失败,分析审计师审计失败的原因及其规避措施。

2. 针对万福生科利用资金体外循环,并"一条龙"利用多个个人账户、多次现金存取、伪造银行凭证、账套流水与银行账户流水一一对应虚构业务的整个造假流程,分析审计师在识别和应对重大错报风险时应当注意的事项。

3. 结合万福生科官网上的相关信息披露(招股说明书、财务报告、内部控制报告、管理层报告)等资料,利用了解被审计单位基本情况的七个步骤,对万福生科IPO审计进行完整的风险评估。

补充阅读

陈汉文、韩洪灵:《审计理论与实务》,北京:中国人民大学出版社,2019年版。

李晓慧:《风险管理框架下审计理论与流程研究》,大连:东北财经大学出版社,2009年版。

李晓慧:《审计专题教学案例精选》,北京:经济科学出版社,2014年版。

李晓慧、郑海英:《审计教学案例精选》,北京:北京大学出版社,2018年版。

第三章

审计报告准则及其具体运用

学习目的

1. 了解审计报告准则改革的背景和意义
2. 掌握关键审计事项的决策框架
3. 掌握关键审计事项的沟通要求
4. 熟悉新版审计报告准则的优先原则
5. 针对关键审计事项披露中存在的问题,思考应如何改进

第一节 审计报告准则改革的背景与内容

导读3-1

伊力特的关键审计事项披露

伊力特(600197)2017年度审计报告中披露的关键审计事项如下:

关键审计事项是我们根据职业判断,认为对本期财务报表审计最为重要的事项。这些事项的应对以对财务报表整体进行审计并形成审计意见为背景,我们不对这些事项单独发表意见。

关键审计事项	该事项在审计中是如何应对的
收入确认	
请参阅财务报表附注"三、重要会计政策及会计估计"(二十四)所述的会计政策及"六、合并财务报表主要项目注释" (1)伊力特主要从事白酒的生产和销售。	相关的审计程序包括但不限于: (1)了解和评估管理层与白酒销售收入确认相关的内部控制的设计,并测试关键控制执行的有效性。

（续表）

关键审计事项	该事项在审计中是如何应对的
（2）2017年，伊力特营业收入为191 881.27万元，其中白酒销售收入占比为94.78%。伊力特白酒销售主要采用经销商模式，一般为先款后货，白酒发货后，双方对销售数量最终确认无异议时作为销售收入的确认时点。 （3）收入是伊力特的关键业绩指标之一，收入确认存在固有风险，其收入确认是否在恰当的财务报表期间，可能存在潜在错报，我们将收入确认识别为关键审计事项	（2）与管理层进行访谈，并选取销售合同样本实施了检查，对与白酒销售收入确认有关的重大风险及报酬转移时点进行分析，进而评估伊力特销售收入的确认政策。 （3）与同行业、上期、本期各月白酒销售数据进行对比，分析收入和毛利的整体合理性。 （4）抽样检查与白酒销售收入确认相关的支持性文件，包括销售合同、销售发票、出库单、对账记录等。 （5）针对资产负债表日前后确认的白酒销售，选取样本核对销售合同、销售发票、出库单、对账记录等；并针对资产负债表日后的收入交易，选取样本核对销售退回等，以评估销售收入是否记录于恰当的会计期间。 （6）向主要经销商函证本期白酒销售品种、数量和销售金额。 （7）查询主要经销商的工商信息及与管理层访谈，评价伊力特是否与经销商存在关联关系。 （8）与管理层访谈并抽样检查销售合同，关注本期是否存在改变销售策略和常规合同条款等实现突击性销售情况
半成品酒的盘点	
请参阅财务报表附注"三、重要会计政策及会计估计"（十二）所述的会计政策及"六、合并财务报表主要项目注释" （1）截至2017年12月31日，伊力特存货账面价值为77 937.97万元，占资产总额的比例为25.40%，存货主要为半成品酒，占存货账面价值的比例为58.58%。 （2）半成品酒盘点比较复杂，半成品酒品种需要品酒师做出判断且影响金额重大，我们将半成品酒的盘点识别为关键审计事项	相关的审计程序包括但不限于： （1）了解和评估管理层与半成品酒盘点相关的内部控制的设计，并测试关键控制执行的有效性。 （2）获取半成品酒明细表，了解半成品酒各品种项目的重要性程度及存放场所等。 （3）访谈品酒师，通过查阅品酒师的资格证书等方式评价品酒师的专业胜任能力。 （4）与管理层进行访谈，并获取伊力特存货盘点计划，评价伊力特存货盘点计划的合理性。 （5）实地监督伊力特的盘点过程，执行观察程序，检查已盘点存货的数量及状况等；选取样本，对已盘点的存货进行复盘，并随机抽取半成品酒样本，交品酒师进行盲检，评价伊力特的盘点结果

阅读和理解伊力特在审计报告中披露的关键审计事项，在此基础上思考：为什么要在审计报告中增加关键审计事项？审计报告相关准则变革的动因及特征有哪些？

一、审计报告的历史沿革

年度财务报表的审计报告是审计师完成企业财务报表审计工作后出具的书面形式的审计意见。审计报告中的鉴证意见,起到了证实或证伪财务报表真实性、帮助报表使用者理解企业财务状况的作用,直接影响到相关利益人的投资决策、信贷决策及其破产预测等。为适应市场的变化,审计报告一直不断演进。本部分回顾审计报告标准化和国际化的演变过程,揭示新审计报告准则改革的背景。

(一)非标准审计报告(1917年以前)

早期的审计报告是放任自由式的,没有准则予以规范,审计报告的格式和内容由审计师自行决定,审计师提交的审计报告主要有短式和长式两种。短式报告通常仅包含意见段,长式审计报告则根据不同客户的具体情况有所区别。该时期的审计报告对审计结论的描述较为绝对化,通常使用"公允和正确""真实和正确""全面和真实"和"真实可靠"等术语。

(二)传统的标准审计报告(1917—2015年)

延续至加强版标准审计报告改革前的审计报告(以下简称"传统标准审计报告")形成于20世纪40年代,此后不断修订完善,但几乎没有大的实质性变动。传统标准审计报告的形成分为以下四个阶段:

1. 标准审计报告探索阶段(1917—1939年)

1917年,美国联邦储备委员会(Federal Reserve Board)发布了《统一会计:美国联邦储备委员会临时建议》,并广泛分发给银行、制造业、会计师和审计师协会,其中推荐的审计报告被称为第一份由权威指南推荐的审计报告形式。

1929年5月,AIA(美国会计师协会)发布修订了《财务报表的验证》,其中建议将审计报告分为范围段和意见段——两段式审计报告,这增强了审计报告的可阅读性和可借鉴性,朝标准化模式迈出了重要一步。

1934年,AIA出版了《公司报表审计》,其中包括一份推荐报告,在美国证券交易所注册的公司均被要求采用这份推荐报告。这是第一份强制性要求采用的审计报告模式,被称为"审计报告结构的革命性飞跃"。

本阶段的审计报告主要包括"收件人""审计范围"和"审计意见"三要素,在报告范围段明确提到"测试",首次将财务报表而非账簿或账户作为审查对象;意见段中删除"证明",表明对财务报表不是一种担保或证明,引入"公允反映",将会计准则作为衡量"公允反映"的一个标准,并与"一贯性"结合使用。

2. 标准审计报告确立阶段(1939—1947年)

1939年,经AIA批准,CAP(美国审计程序委员会)发布了《审计程序说明第1号》(SPA1),主要包括:①在范围段中明确提出了复核客户内部控制制度;②用"公认会计原则"代替了"认可的会计原则",强调会计的权威性;③删除了"从公司主管和雇员处获得了资料和说明",弥补了这一表述易被误解的缺陷;④引入了职业判断的观念;⑤引入了无保留意见的审计报告类型。至此,标准审计报告形式正式确立并成为以后所有修订的基础。

3. 标准审计报告发展阶段(1947—1983年)

1947年,AIA制定了《公认审计准则》,随后在1954年修订了《公认审计准则》,正式在审计报告中确认审计师的责任,删除了报告中"内部控制系统"和"未对交易进行详细审计"的表述,并进一步区分了不同类型的审计报告,包括"鉴于"(Subject to)和"除……之外"(Except to)的保留意见的区别。随着不同报告类型的增加和被广泛采用,撰写审计报告从过去的"实际撰写"转变为"确定报告类型",即根据审计结果确定审计报告类型及其措辞。

4. 审计报告逐步国际化阶段(1983—2015年)

1983年,IAPC(国际审计实务委员会)发布了《审计师关于财务报表的报告》(原ISA13),参照美国1954年两段式审计报告模式,审计报告要素主要包括:①标题;②收件人;③已审财务报表的确认;④关于审计准则或审计实务的依据的说明;⑤关于财务报表意见的表述或拒绝表示意见;⑥审计师签名;⑦审计师地址;⑧报告日期。

1988年,AICPA(美国注册会计师协会)制定了《关于已审财务报告的报告》(SAS58)对审计报告进行了重大修订:①原来的范围段分解为引言段和范围段,使标准审计报告由两段式改为三段式,内容更加明确;②增加了会计师事务所签名和报告日期;③引言段中明确区分了管理当局和审计师各自的责任,但没有将他们提炼为单独的审计报告要素;④标题正式确认为"独立审计师报告";⑤审计意见中删除了对"一贯性"的说明,明确提出了审计只对财务报表是否不存在重大错报漏报提供合理保证。

1994年,IAPC发布了《审计师关于财务报表的报告》(原ISA700),受美国1988年三段式审计报告的影响,修订审计报告要素为:①标题;②收件人;③开头或引言段;④范围段;⑤审计意见段;⑥报告日期;⑦审计师地址;⑧审计师签名。

2004年,IAASB发布了《关于整套通用目的财务报表的独立审计师报告》(新ISA700)和《非标准无保留意见独立审计师报告》(ISA701)并取代了原ISA700,确立了新审计报告的格式和内容,并于2006年12月31日起执行。审计报告的重大变化包括:①在审计报告中详细分列了管理当局对财务报表的责任和审计师的责任,审计报告由以前的三段式变为五段式;②出于尊重国家和地区法律或法规的需要,审计报告中还增加了其他报告责任;③为了便于使用者阅读与理解,表述上更强调审计师在审计过程中的专业判断和对使用者的风险警示。

以上传统标准审计报告最核心的内容是审计意见,包含在列于审计报告的意见段中,审计师在此段中针对所审计财务报表是否在所有重大方面符合公认会计准则的规定,是否公允地反映被审计单位的财务状况和经营成果发表高度浓缩的意见。审计意见分为无保留意见和非无保留意见(包括保留意见、否定意见和无法表示意见),这种审计报告被称为"合格/不合格"二元审计报告模式。二元审计报告模式具有内容简洁、统一可比、意见明确等优点。但传统审计报告最大的缺点是信息含量不够。在审计过程中,审计师作为独立的专家,掌握有关被审计单位大量的信息。但除引言段(说明审计意见的对象)和意见段之外,其他内容几乎都是适用于所有被审计单位的套话,用以描述审计的性质、管理层和审计师各自的责任等。信息使用者往往只浏览审计意见类型,如果是无保留意见则再无阅读必要,如果是非无保留意见则需要阅读说明段和意见段,大量的无差别的文字描述基本引不起人们阅读的兴趣。

(三)加强版审计报告(2015年至今)

在当今经济全球化、金融化、信息化的环境下,伴随着日益复杂的财务报表要求,审计报告使用者比以往任何时候更需要高度相关的信息用于决策,为缩小信息差距(即投资者在做出明智决策时所需的信息与他们通过已审计财务报表或其他公开渠道获取的信息之间的差距),一些投资者和分析师认为,审计师审计被审计单位财务报表所获取的关于被审计单位及其业务的见解是他们尤其需要的相关信息,因为此类信息有助于他们评价被审计单位的财务状况和业绩,以及财务报告的质量和审计的质量。而从传统标准审计报告中,投资者很难探知审计师在审计过程中做出了什么决策,是否对较高风险的领域投入了更多的审计资源。

2008年,美国ACAP(审计职业咨询委员会)建议PCAOB(公众公司会计监管委员会)启动准则制定工作,改进审计报告模式。ACAP的报告指出,一些人认为标准化的措辞无法充分反映审计师工作量和判断程度;随着企业经营日益复杂化,财务报表编制过程中要使用估计和判断的领域不断增加,包括与公允价值相关的计量,这使得财务报告的复杂性日益增大,形成于20世纪40年代的传统标准审计报告模式不能应对这一形势。"合格/不合格"二元审计报告模式只是传达审计师的最终结论,而没有对这些结论背后的风险评估和分析过程提供线索。报告进一步指出,这种复杂性要求改进审计报告的内容,超越现行"合格/不合格"二元审计报告模式,增加对财务报表审计工作的相关讨论。ACAP总结认为,改进后的审计报告能够为财务报表使用者提供更相关的信息,减少人们对审计师工作的误解。

2008年全球金融危机加速推动了审计报告的改革进程。PCAOB委员Steven B. Harris认为,在管理层估计和判断发生剧烈变化或对重大会计问题的辩论变得困难或有争议时,审计师未能就积聚的财务报表风险向投资者发出任何有意义的信号。他认为公众公司审计师对审计客户情况的掌握要比告诉投资者的多得多。投资者希望审计报告包括审计师对管理层在编制财务报表的过程中涉及的估计和判断的评估,并对审计师如何应对导致财务报表发生重大错报的特别风险领域进行讨论。

2010年10月,欧盟发布《审计政策:从危机中吸取教训》(绿皮书),就审计改革措施公开征求意见。绿皮书指出,许多金融机构2007—2009年因持有的表内外头寸而发生巨额损失,但一个值得思考的问题是,审计师为什么对这些机构在该期间的财务报表发表了干净的审计意见?现在是探究审计师能否真正履行社会所赋予职责的时候了。欧盟提倡有必要开展全面的辩论,讨论应当采取何种措施以确保财务报表审计和审计报告能"合乎目的",明确地界定何种信息应当由审计师作为审计意见和发现的一部分提供给利益相关者。这不仅意味着重新审视审计报告,还意味着就审计方法进行更多的沟通,以解释被审计单位财务报表在多大程度上通过了实质性程序验证。审计师可以披露哪些项目是直接验证的,哪些是基于职业判断、内部模型、假设和管理层解释予以验证的。人们要考虑是否诸如潜在风险、行业演变、汇率和价格风险等有信息含量的事项作为审计报告的一部分予以提供或与审计报告一并提供将对利益相关者更有价值。

2011年5月,IAASB发布咨询文件《提高审计报告的价值:探索变革的途径》,提出加强版审计报告模式以缩小"信息差距",建议审计师可以报告以下额外信息:①审计师认为存在的关键业务运营和审计风险;②审计师对关键假设的看法(对财务报表产生重大影响的会计判断基于这些假设),以及这些假设可能结果的具体位置(低端、最可能、高端);③所采用会计政策的适当性,包括与行业惯例不一致的地方;④对财务报表产生重大影响的会计政策变更;⑤重大非常规交易;⑥在计量资产和负债相关项目时所采用的方法和做出的判断;⑦项目合伙人在最终或汇总审计备忘录中记录的关键审计问题及其最终解决情况;⑧公司治理结构及风险管理的质量和有效性。

2013年7月,IAASB发布新的审计报告准则征求意见稿。2014年9月,IAASB表决通过修订后的审计报告系列准则,并于2015年正式发布,截止日为2016年12月15日之后的财务报表审计将适用新审计报告准则。此次修订的目的是促使审计师在审计过程中更加关注财务报表披露,推动审计师在运用国际审计准则的要求时行为达到一致性。时任IAASB主席Arnold Schilder指出,可理解和相关的披露对财务报表使用者至关重要,审计师的工作重点已转变为在财务报表披露中提供更有质量的信息。

2017年6月,PCAOB公布了修订后的审计报告准则(AS3101)及其实施时间表。

为了进一步与国际审计准则趋同,增加审计报告的信息含量并提高内容相关性,我国也借鉴国际审计报告准则的修订成果,并在2016年发布了新的审计报告准则。2016年12月23日,财政部发布了12项中国注册会计师审计准则(新审计报告准则),其中重要的一项《在审计报告中沟通关键审计事项》是新准则最大的变动之处。我国发布的新审计报告准则旨在提高审计师审计报告的信息含量,满足资本市场与企业发展对高质量会计财务信息的需要,同时进一步促进国内和国际审计准则的持续、全面趋同。自2017年1月1日起新的审计报告准则先在A+H股及纯H股上市公司的审计业务中施行,2018年1月1日起在A股上市公司的审计业务中施行。

二、加强版审计报告改革的主要内容及特征

(一)国际审计报告准则改革的主要内容

1. 审计报告增加了"关键审计事项"部分

IAASB制定的《国际审计准则第701号——在审计报告中沟通关键审计事项》要求在审计报告中增加关键审计事项部分,定义了关键审计事项的含义,规定了关键审计事项在审计报告中的表述,说明了关键审计事项的适用范围。

2. 审计报告增加了"其他信息"段

修订《国际审计准则第720号——审计师对含有已审计财务报表文件中的其他信息的责任》,要求在审计报告中增加"其他信息"段,明确说明审计师对包含在年报中的"其他信息"应负的责任。"其他信息"是指除了已审计财务报表和审计报告,企业年报中的其他财务信息或非财务信息,包括管理层分析与讨论、主席致辞、公司治理报告、内部控制与风险报告等。如果审计师确定其他信息存在未更正的重大错报,就应当在审计报告中予以说明。当然,虽然其他信息对投资者决策十分有用,但审计师不提供任何形式的鉴证结论,只是在财务报表审计的基础上实施有限的程序,并对发现的重大错报予以报告,这在某种程度上能够提高其他信息的质量。

3. 审计报告增加了"与持续经营相关的重大不确定性"段落

修订《国际审计准则第570号——持续经营的假定》,要求当存在与持续经营相关的重大不确定性时,在审计报告中增加专门部分对此予以说明,加大对持续经营的责任,增大了审计报告风险预警价值。

4. 突出审计意见

将审计意见置于审计报告的第一部分(突出的位置)。

5. 增强审计工作的透明度

在审计报告中披露审计项目合伙人的姓名和适用的职业道德守则,增加信息含量;改进对审计师责任和所实施的审计程序、范围等审计关键特征的描述,并允许将部分内容移至审计报告附录或链接至适当的网站,使审计责任更加明确、具体和可理解;取消原来审计报告中的"说明段",并入新审计报告的"形成审计意见基础"部分。这些变化主要是为了突出审计报告的核心内容。

(二) 中国审计报告相关准则改革的主要内容

1. 优化审计报告的行文顺序,将与报告相关的决策信息前置

为了突出审计师发布的审计意见,将审计意见置于审计报告的第一部分,并以"审计意见"作为标题,帮助财务报表使用者了解关于审计意见的重要背景信息,在无保留意见的审计报告中增加"形成审计意见的基础"部分。例如以下表述:

> 我们按照中国注册会计师审计准则的规定执行了审计工作。审计报告的"审计师对财务报表审计的责任"部分进一步阐述了我们在相关准则下的责任。按照中国审计师职业道德守则,我们独立于 ABC 公司,并履行了职业道德方面的其他责任。我们相信,我们获取的审计证据是充分、适当的,为发表审计意见提供了基础。

2. 改进管理层对财务报表责任的表述

《中国注册会计师审计准则第1501号——对财务报表形成审计意见和出具审计报告》(CSA1501)增加了有关管理层评估被审计单位持续经营能力和使用持续经营假设是否适当的责任。例如以下表述:

ABC公司管理层负责按照企业会计准则的规定编制财务报表,使其实现公允反映,并设计、执行和维护必要的内部控制,以使财务报表不存在由于舞弊或错误导致的重大错报。在编制财务报表时,管理层负责评估ABC公司的持续经营能力,披露与持续经营相关的事项(如适用),并运用持续经营假设,除非管理层计划清算ABC公司、终止运营或别无其他现实的选择。治理层负责监督ABC公司的财务报告过程。

3. 改进审计师对财务报表审计责任的描述

CSA1501通过对审计师审计责任和审计工作的描述,增加审计师关于持续经营、发现舞弊、与治理层沟通、沟通关键审计事项、运用职业判断、保持职业怀疑等相关责任,并增加对"合理保证""重要性"等审计概念的核心阐述。例如以下表述:

　　(1) 识别和评估由舞弊或错误导致的财务报表重大错报风险,设计和实施审计程序以应对这些风险,并获取充分、适当的审计证据作为发表审计意见的基础。由舞弊可能涉及串通、伪造、故意遗漏、虚假陈述或凌驾于内部控制之上,未能发现由舞弊导致的重大错报的风险高于未能发现由错误导致的重大错报的风险。

　　(2) 了解与审计相关的内部控制,以设计恰当的审计程序,但目的并非对内部控制的有效性发表意见。

　　(3) 评价管理层选用会计政策的恰当性和做出会计估计及相关披露的合理性。

　　(4) 对管理层使用持续经营假设的恰当性得出结论。同时,根据获取的审计证据,就可能导致对ABC公司持续经营能力产生重大疑虑的事项或情况是否存在重大不确定性得出结论。如果我们得出结论认为存在重大不确定性,审计准则要求在审计报告中提请报表使用者注意财务报表中的相关披露;如果披露不充分,我们应当发表非无保留意见,我们的结论基于截至审计报告日可获得的信息。然而,未来的事项或情况可能导致ABC公司不能持续经营。

　　(5) 评价财务报表的总体列报、结构和内容(包括披露),并评价财务报表是否公允反映相关交易和事项。

　　我们与治理层就计划的审计范围、时间安排和重大审计发现等事项进行沟通,包括在审计中识别出的值得关注的内部控制缺陷。

　　我们还就已遵守与独立性相关的职业道德要求向治理层提供声明,并与治理层沟通可能被合理认为影响我们独立性的所有关系和其他事项及相关的防范措施(如适用)。

　　从与治理层沟通过的事项中,我们确定哪些事项对本期财务报表审计最为重要,从而构成关键审计事项。我们在审计报告中描述这些事项,除非法律法规禁止公开披露这些事项,或在极少数情形下,如果合理预期在审计报告中沟通某事项造成的负面后果超过在公众利益方面产生的益处,我们确定不应在审计报告中沟通该事项。

4. 增加关于披露项目合伙人姓名的要求

CSA1501要求审计报告应当由项目合伙人和另一名负责该项目的审计师签名和盖

章(原准则仅要求由审计师签名和盖章)。审计师应当在对上市实体整套通用目的财务报表出具的审计报告中注明项目合伙人。

5. 增加对持续经营、关键审计事项、其他信息的报告

CSA1501 规定:"在适用的情况下,审计师还应当按照《中国注册会计师审计准则第 1324 号——持续经营》(CSA1324)、《中国注册会计师审计准则第 1504 号——在审计报告中沟通关键审计事项》(CSA1504)、《中国注册会计师审计准则第 1521 号——注册会计师对其他信息的责任》(CSA1521)的相关规定,在审计报告中对与持续经营相关的重大不确定性、关键审计事项、被审计单位年度报告中包含的除财务报表和审计报告之外的其他信息进行报告。"

6. 明确非无保留意见的事项、影响持续经营能力的相关事项、强调事项、其他信息在审计报告中的隔离披露

(1) 不得在审计报告的关键审计事项部分沟通(描述)导致非无保留意见的事项或者可能导致对被审计单位持续经营能力产生重大疑虑的事项或情况存在重大不确定性。

(2) 强调事项段不能替代"与持续经营相关的重大不确定性"段落。

(3) 除非法律法规另有规定,在对财务报表发表无法表示意见时,不得在审计报告中包含关键审计事项部分。

(4) 除非法律法规另有规定,在对财务报表发表无法表示意见时,不得在审计报告中包含 CSA1521 规定的其他信息部分。

(三) 加强版审计报告改革的特征

IAASB 进行的此次审计报告变革,是自 20 世纪 40 年代以来审计报告最大的变革(阚京华,2017。本次变革内容可以较为清晰地体现未来一段时间内审计报告的特征。

1. 审计报告模式将由标准化向标准化与个性化相融合发展

20 世纪 40 年代,审计报告从非标准化演变为标准化的审计报告,随后经历了二段式结构—三段式结构—五段式结构几个阶段。半个多世纪以来,许多组织和机构考虑要改变标准审计报告以提高与财务报表使用者的沟通效果,例如 1974 年审计师责任委员会(Commission on Auditors' Responsibilities)——科恩委员会(Cohen Commission)重新检查了审计师责任和审计报告模式。科恩委员会指出,有证据表明标准审计报告不令人满意,建议改变审计报告模式,以提高审计师和使用者之间的整体沟通结果,但标准化的实质并没有发生改变。2008 年金融危机之后,国际上对提高审计质量、提升审计报告信息含量的呼声日趋强烈,由此导致大范围的审计报告变革浪潮,美国、英国、欧盟、国际审计与认证理事会、国际证券组织委员会都相继开展了审计报告模式变革研究与实践。在这一轮变革中,一个共同点就是审计报告模式由标准化向非标准化转变,无论是国际审计报告增加的关键审计事项(Key Audit Matters)还是美国审计报告增加的重要审计事项(Critical Audit Matters),都使得审计报告变得个性化。但我们也看到这种非标准化是一种相对的非标准化,新审计报告在审计意见、管理层和治理层责任、审计师责任等要

素的描述上还是采取标准化的格式和措辞,是标准化与个性化的融合。这种相对标准化既能保留原标准化审计报告便于理解、具可比性的优点,又能增加信息含量、提高沟通价值。

2. 审计报告变革的出发点由侧重行业自我保护向关注使用者利益和需求转变

审计报告以往的历次修订都是以审计职业风险规避为出发点,带有浓厚的行业自我保护色彩。以往审计报告的修订试图通过明确管理层和审计师各自的责任来降低审计报告使用者对审计功能的理解偏差,而不是通过增强审计报告的信息含量来降低审计期望差距。而此次审计报告变革站在投资者和其他信息使用者的角度,提高了审计报告的沟通价值和决策相关性,但在某种程度上会增加审计成本和审计风险。我们依然会看到行业保护色彩的存在,例如增加的"关键审计事项"部分,有意识地指出"关键审计事项是指根据审计师的职业判断……是基于财务报表整体审计并发表审计意见的背景而阐述的,我们并不对关键审计事项发表独立的审计意见"。增加的"其他信息"部分明确说明:"财务报表的审计意见并不涵盖其他信息,我们也不对其他信息发表任何形式的鉴证结论";对持续经营责任强调"结论依据截至审计报告日所获得的审计证据,然而,未来的事项和情况可能引起公司停止持续经营"。这些表述主要是出于审计师行业自我保护、防止使用者产生误解而做出的。

3. 审计报告透明度由模糊隐蔽向适当清晰透明转变

自实行标准化审计报告以来,审计师行业为了降低自身法律诉讼风险,在审计报告诸多要素的表述方面采取较模糊隐蔽甚至不表述的方式,如对合理保证、重大错报术语缺乏解释,对审计独立性要求模糊不具体。2015 年 IAASB 的新审计报告模式对此做出较大的变革,明确一些专业术语的含义,同时对新增披露事项——其他信息和关键审计事项,要求以明确清晰的语言在审计报告中予以披露。与此同时,新审计报告从报告使用者的角度出发,不再像以往审计报告那样只对审计过程做简单的象征性描述。IAASB 新审计报告中通过关键审计事项的具体描述,使审计过程不再是一个"黑匣子",提高了审计透明度,有利于改善公众对审计质量的印象。

4. 审计报告范畴由财务报表表内信息向表外信息扩展

审计报告涵盖的范畴沿着"财务报表—财务报表加财务报表附注—年度报告"的轨迹扩展,其主要原因是财务报表正表是高度概括的信息,只能满足投资者了解被审计单位财务状况的需求,不能满足投资者决策和风险规避的需求;而财务报表附注、年报中的其他信息对投资者决策的价值更大,能够满足报告使用者的需求。新审计报告要求审计师审阅其他信息,考虑其他信息是否与财务报表或者审计师在审计过程中了解的情况存在重大不一致或者重大错报,财务报表以外的信息是表外信息,而对表外信息的审阅有助于减低信息风险、增强财务信息的可信度。

5. 审计报告功能由单一鉴证功能向鉴证、风险预警多功能转变

新审计报告将审计师识别出的具有较高重大错报风险的领域、特别风险、持续经营

重大不确定性、重大审计判断、其他信息中的重大不一致或存在的重大错报等信息,通过增加"关键审计事项""其他信息""与持续经营相关的重大不确定性"部分体现,并要求提及所涉及的财务报表附注。这些新增信息不仅增强了报告沟通价值,而且使审计报告关注被审计单位存在的重大潜在风险并给予提示,以帮助投资者及时规避风险和降低投资损失。由此可见,审计师审计报告正从传统的鉴证功能向鉴证、风险预警多功能转变。

第二节 关键审计事项的确定与披露

导读3-2

如何界定和披露关键审计事项

扫二维码获取详细资料:如何界定和披露关键审计事项

阅读资料,深度思考在实务中如何识别和披露关键审计事项。

一、关键审计事项及其披露原因

《中国注册会计师审计准则第1504号——在审计报告中沟通关键审计事项》(CSA1504)规定:关键审计事项是指审计师根据职业判断,认为对本期财务报表审计最为重要的事项。关键审计事项可能会涉及审计中识别出的特别风险事项、审计师所评估出的重大错报风险较高的领域、管理层重大估计和判断的领域,以及当期重大交易或事项。CSA1504规定,审计师应当在审计报告的"关键审计事项"标题下,逐项描述关键审计事项的情况,并对该事项被确定为关键审计事项的原因做出说明,以及在审计过程中采取何种方式应对关键审计事项。

沟通关键审计事项旨在提高已执行审计工作的透明度,增加审计报告的沟通价值,从而提高审计报告的决策相关性和有用性;沟通关键审计事项能够为财务报表预期使用者提供额外的信息,帮助其了解审计师根据职业判断认为对本期财务报表审计最为重要的事项;沟通关键审计事项还能够帮助财务报表预期使用者了解被审计单位,以及已审计财务报表中涉及重大管理层判断的领域,为财务报表预期使用者就有关实体、已审计财务报表或已执行审计工作的事项进一步与管理层和治理层沟通提供基础;同时,还可能提高管理层和治理层对审计报告中提及的财务报表披露事项的关注程度。

理解关键审计事项必须注意,向报告使用者提交个性化信息将会增强审计报告的相关性和决策拥有性,但会降低审计报告的一致性和可比性,应当尽量平衡两者并保持在一定范围内。同时,关键审计事项在审计报告中无法替代以下事项和情形:①构成非无保留审计意见的事项;②存在重大不确定性的事项;③可能导致对被审计单位持续经营能力产生重大疑虑的事项。审计准则中也规定了不披露关键审计事项的几种情形,包括:①法律法规禁止公开披露的事项;②沟通某事项造成的负面影响超过为公众带来的利益,审计师确定不应在审计报告中沟通的,被审单位已公开披露与该事项有关的信息除外;③对财务报表发表无法表示意见。

二、关键审计事项的决策框架

按照审计准则的规定,在实际审计实务中应当遵循图 3-1 中的三步决策框架确定关键审计事项。

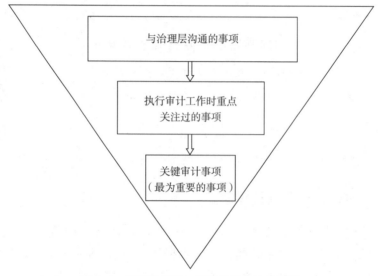

图 3-1 确定关键审计事项的三步决策框架

（一）以"与治理层沟通的事项"为起点确定关键审计事项

《中国注册会计师审计准则第 1151 号——与治理层的沟通》中规定,审计师要与被审计单位治理层对审计工作中的重大发现进行有效沟通,包括对被审计单位会计实务（财务报表披露内容、会计政策和会计估计等方面）质量的看法,以及影响审计工作开展的重大困难等,让治理层了解其在审计工作中应承担的职责、有义务为审计工作提供相应的便利,以便审计师更好地履行职责。在此次准则修订之前,除非审计师针对这些事项发表非无保留意见,否则将不在审计报告中披露该部分与治理层沟通的相关事项。

与治理层沟通关键审计事项的恰当的时间安排和内容根据项目情况不同而有所不同。在计划阶段沟通的事项仅为审计师可能重点关注的领域,而关键审计事项的确定需要根据整个审计过程和审计结果中获取的证据。与治理层就识别出的特别风险和审计中重大发现进行的沟通,有助于审计师确定重点关注过的事项,从而进一步确定关键审计事项。

审计准则规定,审计师确定关键审计事项的决策过程,旨在从与治理层沟通过的事项中筛选出较少数量的事项,这基于审计师就哪些事项对本期财务报表审计最为重要做出的判断,通常包括选用的会计政策、做出的会计估计、财务报表的披露等。即使已审计财务报表包含比较财务报表(即审计意见涉及财务报表列报的每个期间),审计师确定的关键审计事项仅限于对本期财务报表审计最为重要的事项。尽管审计师确定关键审计事项是为了本期财务报表审计,并且准则并不要求审计师更新上期审计报告中的关键审计事项,但审计师考虑上期财务报表审计的关键审计事项对本期财务报表审计而言是否仍为关键审计事项可能是有用的。

(二)从"与治理层沟通的事项"中选取"执行审计工作时重点关注过的事项"

"重点关注"的概念基于这样的认识:风险导向审计注重识别和评估财务报表重大错报风险,设计和实施应对这些风险的审计程序,获取充分、适当的审计证据以作为形成审计意见的基础。对于特定账户余额、交易类别或披露,评估的认定层次重大错报风险越高,在计划和实施审计程序并评价审计程序的结果时涉及的判断通常就越多。在设计进一步审计程序时,审计师评估的风险越高,就需要获取越有说服力的审计证据。当因评估的风险较高而需要获取更具说服力的审计证据时,审计师可能需要增加所需审计证据的数量,或者获取更具相关性或可靠性的证据,如更多地从第三方获取证据或从多个独立渠道获取互相印证的证据。因此,对于审计师获取充分、适当的审计证据或对财务报表形成审计意见构成挑战的事项,可能与审计师确定关键审计事项尤其相关。在审计实务中,审计师重点关注过的领域通常包括:

(1)评估的重大错报风险较高的领域或识别出的特别风险。特别风险通常与重大的非常规交易和判断事项有关,通常是审计师重点关注过的事项。但需要注意的是,并非所有的特别风险都一定是审计师重点关注过的。

(2)与财务报表中涉及重大管理层判断(包括被认为具有高度估计不确定性的会计估计)领域相关的重大审计判断。对于那些虽然未被认定为特别风险但具有高度不确定性的会计估计,审计师也应当考虑是否在执行审计工作时重点关注过的事项。这类会计估计通常较为复杂且高度依赖管理层的判断,某些情况下还可能涉及管理层和审计师的参与。审计师还应当特别关注对财务报表有重大影响的会计政策以及会计政策变更,特别是被审计单位所采用的会计实务与行业内其他公司存在重大差异的情况。

(3)本期重大交易或事项对审计的影响。这些重大交易或事项往往是管理层做出复杂判断的领域,这些事项可能会对审计师整体审计策略产生重大影响,也很有可能被认定为特别风险。

审计重点关注过的事项通常影响审计师的总体审计策略,以及与这些事项相关的审计资源分配和审计工作力度。这些例子可能包括较高级别的审计项目组成员参与审计业务的程度,或者审计师的专家或在会计、审计专业领域具有专长的人员(这些人员由会计师事务所聘请或雇用)对这些领域的参与。

中国注册会计师审计准则要求审计师与治理层以及其他可能与重点关注过的领域相关的人员进行特定的沟通。

《中国注册会计师审计准则第1151号——与治理层的沟通》要求审计师与治理层沟

通审计工作中遇到的重大困难(如有)。这些困难可能包括:关联方交易,特别是对审计师获取关联方交易与公平交易在所有其他方面(除价格外)都等同的审计证据的能力存在的限制;集团审计受到的限制,如集团项目组接触某些信息受到的限制。

《中国注册会计师审计准则第1121号——对财务报表审计实施的质量控制》要求项目合伙人就疑难问题或争议事项进行适当咨询。例如,审计师可能已就某一重大技术事项向会计师事务所内部或外部人员进行咨询,可能表明该事项构成关键审计事项。该准则还要求项目合伙人与项目质量控制复核人员讨论在审计过程中遇到的重大事项。

审计师在确定重点关注过的事项时应考虑以下因素:

(1)在计划审计工作时,审计师可以先就哪些事项很可能属于审计中重点关注的领域而构成关键审计事项形成一个初步的看法,审计师可以在与治理层讨论计划的审计范围和时间安排时沟通这一看法。然而,审计师对关键审计事项的确定需要基于执行审计程序的结果或整个审计过程中获取的审计证据。

(2)审计准则规定了审计师在确定重点关注过的事项时应当考虑的特定事项,这些考虑着眼于与治理层沟通过的事项的性质,通常与财务报表中披露的事项相关联,并且旨在反映预期使用者对于财务报表审计可能特别感兴趣的领域。要求审计师进行这些考虑,并不意味着与之相关的事项必然构成关键审计事项,只有当按照准则规定被认为对审计工作最为重要时,相关事项才构成关键审计事项。

(3)除上述特定考虑的相关事项外,还可能存在其他与治理层沟通过、需要审计师重点关注的事项,它们也可能构成关键审计事项,包括与已执行审计工作相关但可能不被要求在财务报表中披露的事项。例如,在会计期间内上线一套新的信息系统(或现有信息系统的重大变更)可能构成重点关注过的领域,尤其是当这种变更对审计师的总体审计策略具有重大影响或与一项特别风险相关时,例如影响收入确认的系统的变更。

(4)审计准则要求审计师与治理层沟通识别出的特别风险,审计师还可以与治理层沟通审计师计划如何应对评估的重大错报风险较高的领域。特别风险通常属于需要重点关注的领域,但并非所有特别风险都属于需要审计师重点关注的领域。例如,《中国注册会计师审计准则第1141号——财务报表审计中与舞弊相关的责任》假定在收入确认方面存在舞弊风险,并要求审计师将评估的由舞弊导致的重大错报风险作为特别风险。该准则还指出,由于管理层凌驾于控制之上行为的发生方式不可预见,这种风险属于由舞弊导致的重大错报风险,从而也是一种特别风险。这些风险是否需要重点关注,应视其性质而定。如果这些风险不需要重点关注,审计师在确定关键审计事项时可能不必加以考虑。

(5)审计师对认定层次重大错报风险的评估结果,可能随着审计过程中不断获取审计证据而发生相应的变化。针对财务报表的特定领域修改审计师的风险评估结果并重新评价计划实施的审计程序(即审计方案的重大变化,例如审计师的风险评估基于预期特定控制运行有效这一判断,而审计师获取的证据表明这些控制在被审计期间内并未有效运行,尤其是在评估的重大错报风险较高的领域),可能导致某一领域被确定为需要重点关注的领域。与财务报表中包含重大管理层判断(包括被认为具有高度估计不确定性的会计估计)领域相关的重大审计判断与财务报表中包含重大管理层判断(包括被认为具有高度估计不确定性的会计估计)领域相关的重大审计判断。

(6)审计准则要求审计师与治理层沟通审计师对被审计单位会计实务(包括会计政策、会计估计和财务报表披露)重大方面的质量的看法。在很多情况下,这涉及关键会计估计和相关披露,很可能属于重点关注领域,也可能被识别为特别风险。

(7)被识别为具有高度估计不确定性的会计估计可能未被确定为存在特别风险,然而财务报表使用者对这些会计估计很感兴趣。这些估计高度依赖管理层判断,通常是财务报表中最为复杂的领域,并且可能同时需要管理层的专家和审计师的专家的参与。对财务报表具有重大影响的会计政策及其重大变化对财务报表使用者理解财务报表特别相关,尤其是当被审计单位的实务与同行业其他实体不一致时。

(8)对财务报表或审计工作具有重大影响的事项或交易可能属于重点关注领域,并可能被识别为特别风险。例如,在审计过程中的各个阶段,审计师可能已与管理层和治理层就重大关联方交易,或超出被审计单位正常经营过程的重大交易,或在其他方面显得异常的交易对财务报表的影响进行了大量讨论。管理层可能已就这些交易的确认、计量、列报或披露做出困难或复杂的判断,这可能会对审计师的总体审计策略产生重大影响。

(9)那些影响管理层假设或判断的经济、会计、法规、行业或其他方面的重大变化也可能影响审计师的总体审计方案,由此成为需要审计师重点关注的事项。

(三)从"执行审计工作时重点关注过的事项"中确定对本期财务报表审计"最为重要的事项"

从"执行审计工作时重点关注过的事项"中确定对本期财务报表审计"最为重要的事项",从而构成关键审计事项。"最为重要的事项"并不意味着只有一项,确定事项个数以及哪些事项最为重要涉及审计师的职业判断,还要综合考量被审计单位的业务复杂程度、业务规模、行业环境、经营情况和具体事实情况,确定关键审计事项的数量。关键审计事项的数量也不宜过多,否则可能不符合"最为重要"的要求。

审计师要根据被审计单位具体情况和所做的审计工作,从整体上把握,考虑相关事项的性质与治理层对其沟通程度、该事项影响预期使用者获取财务报表相关信息的重要程度、与该事项有关的会计政策的主观程度和复杂程度、该事项涉及的错报的性质和重要程度、为应对该事项所做的审计工作的性质和需要付出的努力程度(包括利用专家的工作、向项目组成员咨询等)、执业人员所遇困难的性质和严重程度、该事项是否涉及多项相联系的审计考虑等因素,以明确上述事项的相对重要性,确定哪些是"最为重要的事项"及其数量。

审计师可能已就需要重点关注的事项与治理层进行了较多的互动。就这些事项与治理层进行沟通的性质和范围,通常能够表明哪些事项对审计而言最为重要。例如,对于较为困难和复杂的事项,审计师与治理层的互动可能更加深入、频繁或充分,这些事项(如重大会计政策的运用)构成重大的审计师判断或管理层判断的对象。运用最为重要的事项这一概念,应当以被审计单位和已执行的审计工作为背景。因此,审计师确定和沟通关键审计事项的目的在于识别出该审计项目特有的事项,并就这些事项相对于审计中其他事项的重要程度做出判断。

在确定与治理层沟通过的事项的相对重要程度及其是否构成关键审计事项时,以下考虑也可能是相关的:

(1) 该事项对预期使用者理解财务报表的整体重要程度,尤其是对财务报表的重要性。对该事项重要性的判断是根据具体环境做出的,并受该事项金额和性质的影响,可能影响使用者依据财务报表做出经济决策。

(2) 与该事项相关的会计政策的性质或者与同行业其他实体相比,管理层在选择适当的会计政策时涉及的复杂程度或主观程度。例如一些会计估计通常较为复杂,管理层采用的会计政策或做出的会计估计使用了大量的假设和计算;有着不同解释的收入确认等。

(3) 从定性和定量方面考虑,与该事项相关的、由舞弊或错误导致的已更正错报和累积未更正错报(如有)的性质和重要程度。从性质和金额考虑,审计师在审计过程中发现的错报,属于错报风险较高的领域或特别风险所致,无论更正与否,有可能成为关键审计事项。

(4) 为应对该事项所要付出的审计努力的性质和程度,包括:①为应对该事项而实施审计程序或评价这些审计程序的结果(如有)在多大程度上需要特殊的知识或技能;②就该事项在项目组之外进行咨询的性质。

(5) 在实施审计程序、评价实施审计程序的结果、获取相关和可靠的审计证据以作为发表审计意见的基础时,尤其是当审计师的判断变得更加主观时,审计师所遇困难的性质和严重程度。

(6) 识别出的与该事项相关的控制缺陷的严重程度。若识别出的该事项相关的控制缺陷属于重大缺陷,则该事项很可能成为关键审计事项。

(7) 该事项是否涉及多项可区分但相互关联的审计考虑。例如,长期合同可能在收入确认、诉讼或其他或有事项等方面需要重点关注,并且可能影响其他会计估计。

从需要重点关注的事项中,确定哪些事项以及多少事项对本期财务报表审计最为重要的行为属于职业判断。"最为重要的事项"并不意味着只有一项,其数量受被审计单位规模和复杂程度、业务和经营环境的性质、审计业务具体事实和情况的影响。一般而言,最初被确定为关键审计事项的数量越多,审计师越需要重新考虑每一事项是否符合关键审计事项的定义。罗列大量关键审计事项可能与这些事项是"审计最为重要的事项"这一概念相抵触。

三、在审计报告中如何披露关键审计事项

审计准则要求,审计师在审计报告中沟通关键审计事项的过程应作为独立一部分内

容,并以"关键审计事项"为标题,在该部分对关键审计事项进行说明时也要恰当地使用子标题,逐项、清晰地进行描述。关键审计事项段由引言和对关键审计事项的逐项描述两部分构成。

在审计报告中,审计师根据判断决定关键审计事项的先后顺序,可以按事项的相对重要性排列,也可以按事项在报表附注中的披露顺序排列。

(一)关键审计事项的引言部分

关键审计事项的引言部分应包含的内容有:①关键审计事项是由审计师根据职业判断所确定的对本期报表审计最为重要的事项;②关键审计事项的应对基于对报表整体的审计工作并由此形成的审计意见,审计师不对关键审计事项单独发表意见。引言部分通常应使用标准化的语言,不同企业的审计报告基本无差异。

(二)关键审计事项的逐项描述

引言段之后是按照审计准则的要求逐项沟通关键审计事项。在对关键审计事项进行逐项描述时,审计师应将关键审计事项分别索引至财务报表的相关披露,这可以使得报告预期使用者在阅读关键审计事项时可以很快找到受相关事项影响的报表项目。具体来说,逐项沟通关键审计事项的段落应包括以下要素:

(1)子标题。要使用恰当的子标题描述关键审计事项。

(2)索引至财务报表的相关披露。

(3)事项描述。包括事项的发生额或余额(对财务报表的影响),该事项被确定为关键审计事项的原因等。

(4)审计应对。审计师在本部分描述针对关键审计事项执行的审计应对程序,以及审计应对程序的结果。

关键审计事项的逐项描述是关键审计事项的正文部分。正文部分体现了关键审计事项披露的"个性化"原则,根据不同企业的不同情况,审计师发表判断更具有针对性。

在沟通关键审计事项时,审计师也要注意语言文字措辞是否符合准则要求和实务惯例。要注意描述关键审计事项的语言不能暗示审计师在形成审计意见时尚未恰当解决该事项,同时要结合被审计单位的实际情况,避免一般化和形式化的语言。

《国际审计准则第701号——在审计报告中沟通关键审计事项》(ISA701)规定的存在关键审计事项和不存在关键审计事项的具体描述分别参阅【示例1】和【示例2】。

【示例1】 存在关键审计事项时的声明和描述

关键审计事项是指根据审计师的职业判断,在当期财务报表审计中最为重要的事项。这些事项是基于我们对财务报表整体审计并发表审计意见的背景而阐述的,我们并不对这些事项提供单独的意见。我们确定下列事项是需要在审计报告中沟通的关键审计事项。(按照ISA701的要求描述每一个关键审计事项)

【示例2】 不存在关键审计事项时的声明和描述

关键审计事项是指根据审计师的职业判断,在当期财务报表审计中最为重要的事项。这些事项是基于我们对财务报表整体审计并发表审计意见的背景而阐述的,我们并不对这些事项提供单独的意见。我们认定不存在需要在审计报告中沟通的关键审计事项。

在描述关键审计事项时,审计师在描述语言上应做到:①直接提供与被审计单位具体环境相关的个性化信息,避免使用通用的或标准化的语言;②不能暗示该事项在形成审计意见时尚未得到恰当解决;③考虑该事项在财务报表相关披露中的处理(如果有的话);④不能包含或暗示对财务报表的单个要素发表独立意见。

四、关键审计事项披露中存在的问题及改进方向

(一)关键审计事项准则执行情况的总体评价

考察我国资本市场中上市公司年报审计应遵循新审计报告准则披露的关键审计事项,如表3-1所示,我们可以从几个方面对关键审计事项准则执行情况进行总体评价。

表3-1　2018—2019年沪深两市关键审计事项的披露数量分布

每份审计报告披露的数量	合计		2019年		2018年	
	份数	占比(%)	份数	占比(%)	份数	占比(%)
0	2	0.03	2	0.06	0	0.00
1	1 013	14.36	517	14.51	496	14.21
2	4 548	64.47	2 280	63.99	2 268	64.97
3	1 298	18.40	661	18.55	637	18.25
4	171	2.42	96	2.69	75	2.15
5	19	0.27	7	0.20	12	0.34
6	3	0.05	0	0.00	3	0.08
合计	7 054	100.00	3 563	100.00	3 491	100.00
披露总数	14 800		7 479		7 321	
平均数	2.098		2.099		2.097	
中位数	2.000		2.000		2.000	
标准差	0.669		0.670		0.668	
独立样本检验	$p = 0.404$					
秩和检验	$P = 0.811$					

注:2019年的数据截至4月30日,以下各表涉及的2019年数据均截至4月30日。

1. 遵循性和充分性

新审计报告准则要求注册会计师在审计报告中单设一个部分,以"关键审计事项"为标题,并在该部分使用恰当的子标题逐项描述各个关键审计事项。表3-1的统计结果显示,2018年和2019年合计7 054份可以披露关键审计事项的审计报告共计披露了14 800个关键审计事项,平均每份审计报告披露2.098个关键审计事项,中位数为2个,披露最

多的是6个,最少的是0个;参数与非参数检验结果显示,2018年与2019年每份审计报告披露的关键审计事项平均数量不存在显著差异(2019年平均数为2.099,2018年平均数为2.097,独立样本检验$p=0.404$,秩和检验$P=0.811$)。从分布来看,4 548份审计报告披露的关键审计事项数量为2个,占64.47%;1 298份审计报告披露的关键审计事项数量为3个,占18.4%;1 013份审计报告披露的关键审计事项数量为1个,占14.36%,与2018年和2019年的分布情况基本一致。

此外,2019年有2份保留意见的审计报告未披露关键审计事项。新审计报告准则规定,如果注册会计师认为没有关键审计事项可沟通,可以不披露关键审计事项,但应当在审计报告中对此进行说明。这2份没有披露关键审计事项的审计报告均在报告中做了如下说明:"除形成保留意见的基础部分所述事项外,我们确定不存在其他需要在审计报告中沟通的关键审计事项。"

2. 易读性

审计报告主要为报告使用者服务,提供对他们有价值的信息,关键审计事项作为其中的重要组成部分,要提高其增加信息含量的作用、增强沟通价值,就应易于浏览、易于理解。32.9%的A股上市公司采用了表格形式披露关键审计事项,事项描述与审计应对一一对应,显得十分有条理、十分规范,阅读起来也很方便,很容易被读者抓到关键信息,一目了然。同时,一些企业在逐项披露关键审计事项前会增加概括性的段落,能够帮助报表使用者很快注意到关键审计事项是什么,施行这两种方法的公司较少,今后应该大力提倡。有些关键审计事项的描述涉及太多的专业化描述,虽然有一些特殊事项不可避免要使用专业化语言,但仍应尽量减少过于专业化的语言,这也是新审计准则的要求。

(二)关键审计事项披露中存在的问题

我们考察资本市场中上市公司审计报告中关键审计事项的披露,发现审计报告中披露的关键审计事项存在一些问题。

1. 个别审计报告没有披露审计程序应对的结果

按照审计准则的要求审计,报告中对关键审计事项不仅要披露相关审计程序还要披露审计应对结果,建议审计师在披露审计应对时包括实施的相应的审计程序和实施审计程序的结果。如果未能披露审计应对的结果,可能会使得审计报告使用者疑惑这些事项采取审计程序之后能否被确认。需要注意的是,在发表的采取的审计应对措施的结果时,要避免让报表使用者认为审计师对这一事项单独发表意见。这就要求审计师在描述审计应对之后,披露得出的结果是怎样的,而这也是审计报告使用者非常关注的部分。例如,毕马威(英国)在2013年度的审计报告中,对于所识别的重大错报风险,基本上会对其中涉及的管理层估计和判断发表审计师评价,最常用的肯定性评价是"适当的"和"可接受的",而普遍使用的否定性评价有"偏于乐观"或"偏于谨慎"等。

我国的一些审计报告未能披露审计应对结果可能存在两方面原因:一是对审计准则的理解不到位,认为准则要求避免对关键审计事项单独发表意见,因而未发表审计应对结果;二是审计师为了规避责任,不发表有关审计应对后可能结果的看法,尽量减少表述自己观点的语句。

2. 事项描述和审计应对标准化

关键审计事项是本年度审计过程中最为重要的事项,是针对不同企业情况的个性化披露,不同企业之间应该有所差异,即使同一事项在不同企业中的情况不一致,表述和应对也不应是标准的程序化语言。我们发现,同一行业企业审计报告的关键审计事项实际披露并没有体现各个企业的个性化内容,事项的描述和审计的应对趋于标准化,大多是机械地重复企业的政策、重复审计程序。在审计应对程序的披露中,基本上描述的是内部控制测试、测试模型等审计程序,审计程序固定一致,甚至描述都一致。在描述审计程序的过程中也没有深入挖掘企业情况,披露过于简单。这种现象在由同一家会计师事务所出具意见的几家公司之间表现得更为明显,内容和措辞几乎完全一致。

在这种情况下,关键审计事项成为简单堆砌固定的审计程序和事项描述,出现关键审计事项披露千篇一律的现象,且多为空话套话,未能为报告使用者带来关键有价值的信息。对于一些出现较多的事项,会计师事务所可能会提供标准化的关键审计事项描述和应对模板,在审计师披露相关事项时直接照搬照抄。

产生上述现象的原因主要有三方面:首先,虽然新审计准则要求在审计报告中增设"关键审计事项"段,但报告使用者尚未表现出强烈的需求,披露的实际目的仍在于满足监管要求和政策要求。如果委托人并不十分肯定一份高质量的审计报告所能带来的价值,报告预期使用者也未能充分利用审计报告去鉴别企业公开信息数据的真实性,而仅仅把审计师审计作为一个法定要求,也就不会对关键审计事项披露情况过于关注,关键审计事项的套话和陈词滥调也不会对他们产生影响。基于这种情况,审计师顺着审计准则要求完成相关披露,使用者也不是特别关注,审计师必然会为了规避责任、节省审计成本而选择标准化的重复披露。其次,这也是审计师规避责任的一种方式,他们只需满足政策要求,在政策的框架下尽量少发表针对企业个性化的意见,多一些程序化、标准化、一致化的语言,简单机械地重复描述和罗列。最后,从管理层的角度来讲,管理层可能会为了自身利益,阻止审计师披露对其不利的关键审计事项,不配合提供资料,甚至不愿意沟通关键审计事项,这也会导致审计师在撰写相关关键审计事项时受限,从而多采用标准化的套话,未能真正结合企业情况进行描述。

3. 同一事项的持续披露在后续年度不能带来信息增量

同一企业不同年度之间出现关键审计事项照搬照抄,第一年认真对待,后续年份直接复制第一年的情况。这样的披露使得审计准则在第一年能带给报告使用者信息增量的利好,但在后续年度完全不能获得与该年度情况相关的个性化信息,披露的后续意义大打折扣。

在一些特定的行业,确实存在每年度均是比较重要的一些事项,但对于同一单位同一事项的描述应该结合年的不同情况;同时,可以参照国外比较好的做法,对于连续两年同一事项被列为关键审计事项的情况,审计师在披露时应当表明该事项与上年相比的变化情况,包括该事项余额情况的变化、企业对于该事项会计政策及会计估计的变化,让报告使用者感知到该事项的变化及其可能对财务报表影响的变化。当然,这个问题在一定程度上也是由关键审计事项披露标准化造成的。由于披露的过于标准化,缺乏与当年度企业情况相联系,则后续年度同样的套话仍然适用,那么在不更换会计师事务所的情况下,也就造成很多企业同一事项不同年度描述完全一致的情况。

4. 未能定量说明关键审计事项的相对重要程度

关键审计事项准则及其应用指南要求在描述关键审计事项时指明以下几点:①把某一事项确定为关键审计事项应考虑的方面;②该事项最为重要的相对重要程度。很多审计报告只是概括性地描述"该事项对经营重要",未能定量说明事项的重要程度,欠缺表明事项最为重要的相对重要程度的表述。

对比IAASB发布的国际审计准则、FRC(英国财务报告委员会)发布的英国审计准则、PCAOB发布的美国审计准则发现,我国审计准则对关键审计事项的规定与国际审计准则基本趋同,而英国审计准则增加了本国独有的一些规定。英国增加了披露审计中使用的重要性水平以及审计范围的要求,并要求披露这些审计范围如何应对与重大错报风险相关的关键审计事项,对于关键审计事项的解释应该直接联系企业的具体情况而不是用一般性的通用语言或者标准语言表述抽象的事项。英国的审计准则少有地没有直接采用IAASB的相应准则,较好地保持了国际趋同与本土化之间的平衡。

(三) 关键审计事项披露改进方向

1. 会计师事务所和注册会计师层面

(1) 会计师事务所加强审计质量控制。第一,会计师事务所应当结合新审计报告准则,完善质量控制体系,将新审计准则的实施要点融入已有的质量控制体系中,并加强分级督导与复核;第二,各级复核人员严格按照新审计报告准则的规定审核审计工作底稿,重点关注注册会计师是否根据新审计报告准则相关要求识别和披露关键审计事项,是否将审计判断等"工作轨迹"体现在工作底稿上,并结合审计底稿所实施的工作内容审核关键审计事项的选取、描述是否恰当、合理;第三,可以在会计师事务所层面组织注册会计师特别是签字的注册会计师进行沟通交流。

(2) 强化注册会计师的专业素养。关键审计事项的识别、沟通及披露需要较强的职业判断能力和文字表述能力。第一,注册会计师自身要加强学习新审计报告准则,在实践中积累经验,将风险导向审计贯穿于整个审计过程;第二,强化职业谨慎,严格遵循准则,注册会计师要针对被审计单位的行业特点与经营状况选取、沟通关键审计事项,披露真正"关键"的事项;第三,提升文字表述能力,使用准确而凝练的语言描述子标题,将内容描述直接联系到被审计单位的特定的具体情况,突出企业的特征,避免"套脸式"的表述;第四,在继续教育中加强对新审计报告准则运用的培训,可以建立官方审计报告的披露平台,将典型案例展示在平台上供大家学习。

2. 政策制定部门和监管部门

（1）根据准则执行过程中发现的问题，适当修订准则，尤其是一些模棱两可的地方。准则的完善是一个持续不断的过程，需要理论界与实务界的共同努力，对新审计报告准则实施过程中出现的新情况（如个别会计师事务所在引言段中增加提示风险和责任的表述）是否值得推广和应用，需要准则制定部门及时进行分析总结并用于指导实践。除了修订准则，还应通过案例的形式对准则内容与要求进行指导和讲解，让从业人员深刻理解准则。

（2）政策制定机构可以在准则及其应用指南中更加细致分类披露内容，如明确强制性披露和选择性披露的范围，强调披露时要关注行业特征和企业特征；指引性地规范披露形式，提供关键审计事项的写作思路而非格式化的模板。

（3）对于监管部门来说，比如交易所、注册会计师协会等，要发挥两个方面的作用，一是引导，二是监管。建议注册会计师协会在对会计师事务所进行执业检查时，加强对新审计报告准则执行情况的检查，可以将其作为专项检查项目，并在检查过程中关注注册会计师对关键审计事项的选取、沟通内容、措辞表述等方面的情况。同时，在注册会计师协会监管的审计约谈机制中结合新审计报告准则的内容及实施情况对注册会计师进行指导和监督。交易所对披露不好的事务所应加大惩罚力度，督促其改正，持续关注关键审计披露情况，尤其要坚决杜绝连续披露过程中出现的机械复制现象，也要督促管理层与审计师进行充分的沟通，配合提供审计师需要的资料，配合审计师完成关键审计事项的披露。

3. 报告使用者

报告使用者应增强对审计报告信息的需求，督促会计师事务所披露高质量的信息，多加关注关键审计事项，同时要加强自身专业素质。审计报告的篇幅较长，增加了关键审计事项段，增加了很多专业的内容，如果缺乏相关的财务会计等专业知识就无法正确理解和利用审计报告所传递的信息。所以，审计报告使用者应当根据自身实际需要，提升相关的专业素养，以更好地理解和利用审计报告中呈现及传达的相关信息，辅助自己做出合理的投资决策。相关部门也应当注意做好新审计报告准则的宣传与普及工作，对报告使用者进行适当的教育。

第三节 新审计报告准则运用中的难点问题

导读 3-3

2018年1—5月，审计师丽芳作为项目负责人负责审计多家上市公司2017年度财务报表，遇到下列与审计报告相关的事项：

（1）2017年2月，A公司因严重破坏环境被环保部门责令停产并对居民进行赔偿，年末管理层确认了大额预计负债并在财务报表附注中予以披露。审计师将其作为审计中最为重要的事项与治理层进行了沟通,拟在审计报告的关键审计事项部分沟通该事项;同时,审计师认为该事项对财务报表使用者理解财务报表至关重要,拟在审计报告中增加强调事项段予以说明。

(2) B公司2017年年末商誉、固定资产、长期股权投资等多项资产存在减值迹象。因管理层未提供相关资料,审计师无法就上述资产的减值准备获取充分、适当的审计证据,拟对财务报表发表无法表示意见,并在审计报告的其他信息部分说明审计师无法确定与资产减值准备相关的其他信息是否存在重大错报。

(3) C公司与关联方交易相关的内部控制存在重大缺陷,审计师拟对C公司2017年12月31日财务报告的内部控制发表否定意见。因C公司管理层未在财务报表附注中披露该情况,审计师在审计报告中拟增加强调事项段,提请财务报表使用者关注这一个情况。

(4) F公司2014年、2015年和2016年连续三年亏损,且2017年流动负债(42.4亿元)大大超过流动资产(28亿元),截至2017年12月31日,公司存在被冻结或抵押的所有权或使用权受限的资产共计12亿元,其中货币资金16.5万元。F公司已经在会计报表中充分披露对此影响公司持续经营能力的事项和情况。审计师把该事项单独放在持续经营存在重大不确定性段予以说明。

(5) 集团董事会决议拟2018年清算G公司,并于2018年12月起停止G公司经营活动。2017年12月31日,G公司账面资产余额主要为货币资金、其他应收款以及办公家具等固定资产,账面负债余额主要为其他应付款和应付工资。管理层认为,采用非持续经营编制基础对上述资产和负债的计量并无重大影响,因此仍以持续经营假设编制2017年度财务报表,并在财务报表附注中披露清算计划。审计师把该事项单独放在持续经营存在重大不确定性段予以说明。

(6) 2017年10月,H公司因涉嫌信息披露违规被证券监管机构立案稽查。截至审计报告日,尚无稽查结论。管理层在财务报表附注中披露了上述事项,审计师把该事项单独放在关键审计事项段予以说明。

阅读导读3-3并请思考:以上处理适当吗?为什么?

一、如何区分"重大不广泛"与"重大且广泛"

(一) 对广泛性的理解

在最终决定意见类型(见表3-2)时,经常会遇到对于"重大不广泛"与"重大且广泛"决策是发表保留意见还是发表否定意见、是发表保留意见还是发表无法表示意见的审计报告,这时有必要深刻理解广泛性这一概念。

表 3-2　出具非无保留意见的情形

导致发生非无保留意见的事项的性质	这些事项对财务报表产生或可能产生的影响的广泛性	
	重大但不具有广泛性	重大且具有广泛性
财务报表存在重大错报（源于选择的会计政策的恰当性、对所选择的会计政策的运用、财务报表披露的恰当性或充分性）	保留意见	否定意见（财务报表没有在所有重大方面按照适用的财务报表编制的规定编制，未能公允反映财务状况、经营成果和现金流量，极少数情况无法表示意见）
无法获取充分、适当的审计证据（包括超出被审计单位控制之外的情形、与注册会计师工作性质或时间安排相关的情形、管理层施加限制的情形）	保留意见	无法表示意见（审计范围受到限制的影响非常重大和广泛，以至于无法对财务报表发表审计意见）

广泛性用以说明错报对财务报表的影响，或者因无法获取充分、适当的审计证据而未发现的错报（如存在）对财务报表可能产生的影响。

根据审计师的判断，对财务报表的影响具有广泛性的情形包括：①不限于对财务报表的特定要素、账户或项目产生影响；②虽然仅对财务报表的特定要素、账户或项目产生影响，但这些要素、账户或项目是或可能是财务报表的主要组成部分；③与披露相关的行为所产生的影响对财务报表使用者理解财务报表至关重要。

我们从定性和定量上理解广泛性，需要厘清以下几个概念：

1. 错报

错报是指某一财务报表项目的金额、分类、列报或披露，与按照适用的财务报告编制基础应当列示的金额、分类、列报或披露之间存在的差异；或者根据审计师的判断，为使财务报表在所有重大方面实现公允反映，需要对金额、分类、列报或披露做出的必要调整。错报可能是由错误或舞弊导致的。

在审计实务中，汇总错报包括：

（1）事实错报是指毋庸置疑的错报。

（2）判断错报是指由于审计师认为管理层对会计估计做出不合理的判断或对会计政策做出不恰当的选择和运用而导致的差异。

（3）推断错报也称推断误差或可能误差，是指审计师对总体存在的错报做出的最佳估计数，涉及根据审计中识别出的错报推断总体的错报。

（4）以前年度查出的未更正错报。

2. 明显微小的错报

明显微小的错报是指明显不会对财务报表产生重大影响的错报，"明显微小"不等同于"不重大"。这些明显微小的错报,无论是单独还者汇总,无论是从规模、性质还是发生的环境来看,都是明显微不足道的。因此,低于"明显微小错报临界值"的错报不需要累积。

在实务中,明显微小错报的临界值确定为报表整体重要性的3%—5%,也可以低一些或高一些,通常不超过财务报表整体重要性的10%。

3. 重要性(水平)

整体重要性是指为了确定一个据以确认财务报表是否存在重大错报(无论是错误还是舞弊)的界限。

当可以合理预期金额小于财务报表整体重要性的错报并会影响报表使用者的经济决策时,确定一个(或多个)小于总体重要性的界限,将其应用于特定类别的交易、账户余额或披露,这被称为具体重要性。

实际执行重要性是指为了确定一个(或多个)小于整体重要性或具体重要性的界限,以确保识别出非重大错报(小于整体重要性或具体重要性的错报),并为审计师提供安全余地。实际执行重要性通常为财务报表整体/具体重要性的50%—75%。

一般来讲,在判断哪些事项影响审计意见类型时,可以从定量层面考虑重大性和广泛性:

(1)未更正错报汇总数远远小于实际执行整体重要性水平,不具有重大性,可以忽略不计。

(2)未更正错报汇总数接近(略低于)实际执行整体重要性水平,意味着可能存在现有审计程序不能查出所有重大错报,需要考虑是否追加审计程序予以查证。

(3)未更正错报汇总数高于实际执行整体重要性水平,构成重大错报,但若不超过规划的整体重要性水平,则不具有广泛性;若远远超过规划的整体重要性水平,则具有广泛性。

(4)单个错报高于实际执行整体重要性水平,有必要怀疑没有查出的错报汇总数可能超过实际执行整体重要性水平,需要考虑是否追加审计程序予以查证。

(5)单个错报高于某科目实际执行重要性水平但低于实际执行整体重要性水平,具有重大性但不具有广泛性。

(6)单个错报低于实际执行重要性水平,也远低于实际执行整体重要性水平,具有广泛性。

从定性层面,凡是查证的事实具有以下(不限于)性质,无论数量大小,都具有重大性或广泛性:

(1)来自一个能够被精确度量的项目,或者来自一项估计中不精确的错报。

(2)试图掩盖收益或其他趋势变化的错报。

(3)为了迎合大多数分析师对企业的期望而隐瞒经营失败的错报。

(4)使被审计单位扭亏为盈或者由盈利变为亏损的错报。

(5)涉及被审计单位在经营能力和盈利能力上玩弄指标的错报。

(6) 影响被审计单位达到规章要求或申请资格要求的错报。

(7) 影响被审计单位达到贷款合同或其他合同要求的错报。

(8) 影响管理层报酬,如为了满足奖金或其他激励性奖励要求的错报。

(二) 实例分析

如果报表审计出的其他事项已经解决,在单独考虑下列事项时,请分别指出可以发表什么类型的审计报告意见并简述理由。

(1) A 公司 2018 年未审计财务报表利润为 2 000 元,审计师发现 A 公司虚假确认收入为 2 400 元,由于低于 A 公司 2018 年财务报表层次重要性水平为 20 000 元,A 公司没有予以调整。

(2) B 公司将 2018 年 1 月已交付使用固定资产占用的银行贷款利息继续资本化,2018 年资本化利息共计 8 000 万元,占本年利润的 15%。

(3) C 公司存货占资产总额的 45%,存货放置在远郊仓库。风沙导致仓库倒塌,尚没有清理完毕,不能估计损失,也无法实施监盘程序。

(4) 审计师把 D 公司 2018 年年报计划整体重要性水平确定为 100 万元,分配到存货的实际执行重要性水平为 30 万元,利用存货计价测试发现存货多计 40 万元,推断总体误差为 80 万元。审计师建议调整,但 D 公司没有接受调整建议。

(5) 审计师把 F 公司 2018 年年报计划整体重要性水平确定为 300 万元,分配到存货的实际执行重要性水平为 80 万元,利用存货计价测试发现存货少计 5 万元,推断总体误差为 40 万元,期初已查出多计 10 万元也没有调整。审计师建议调整,但 F 公司没有接受调整建议。

(6) 审计师把 J 公司 2018 年年报计划整体重要性水平确定为 100 万元,分配到存货的实际执行重要性水平为 40 万元,利用存货计价测试发现存货少计 35 万元,推断总体误差为 80 万元,期初已查出多计 30 万元也没有调整。审计师建议调整,但 J 公司没有接受调整建议。

对于第 1 种情形,尽管虚构收入 2 400 元低于 A 公司 2018 年财务报表层次重要性水平 20 000 元,但能够导致 A 公司盈亏逆转,为此从性质上讲影响非常广泛,如果 A 公司不接受调整意见,应当考虑发表否定意见的审计报告。

对于第 2 种情形,尽管交付使用资产所占用的贷款利息资本化违反了会计准则相关规定,但其影响额仅占本年利润的 15%,如果没有其他事项,这种事项仅仅是重大但不广泛,如果 B 公司不接受调整意见,应当考虑发表否定意见的审计报告。

对于第 3 种情形,存货本身是个涉及面广泛的会计科目,存货问题不仅影响资产还影响利润。当占资产总额 45% 的存货无法监盘且损失无法估计时,人们很可能认为其对报表影响较为广泛,审计师倾向于发表无法表示意见的审计报告。

对于第 4 种情形,尽管推断总体误差为 80 万元,没有超过计划整体重要性水平 100 万元,但审计师没有查出的错报为 40 万元(80-40),超过分配到存货的实际执行重要性水平 30 万元,D 公司不接受调整建议,审计师应当考虑发表保留意见的审计报告。

对于第 5 种情形,由于总体误差为 55 万元(5+40+10),低于分配到存货的实际执行重要性水平 80 万元,更远远低于年报计划重要性水平 300 万元,因此对于查证出来存货少计 5 万元以及以前年度未更正错报,即使 F 公司不接受调整建议也不具有重大性,审计师应当考虑发表保留意见的审计报告。

对于第 6 种情形,由于总体误差为 145 万元(35+80+30),远远超过分配到存货的实际执行重要性水平 40 万元,也超过年报计划重要性水平 100 万元,如果 J 公司不接受调整建议,那么审计师更倾向于发表否定意见的审计报告。

二、审计报告中的优先原则

归纳新版审计报告准则修订的主要内容,审计报告的优先原则主要包括:

(一) 导致发表非无保留意见的事项和与持续经营相关的重大不确定性优先于关键审计事项

CSA1504 强调,在审计报告中沟通关键审计事项不能代替以下两种情形:①发表非无保留意见;②导致对被审计单位持续经营能力产生重大疑虑的事项或情况存在重大不确定性的事项。当可能导致对被审计单位持续经营能力产生重大疑虑的事项或情况存在重大不确定性时,应按照 CSA1324 的要求增加"与持续经营相关的重大不确定性"段,而非增加强调事项段。

以上两种情形就其性质而言均属于关键审计事项,但这些事项不得在审计报告的关键审计事项部分进行描述,而应当分别在形成保留(否定)意见的基础部分或与持续经营相关的重大不确定性部分进行描述。

(二) 关键审计事项优先于强调事项和其他事项

如果某事项构成关键审计事项,除上述导致发表非无保留意见的事项和与持续经营相关的重大不确定性,应在关键审计事项部分进行描述,而不得在强调事项段或其他事项段进行描述。同时,关键审计事项也不能代替管理层在报表中做出的披露。

1. 需要增加强调事项段的情形

新审计准则规定,应当增加强调事项段的情形有:①法律法规规定的财务报告编制基础是不可接受的但基于法律法规做出的规定;②提醒财务报表使用者关注财务报表按特殊目的编制基础编制;③审计师在审计报告日后知悉某些事实(期后事项),并且出具新的或经修改的审计报告。

审计师可能认为需要增加强调事项段的情形有:①异常诉讼或监管行动的未来结果

存在不确定性;②在财务报表日至审计报告日期间发生的重大期后事项;③在允许的情况下,提前应用对财务报表有重大影响的新会计准则;④存在已经或持续对被审计单位财务状况产生重大影响的特大灾难。

2. 增加其他事项段

在审计报告中增加其他事项段的前提条件是:①未被法律法规禁止;②当CSA1504适用时,该事项未被确定为在审计报告中沟通的关键审计事项。

如果某事项不符合关键审计事项的规定,而执业人员根据职业判断,认为有必要沟通与财务报表使用者理解审计工作、审计师责任或审计报告相关的事项,那么应当增加其他事项段。

尽管相对于导致非无保留意见的事项,关键审计事项、强调事项和其他事项是既不影响财务报表反映,也不影响审计意见类型的事项,但在审计实务中,我们仍要区分关键审计事项、强调事项和其他事项。①从强调事项段和关键审计事项段的定义看,它们的侧重点有所不同:强调事项侧重于财务报表使用者理解财务报表至关重要,关键审计事项侧重于审计师认为对本期财务报表审计最为重要。②强调事项和其他事项最主要的区别是:强调事项是已在财务报表中恰当列报或披露的事项,其他事项则是未在财务报表中列报或披露的事项。

分析导读3-3,我们认为:

对于第1种情形,不应当将该事项增加到强调事项段。该事项被确定为在审计报告中沟通的关键审计事项,不需要在强调事项段中再沟通。

对于第2种情形,不应当把该事项放在审计报告的其他信息部分说明。年末商誉、固定资产、长期股权投资等多项资产存在减值迹象,管理层却不提供相关资料,审计范围受到广泛限制,导致发表无法表示意见的审计报告。非无保留意见事项优于其他事项,不需要在报告中说明导致无法表示意见的事项对其他信息的影响。

对于第3种情形,被出具否定意见的内部控制审计报告未在财务报表附注中披露,属于信息披露不充分,应当考虑发表保留意见的审计报告。另外,年报审计中要重点查证存在重大缺陷的内部控制所影响的会计科目是否存在重大错报。若存在,则建议公司调整;若公司拒绝调整,则考虑发表保留或否定意见的审计报告。非无保留意见事项优于强调事项,不应当把该事项增加到强调事项段说明。

对于第4种情形,F公司的影响持续经营的事项和情况已经在财务报表中得到充分、适当的披露,审计师应当把这些事项单独放在持续经营存在重大不确定性段,不能放在强调事项段。

对于第5种情形,公司在预计未来一年或一个经营期内不再持续经营,持续经营假设已是不合理,不能按持续经营假设编制财务报表;但是,公司仍然以持续经营假设编制2017年度财务报表,审计师应当考虑发表否定意见的审计报告,该事项不能仅仅单独放在持续经营存在重大不确定性段。

对于第 6 种情形,证券监管机构的稽查结果存在不确定性,但公司已充分披露,不属于审计关键事项。单独考虑此事项,审计师应当发表带强调事项段的无保留意见审计报告。

三、管理层声明书与审计报告日期

(一) 管理层声明

管理层声明是指被审计单位管理层向审计师提供的关于财务报表的各项陈述。这些陈述是在审计过程中,审计师与被审计单位管理层就与财务报表审计相关的重大事项不断进行沟通而形成的。

管理层声明的形式包括:①管理层声明书;②对于涉及重大事项的管理层专项声明;③董事会及类似机构的相关会议纪要,或已签署的财务报表副本。

在获取管理层声明时,应当注意相关事项。

(1) 当管理层声明的事项对财务报表具有重大影响时,审计师应当实施下列审计程序:①从被审计单位内部或外部获取佐证证据;②评价管理层声明是否合理并与获取的其他审计证据(包括其他声明)一致;③考虑做出声明的人员是否熟知所声明的事项。

(2) 审计师不应以管理层声明替代能够合理预期获取的其他审计证据。

(3) 如果管理层的某项声明与其他审计证据相矛盾,审计师应当调查这种情况。必要时,重新考虑管理层做出的其他声明的可靠性。

如果审计师认为某项声明(例如涉及重大事项的声明,或其他可获取的审计证据证明力较弱的情况下的声明)重要,而管理层拒绝提供,审计师就应当考虑无法获取该声明对审计意见的影响,并按照《中国注册会计师审计准则第 1502 号——在审计报告中发表非无保留意见》的规定出具保留意见或无法表示意见的审计报告。在这种情形下,审计师应当评价审计过程中获取的管理层其他声明的可靠性,并考虑管理层拒绝提供声明是否可能对审计报告产生其他影响。

(二) 如何确定审计报告日期

审计报告日期不应早于审计师获取充分、适当的审计证据(包括管理层认可对财务报表的责任且已批准财务报表的证据)并在此基础上对财务报表形成审计意见的日期。

(1) 应当实施的审计程序已经完成。

(2) 应当提请被审计单位调整的事项已经提出,被审计单位已经做出调整或拒绝做出调整决定。

(3) 管理层已经正式签署财务报表。

在签署审计报告日时还应当考虑期后事项。期后事项是指财务报表日至审计报告日期间发生的事项,以及审计师在审计报告日后知悉的事实。期后事项可以按时间划分为三段,如图 3-2 所示。

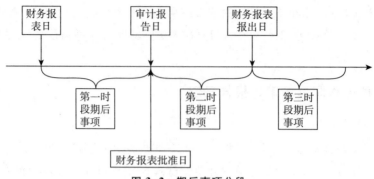

图 3-2 期后事项分段

对于期后事项,审计师的责任是不同的。

(1)第一时段期后事项。审计师承担对期后事项主动识别的义务,应当设计专门的审计程序来识别。

(2)第二时段期后事项。审计师无须实施审计程序或进行专门查询,但对于已经知悉可能对财务报表产生重大影响的事实,审计师应当考虑根据具体情况采取适当措施。

(3)第三时段期后事项。审计师没有义务进行查询,但如果审计师发现同时符合以下条件的第三时段期后事项(①是在审计报告日已经存在的事实;②该事实如果被审计师在审计报告日前获知),则可能影响审计报告,也可以根据具体情况采取必要的措施。

综上所述,审计师签署的审计报告日期是不同的。

(1)签署双重审计报告日。针对财务报表修改部分补充报告日期,表明审计师对期后事项实施的审计程序仅限于财务报表附注所述内容的修改。

(2)延长审计报告日。增加强调事项段和其他事项段,说明审计师对期后事项实施的审计程序仅限于财务报表附注所述内容的修改。

(3)出具新的审计报告。审计师应当在新的或经修改的审计报告中增加强调事项段或其他事项段,提醒财务报表使用者关注财务报表附注中有关修改原财务报表的详细原因和审计师提供的原审计报告。

知识要点

关键审计事项　识别关键审计事项　披露关键审计事项　关键审计事项披露的改进　广泛性　优先原则　强调事项段　其他事项段　持续经营的不确定性

行动学习

毕马威会计师事务所为 Rolls-Royce Holdings 出具的 2017 年度审计报告的关键审计事项段的描述如下:第一,列出当年审计报告与上年不同的关键审计事项。第二,在具体陈述关键审计事项之前,使用动态审计计划工具图来展现审计师对相关重大错报风险领域的判断和估计。如图 3-3 所示,横坐标代表该事项导致重大错报的可能性,纵坐标代表与该事项相关的风险对财务报告潜在影响的程度,其中所表示的可能性和影响程度都是在未考虑公司实施有效控制下的情况。空心圆表示上年度该事项的位置,箭头指向的实心圆表示本年度该事项的位置,其中深色的圆为本年度确认作为关键审计事项在审计报告中进行沟通的事项。第三,在描述关键审计事项时,会在描述之前将该事项的关键风险点放在文段开头,例如以预测为基础的估计、省略披露。第四,在描述审计应对措施时,会在文段开头总结该措施,如敏感性分析、细节测试等。第五,在每个事项陈述的最后,会有一段专门的"我们的发现",说明在实施相应的审计措施之后,审计师针对该事项做出的结论。

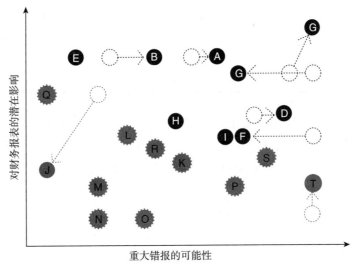

图 3-3 动态审计计划工具

质疑和讨论:

结合我国审计报告中有关关键审计事项披露的要求,认为我国关键审计事项披露应该做哪些改进。

案例分析

商业银行贷款及垫款减值在审计关键事项段披露

根据中国证监会 2018 年第一季度的行业划分,金融业下细分了货币金融服务、资本市场服务、保险、其他四个子行业。金融业共计 81 家单位,其中货币金融服务业共计 27 家单位(见表 3-3),包括所有的上市银行和 1 家租赁公司。

表 3-3 货币金融服务类金融企业名单

货币金融服务业	平安银行(000001)	兴业银行(601166)
	宁波银行(002142)	北京银行(601169)
	江阴银行(002807)	上海银行(601229)
	张家港(002839)	农业银行(601288)
	浦发银行(600000)	交通银行(601328)
	华夏银行(600015)	工商银行(601398)
	民生银行(600016)	光大银行(601818)
	招商银行(600036)	成都银行(601838)
	无锡银行(600908)	建设银行(601939)
	江苏银行(600919)	中国银行(601988)
	杭州银行(600926)	贵阳银行(601997)
	南京银行(601009)	中信银行(601998)
	常熟银行(601128)	吴江银行(603323)
	江苏租赁(600901)	

货币金融服务业的 27 家企业中，除了 1 家租赁公司，其余 26 家银行 2017 年审计报告中的关键审计事项部分均披露了贷款及垫款减值事项，且均在首要位置披露该事项。贷款及垫款减值事项是银行类金融企业排名第一的关键审计事项，因为发放贷款是银行的重要业务之一，贷款是银行的重要资产，计提贷款的减值关系到银行及时准确反映贷款资产质量的实际情况，是贷款内在损失的反映。对于银行业来讲，发放贷款事项就是影响银行重大、对银行业务和风险管理十分重要的事项，且贷款金额很大，贷款减值的金额确定涉及信用风险模型、特定的技术方法，受到管理层判断和估计的影响。综合上述情况分析，贷款及垫款减值事项成为银行业的第一大关键审计事项。

为了便于后续连续两年的对比分析，我们选取披露了贷款及垫款减值事项的 A+H 股大型全国性商业银行，包括 4 家国有商业银行和 4 家全国性股份制商业银行，分别是工、农、中、建四大行，以及招商银行、民生银行、中信银行和光大银行。8 家银行 2017 年年报均由"四大"会计师事务所审计。农业银行、建设银行和中信银行由普华永道审计，工商银行和民生银行由毕马威审计，中国银行和光大银行由安永审计，招商银行由德勤审计。阅读这 8 家银行 2017 年度贷款及垫款减值事项的披露，我们整理出在准则要求下逐项描述关键审计事项的一些关键节点，比较 8 家银行在这些关键点上的披露情况（见表 3-4）。

表 3-4 8 家银行披露的贷款及垫款减值事项情况

	事务所	事项描述	确定关键审计事项原因	审计应对结果
工商银行	毕马威	未披露贷款、垫款及其减值准备余额	事项存在固有不确定性并涉及管理层判断，同时会对贵集团及贵行的经营状况和资本状况产生重要影响	无

（续表）

	事务所	事项描述	确定关键审计事项原因	审计应对结果
农业银行	普华永道	披露贷款、垫款及其减值准备余额	评估过程均涉及重大的管理层判断	有
中国银行	安永	披露贷款、垫款及其减值准备余额 披露贷款垫款余额占资产比例	涉及较多判断和假设，且考虑金额的重要性	无
建设银行	普华永道	披露贷款、垫款及其减值准备余额	需要管理层的重大判断，同时贷款损失准备金额重大	有
招商银行	德勤	披露贷款、垫款及其减值准备余额	余额的重要性、管理层对贷款、垫款出现减值迹象的主观判断和减值准备计量的估计的不确定性	无
民生银行	毕马威	未披露贷款、垫款及其减值准备余额	由于贷款及应收款项减值准备的确定存在固有不确定性并涉及管理层判断，同时会对贵集团的经营状况和资本状况产生重要影响	无
中信银行	普华永道	披露贷款、垫款及其减值准备余额	涉及复杂且重大的管理层判断	有
光大银行	安永	披露贷款、垫款及其减值准备余额 披露贷款、垫款余额占资产比例	涉及较多判断和假设，且考虑金额的重要性	无

除上述披露之外，还有一项比较重要的是审计应对，8家银行的审计应对策略比较相似，很多审计程序是共有的，表3-5展示了各家银行的审计应对程序。

表3-5 审计应对程序情况

	测试内控的设计和运行	评价组合方式计提减值的模型和假设	抽取样本进行信贷审阅	评价单项计提的可收回现金流	评价担保物估值情况	评价相关披露是否符合准则	各级次贷款及应收款项的合计余额与总账记录进行核对
工商银行	√	√	√	√	√	√	
农业银行	√	√	√	√	√	√	
中国银行	√	√	√	√	√	√	√
建设银行	√	√	√	√	√	√	√

（续表）

	测试内控的设计和运行	评价组合方式计提减值的模型和假设	抽取样本进行信贷审阅	评价单项计提的可收回现金流	评价担保物估值情况	评价相关披露是否符合准则	各级次贷款及应收款项的合计余额与总账记录进行核对
招商银行	√	√	√	√	√		
民生银行	√	√	√	√	√	√	
中信银行	√	√	√	√	√		
光大银行	√	√	√	√	√	√	√

通过上述梳理，可以看到毕马威审计的工商银行和民生银行未能披露贷款和垫款余额情况、计提减值金额情况，其余均在事项描述中披露了金额情况。按照准则的要求，有关关键审计事项的描述应提及该事项的余额情况（如有）及其对财务报表的重要情况。在这一点上，安永做得比较好，中国银行和光大银行按照要求进行了详细披露。

有关确定为关键审计事项的原因，均提到涉及管理层的重大判断，还有一些单位涉及金额重大、对报表影响较大、对经营和资本影响重大。

在审计应对结果方面，普华永道审计的农业银行、建设银行和中信银行披露了审计应对结果。例如建设银行在审计应对部分描述：我们发现管理层在个别方式评估中识别减值贷款，以及通过个别和组合方式评估计提贷款损失准备方面所做的判断是恰当的。

在审计应对程序方面，8家银行均采取了控制测试、评估组合方式计提减值模型和假设、抽样审阅及评价可收回现金流和担保物等程序，工商银行、中国银行、民生银行及光大银行还涉及评价披露是否符合准则要求，建设银行和民生银行还涉及与总账的核对。

本案例选取的8家银行均为A+H股上市公司，因而我们也对这几家单位连续两年披露的贷款及垫款减值事项进行了对比分析。工商银行和民生银行未披露余额情况，连续两年对该事项的描述出现完全一致的现象；其余银行有关披露的贷款、垫款余额及减值余额有所变化，但其余的文字性描述保持不变。

要求：

分析8家银行贷款及垫款减值这一事项披露情况，按照关键审计事项准则要求指出披露问题并提出改进建议。

补充阅读

阚京华：《国际审计与鉴证准则理事会审计报告模式变革特征及启示》，《南京审计大学学报》，2017年第2期。

唐建华：《国际审计与鉴证准则理事会审计报告改革评析》，《审计研究》，2015年第1期。

杨治国:《加强版审计报告:理论与运用》,北京:中国财经出版传媒集团,2018年版。

International Auditing and Assurance Standards Board: Handbook of International Quality Control, Auditing, Review, Other Assrance and Related Service Prononouncements (2016-2017 Edition).

IAASB, Reporting on Audited Financial Statements: Proposed New and Revised International Standards on Auditing(ISAs), 2013.

IAASB, A Framework for Audit Quality: Key Elements That Create an Enviroment for Audit Quality, 2014.

IAASB, Question and Answer, 2016.

模块二

财务报表审计与资本市场信息监管

第四章

集团财务报表审计

学习目的

1. 了解集团财务报表审计涉及的相关术语
2. 熟悉集团财务报表审计中的责任设定
3. 掌握集团财务报表审计策略选择
4. 掌握集团财务报表审计重要性的确定
5. 掌握集团财务报表审计范围的确定
6. 熟悉集团财务报表审计的特殊关注

第一节 集团财务报表审计概述

导读 4-1

集团财务报表审计工作底稿

目前,集团公司都有很多子公司、分公司,甚至有若干资产管理计划。

审计师协会在对会计师事务所执业质量进行检查时,抽查到今明会计师事务所对华兴集团公司的审计工作底稿,检查发现:华兴集团公司合并财务报表的审计工作底稿主要由合并财务报表编制过程的一些底稿、合并抵销分录检查的底稿,以及合并范围内各个子公司已审计的财务报表和审计报告组成。

思考:集团公司的财务报表与单体的年度财务报表有什么不同?今明会计师事务所审计华兴集团公司形成的审计工作底稿适当吗?为了理清这些问题,我们有必要理解集团财务报表审计涉及的一些术语和各利益相关方对集团财务报表审计的责任。

一、集团财务报表审计涉及的术语

(一)集团财务报表审计

集团财务报表是指包括一个以上组成部分财务信息的财务报表。集团财务报表也指由没有母公司但处在同一控制下的各组成部分编制的财务信息汇总生成的财务报表。集团财务报表的范围大于会计中合并财务报表的范围。

针对集团财务报表进行的审计,称为集团财务报表审计。集团是指由所有组成部分构成的整体,拥有至少一个以上的组成部分,并且所有组成部分的财务信息包括在集团财务报表中。在判断审计对象是否为一个集团、其财务报表是否为集团财务报表、是否适用财务报表审计的相关规定时,通常要考虑:①被审计单位是否拥有组成部分;②各组成部分是否有独立的财务信息。

(二)组成部分与重要组成部分

1. 组成部分

组成部分是指某一实体或某项业务活动,其财务信息由集团或组成部分管理层编制并应包括在集团财务报表中。

不同集团的组织结构及组成部分不同。由母公司、子公司、合营企业以及按权益法或成本法核算的被投资实体编制财务报表,或由集团本部、分支机构编制财务报表,或以结合以上两者的组织结构来组织财务报告系统的企业,其母公司、子公司、合营企业以及按权益法或成本法核算的被投资实体,或者集团本部、分支机构均可被视为组成部分。而按照职能部门、生产过程、单项产品或劳务(或一组产品或劳务)或地区分部来组织财务报告系统的企业,这些职能部门、生产过程、单项产品或劳务(或一组产品或劳务)或地区可被视为组成部分。

集团财务报告系统中可能存在不同层次的组成部分。在这种情况下,在汇总层次上识别组成部分,可能比逐一识别组成部分更为合适。

2. 重要组成部分

重要组成部分是指集团项目组识别出的具有下列特征之一的组成部分:

(1) 单个组成部分对集团具有财务重大性。一般情况下,在判断单个组成部分是否对集团具有财务重大性时,集团项目组可以将选定的基准乘以某一百分比。确定基准和应用于该基准的百分比属于职业判断。根据集团的性质和具体情况,适当的基准可能包括集团资产、负债、现金流量、利润总额或营业收入。例如,集团项目组可能认为超过选定基准15%的组成部分是重要组成部分。然而,较高或较低的百分比也可能适合具体情况。

在选取基准以确定单个组成部分是否对集团具有财务重大性时,实务中的通常做法可能有:

① 采用确定集团财务报表整体重要性所使用的基准作为衡量的基准。

②采用其他基准作为衡量的基准。例如,集团项目组使用税前利润作为设定集团财务报表整体重要性的基准,但对于发生亏损的组成部分则选择其他基准,如营业收入、亏损额绝对值、资产总额等可能更加合适。

③采用两个或两个以上的基准来综合衡量。例如,如果某些组成部分收入极高但利润率极低,或者某些组成部分是收益不稳定的新成立主体,集团项目组可以采用两个基准来识别单个组成部分是否具有财务重大性。在这种情况下,集团项目组可以对所有组成部分应用两个基准(一个是税前利润,另一个是收入),并将符合任何一个基准的百分比的组成部分识别为重要组成部分。

④集团项目组选定的基准可以考虑采用内部交易抵销后的结果。但在实务中可能存在这样一种情形,当某一组成部分的内部销售交易占比较大时,采用内部交易抵销后的营业收入作为确定其财务重大性的基准可能不再恰当,此时选择其他指标(如资产总额等)可能更加合适。

(2)由于单个组成部分存在特定性质或情况,可能激发导致集团财务报表发生重大错报的特别风险。

(3)单个组成部分对集团具有特殊性。当单个组成部分的特定性质或情况可能存在导致集团财务报表发生重大错报的特别风险时,集团项目组也可以将其识别为重要组成部分。在识别哪些组成部分可能存在导致集团财务报表发生重大错报的特别风险时,需要运用职业判断。集团项目组可以考虑的因素包括但不限于:

①集团中从事特殊业务的组成部分,例如某个工业制造集团中专门从事资金管理和金融服务的财务公司,该组成部分的金融业务可能存在使集团财务报表发生重大错报的特别风险。

②当某一单个组成部分的某类交易、账户余额或披露超过集团财务报表整体重要性,或其性质和金额不符合集团项目组的预期时,集团项目组可能需要考虑该组成部分是否存在使集团财务报表发生重大错报的特别风险。

③当某一单个组成部分从事与集团其他同类组成部分不同的交易时,例如在集团的多家贸易公司中,某个贸易公司因从事出口贸易而拥有大量外币,该公司为了规避外汇风险而从事外汇掉期交易,虽然对集团并不具有财务重大性,但仍可能存在使集团财务报表发生重大错报的特别风险。

④当某一单个组成部分的财务信息涉及重大会计估计和判断时,例如某个组成部分管理层对固定资产剩余使用年限的估计变更使得固定资产折旧额发生重大变动,该会计估计变更可能存在使集团财务报表发生重大错报的特别风险。

⑤当某一单个组成部分的经营模式、业务流程、计算机信息技术系统、内部控制及关键管理人员发生重大变化时,这些变化可能存在使集团财务报表发生重大错报的特别风险。

⑥以前年度审计过程中发现的存在使集团财务报表发生重大错报的特别风险的组成部分。

⑦ 新收购的组成部分。
⑧ 被监管部门特别关注而被视为重要组成部分。

(三) 集团项目合伙人、集团项目组与组成部分审计师

集团项目合伙人是指会计师事务所中负责并执行某项集团审计业务,代表会计师事务所在对集团财务报表出具的审计报告上签字的合伙人。

集团项目组是指参与集团审计的包括集团项目合伙人在内的所有合伙人和员工。集团项目组负责制定集团总体审计策略,与组成部分审计师沟通,针对财务报表合并过程执行相关工作,并评价根据审计证据得出的结论,以此作为形成集团财务报表审计意见的基础。

组成部分审计师是指基于集团审计目的,按照集团项目组的要求,对组成部分财务信息执行相关工作的审计师。基于集团审计目的,集团项目组成员可能按照集团项目组的工作要求,对组成部分财务信息执行相关工作。在这种情况下,该集团项目组成员也是组成部分审计师。

二、集团财务报表审计中的责任设定

目前,各国对集团财务报表审计中的责任设定有两种模式:一种模式是集团项目组对整个集团财务报表审计工作及审计意见负全部责任,这一责任不因利用组成部分审计师的工作而减轻;另一种模式是集团项目组和组成部分审计师就各自执行的审计工作分别负责,集团项目组在执行集团财务报表审计时完全基于组成部分审计师的工作。为了保证审计质量,《中国注册会计师审计准则第1401号——对集团财务报表审计的特殊考虑》采用第一种模式。在这种模式下,尽管组成部分审计师基于集团审计目的对组成部分财务信息执行相关工作,并对所有发现的问题、得出的结论或形成的意见负责,但集团项目合伙人及其所在的会计师事务所仍对集团审计意见负有责任。

(一) 集团项目组对财务报表的审计责任

(1) 集团项目组对整个集团财务报表审计工作及审计意见负全部责任,这一责任不因利用组成部分审计师的工作而减轻。

(2) 集团项目合伙人及其所在的会计师事务所对集团财务报表审计意见负有责任。

(3) 组成部分审计师基于集团审计目的对组成部分财务信息执行相关工作,并对(组成部分财务信息)所有发现的问题、得出的结论或形成的意见负责。

(二) 集团项目合伙人对审计质量控制的责任

(1) 集团项目合伙人按照职业准则和适用的法律法规的规定,应当确信执行集团审计业务的人员(包括组成部分审计师)从整体上具备适当的胜任能力和必要素质。

(2) 集团项目合伙人应当负责指导、监督和执行集团财务报表审计业务。

(3) 集团项目合伙人应当确定出具的审计报告是否适合具体情况。

（三）对集团财务报表出具的审计报告不应提及组成部分审计师

（1）审计师对集团财务报表出具的审计报告不应提及组成部分审计师，除非法律法规另有规定。

（2）如果法律法规要求在审计报告中提及组成部分审计师，那么审计报告应当指明这种提及并不减轻集团项目合伙人及其所在的会计师事务所对集团审计意见承担的责任。

（3）如果因未能就组成部分财务信息获取充分、适当的审计证据，导致集团项目组在对集团财务报表出具的审计报告中发表非无保留意见，那么集团项目组需要在导致非无保留意见的事项段中说明不能获取充分、适当审计证据的原因。除非法律法规要求在审计报告中提及组成部分审计师，并且这样做对充分说明上述情况是必要的，否则不应提及组成部分审计师。

三、集团财务报表审计师的工作

集团财务报表审计师的工作包括：

（1）确定是否担任集团财务报表审计的审计师。

（2）担任集团财务报表审计的审计师，应就组成部分审计师对组成部分财务信息执行工作的范围、时间安排和发现的问题，与组成部分审计师进行清晰的沟通。

（3）针对组成部分财务信息和财务报表合并过程获取充分、适当的审计证据，以对集团财务报表是否在所有重大方面按照适用的财务报告编制基础编制发表审计意见。

第二节　集团财务报表审计策略选择

导读4-2

集团财务报表审计策略的选择

ABC会计师事务所负责审计D集团公司2018年度财务报表，并委派A审计师担任审计项目合伙人。D集团公司属于家电制造行业，共有4家全资子公司。A审计师在确定某子公司对集团而言是否具有财务重大性时，采用资产总额、营业收入和利润总额为基准。

各子公司的相关资料摘录如下：

（1）E公司主营业务是彩电业务，业务和财务状况稳定。其资产总额在集团中所占的份额为80%，营业收入在集团中所占的份额为50%，利润总额在集团中所占的份额为78%。

（2）F公司主营业务是冰箱业务，业务刚刚开始两年，规模较小，但财务状况较为稳定。其资产总额在集团中所占的份额为5%，营业收入在集团中所占的份额为5%，利润总额在集团中所占的份额为6%。

（3）G公司主营业务是洗衣机业务，为拓展市场，G公司向部分主要客户提供特殊退货安排。其资产总额在集团中所占的份额为5%，营业收入在集团中所占的份额为40%，利润总额在集团中所占的份额为5%。

（4）H公司主营业务是集团产品的出口及销售，其资产总额在集团中所占的份额为5%，营业收入在集团中所占的份额为5%，利润总额在集团中所占的份额为4%。H公司从事了若干远期外汇合同交易，以管理2018年度外汇汇率持续波动的风险。

A审计师把E公司、G公司、H公司判断为D集团公司重要组成部分，这是因为：E公司资产总额、利润总额和收入总额在集团中所占的份额较大，对集团具有财务重大性；G公司的营业收入在集团中所占份额较大，对集团具有财务重大性，特殊的退货安排使得G公司在收入确认方面存在可能导致集团财务报表发生重大错报的特别风险；2018年外汇汇率持续变动，H公司从事的远期外汇合同交易存在可能导致集团财务报表发生重大错报的特别风险。

F公司被判断为不重要组成部分，是由于其资产总额、利润总额和收入总额在集团中所占的份额均较低，且财务状况比较稳定。

为此，在对D集团公司集团财务报表审计进行决策时，A审计师认为对E公司和G公司运用组成部分重要性对组成部分财务信息实施审计，对H公司受到远期外汇合同交易影响而存在的特别风险的账户余额和披露事项实施审计，对不重要组成部分F公司只需在集团层面实施分析程序。

思考：审计师如何采用一定的标准，将组成部分划分为重要组成部分和不重要的组成部分，并对不同组成部分实施不同的审计策略呢？

一、审计策略的选择

（一）重要组成部分和不重要组成部分的划分

为了实现集团财务报表审计的目标，提高审计效率，在集团财务报表审计中，集团项目组审计师应当采用一定的标准，将组成部分划分为重要组成部分和不重要组成部分，并针对不同组成部分实施不同的审计策略。

在选取基准以确定单个组成部分是否对集团具有财务重大性时，实务中通常的做法可能有：

（1）采用在确定集团财务报表整体重要性时所使用的基准作为衡量的基准。
（2）采用其他基准作为衡量的基准。
（3）使用两个或两个以上的基准来综合衡量。
（4）集团项目组选定的基准可以考虑使用内部交易抵销后的结果。

（二）集团项目组的不同审计策略

对于组成部分财务信息，集团项目组应当确定其亲自执行或组成部分审计师代为执行的相关工作类型。工作类型包括财务信息审计、特定项目审计、特定审计程序、财务信息审阅、集团层面分析程序(见表4-1)。

表4-1 不同组成部分实施不同的审计策略

组成部分的性质		工作类型	
重要组成部分	具有财务重大性	使用组成部分重要性对组成部分财务信息实施审计	财务信息审计
	可能存在导致集团财务报表发生重大错报的特别风险	使用组成部分重要性对组成部分财务信息实施审计	财务信息审计
		针对与可能导致集团财务报表发生重大错报的特别风险相关的一个或多个账户余额、一类或多类交易或披露事项实施审计	特定项目审计
		针对可能导致集团财务报表发生重大错报的特别风险实施特定的审计程序	特定审计程序
不重要组成部分		在集团层面实施分析程序	集团层面分析程序

下列两种情形,选择某些不重要组成部分执行相关工作:
(1)集团项目组在执行所有相关工作后,认为不能获取形成集团审计意见所需的充分、适当的审计证据;
(2)集团只包括不重要组成部分,如果仅测试集团层面控制并对组成部分财务信息实施分析程序,集团项目组通常不太可能获取形成集团审计意见所需的充分、适当的审计证据

对于选择的不重要组成部分(集团项目组应当在一段时间之后更换所选择的组成部分)	使用组成部分重要性对组成部分财务信息实施审计	财务信息审计
	对一个或多个账户余额、一类或多类交易或披露事项实施审计	特定项目审计
	使用组成部分重要性对组成部分财务信息实施审阅	财务信息审阅
	实施特定程序	特定审计程序

在审计实务中,越重要的组成部分,集团审计师亲自执行审计的程度越高;错报风险越高,集团审计师参与组成部分审计师工作的程度越高。

当基于集团审计目的且计划要求由组成部分审计师执行组成部分财务信息的相关工作时,集团项目组需要了解组成部分审计师。这主要从以下四个方面展开:①组成部分审计师是否了解并将遵守与集团审计相关的职业道德要求,特别是独立性要求;②组成部分审计师是否具备专业胜任能力;③集团项目组参与组成部分审计师工作的程度是否足以获取充分、适当的审计证据;④组成部分审计师是否处于积极的监管环境。

如果组成部分审计师不符合与集团审计相关的独立性要求,或集团项目组对组成部分审计师的职业道德、专业胜任能力和所处监管环境存有重大疑虑,那么集团项目组应

当就组成部分财务信息亲自获取充分、适当的审计证据,而不应要求组成部分审计师对组成部分财务信息执行相关工作。

如果组成部分审计师对重要组成部分财务信息执行审计,那么集团项目组应当参与组成部分审计师实施的风险评估程序,以识别导致集团财务报表发生重大错报的特别风险。集团项目组参与的性质、时间安排和范围受组成部分审计师所了解情况的影响,但至少应当包括:

(1)与组成部分审计师或组成部分管理层讨论对集团而言重要的组成部分业务活动。

(2)与组成部分审计师讨论由舞弊或错误导致组成部分财务信息发生重大错报的可能性。

(3)复核组成部分审计师针对识别出的导致集团财务报表发生重大错报的特别风险而形成的审计工作底稿。

(三)在选择审计策略时的沟通

1. 集团项目组向组成部分审计师的通报

集团项目组应当及时向组成部分审计师通报工作要求。通报的内容应当明确组成部分审计师应执行的工作和集团项目组对其工作成果的利用,以及组成部分审计师与集团项目组沟通的形式和内容。通报的内容还应当包括:

(1)在组成部分审计师知悉集团项目组将利用其工作成果的前提下,要求组成部分审计师确认其将配合集团项目组的工作。

(2)与集团审计相关的职业道德要求,特别是独立性要求。

(3)在对组成部分财务信息实施审计或审阅的情况下,组成部分的重要性和针对特定类别的交易、账户余额或披露采用的一个或多个重要性水平(如适用)及临界值,超过临界值的错报不能视为对集团财务报表明显微小的错报。

(4)识别出的与组成部分审计师工作相关的、由舞弊或错误导致集团财务报表发生重大错报的特别风险。集团项目组应当要求组成部分审计师及时沟通所有识别出的、在组成部分内的其他由舞弊或错误可能导致集团财务报表发生重大错报的特别风险,以及组成部分审计师针对这些特别风险采取的应对措施。

(5)集团管理层编制的关联方清单和集团项目组知悉的任何其他关联方。集团项目组应当要求组成部分审计师及时沟通集团管理层或集团项目组之前未识别出的关联方。集团项目组应当确定是否需要将新识别出的关联方告知其他组成部分审计师。

2. 组成部分审计师向集团项目组的沟通

集团项目组应当要求组成部分审计师沟通与集团审计结论相关的事项。沟通的内容应当包括:

(1)组成部分审计师是否已遵守与集团审计相关的职业道德要求,包括对独立性和专业胜任能力的要求。

（2）组成部分审计师是否已遵守集团项目组的要求。

（3）指出作为组成部分审计师出具报告对象的组成部分财务信息。

（4）因违反法律法规而可能导致集团财务报表发生重大错报的信息。

（5）组成部分财务信息中未更正错报的清单（清单不必包括低于集团项目组通报的临界值且明显微小的错报）。

（6）审计工作底稿表明可能存在管理层偏向的迹象。

（7）描述识别出的组成部分层面值得关注的内部控制缺陷。

（8）组成部分审计师向组成部分治理层已通报或拟通报的其他重大事项，包括涉及组成部分管理层、在组成部分层面内部控制中承担重要职责的员工及其他人员（在舞弊行为导致组成部分财务信息出现重大错报的情况下）的舞弊或舞弊嫌疑。

（9）可能与集团审计相关或者组成部分审计师期望集团项目组加以关注的其他事项，包括在组成部分审计师要求组成部分管理层提供的书面声明中指出的例外事项。

（10）组成部分审计师的总体发现、得出的结论和形成的意见。

在配合集团项目组时，如果法律法规未予禁止，那么组成部分审计师可以允许集团项目组接触相关审计工作底稿。

二、重要性水平的确定

为了规范审计计划的编制与执行，保证有计划、有重点地开展审计业务，提高审计质量，在企业集团审计中确定重要性水平同样重要。确定重要性水平是集团项目组审计师的责任，在企业集团审计中集团项目组的审计师需要确定三个层次的重要性水平：一是确定集团财务报表整体重要性；二是确定适用于特定类别的交易、账户余额或披露的一个或多个重要性水平；三是组成部分重要性。

（一）确定集团财务报表整体重要性

在制定集团总体审计策略时，集团项目组应当根据被审计单位的具体环境（如被审计单位的性质、生命周期、行业及经济环境等），选择合适的财务报表要素为基准，确定集团财务报表整体重要性。

（二）确定适用于特定类别的交易、账户余额或披露的一个或多个重要性水平

集团项目组应当考虑被审计单位所处行业的关键性披露、重要预期及财务报表使用者重点关注的业务，确定适用于特定类别的交易、账户余额或披露的一个或多个重要性水平，总体要求是低于集团财务报表整体的重要性。

（三）确定组成部分重要性

如果组成部分审计师对组成部分财务信息实施审计或审阅，集团项目组应当基于集团审计目的，为这些组成部分确定组成部分重要性。

为了将未更正和未发现错报的汇总数超过集团财务报表整体重要性的可能性降至适当的低水平，集团项目组应当将组成部分重要性设定为低于集团财务报表整体重要性。

这里有以下几点需要注意：

（1）针对不同的组成部分确定的重要性可能有所不同。

（2）在确定组成部分重要性时，无须采用将集团财务报表整体重要性按比例分配的方式，因此对不同组成部分确定的重要性汇总数，有可能高于集团财务报表整体重要性。

（3）在制定组成部分总体审计策略时，需要使用组成部分重要性。

（4）在审计组成部分财务信息时，组成部分审计师（或集团项目组）需要确定组成部分层面的实际执行重要性，至于由谁确定取决于对组成部分审计师的了解和集团项目组的参与程度。

如果由组成部分审计师确定组成部分层面的实际执行重要性，集团项目组应当评价其适当性。

集团项目组在确定组成部分重要性时，需要运用职业判断，针对汇总风险——未发现错报和未更正错报汇总数超过集团财务报表整体重要性的相关风险，可考虑以下因素：

① 组成部分的数量和单个组成部分的规模。组成部分的数量越少，即单个组成部分占集团关键财务指标的比例可能较高，汇总风险越低，为其设定的重要性越高。组成部分的数量越多，即单个组成部分占集团关键财务指标的比例越低，汇总风险越高，为其设定的重要性越低。

② 对组成部分错报水平的预期。预期多个组成部分未更正和未发现的错报的汇总数超过集团财务报表整体重要性的可能性越大，汇总风险越高，为其设定的重要性越低。

③ 组成部分业务处理需要运用会计判断的程度。组成部分业务处理需要运用会计判断的程度越高，汇总风险越高，为其设定的重要性越低。

④ 仅在集团层面实施分析程序的不重要组成部分的比例。该比例越高，汇总风险越高，为其设定的重要性越低。

在审计实务中，为了在法定审计和集团审计上实现同一套审计程序，集团项目组可以与组成部分审计师沟通，将组成部分重要性按照孰低原则设定为两项审计业务均使用的重要性水平。

在审计组成部分财务信息时，组成部分审计师（或集团项目组）需要确定组成部分层面实际执行重要性，这对于将组成部分财务信息中未更正和未发现错报的汇总数超过组成部分重要性的可能性降至适当的低水平是必要的。实务中，集团项目组可能按这一较低的水平确定组成部分重要性。在这种情况下，组成部分审计师需要使用组成部分重要性，评估组成部分财务信息的重大错报风险，针对评估的风险设计进一步的审计程序，评价识别出的错报单独或汇总起来是否重大。

如果基于集团审计目的，由组成部分审计师对组成部分财务信息执行审计工作，那么集团项目组应当评价在组成部分层面确定的实际执行重要性的适当性。

（5）集团项目组需要为计划实施相关审计工作的组成部分设定重要性，不需要对计划仅在集团层面实施分析程序的不重要组成部分设定重要性。

（四）明显微小错报的临界值

审计师需要设定临界值,不能将超过临界值的错报视为对集团财务报表明显微小的错报。组成部分审计师需要将从组成部分财务信息中识别出的超过临界值的错报通报给集团项目组。

第三节　集团财务报表审计中对合并范围的确定

导读4-3

合并范围发生重大变化的审计风险防范提示

中国注册会计师协会（简称"中注协"）以"财务报表合并范围发生重大变化的上市公司年报审计风险防范"为主题,书面约谈了信永中和会计师事务所,就事务所承接的2016年年报相关审计业务可能存在的风险进行提示。

中注协在书面约谈函中指出,不少上市公司通过重大非常规交易、相关股权及非股权安排等方式多次变更财务报表合并范围,势必对公司整体财务状况带来重大影响,可能存在较高的审计风险。中注协提示会计师事务所重点关注以下事项：

一是防范管理层舞弊风险。审计师应当充分了解公司变更合并范围的真实目的,尤其对不再纳入合并范围的亏损企业,应警惕管理层通过变更合并范围操纵财务报表数据的可能性。对于被剥离或纳入财务报表合并范围的企业,除获取相关协议、合同、章程以及管理层声明等相关文件外,还要关注其实际运营状况。

二是判断相关合并范围变化是否符合会计准则要求。审计师应当获取并分析相关协议合同的具体条款,关注重大非常规交易（尤其是涉及关联方的重大非常规交易）的经济实质以及相关股权安排的合理性,综合判断合并范围的变化是否符合会计准则的相关规定;同时,审计师还应当重点关注合并类型的判断、合并或分立日期的确定以及或有对价和商誉的确认等。

三是关注非股权变动因素导致的合并范围变化。近年来,上市公司通过一致行动协议、委托代管协议、托管承包等非股权变动方式变更合并范围的做法日益常见,而且不少是发生在关联方之间。对此,审计师应当更为谨慎地实施职业判断,在获取并分析相关协议及合同具体条款的同时,还应注意适当审核其真实性,关注其是否具有法律效力,必要时可咨询专家或律师的意见。

四是考虑利用专家工作。公司财务报表合并范围变更涉及标的股权公允价值确定,审计师应考虑利用专家工作,评价专家的胜任能力、专业素质和客观性,并关注专家工作结果的相关性、合理性,及其与审计证据的一致性。

资料来源:改编自《中注协约谈会计师事务所 提示财务报表合并范围发生重大变化的上市公司年报审计风险》(http://www.cicpa.org.cn,2017年4月访问)。

在审计实践中,被审计单位经常变更合并财务报表的范围以调节盈亏,达到自利的目的。为此,财务报表的合并范围及其变动的确定,成为集团财务报表审计必须关注的问题。

一、集团财务报表合并范围的确定

母公司应当将全部子公司(包括母公司控制的单独主体)纳入合并财务报表的合并范围。合并财务报表的合并范围应当以控制为基础予以确定。根据企业会计准则,可以从以下两个方面判断投资方对被投资方是否存在控制:

(一)数量方面

投资方持有被投资方半数以上的表决权的,或通过与其他表决权持有人之间的协议能够控制半数以上(50%以上,不包括50%)表决权的。

(二)实质方面(实质控制)

投资方持有被投资方半数或以下的表决权,但综合考虑下列事实和情况后,判断投资方持有的表决权足以使其目前有能力主导被投资方相关活动的,视为投资方对被投资方拥有控制力:①投资方持有的表决权相对于其他投资方持有的表决权份额的大小,以及其他投资方持有的表决权的分散程度;②投资方和其他投资方持有的被投资方的潜在表决权,如可转换公司债券、可执行认股权证等;③其他合同安排产生的权利;④被投资方以往表决权的行使情况等相关事实和情况。

在审计实务中,审计师根据以下情况判断母公司是否实质上拥有控制权:①是否拥有主导被投资方的权力;②是否通过参与被投资方的相关活动而享有可变回报的权利;③是否有能力运用对被投资方的权力影响回报金额。也就是说,审计师应当根据投资方是否对被投资方拥有实质性权利来判断。

实质性权利是指持有人在对相关活动进行决策时有能力行使的可执行权利。判断一项权利是否为实质性权利,审计师应当综合考虑所有相关事实和因素,如投资者的持股情况、投资者之间的相互关系、公司治理结构(如派出的董事人数、董事的职权、股东会和董事会的运作机制、对高级管理人员的任免权等)、潜在表决权等。这些信息通常包含在被投资企业的合同、章程、股东会和董事会议事规则等法律文件中。当股东会或董事会议事规则中包含以下条款时,不能仅仅根据拥有大于50%的股权比例或在董事会中拥有大于50%的投票权来确定是否具有控制:①对财务和经营政策的相关事项(如确定经营战略,批准财务报表和预算,董事、监事、高级管理人员的任免,批准授信额度或者提供担保,重大资产收购和出售),需2/3以上绝对多数票赞成方可通过;②虽然通过某些日常决策中的重大事项只需简单多数的赞成票,但是投赞成票者必须包含来自每一投资方的至少各一名董事;③董事会议事规则对出席董事会会议的董事人数有最低数的限制,且该最低数超过任何一个投资方派出的董事人数。这里所说的"财务和经营政策"不包括《公司法》第四十四条第二款规定的必须在股东会上经代表2/3以上表决权的股东通过的重大事项,即修改公司章程,增加或者减少注册资本,公司合并、分立、解散或者变更公司形式等。通常认为对这些事项的"绝对多数通过"只是一种对非控股股东的保护措施,不会对被投资企业的日常财务和经营政策产生影响,因而不影响控股股东的控制能力。

审计师还应当考虑:①权利持有人行使该项权利是否存在财务、价格、条款、机制、信息、运营、法律法规等方面的障碍;②当权利由多方持有或者行权需要多方同意时,是否存在实际可行的机制使得这些权利持有人在其愿意的情况下能够一致行权;③权利持有人能否从行权中获利等。某些情况下,其他方享有的实质性权利有可能会阻止投资方对被投资方的控制。这种实质性权利既包括提出议案以供决策的主动性权利,也包括对已提出议案做出决策的被动性权利。

在实践中,判断投资方具有实际能力以单方面主导被投资方相关活动的证据有:①投资方能否任命或批准被投资方的关键管理人员;②投资方能否出于自身利益决定或否决被投资方的重大交易;③投资方能否掌控被投资方董事会等类似权力机构成员的任命,或者从其他表决权持有人手中获得代理权;④投资方与被投资方的关键管理人员或董事会等类似权力机构中的多数成员是否存在关联方关系。

以下投资方与被投资方之间的某种特殊关系影响主导权力:①被投资方的关键管理人员是投资方的现任或前任职工;②被投资方的经营依赖于投资方、被投资方活动的重大部分有投资方参与其中或者以投资方的名义进行;③投资方自被投资方承担可变回报的风险或享有可变回报的收益远超过其持有的表决权或其他类似权利的比例等。

这里所讲的相关活动,是指对被投资方的回报产生重大影响的活动。被投资方的相关活动应当根据具体情况进行判断,通常包括商品或劳务的销售和购买、金融资产的管理、资产的购买和处置、研究与开发活动及融资活动等。

二、集团财务报表合并范围的变动

每年,审计师应当根据公司股权变动或其他具体情况判断集团财务报表合并范围的变动。

(一)股权变动时合并范围的变动

当发生股权变动时,只有符合下列条件才能判断股权变动真正实现,这时财务报表合并范围才会变动:①企业合并合同或协议已获股东大会等通过;②企业合并事项如果需经过国家有关主管部门审批的,已获得批准;③参与合并各方已办理必要的财产权转移手续;④合并方或购买方已支付合并价款的大部分(一般应超过50%),并且有能力、可按计划支付剩余款项;⑤合并方或购买方实际上已经控制被合并方或被购买方的财务和经营政策,并享有相应的利益、承担相应的风险。

(二)投资性主体合并范围的变动

当母公司同时满足下列条件时,该母公司属于投资性主体:①母公司是以向投资者提供投资管理服务为目的,从一个或多个投资者(拥有一个以上投资或投资者)处获取资金;②母公司的唯一经营目的是通过资本增值、投资收益或两者兼具让投资者获得回报,而投资者不是公司关联方;③母公司按照公允价值对几乎所有投资的业绩进行考量和评价,公司所有者权益以股权或类似权益方式存在。

若母公司是投资性主体,则母公司应当仅将为投资活动提供相关服务的子公司纳入合并范围并编制合并财务报表;其他子公司不应当予以合并,母公司对其他子公司的投资应当按公允价值计量且其变动计入当期损益。

投资性主体的母公司本身不是投资性主体,则应当将其控制的全部主体,包括那些通过投资性主体所间接控制的主体,纳入合并财务报表范围。

当母公司由非投资性主体转变为投资性主体时,除仅将为其投资活动提供相关服务的子公司纳入合并财务报表范围编制合并财务报表外,企业自转变日起对其他子公司不再予以合并,视同在转变日处置子公司但保留剩余股权进行会计处理(即部分处置对子公司的长期股权投资,处置价款与处置长期股权投资对应享有子公司自购买日或合并日开始持续计算的净资产份额之间的差额,调减资本公积下的资本溢价或股本溢价,资本公积不足冲减的,调减留存收益)。

当母公司由投资性主体转变为非投资性主体时,应将原未纳入合并财务报表范围的子公司于转变日纳入合并财务报表范围,原未纳入合并财务报表范围的子公司在转变日的公允价值视同为购买的交易对价。

(三)判断合并范围变动的特殊考虑

1. 对特殊目的主体的考虑

应当考虑将以下特殊目的主体纳入合并财务报表:

(1)母公司为融资、销售商品或提供劳务等特定经营业务的需要直接或间接设立特殊目的主体。

(2)母公司具有控制或获得控制特殊目的主体或其资产的决策权,比如母公司拥有单方面终止特殊目的主体的权力、变更特殊目的主体章程的权力、对变更特殊目的主体章程的否决权等。

(3)母公司通过章程、合同、协议等具有获取特殊目的主体大部分利益的权力。

(4)母公司通过章程、合同、协议等承担了特殊目的主体的大部分风险。

2. 对被托管、承包经营企业的考虑

在实务中,审计师评价以下情况以专业判断被托管、承包经营的企业是否应纳入托管方、承包方的合并报表范围:

(1)托管、承包协议赋予托管人、承包人的经营管理权限是否涵盖了"财务和经营政策"的全部内容。

(2)托管人、承包人与被托管、承包企业股东之间的利益分配关系,例如被托管、承包企业的经营盈亏是否全部或者绝大部分归属于托管人、承包人。这一点有助于区分承包人、托管人的地位是更接近于所有者,还是更接近于外聘的职业经理人。

(3) 托管、承包协议对托管、承包结束后被托管、承包企业净资产归属的约定。例如在托管、承包结束时,托管人、承包人是否必须确保被托管、承包企业的净资产不低于托管、承包开始前的金额;托管人、承包人是否有权获取托管、承包结束日被托管、承包企业的净资产额与托管开始时相比的增值部分。

(4) 托管、承包协议与被托管、承包企业的公司章程之间的关系,例如当两者不一致时以谁为准,托管人、承包人派驻的经营管理人员与被托管、承包企业原有的董事会、管理层的关系。

(5) 托管、承包协议是否规定在托管、承包期间原股东有权单方面终止委托关系。

(6) 其他情况。

3. 对学校、医院的考虑

根据《民办教育促进法实施条例》《国务院办公厅转发国务院体改办等部门关于城镇医药卫生体制改革指导意见的通知》(国办发〔2000〕16号)的规定,以及根据相关机构的章程(或具有类似效力的文件)、办学许可证(或医疗机构执业许可证),学校、医院划分为两类。

(1) 非营利性的学校和医院。非营利性的学校和医院通常被界定为民间非营利性组织,除出资人不能从办学结余或经营结余中取得回报之外,清算后的剩余财产应按规定继续用于社会公益事业,而不能由出资人收回。非营利性学校和医院的出资人即使对学校、医院的财务和经营运作方面的政策拥有决定权,也不能从学校或医院的财务、经营活动中获取构成会计准则意义上"控制"所需的经济利益。因此,非营利性的学校和医院通常不能纳入出资人的合并财务报表范围。

(2) 营利性的学校和医院。由于营利性的学校和医院以营利为目的的特征与一般企业一致,因此通常执行企业的财务、会计制度,出资人在判断是否可将其纳入合并财务报表范围时所考虑的因素与一般的被投资企业相同。

4. 对已停业、正在清算或者已被吊销执照的子公司的考虑

对于已停业、正在清算或者已被吊销执照的子公司,公司应视具体情况而决定是否将其纳入合并范围。

(1) 对于已停业的子公司,若公司对该子公司仍拥有控制权,则公司应将其纳入合并范围。

(2) 对于因自行解散而进行清算的子公司,通常情况下,公司仍对该子公司拥有控制关系,公司可将其纳入合并范围。

(3) 对于依法被吊销执照、责令关闭或撤销而被强制解散而进行清算的子公司,通常情况下,公司已不对该子公司拥有控制关系,公司可不将其纳入合并范围。

5. 证券公司对于资产管理计划的考虑

证券公司通常将自己作为管理人且以自有资金参与所发行的资产管理计划,作为主

要责任的资产管理计划应纳入合并范围。这是因为这种资产管理计划通常是证券公司设计资产管理计划的投资方向、范围、策略以及投资收益的分配,并对投资对象、买入卖出决策、投资资产出现风险时的后续管理的相关决策拥有主导"权力"。

对于资产管理计划,证券公司从资产管理计划所能获取的回报主要包括固定管理费、浮动业绩报酬及直接投资收益。如果证券公司能够通过决策影响从资产管理计划获取的可变回报(包括所有口径内收费/收益/补偿/报酬)的,则应当考虑把资产管理计划纳入合并范围;如果证券公司的性质和目的主要是管理投资者的资产并赚取管理费的,则通常不纳入合并范围。

第四节　集团财务报表审计中的特殊关注

一、了解和评价集团公司下达的指令

为实现集团公司财务信息一致性与可比性,集团管理层通常对组成部分下达指令。指令采用财务报告程序手册和报告文件的形式,内容主要包括:①运用的会计政策;②适用于集团财务报表的法定披露要求和其他披露要求,包括分部的确定和报告、关联方关系及其交易、集团内部交易、未实现内部交易损益以及集团内部往来余额;③报告时间要求。

集团项目组应当从以下几个方面了解和评价集团公司下达的指令:①就完成报告文件而言,指令是否清晰、实用;②指令是否充分说明了适用的财务报告编制基础的特点;③指令是否规定了为遵守适用的财务报告编制基础的要求而需要充分披露的事项,如关联方关系及其交易和分部信息的披露;④指令是否规定了如何确定合并调整事项,如集团内部交易、未实现内部交易损益和集团内部往来余额;⑤指令是否规定了组成部分管理层对财务信息的批准程序。

二、关注母子公司会计政策、会计期间的一致性

母公司应当统一子公司所采用的会计政策,使子公司采用的会计政策与母公司保持一致。子公司所采用的会计政策与母公司不一致的,应当按照母公司的会计政策对子公司财务报表进行必要的调整,或者要求子公司按照母公司的会计政策另行编报财务报表。

母公司应当统一子公司的会计期间,使子公司的会计期间与母公司保持一致。子公司的会计期间与母公司不一致的,应当按照母公司的会计期间对子公司财务报表进行调整,或者要求子公司按照母公司的会计期间另行编报财务报表。

三、检查合并工作底稿的编制过程

合并工作底稿的作用是为合并财务报表的编制提供基础。在合并工作底稿中,对母

公司和子公司的个别财务报表各项目的金额进行汇总与抵销处理,最终计算得出合并财务报表各项目的合并金额。在审计实务中,审计师应当关注以下事项:

1. 检查企业编制的调整分录

调整分录包括将账面价值调整为公允价值,将成本法调整为权益法。需要说明的是,对子公司个别财务报表进行调整分两种情况:对于同一控制下的企业合并,不需要对子公司的个别财务报表进行调整;对于非同一控制下的企业合并,需要将子公司购买日的账面价值调整为公允价值,差额计入资本公积。

2. 检查企业编制的抵销分录

抵销分录包括母公司长期股权投资与子公司所有者权益项目的抵销,母公司投资收益与子公司利润分配项目的抵销,内部交易的抵销(内部债权债务、内部存货交易等),特别注意递延所得税的抵销处理。在实务中,常见的抵销事项有:

(1) 检查母子公司之间内部投资的抵销。

母公司对子公司的长期股权投资与母公司在子公司所有者权益中享有的份额应当相互抵销,同时抵销相应的长期股权投资减值准备。

合并利润表中母公司对子公司的长期股权投资按权益法调整的投资收益与子公司的本年利润分配项目的抵销。子公司持有母公司的长期股权投资,应当视为企业集团的库存股,作为所有者权益的减项,在合并资产负债表中所有者权益项目下以"减:库存股"项目列示。

子公司相互之间持有的长期股权投资,应当比照母公司对子公司的股权投资的抵销方法,将长期股权投资与对应子公司的所有者权益中所享有的份额相互抵销。

(2) 检查内部销售的抵销。

公司与子公司、子公司相互之间销售商品(或提供劳务,下同)或其他方式形成的存货、固定资产、工程物资、在建工程、无形资产等包含的未实现内部销售损益应当抵销。

对存货、固定资产、工程物资、在建工程和无形资产等计提的跌价准备或减值准备与未实现内部销售损益相关的部分应当抵销。

因抵销未实现内部销售损益导致合并资产负债表中资产、负债的账面价值与其在所属纳税主体的计税基础之间产生暂时性差异的,在合并资产负债表中应当确认递延所得税资产或递延所得税负债,同时调整合并利润表中的所得税费用,但与直接计入所有者权益的交易或事项及企业合并相关的递延所得税除外。

3. 关注期初数据是否调整

(1) 母公司在报告期内因同一控制下企业合并增加的子公司及业务,在编制合并资产负债表时,应当调整合并资产负债表的期初数,同时应当对比报表的相关项目进行调整,视同合并后的报告主体自最终控制方开始控制时点起一直存在。

(2) 因非同一控制下企业合并或其他方式增加的子公司及业务,在编制合并资产负债表时,不应当调整合并资产负债表的期初数。

(3) 母公司在报告期内处置子公司及业务，在编制合并资产负债表时，不应当调整合并资产负债表的期初数。

4. 重新计算合并财务报表各项目的合并金额

在母公司和子公司个别财务报表各项目加总金额的基础上，分别计算出合并财务报表中各资产项目、负债项目、所有者权益项目、收入项目和费用项目等的合并金额，计算方法如下：

(1) 资产类各项目的合并金额根据该项目加总金额，加上该项目抵销分录有关的借方发生额，减去该项目抵销分录有关的贷方发生额计算确定。

(2) 负债类各项目和所有者权益类项目的合并金额根据该项目加总金额，减去该项目抵销分录有关的借方发生额，加上该项目抵销分录有关的贷方发生额计算确定。

(3) 收入类各项目和所有者权益变动各项目的合并金额根据该项目加总金额，减去该项目抵销分录的借方发生额，加上该项目抵销分录的贷方发生额计算确定。

(4) 费用类项目的合并金额根据该项目加总金额，加上该项目抵销分录的借方发生额，减去该项目抵销分录的贷方发生额计算确定。

5. 评价合并过程

集团项目组应当评价合并调整和重分类事项的适当性、完整性和准确性，并评价是否存在舞弊风险因素或可能存在管理层偏向的迹象。合并过程可能需要对集团财务报表中列报的金额做出调整，这类调整不经过常规交易处理系统，可能不会受到针对其他财务信息控制的约束。集团项目组对这类调整的适当性、完整性和准确性的评价可能包括：①评价重大调整是否恰当反映了相关事项和交易；②确定重大调整是否得到集团管理层和组成部分管理层（如适用）的正确计算、处理和授权；③确定重大调整是否有适当的证据支持并得到充分的记录；④检查集团内部交易、未实现内部交易损益以及集团内部往来余额是否核对一致并抵销。

四、核对合并财务报表勾稽关系

1. 核实"合并净利润"项目正确性

母公司净利润的计算式为：

母公司净利润＝合并净利润＋存货未实现内部销售利润抵销数＋其他内部购销未实现利润抵销数－资产减值准备抵销对当期利润的影响数＋合并前投资收益调整数－职工奖福基金及其他不属于投资者所有的利润分配数

2. 核对"合并净资产"与"母公司净资产"的关系

母公司净资产的计算式为：

母公司净资产=合并净资产+累计未确认投资损失数-长期投资调整数-资产减值准备抵销数+存货所含未实现利润抵销数+其他资产所含未实现利润抵销数

合并会计报表与母公司会计报表"实收资本""资本公积"项目数额应完全一致。

五、关注合并财务报表附注披露

母公司在合并财务报表附注中还应当披露以下事项：

（1）母公司承诺准备按照已签订的不可撤销的转让协议处置子公司，不管是否对该子公司保留股权，在合并财务报表附注中，应当单独披露符合划分为持有待售条件的子公司相关资产、负债的情况。

（2）母公司承诺准备按照已签订的不可撤销的转让协议处置子公司，该子公司如符合终止经营的确定条件，在合并财务报表附注中，应当披露与该终止经营相关的信息。

（3）母公司取得子公司时，该子公司符合划分为持有待售条件的，在合并财务报表附注中，只需披露该子公司净利润的金额，而不必对净利润的构成进行分解披露。

知识要点

集团财务报表　合并财务报表　组成部分　重要组成部分和非重要组成部分　集团项目组对财务报表的审计责任　集团财务报表审计策略　集团财务报表审计重要性　集团财务报表合并范围　集团财务报表审计特别关注

行动学习

是否合并财务报表

在审计华兴集团公司2018年度财务报表时，审计师了解到以下情况：

1. 2018年8月18日召开的三届四次董事会决议已批准，将持有的A公司99%的股权转让给B公司，转让价格以2018年6月30日经过资产整合后的A公司净资产为依据，上述股权作价8 079万元。本项股权转让经华兴集团公司2018年第三次临时股东大会批准，截至2018年12月31日，华兴集团公司实际收到B公司股权转让款现金5 080万元。尽管截至2018年12月31日相关的变更手续尚在办理之中，A公司的资产及管理权已经转移给B公司，华兴集团公司已经不能再从A公司获得利益和承担风险。

2. 2018年8月18日召开的三届四次董事会决议已批准，将持有的C公司出售，截至2018年12月31日，华兴集团公司已收到合同约定的转让价款的20%。因购买方要求2018年12月已办理完毕C公司的工商变更手续，为控制风险及维护双方利益，双方约定剩余款项应于2019年2月支付，在办理完毕工商变更手续后至支付全款期间（或重新过户前),双方各持 C 公司股东会及董事会中 50%的表决权。同时约定,若购买方在约定日未能支付全款或放弃继续购买权,该股权再重新过户给华兴集团公司,预收的款项不再退回。为确保将来可能出现的重新过户顺利进行,双方在办理工商变更手续之前,提前签署未来办理工商手续的要件,旨在确保如果未来购买方在约定日未能支付全款或放弃继续购买权,华兴集团公司就可以在不经过购买方同意的情况下重新将股权过户。

3. 2018 年,华兴集团公司、甲公司和乙公司共同投资设立了一家 D 公司,三方在 D 公司中所享有的股权比例分别为 60%、25%和 15%。根据投资协议和公司章程的规定,D 公司的董事会负责制定 D 公司的财务和经营政策。D 公司董事人数为 10 人,投资方派出董事的人数根据各自在 D 公司中所享有的股权比例确定,即华兴集团公司派出 6 人,甲公司派出 3 人,乙公司派出 1 人。D 公司董事会议事规则规定:

(1)每次董事会会议的最低出席人数为 6 人,且出席者必须同时包含代表三个投资方的董事至少各一名。出席人员的数量或构成不符合上述条件的,该次会议形成的决议无效。

(2)涉及 D 公司的财务和经营政策制定、修订的议案,必须经出席会议的董事过半数通过,且投赞成票的董事必须同时包含代表三个投资方的董事至少各一名。

4. 2018 年,华兴集团公司接受委托对 E 公司进行托管,委托协议规定:华兴集团公司的经营管理权限涵盖"财务和经营政策"的全部内容,经营 E 公司的盈亏全部或者绝大部分归属于华兴集团公司,华兴集团公司必须确保托管结束时被托管 E 公司的净资产不低于托管开始前的金额。

5. 华兴集团公司拥有 F 公司 70%有表决权的股份,同时又拥有 G 公司 25%有表决权的股份,而 F 公司又拥有 G 公司 30%有表决权的股份。

6. 2018 年,华兴集团公司与乙公司、丙公司共同成立 H 公司,约定的投资比例分别为 35%、35%和 30%。但在董事会 7 名成员中,4 名成员是华兴公司委派,2 名成员是乙公司委派,1 名成员是丙公司委派,其中董事长和财务经理由华兴集团公司派出,总经理和财务副经理由乙公司派出。H 公司章程规定,H 公司经营及财务决策须由财务经理和财务副经理共同签字。丙公司为乙公司控制,董事长为同一人。

7. 2018 年华兴集团公司有两家子公司解散:I 公司根据华兴集团董事会决定,因符合章程规定的经营不善而终止经营;J 公司被债权人起诉破产偿债而进入破产程序。

8. 截至 2018 年 12 月 31 日,华兴集团公司间接持有 K 投资基金合伙企业(有限合伙)31%的股权,根据 K 投资基金合伙企业的合伙协议,基金的投资决策委员会成员均来自华兴集团公司管理层。K 投资基金合伙企业为普通合伙人,负责投资基金的日常事务。

质疑和讨论:

2018 年华兴集团公司是否合并 A、C、D、E、F、G、H、I、J、K 公司的财务报表?为什么?

案例分析

集团财务报表审计策略

今明会计师事务所负责审计华兴集团公司2018年度财务报表,并委派审计师李浩担任审计项目合伙人。华兴集团公司属于家电制造行业,共有4家全资子公司,各子公司的相关资料摘录如下:

公司名称	主业	资产总额在集团中占比(%)	收入总额在集团中占比(%)	利润总额在集团中占比(%)	说明
A公司	彩电	80	50	78	1
B公司	冰箱	5	5	6	2
C公司	洗衣机	5	40	5	3
D公司	集团的出口销售	5	5	4	4

1. A公司业务和财务状况稳定。
2. B公司从事的业务刚刚开始两年,规模较小,财务状况较为稳定。
3. 为拓展业务,C公司为部分主要客户提供特殊退货安排。
4. D公司从事若干远期外汇合同交易,以管理2018年外汇汇率持续波动风险。

要求:

1. 在确定某子公司对集团而言是否具有财务重大性时,审计师李浩采用资产总额、营业收入和利润总额为基准。请代审计师李浩确定哪些子公司为集团审计中重要组成部分,哪些子公司为非重要组成部分,并简要说明理由。

2. 对于A公司,审计师李浩运用该组成部分重要性对其财务信息实施审计,该组成部分实际执行的重要性由其他会计师事务所自行确定,审计师李浩没有对此进行评价。请判断李浩的做法是否恰当;如不恰当,简要说明理由。

3. 经初步了解,负责A公司审计的组成部分审计师不符合与集团审计相关的独立性要求。审计师李浩拟参与组成部分审计师针对A公司实施的审计工作,以消除其不具有独立性的影响。请判断李浩的做法是否恰当;如不恰当,简要说明理由。

4. 对于B公司,审计师李浩拟使用集团财务报表整体重要性对乙公司财务信息实施审阅。请判断审计策略是否恰当;如不恰当,简要说明理由。

5. 对于C公司,拟要求组成部分审计师实施审计,并提交其出具的C公司审计报告。对C公司自2019年3月10日(C公司财务报表审计报告日)至2019年3月31日(华兴集团公司财务报表审计报告日)之间发生的、可能需要在华兴集团公司财务报表中调整或披露的期后事项,拟要求组成部分审计师实施审阅予以识别。请判断该做法是否恰当;如不恰当,简要说明理由。

6. 对于D公司,审计师应当实施什么审计策略?

> **补充阅读**

中国注册会计师协会:《中国注册会计师审计准则问题解答第 10 号——集团财务报表审计》,2015 年。

中国证监会会计部:《2018 年上市公司年报会计监管报告》,中国证监会网站。

中国证监会会计部:《2017 年上市公司年报会计监管报告》,中国证监会网站。

中国证监会会计部:《2016 年上市公司年报会计监管报告》,中国证监会网站。

第五章

资本市场审计关注与审计监管

学习目的

1. 了解审计与资本市场信息披露的关系
2. 掌握资本市场审计常见的会计问题
3. 了解资本市场审计的外部监管机制
4. 了解资本市场审计的内部监管机制
5. 熟悉资本市场审计失败
6. 了解资本市场审计失败的原因

第一节 审计与资本市场信息披露

导读 5-1

审计报告对资本市场重要吗

2018年4月底,广州东凌国际投资股份有限公司(简称"东凌国际")对外披露了2017年年报。中勤万信会计师事务所作为东凌国际2017年年报审计机构出具了无法表示意见的审计报告。中勤万信会计师事务所之所以出具无法表示意见的审计报告,主要原因是2017年东凌国际对子公司中农国际下属中农钾肥有限公司老挝35平方公里钾盐矿采矿权计提减值准备25.9亿元,会计师事务所认为无法获取充分、适当的审计证据以判断上述无形资产采矿权减值计提的合理性。

根据《深圳证券交易所股票上市规则》(2018年修订)的规定,如果上市公司最近一个会计年度的财务会计报告被出具无法表示意见或者否定意见的审计报告,交易所将对其股票交易实行退市风险警示。由此,东凌国际被深交所实行退市风险警示,其股票简称变更为＊ST 东凌。在被出具无法表示意见的年报发出后，公司股价连续两个交易日"一"字跌停。此外，《深圳证券交易所股票上市规则》（2018 年修订）还规定，在因审计报告为无法表示意见或者否定意见而被实行退市风险警示后，若公司首个会计年度的财务会计报告继续被出具无法表示意见或者否定意见的审计报告，则交易所将决定暂停其股票上市交易。因此，会计师事务所出具的 2018 年审计报告对＊ST 东凌和投资者至关重要。

我们从导读 5-1 中可以看出，审计在资本市场信息披露上发挥着至关重要的作用，其作用的发挥主要通过两个渠道：一是提高会计信息的质量，二是审计意见本身具有一定的信息含量。本节主要从这两个方面讨论审计与资本市场信息披露的关系。

一、审计与会计信息质量

（一）直接证据

审计对会计信息质量是否有影响，最直接的体现是审计能否提高会计信息的质量。国内外学者针对审计对会计信息质量的影响已进行了大量的分析和实证研究。已有的研究发现，高质量的审计能够减少会计差错及违反会计准则的情况、缓解企业管理层机会主义的盈余管理、增强会计信息的稳健性、提高盈余反应系数、改善盈利预测的准确性，以及提高公司会计信息的透明度。

审计不仅可以缓解股东和管理层之间的信息不对称，还能够缓解投资者之间的信息不对称，改善资本市场的流动性，促使资本市场向帕累托最优的方向发展。高质量的审计能够迫使企业披露更多的信息，从而减少可供收集的私有信息，这在一定程度上缩小了不同投资者之间的信息收集差异。高质量的信息披露能够降低投资者预期从私有信息中获得的期望收益，导致投资者收集私有信息的动机减弱。由此可以看出，审计促使会计信息的披露者提供更准确和高质量的会计信息。

（二）间接证据

除了直接考察审计对会计信息质量的影响，相关文献还间接研究了审计对投资者决策和债权人保护的影响。在投资者决策方面，研究者直接以与投资者行为相关的因素为被解释变量。研究者认为审计能够抑制控股股东和管理层的机会主义行为，从而影响投资者的行为。从资本资产定价模型易推知，如果投资者面临的信息风险越低、被控股股东和管理层掏空的风险越低、受到损失后得到的补偿额度越高和可能性越大，其要求的回报率越低，而投资者期望回报率降低又会导致企业价值提高。由于投资者期望回报率、抑价率、企业价值及债务利息相对于其他变量更容易被观测和计算，因此它们常被选为被解释变量进行研究。在澳大利亚，经过"四大"审计的上市公司在 2001 年以前融资成本更低。在中国也存在类似的现象,在非国有企业中,经过"八大"审计的公司权益融资成本更低,但是在国有企业中这现象并不明显。另有研究指出,高质量的审计能够降低企业 IPO 抑价率、提升企业的价值。

在债权人保护方面,已有研究认为高质量的审计能够使得公司获得更高的信用评级、更低的债务融资成本。此外,对于破产风险高的企业,银行在贷款时会给予聘请高质量会计师事务所的企业更低的利率。韩国的私有企业只有一部分被要求审计,是比较好的对比性研究样本。有关韩国私有企业的数据显示,被审计企业的债务融资成本更低。而来自中国企业的数据显示,审计是降低债务融资成本的有效机制,可以起到保护债权人的作用。

国内外学者的实证研究表明,审计能够有效地促进投资者和债权人的决策,而之所以能够产生这样的作用,其中一个重要的原因是审计提高了会计信息的质量。这些研究为审计与会计信息质量的正相关关系提供了间接的经验证据。

二、审计意见的信息含量

(一) 审计意见与投资者决策

针对审计意见是否具有信息含量,能否影响投资者的决策,已有学者基于西方成熟资本市场进行了大量的实证研究。Firth(1978)利用英国上市公司的数据,选择配对样本(非标准意见的 247 家公司和标准意见的 247 家公司),发现非标准审计意见的确会导致公司股价下降,这说明非标准审计意见具有信息含量。有关澳大利亚上市公司的研究发现,审计意见和公司股价存在关联,即非标准审计意见和股东对公司股票的估价高度相关,股东的反应也会因非标准审计意见类型不同而不同,保留意见的公司股价要低,这说明审计意见具有一定的信息含量。还有研究发现,当公司的保留审计意见被取消且经媒体公布后,公司股价会上涨,公司股价存在正的超额累计回报,这说明保留审计意见能够对投资者产生影响。如果考虑预期因素对公司股票价格的影响,那么没有预期到的保留意见会引起公司股价下降。

在中国资本市场上,审计意见是否具有信息含量呢?相关学者对此也进行了大量的研究。上海证券交易所 A 股公司的非标准审计意见具有明显的信息含量,能够引起公司股价下降;非标准审计意见和标准审计意见对公司股价具有不同的影响,说明审计意见的确会引致投资者行为变化。还有学者使用超额收益法和回归法确定非标准审计意见是否具有信息含量,研究 1997 年公司年报中的审计意见对公司股价的影响,发现非标准审计意见能够影响公司股价,而且这种影响是缓慢反映到公司股价上的;此外,非标准审计意见还会导致公司股价下降。首次披露非标准审计意见的公司股价走势显示,上市公司首次披露非标准审计意见能够对公司股价产生影响。

中国上市公司 2000—2010 年的数据显示,审计意见信息含量能影响股价,即非标准审计意见的出具会引起公司股价下降。相关实验数据表明,审计意见能作用于投资者的风险感知和投资决策,即不同的审计意见能够影响投资者对重大错报风险的感知,也影响其投资公司的可能性。上述研究表明,不论是在国外成熟的资本市场还是在我国新兴的资本市场上,审计意见确实具有信息含量,能够帮助投资者做出经济决策。

(二)审计意见与债权人决策

在审计意见对债权人决策的影响上,有学者研究了审计意见对银行贷款决策和信贷分析师决策的影响,发现由持续经营问题和资产评估问题导致的保留意见会影响银行贷款决策。还有学者采用问卷方式,进一步分析了288名银行家和120名信贷分析师对于审计意见的观点,发现被出具标准审计意见的公司获得的贷款额明显高于被出具非标准审计意见的公司。有关新加坡的银行信贷人员是否根据审计意见发放贷款的问题,研究发现非标准审计意见对信贷人员的贷款决策具有显著影响,包括是否发放贷款、发放贷款的利率。有研究对银行信贷人员进行了问卷调查,要求信贷人员回答贷款相关的问题,并且评估相关信息在决策中的重要性,发现审计意见对银行贷款的额度和贷款利率具有显著影响,获得非标准审计意见的公司,遭到银行拒绝贷款的可能性更高,银行对获得非标准审计意见的公司给予的信贷风险评估值更高、利率也更高。

一项有关信贷决策和审计意见的关系的问卷调查发现,银行信贷人员在进行贷款决策时,贷款额度、贷款期限、利率、是否提供担保均依赖于申请者财务报告中的审计意见;在与贷款决策相关的信息需求中,审计意见排名第四,对信贷人员影响最大的审计意见类型分别为持续经营不确定、未执行GAAP、审计范围受到限制、关联交易等。关于银行在小型企业的贷款中的利率决策问题,研究发现经过审计的公司获得的利率更低,这也从另一个角度说明审计意见在贷款决策中可以发挥作用。

在我国,有学者设计了一个虚拟企业,实验对象为大学的EMBA学员。EMBA学员分为企业经理和信贷人员两类,实验设置了一些问题,要求实验对象给出回答,研究表明非标准审计意见能够对信贷人员评估公司财务报表的可靠性产生一定的负面作用。还有学者发现,相对于获得非标准审计意见,标准审计意见有助于公司融资,银行给公司的贷款利率较低。审计意见能够影响公司的融资约束,但取决于公司所处的金融环境,如果公司处于发达的金融环境,获得非标准审计意见的公司就会面临融资约束。2006—2009年中国A股上市公司的数据表明,审计意见会影响公司的债务融资成本,获得非标准审计意见公司的债务融资成本要高于获得标准审计意见的公司。有学者从信任角度考察审计意见对公司融资的影响,发现企业被出具非标准审计意见后,其下年度的商业信用水平呈下降趋势。上述研究表明,不论是在国外成熟的资本市场还是在我国新兴资本市场上,审计意见确实具有信息含量,能够帮助债权人做出经济决策。

第二节 资本市场常见会计问题

导读5-2

商誉减值引发的业绩大"翻脸"

在上市公司通过疯狂并购扩大规模的背后,隐藏着极大的商誉"爆雷"的可能。北京蓝色光标品牌管理顾问股份有限公司(简称"蓝色光标")2015年业绩相较上年同期下降九成,其重要原因就是公司并购的企业在承诺期内业绩不达预期,造成商誉大幅减值。

蓝色光标分别于2011年7月以43 500万元并购今久广告100%股权,2013年1月以17 820万元并购博杰广告11%股权,2013年4月以43 500万元并购博杰广告89%股权,2013年4月以3 654万英镑购买HNT 19.8%股权作为长期股权投资,2013年12月以20 710万元并购We Are Social 82.84%股权。

截至2015年12月31日,不考虑无形资产减值的影响,西藏博杰总资产为99 920.39万元、净资产为86 861.46万元,分别比期初下降45.05%、42.76%;2015年度实现营业收入52 866.09万元、营业利润9 999.40万元、净利润9 060.47万元,同比上年分别下降54.43%、69.19%和66.60%。

截至2015年12月31日,今久广告总资产为38 605.82万元、净资产为22 875.78万元。分别比期初增长-12.46%、7.34%;2015年度实现营业收入39 169.11万元、营业利润5 407.55万元、净利润3 688.40万元,同比上年分别下降7.10%、41.97%和46.81%。

由于被并购公司业绩下降幅度高达50%左右,在对赌期内不能够实现预期,这说明被并购方在被并购时高估预期,与可辨认净资产的差距较大,形成较高的商誉,后期业绩一旦不达标,商誉减值情况就属意料之中。截至2015年12月31日,蓝色光标对子公司西藏博杰、今久广告、We Are Social分别计提商业减值10 916.73万元、5 276.64万元和4 353.72万元,合计20 547.10万元。蓝色光标对商誉的大量减值致使其2015年归属于母公司股东的净利润仅为6 770.22万元,与2014年相比仍大幅下滑90.49%。

资料来源:辛颖:《蓝色光标业绩大变局 2015年净利同比降九成》,《法治周末》,2016年5月11日。

阅读以上节选自《法治周末》的新闻报道,我们不难发现,虽然资本市场要求上市公司应当较好地理解并执行企业会计准则和财务信息披露规则,但上市公司仍存在执行会计准则不到位、会计专业判断不合理、信息披露不规范的问题。本节深入分析上市公司常见的会计问题,以帮助会计师事务所和审计师识别及应对由此引发的错报风险。

一、合并报表财务相关问题

(一) 对合并范围的判断问题

上市公司在合并范围的判断上存在三个方面的问题:一是对结构化主体控制的判断;二是对单独主体的合并判断;三是涉及一致行动协议的合并判断。

对于结构化主体,上市公司在判断是否控制时,容易忽视结构化主体的设立目的、其他方是否享有实质性权利等因素。例如,上市公司参与设立有限合伙企业(并购基金)并认购全部劣后级份额,对于优先级退出本金和收益做出的保证安排,优先级合伙人实质上享有固定回报且不承担合伙企业的经营风险。上市公司未将该结构化主体纳入合并范围。在该案例中,上市公司享有合伙企业所有剩余的可变收益,承担全部亏损风险;从设立目的分析,合伙企业是为上市公司的战略发展需要而设立的,上市公司相较其他投资方有更强的动机和意图主导合伙企业的相关投资活动以影响其回报。因此,上市公司能够控制该合伙企业,应当予以合并。

对于单独主体的合并判断,上市公司在分割被投资单位业务时,未能满足会计准则中有关单独主体的认定要求,即与所分割业务相关的资产、负债必须与公司其他资产、负债严格分离,或者除与该部分相关的各方外,其他方不享有与该部分资产相关的权利,也不享有与该部分资产剩余现金流量相关的权利。例如,上市公司通过增资方式成为某公司的控股股东,认为被投资公司原有业务仍由原股东控制并拟剥离给原股东,未将其纳入合并范围;然而,在尚未通知全部债权人并获得债权人同意的情况下,上市公司不应将被投资单位分割为两个部分进行部分合并。

对于涉及一致行动协议的合并判断,上市公司未能很好地运用"控制"的定义和原则,未能综合考虑一致行动协议的商业意图以及一致行动协议授予上市公司的权力是否明确和完整等因素。例如,上市公司将持股比例不超过50%的被投资公司纳入合并范围;然而,一致行动协议未明确其他方是否将与被投资公司业务相关的表决权完整授予上市公司,协议期间也未明确约定,上市公司不应将该被投资单位纳入合并范围。

(二) 合并财务报表编制问题

在合并财务报表编制上存在三个方面的问题:一是对子公司超额亏损的核算;二是在未丧失控制权的情况下处置子公司部分股权时调减商誉账面价值;三是合并财务报表抵销分录编制不正确。首先,在子公司超额亏损的核算上,子公司少数股东分担的当期亏损超过少数股东在子公司期初所有者权益中所享有的份额的,余额仍应当冲减少数股东权益。而上市公司将其列报为归属于母公司所有者权益,未按照要求冲减少数股东权益。其次,根据企业会计准则及有关规定,在未丧失控制权的情况下,对子公司的持股比例变化,不导致合并商誉账面价值发生变化,而上市公司合并财务报表仍按照股权处置比例调减商誉账面价值。最后,母公司在编制合并财务报表时,母公司对子公司的长期股权投资与母公司在子公司所有者权益中所享有的份额不相互抵销。例如,上市公司编制合并财务报表时将购买的专项计划纳入合并报表范围,但未将子公司对专项计划投资所形成的可供出售金融资产和相应负债进行抵销。

二、企业合并相关问题

(一)非同一控制下企业合并中可辨认资产和负债的确认与计量问题

非同一控制下企业合并中,购买方应在取得控制权日以公允价值计量包括被购买方财务报表中已确认的各项资产和负债,以及被购买方财务报表中原未予以确认的资产和负债,如内部研发形成的非专利技术等;同时,资产的类别要有区分。然而,上市公司在非同一控制下企业合并中,未能充分识别和确认被购买方拥有的无形资产,对于确认的占合并对价的比例高达90%以上的大额商誉,公司不应将无形资产的金额计入商誉。

(二)或有对价相关问题

在或有对价上主要存在五个方面的问题:一是一般或有对价会计处理;二是控股股东提供企业合并业绩补偿款;三是出售方支付或收到业绩补偿;四是合营或联营企业投资相关的或有对价;五是或有对价披露。

在一般或有对价会计处理上,上市公司在确定企业合并成本时未恰当考虑或有对价的影响,在购买日及后续会计期间将或有对价的公允价值简单计量为0,或者在后续结算年度将实际支付或收到的补偿直接计入当期损益或调整权益。

在控股股东提供企业合并业绩补偿款方面,并购交易安排由购买方控股股东对购入标的资产做出业绩承诺,此类补偿安排应当视为权益性交易,购买方应将取得的相关利得计入资本公积。但是,上市公司在次年业绩未达标的情况下,并未对该事项进行会计处理。

在出售方支付或收到业绩补偿上,根据企业会计准则及相关规定,并购交易中出售方收取或支付或有对价的权利或义务属于金融工具,出售方应将此权利或义务按照金融工具准则相关规定进行会计处理。但是,上市公司按照或有事项准则进行核算,或者未进行相关会计处理。

在合营或联营企业投资相关的或有对价上,上市公司没有参照企业合并或有对价的有关规定进行会计处理。例如上市公司的一项联营企业投资,根据增资协议,若被投资公司在约定的期间内业绩未达到承诺标准,则原股东无偿将其所持被投资公司部分股权转让给上市公司作为补偿;若被投资公司实际业绩超过承诺标准,则上市公司将其所持被投资公司的部分股权转让给原股东作为奖励。该股权补偿安排应参照企业合并或有对价的有关规定进行处理,但上市公司仅在财务报告中披露该事项相关安排而未进行相应的会计处理。

在或有对价披露上,上市公司未在合并当年披露业绩承诺条款;部分虽然披露承诺条款,但并未在购买日及后续期间披露确定或有对价公允价值所采用的估值方法、关键假设及依据;对于被购买方未实现业绩承诺的情况,上市公司也未说明该事项对相关商誉减值测试的影响。

三、收入相关问题

（一）总额法和净额法的区分问题

收入是企业在日常活动中形成的，然而上市公司将代第三方收取的款项作为收入确认，而未将其作为负债处理。例如，上市公司将居间或代销业务中代委托人收取的款项全额确认为收入；百货类上市公司既有自营业务，又有联营业务，但未恰当区别两类不同的业务模式分别制定不同的收入政策，而是统一采用总额法确认销售收入。

（二）收入确认的时点与条件问题

收入确认和计量问题主要包含三个方面。首先，发出商品相关风险和收益尚未转移，提前确认收入。例如，广西丰林木业集团股份有限公司 2011 年部分月份在尚未将青山移交客户的情况下，林木所有权上的主要风险和收益未转移给客户，但账面已确认打包卖青山销售木材收入。其次，已提供商品和劳务相关经济利益流入存在较大不确定性，但仍确认收入。最后，完工进度的估计不符合会计准则规定。例如，重庆梅安森科技股份有限公司 2017 年因在执行黑龙江恒阳农业集团智慧牧业项目建设时，服务分为设备采购、智能监控系统建设、应用系统建设与软件开发三部分，在报告期末，公司完成了软件开发产品交付与验收以及除智能会议系统以外的智能监控系统建设的部署及验收工作，但硬件设备部分未能如期到货，对完工进度估计不准确，不满足整体验收条件，但公司确认整体收入 8 665.6 万元。

四、金融工具相关问题

（一）与联营企业投资相关的衍生工具问题

企业会计准则规定，附在主合同上的衍生工具，如果可以和主合同分开并能够独立转让，或者具有与主合同不同的交易对手方，应被视作一项单独存在的衍生工具。但是，上市公司未将这类衍生工具作为单独存在的衍生工具。例如，上市公司通过协议转让方式取得被投资单位 40% 股权，根据协议约定能够向被投资单位派驻 2 名董事（共 5 名），而且五年后有权要求转让方（被投资单位控股股东）以约定价格回购上市公司持有的被投资单位股权。上市公司实质上取得了两项资产：一是对被投资单位具有重大影响的长期股权投资，应根据长期股权投资准则采用权益法核算；二是一项看跌期权，应将其单独确认为衍生金融资产。两项资产的合同对手方不同，而上市公司基于很可能行权的判断将两项资产确认为一项其他非流动资产，不符合会计准则的规定。

（二）以担保方式继续涉入的金融资产转移问题

当继续涉入方式为提供财务担保时，上市公司未将继续涉入资产根据转移日所转移金融资产的账面价值和财务担保金额的较低者确认，未将继续涉入负债按照财务担保金额和财务担保合同的公允价值之和确认。例如，上市公司报告期内向金融机构转让长期应收款，同时以存款向金融机构提供部分质押担保。公司终止确认长期应收款，根据担保金额相应确认继续涉入资产和继续涉入负债,但计量时未考虑财务担保合同的公允价值,导致长期应收款转让年度的损益增加,财务担保合同执行期间的损益减少。

(三)应收商业承兑汇票的终止确认问题

上市公司违规将背书转让的商业承兑汇票终止确认。根据我国票据法对追索权的规定,在背书转让合同未明确约定无追索权的情况下,该类金融资产所有权相关的主要风险并没有转移,背书公司不应终止确认相关资产。

五、政府补助相关问题

上市公司在执行政府补助准则上主要存在五个方面的问题:一是未能正确区分政府补助与收入;二是将代为收取的来自政府及各类上级组织的款项作为政府补助;三是将与上市公司日常活动密切相关的技改项目政府补助计入营业外收入;四是将获得的财政贴息计入营业外收入或其他收益,未按规定冲减相关借款费用;五是未将政府补助应用在规定项目建设上。例如,2017 年 10 月深圳市优博讯科技股份有限公司将获得的政府补助用于建设项目,政府补助文件规定了具体的建设内容和目标,项目主体投入资金由公司自筹。对于自筹投入部分,公司未建立完整的备查记录,以证明自建投入部分未使用政府补助,公司不应在资金用途上没有明显的区分说明。

六、持有待售的非流动资产、处置组和终止经营相关问题

上市公司执行持有待售的非流动资产、处置组和终止经营会计准则方面主要存在五个问题:一是将尚未通过上市公司股东大会审议通过,或者未经买卖双方主管部门审批或备案同意的拟处置资产,不恰当地作为持有待售资产进行处理;二是将已处置的不构成主要业务的子公司作为终止经营列报;三是对于当期列报的终止经营,未在当期财务报表可比会计期间将相应损益调整为终止经营损益列报;四是对于本期出售主要业务构成终止经营的,未在财务报表附注中披露终止经营相关损益、现金流量及可比期间信息;五是固定资产等生产经营性资产相关处置损益未在资产处置损益项目中列报,仍作为营业外收支列报。

七、资产减值相关问题

(一)未充分关注资产减值迹象问题

上市公司在资产减值方面把控不严格,导致忽略减值迹象。例如,深圳市优博讯科技股份有限公司在 2013 年至 2016 年第一季度的 IPO 申报期间,对于存放回收材料的售后退回仓、售后发货仓、售后支持仓等仓位的存货,公司未计提存货跌价准备。2016 年年报审计期间,公司仅对售后退回仓按 20% 的比例计提存货跌价准备,对其他仓位类似性质的原材料未计提存货跌价准备,这表明公司未准确关注存货的减值迹象。

(二)商誉减值测试问题

上市公司未以与商誉相关的资产组或者资产组组合为基础,对商誉减值进行恰当的

测试。例如,广东省广告集团股份有限公司 2017 年度商誉减值测试所涉及的子公司上海恺达广告有限公司资产组可回收价值评估项目,在采用收益法评估上海恺达资产组可回收价值时,未关注到上海恺达 2018 年销售合同翻印 2017 年销售合同的异常情况。

(三) 金融资产减值准备计提问题

上市公司在对单项金融资产单独进行减值测试未计提减值后,未能按要求再将相关资产计入组合予以减值测试。同时,有些上市公司未能对单项金额重大的金融资产单独进行减值测试。例如,公司仅仅因为涉及的应收款项债务人为关联方,未对相应应收款项计提坏账准备,然而,对应的关联方债务人的资产负债率高达 90% 以上,偿债能力明显不足,公司应该对该部分应收账款计提坏账准备。

(四) 利用资产减值计提及转回调节利润问题

上市公司存在利用资产减值计提及转回调节利润的问题。例如,上市公司通过年底改变应收款项坏账准备计提方法或比例、变更针对亏损合同计提预计负债金额等方式调节利润。

(五) 资产减值披露问题

资产减值披露问题主要体现在商誉和其他资产减值信息披露不充分上。例如,在商誉减值披露上,上市公司对期末存在的巨额商誉,未披露任何减值测试信息,或者仅披露基于评估机构的评估结果等;未按规定披露可收回金额的确定方法,以及减值测试中使用的增长率、毛利率、折现率等关键参数或假设等重要信息。

八、所得税相关问题

(一) 针对预缴所得税的预售收入确认递延所得税资产

上市公司在资产、负债的账面价值及其计税基础未存在差异的情况下,违规确认递延所得税资产或递延所得税负债。例如,房地产公司和港口物流公司,针对未造成企业资产、负债账面价值与计税基础之间差异的预缴所得税的预售收入,确认递延所得税资产。

(二) 长期股权投资相关递延所得税确认有误

对于长期股权投资,其账面价值与计税基础产生的暂时性差异是否应确认相关的所得税影响,应进一步考虑持有意图,若企业拟长期持有该投资,一般不确认所得税影响。同理,对于合并商誉的减值准备,只有未来处置子公司时才可能转回,若没有处置子公司的计划或意图,则不应确认商誉减值相关的递延所得税资产。而上市公司未具体区分投资持有意图、是否近期计划出售等因素,直接将分步收购下合并日前所持股权公允价值高于账面价值的差额、商誉减值准备确认为递延所得税负债或资产。

(三) 非同一控制下企业合并时未确认相关递延所得税

上市公司非同一控制下合并收购标的公司,购买日标的公司可辨认资产公允价值远高于原账面价值(计税基础),但公司未相应确认递延所得税负债,导致企业合并商誉低估。

(四) 购买子公司少数股权递延所得税确认不正确

购买子公司少数股权不影响会计利润和应纳税所得额,也不影响合并报表层面子公司各项资产、负债的账面价值和计税基础,不应确认递延所得税资产或负债。然而,上市公司购买子公司少数股权时,确认相关递延所得税资产或负债,导致合并报表资本公积的调整金额有误。

九、非经常性损益相关问题

(一) 识别非经常性损益项目的识别问题

上市公司未对照非经常性损益的定义,综合考虑相关损益与公司正常经营业务的关联程度及可持续性,结合自身实际情况做出合理判断。例如,上市公司报告期内处置子公司、联营企业股权、可供出售金融资产、理财产品,并未根据公司经营特征、相关交易和事项发生的频次及性质进行判断,仅以自身主要经营活动(包括投资及投资管理)为由,将上述事项对应的投资收益作为经常性损益列报。

(二) 与非经常性损益相关的披露问题

公司对"其他符合非经常性损益定义的损益项目"以及根据自身正常经营业务的性质和特点,将规定的非经常性损益项目界定为经常性损益的项目,应当在附注中单独做出说明。然而,上市公司未在附注中说明理由和依据。

十、其他会计处理问题

(一) 委托开发无形资产会计处理问题

上市公司将研究开发活动外包给其他方时,未判断该交易的经济实质是属于公司自主研发还是属于外购技术。例如,上市公司委托其他单位开发无形资产,实质上是公司将自主研发项目外包,上市公司将预付开发方的款项在不满足研发支出资本化条件的情况下确认为无形资产,不符合会计准则的规定。

(二) 固定资产弃置义务会计处理问题

弃置费用通常是指根据国家法律和行政法规、国际公约等规定,企业承担环境保护和生态恢复等义务所确定的支出,上市公司未按照现值计量确定应计入固定资产成本的金额和相应的预计负债。例如,上市公司根据当地法规要求,计提矿山环境治理和生态恢复义务保证金并专户存储,但将相应金额计入营业成本和专项储备,未按照会计准则规定计入固定资产原值并相应进行折旧,不符合会计准则规定。

(三) 债务重组会计处理问题

上市公司以房产抵偿公司债务,未能按相关债务重组协议约定以抵账房产不动产权属登记变更为生效条件。例如,上市公司不应在抵账房产权属登记变更未完成的情况下终止确认重组债务，不应确认相关债务重组收益，不应提前债务重组日时点。

（四）预计负债的确认问题

上市公司对于与或有事项相关的义务，在其未满足相应条件时确认预计负债。例如，对于因合同约定或商业惯例产生的售后保修义务，上市公司未在销售交易发生时相应确认预计负债。然而，如果上市公司未决诉讼很可能导致经济利益流出且金额能够可靠计量，其应当就相应事项确认预计负债。

（五）会计估计变更和会计差错更正的区分问题

实务中，上市公司对会计估计变更和会计差错更正存在区分混淆的问题。例如，上市公司子公司补缴以前期间税款，公司在未具体分析该事项是否属于前期会计差错、相关补缴金额是否重大的情况下，均将其作为重要会计差错追溯调整前期财务报表。

（六）非货币性资产出资的会计处理问题

通过非货币性资产交换取得的长期股权投资，上市公司未按照换出资产的公允价值确定长期股权投资成本，未将换出资产公允价值与账面价值的差额计入损益。例如，上市公司对全资子公司以非货币性资产增资，将非现金资产公允价值与账面价值的差额计入母公司个别报表资本公积，而非处置损益，这不符合会计准则的规定。

十一、现金流量表披露问题

（一）现金及现金等价物的范围界定不清

上市公司不应将为取得 1 年期银行贷款质押的定期存单、银行承兑汇票保证金、被冻结的银行存款等作为现金及现金等价物在现金流量表中列报。例如，广西丰林木业集团股份有限公司2012 年合并现金流量表将部分定期银行保证金存款作为现金确认，不符合《企业会计准则第 31 号——现金流量表》关于现金定义的规定。

（二）现金流量表列报分类不准确

上市公司对现金流量分类不正确的情况较为常见。公司将非同一控制下并购子公司支付的对价或收到的标的公司原股东业绩补偿款，作为筹资活动现金流量列报。此外，上市公司将收到之前预付购买设备款计入经营活动现金流量，而非投资活动现金流量。例如，鹏博士电信传媒集团股份有限公司 2011 年度、2012 年度、2013 年度现金流量表中部分经营性现金流与投资性现金流项目存在归类混淆列示错误，公司应按照企业会计准则等相关规定，对发现的会计差错予以更正。

（三）现金流量表总额/净额列报不正确

除客户代收取或支付的现金以及周转快、金额大、期限短项目的现金流入和现金流出外，现金流量应当分别按照现金流入和现金流出总额列报。上市公司将所发生的、与其他单位或个人的往来款、保证金、理财产品等不符合净额列报的现金流量按收支净额予以列示。

十二、其他信息披露问题

(一) 会计估计变更披露问题

上市公司未能在附注中披露会计估计变更的内容和原因,当会计估计变更对当期和未来期间的影响数以及会计估计变更的影响数不能确定时,未披露相关事实和原因。例如,体育之窗文化股份有限公司 2016 年度财务报告中披露的可供出售金融资产减值测试方法中的会计估计较以往年度发生变更,但公司未披露相关详细信息。公司应在 2016 年年度报告中对会计估计变更的内容、原因及影响数进行信息披露。

(二) 其他财务信息披露问题

上市公司存在其他财务信息披露不完整的问题,主要体现在两个方面:一是对于当期发生金额重大的债务重组收益未披露任何信息;二是对于因背书或贴现终止确认的未到期应收票据,未披露与金融资产转移相关的信息,未及时披露政府补助等信息。例如,2017 年 1 月西安宝德自动化股份有限公司子公司湖州庆汇投资有限公司收到财税返还款 1 059.60 万元,占 2016 年度公司经审计净利润的 16.86%,达到临时公告标准,公司直到 2017 年 8 月 25 日才进行披露,违反了《上市公司信息披露管理办法》(证监会令第 40 号)的规定。

十三、内部控制信息披露问题

内部控制评价报告存在的主要问题有:一是评价范围披露不规范,二是内部控制评价结论恰当性存疑,三是内部控制缺陷和整改措施描述不恰当。

在评价范围披露方面,应当披露纳入评价范围的主要单位、业务和事项以及高风险领域,并对评价范围是否存在重大遗漏形成明确结论。然而,上市公司未披露重点关注的高风险领域、纳入评价范围的单位占比,或者对披露纳入评价范围的单位占比过低但未作进一步说明。

在内部控制评价结论恰当性方面,上市公司存在已达到内部控制重大缺陷认定标准的缺陷,但未予以披露,且内部控制评价结论为不存在内部控制重大缺陷。例如,惠而浦(中国)股份有限公司存在库存商品尚未发出即确认销售收入、部分销售折扣缺少内部审批、未及时就发生的销售折扣开具发票并入账等问题,公司相关年度内部控制自我评价报告也未指出上述内部控制缺陷。

在内部控制缺陷和整改措施描述不恰当方面,上市公司对内部控制缺陷的描述仅限于上市公司发生的相关事项本身,并未披露采取的具体整改计划、整改责任人、预计完成时间等信息。例如,浙江世纪华通集团股份有限公司于 2017 年 4 月 21 日披露的《浙江世纪华通集团股份有限公司 2016 年度内部控制自我评价报告》称:"公司制定了《控股子公司管理制度》,加强对控股子公司的管理,建立有效的控制机制,对控股子公司的组织、资源、资产、投资等进行风险控制,提高上市公司整体运作效率和抗风险能力。"而公司对子公司的对外投资、预付款项等未能建立有效的控制机制,与前述披露信息存在差异。公司的上述行为违反了《上市公司信息披露管理办法》(证监会令第 40 号)的规定。

第三节 资本市场审计监管

导读 5-3

2019 年首张市场禁入罚单

中国证监会 2019 年首张市场禁入罚单开出。中国证监会官网披露,因"五洋债"事件,中国证监会对大信会计师事务所两名审计师钟永和及孙建伟采取五年的证券市场禁入措施。

大信会计师事务所的两名审计师为五洋建设集团股份有限公司用于公开发行公司债券的 2012 年、2013 年和 2014 年年度财务报表提供审计服务。在审计时未获取充分、适当的审计证据,为五洋建设出具标准无保留意见的审计报告,出具的审计报告存在虚假记载,且该审计报告作为五洋建设发行公司债券的申报材料,被其募集说明书引用。

五洋建设在编制 2012 年、2013 年和 2014 年年度财务报表时,违反会计准则,将所承接工程项目应收账款和应付账款"对抵",同时虚减企业应收账款和应付账款,导致 2012—2014 年发生虚增年度净利润 3 000 万—1.5 亿元。上述"对抵"的处理对五洋建设财务报表相关科目的影响金额远远超出大信会计师事务所 2013 年和 2014 年财务报表整体层面实际执行的重要性水平,而审计师在未获取充分、适当的审计证据加以验证的前提下,即认可五洋建设关于应收账款和应付账款"对抵"的账务处理。

此外,审计师在得知审计报告用于五洋建设发债时,未按照其制定的《审计业务项目分类管理暂行办法》(2013)的规定将项目风险级别从 C 类调整为风险程度更高的 B 类并追加相应的审计程序。

总体来看,审计师在审计五洋建设应收账款等重点领域时,未保持应有的职业怀疑态度,未获取充分、适当的审计证据,违法行为情节严重,从而被中国证监会给予市场禁入的行政处罚。

资料来源:陈鹏丽:《"非标"年报致公司股票被实施退市风险警示 *ST 东凌:用一年时间去消除影响》,《每日经济新闻》,2018 年 5 月 24 日。

从中国证监会开出 2019 年首张市场禁入罚单的行为中,我们认识到会计师事务所和审计师的行为会受到行政管理部门的监管。不同行政管理部门对会计师事务所和审计师的监管重点有何差异?除了行政监管,是否存在法律监管等其他的外部监管及自律监管?我国会计师事务所和审计师的监管体系是如何构建的?我们将在本节对上述问题进行详细的分析。

一、外部监管

我国资本市场审计监管是以外部监管为主、行业自律监管为辅的监管模式。我国通过建立行业准入制度(注册会计师从业资格、会计师事务所及其分支机构设立、证券业务资格)和行为约束制度(业务范围和规则的监管、价格监管、强制轮换制度)以及审计责任制度对会计师事务所和注册会计师实施监管。

(一)行业准入制度

行业准入制度是以国家法律法规形式规定注册会计师和会计师事务所的行业进入资格。

1. 注册会计师从业资格

我国《注册会计师法》对审计市场注册会计师准入制度进行规范,主要涉及注册会计师考试制度和注册会计师注册制度。《注册会计师法》第七条规定:"国家实行注册会计师全国统一考试制度。注册会计师全国统一考试办法,由国务院财政部门制定,由中国注册会计师协会组织实施。"《注册会计师法》第九条规定了注册会计师的注册条件:"参加注册会计师全国统一考试成绩合格,并从事审计业务工作二年以上的,可以向省、自治区、直辖市注册会计师协会申请注册。"此外,《注册会计师法》还详细规定了不予注册的具体情形。

2. 会计师事务所及其分支机构设立

《注册会计师法》第二十三条、第二十四条规定:"会计师事务所可以由注册会计师合伙设立……会计师事务所符合下列条件的,可以是负有限责任的法人:①不少于30万元的注册资本;②有一定数量的专职从业人员,其中至少有5名注册会计师;③国务院财政部门规定的业务范围和其他条件。负有限责任的会计师事务所以全部资产对其债务承担责任。"

《会计师事务所执业许可和监督管理办法》第八条、第九条、第十条分别规定了普通合伙、特殊普通合伙、有限责任会计师事务所申请执业许可的条件。普通合伙会计师事务所申请执业许可,应当具备下列条件:①2名以上合伙人,且合伙人均符合本办法第十一条规定条件;②书面合伙协议;③有经营场所。特殊普通合伙会计师事务所申请执业许可,应当具备下列条件:①15名以上由注册会计师担任的合伙人,且合伙人均符合本办法第十一条、第十二条规定条件;②60名以上注册会计师;③书面合伙协议;④有经营场所;⑤法律、行政法规或者财政部授权规定的其他条件。有限责任会计师事务所申请执业许可,应当具备下列条件:①5名以上股东,且股东均符合本办法第十一条规定条件;②不少于人民币30万元的注册资本;③股东共同制定的公司章程;④有经营场所。

除此以外,《注册会计师法》和《会计师事务所执业许可和监督管理办法》还分别对分支机构的设立提出了监管要求。例如,《注册会计师法》第二十七条规定:"会计师事务所设立分支机构,须经分支机构所在地的省、自治区、直辖市人民政府财政部门批准。"《会计师事务所执业许可和监督管理办法》第二十九条则明确规定了会计师事务所分支机构的设立条件。

3. 证券业务资格

财政部与中国证监会联合颁布的《关于会计师事务所从事证券、期货相关业务有关问题的通知》(财会〔2007〕6号)及《关于调整证券资格会计师事务所申请条件的通知》(财会〔2012〕2号)规定了会计师事务所从事证券业务的资格条件为:①依法成立5年以上,组织形式为合伙制或特殊的普通合伙制;②质量控制制度和内部管理制度健全并有效执行,执业质量和职业道德良好,会计师事务所设立分所的,会计师事务所及其分所应当在人事、财务、业务、技术标准和信息管理等方面做到实质性的统一;③注册会计师不少于200人,其中最近5年持有注册会计师证书且连续执业的不少于120人,且每个会计师的年龄均不超过65周岁;④有限责任会计师事务所净资产不少于500万元,合伙会计师事务所净资产不少于500万元;⑤会计师事务所职业保险的累计赔偿限额与累计职业风险基金之和不少于800万元;⑥上一年度业务收入不少于8 000万元,其中审计业务收入不少于6 000万元,本项所称业务收入和审计业务收入均指以会计师事务所名义取得的相关收入;⑦至少有25名以上的合伙人,且半数以上合伙人最近在本会计师事务所连续执业3年以上。

(二) 行为约束制度

行为约束制度是指国家制定的用于指导、规范和约束会计师事务所及其注册会计师执业行为,主要涉及业务范围和规则、价格和任期的约束制度。

1. 业务范围和规则制度

《注册会计师法》对注册会计师的业务范围及其从事业务的规则进行确定。在执业范围方面,《注册会计师法》第十四条规定:"注册会计师承办下列审计业务:①审查企业会计报表,出具审计报告;②验证企业资本,出具验资报告;③办理企业合并、分立、清算事宜中的审计业务,出具有关的报告;④法律、行政法规规定的其他审计业务。"《注册会计师法》第十五条规定:"注册会计师可以承办会计咨询、会计服务业务。"

在执业规则方面,《注册会计师法》第二十二条规定:"注册会计师不得有下列行为:①在执行审计业务期间,在法律、行政法规规定不得买卖被审计单位的股票、债券或者不得购买被审计单位或者个人的其他财产的期限内,买卖被审计单位的股票、债券或者购买被审计单位或者个人所拥有的其他财产;②索取、收受委托合同约定以外的酬金或者其他财物,或者利用执行业务之便,谋取其他不正当的利益;③接受委托催收债款;④允许他人以本人名义执行业务;⑤同时在两个或者两个以上的会计师事务所执行业务;⑥对其能力进行广告宣传以招揽业务;⑦违反法律、行政法规的其他行为。"此外,《注册会计师法》第二十条还详细列示了拒绝出具有关报告的具体情形。

2. 收费制度

国家发改委和财政部发布的《会计师事务所服务收费管理办法》（发改价格〔2010〕196号）明确规定了会计师事务所的收费标准。在收费原则上，该办法第三条规定："会计师事务所服务收费应当遵循公开、公正、公平、自愿有偿、诚实信用和委托人付费的原则。"在收费依据上，该办法第四条规定："会计师事务所提供下列审计服务的收费实行政府指导价：①审查企业会计报表，出具审计报告；②验证企业资本，出具验资报告；③办理企业合并、分立、清算事宜中的审计服务，出具有关的报告；④法律、行政法规规定的其他审计业务。会计师事务所按照自愿有偿原则提供会计咨询、会计服务等其他服务的收费实行市场调节价。"在收费方式上，该办法第五条规定："审计服务可实行计件收费、计时收费或者计件与计时收费相结合的方式。"

3. 强制轮换制度

为了保证注册会计师执行证券期货审计业务的独立性，财政部颁布了《关于证券期货审计业务签字注册会计师定期轮换的规定》（证监会计字〔2013〕13号），即会计师事务所强制轮换制度。该制度第三条规定："签字注册会计师连续为某一相关机构提供审计服务，不得超过五年。"第五条规定："为首次公开发行证券公司提供审计服务的签字注册会计师，在该公司上市后连续提供审计服务的期限，不得超过两个完整会计年度。"第八条规定："签字注册会计师已连续为同一相关机构提供五年审计服务并被轮换后，在两年以内，不得重新为该相关机构提供审计服务。"

（三）审计责任制度

随着社会主义市场经济的发展，注册会计师的作用越来越重要。注册会计师如果存在失误或欺诈行为，就会给审计报告预期使用者的经济利益造成重大损失。因此，从法律法规层面明确会计师事务所及注册会计师的法律责任尤为重要。我国明确会计师事务所及注册会计师的审计法律责任的法规主要有《注册会计师法》《公司法》《证券法》及《刑法》。

1. 行政责任

《注册会计师法》第三十九条规定："会计师事务所违反本法第二十条、第二十一条规定的，由省级以上人民政府财政部门给予警告，没收违法所得，可以处以违法所得一倍以上五倍以下的罚款；情节严重的，可以由省级以上人民政府财政部门暂停其经营业务或者予以撤销。注册会计师违反本法第二十条、第二十一条规定的，由省级以上人民政府财政部门给予警告；情节严重的，可以由省级以上人民政府财政部门暂停其执行业务或者吊销注册会计师证书。"

《公司法》第二百零七条规定："承担资产评估、验资或者验证的机构提供虚假材料的，由公司登记机关没收违法所得，处以违法所得一倍以上五倍以下的罚款，并可以由有关主管部门依法责令该机构停业，吊销直接责任人员的资格证书，吊销营业执照。承担资产评估、验资或者验证的机构因过失提供有重大遗漏的报告的，由公司登记机关责令改正,情节较重的,处以所得收入一倍以上五倍以下的罚款,并可以由有关主管部门依法责令该机构停业、吊销直接责任人员的资格证书,吊销营业执照。"

《证券法》第一百九十三条规定:"发行人、上市公司或者其他信息披露义务人未按照规定披露信息,或者所披露的信息有虚假记载、误导性陈述或者重大遗漏的,责令改正,给予警告,并处以三十万元以上六十万元以下的罚款。对直接负责的主管人员和其他直接责任人员给予警告,并处以三万元以上三十万元以下的罚款。发行人、上市公司或者其他信息披露义务人未按照规定报送有关报告,或者报送的报告有虚假记载、误导性陈述或者重大遗漏的,责令改正,给予警告,并处以三十万元以上六十万元以下的罚款。对直接负责的主管人员和其他直接责任人员给予警告,并处以三万元以上三十万元以下的罚款。发行人、上市公司或者其他信息披露义务人的控股股东、实际控制人指使从事前两款违法行为的,依照前两款的规定处罚。"此外,《证券法》还在其他条款中对会计师事务所和注册会计师的责任进行了详细的规定。

2. 民事责任

《注册会计师法》第四十二条规定:"会计师事务所违反本法规定,给委托人、其他利害关系人造成损失的,应当依法承担赔偿责任。"《公司法》第二百零七条规定:"承担资产评估、验资或者验证的机构因其出具的评估结果、验资或者验证证明不实,给公司债权人造成损失的,除能够证明自己没有过错以外,在其评估或者证明不实的金额范围内承担赔偿责任。"2003年2月实施的《最高人民法院关于审理证券市场因虚假陈述引发的民事赔偿案件的若干规定》,进一步明确了信息披露义务人虚假陈述需要承担的法律责任。关于注册会计师民事责任最为重要的法规则是2007年6月最高人民法院颁布的《关于审理涉及会计师事务所在审计业务活动中民事侵权赔偿案件的若干规定》。相比于以前有关审计师的司法解释或司法性解释文件,该规定在民事责任的内涵、欺诈与过失的区分、免责条件、责任顺位等方面都有很大的突破。

3. 刑事责任

《注册会计师法》第三十九条规定:"会计师事务所、注册会计师违反有关规定,故意出具虚假的审计报告,构成犯罪的,依法追究刑事责任"。《公司法》第二百一十五条规定:"违反本法规定,构成犯罪的,依法追究刑事责任。"《证券法》第二百三十一条规定:"违反本法规定,构成犯罪的,依法追究刑事责任。"《刑法》第二百二十九条规定:"承担资产评估、验资、验证、会计、审计、法律服务等职责的中介组织的人员故意提供虚假证明文件,情节严重的,处五年以下有期徒刑或者拘役,并处罚金。前款规定的人员,索取他人财物或者非法收受他人财物,犯前款罪的,处五年以上十年以下有期徒刑,并处罚金。第一款规定的人员,严重不负责任,出具的证明文件有重大失实,造成严重后果的,处三年以下有期徒刑或者拘役,并处或者单处罚金。"《刑法》第二百三十一条规定:"单位犯本节第二百二十九条规定之罪的,对单位判处罚金,并对直接负责的主管人员和其他直接责任人员,依照本节各该条的规定处罚。"

二、行业自律监管

除外部监管外,行业自律监管也是资本市场审计监管的重要组成部分。审计行业自律监管的主体包括中国注册会计师协会和地方注册会计师协会,具体的监管制度包括职业道德规范、内部治理制度、信息披露制度、约谈制度、执业质量检查制度、自律惩戒制度、业务报备制度、诚信档案制度及继续教育制度。

(一) 职业道德规范

目前,我国最新的职业道德准则是 2009 年 10 月财政部发布的《中国注册会计师职业道德守则》和《中国注册会计师协会非执业会员职业道德守则》,自 2010 年 7 月 1 日起实施。《中国注册会计师职业道德守则》具体包括《中国注册会计师职业道德守则第 1 号——职业道德基本原则》《中国注册会计师职业道德守则第 2 号——职业道德概念框架》《中国注册会计师职业道德守则第 3 号——提供专业服务的具体要求》《中国注册会计师职业道德守则第 4 号——审计和审阅业务对独立性的要求》和《中国注册会计师职业道德守则第 5 号——其他鉴证业务对独立性的要求》。

(二) 内部治理制度

中注协发布的《会计师事务所内部治理指南》详细地规定了会计师事务所应加强内部治理,建立健全事务所内部决策和管理机制,提高事务所风险管理和质量控制能力。指南第三条规定:"事务所内部治理应当以维护公众利益为宗旨,建立风险管理严格、质量控制有效、公开透明、相互制衡的治理结构和治理机制。"指南第四条规定:"事务所内部治理应当以法律法规为依据,形成以章程为核心的、完善的内部决策和管理制度体系,以及尊重制度、执行制度的管理氛围。"

(三) 信息披露制度

中注协发布的《注册会计师和会计师事务所信息披露制度》明确规定了披露内容及如何披露。该制度第三条规定:"在行业管理信息系统中,与专业胜任能力、执业质量、诚信水平相关的注册会计师信息、会计师事务所信息,向社会公众披露。"该制度第六条、第七条详细阐释了注册会计师和会计师事务所应披露的内容。注册会计师应披露专业资历信息、继续教育信息、最近三年的奖惩信息及社会服务信息。会计师事务所应披露登记信息、执业资质信息、执业网络信息、人员信息、最近三年的奖惩信息及社会服务信息。该制度第四条规定:"信息披露工作应当体现客观、公平、公正、全面、及时的要求,并依法保护注册会计师个人隐私和会计师事务所商业秘密。"

(四) 约谈制度

自 2011 年起,中注协启动约谈制度并用作一种预防性的监管机制,要求中注协约谈特定的会计师事务所及其注册会计师,针对特定上市公司年报审计过程中可能出现的审计风险给予提示。中注协的约谈制度具有权威性和预防作用,能促使注册会计师在审计过程中保持客观、公正和独立,提示注册会计师注意特定审计风险,从而提高审计质量。

(五)执业质量检查制度

中注协发布的《会计师事务所执业质量检查制度》明确规定了中注协进行执业质量检查的内涵、原则、内容及时间周期。在内涵方面,该制度第二条规定:"本制度所称执业质量检查,是指注册会计师协会每年组织开展的对事务所、注册会计师遵循中国注册会计师业务准则、质量控制准则、职业道德规范等情况的检查,包括检查工作的组织实施,以及检查结果的评价和处理。"在原则方面,该制度第三条规定:"执业质量检查应当坚持公平、公正的原则,以事实为依据,以准则为准绳,严格检查,严格惩戒。"在内容方面,该制度第四条规定:"执业质量检查应当关注事务所的整体质量控制情况,注意区分会计责任和审计责任,充分尊重注册会计师的职业判断,对事务所及其注册会计师遵守中国注册会计师业务准则、质量控制准则、职业道德规范等情况进行综合评价。"在时间方面,该制度其第九条规定:"注册会计师协会每年应组织开展事务所的执业质量检查。证券所及其分所每三年内应当至少接受一次执业质量检查,其他事务所每五年内应当至少接受一次执业质量检查。"

(六)自律惩戒制度

中注协发布的《中国注册会计师协会会员执业违规行为惩戒办法》明确规定了对中注协会员的惩戒办法。该办法第五条规定:"中注协对会员违规行为给予惩戒的种类有:①训诫;②行业内通报批评;③公开谴责。"第六条规定:"中注协认为会员的违规行为应当给予行政处罚或可能构成犯罪的,应当及时提请行政、司法机关调查处理。"第七条规定:"会员具有下列违规行为之一的,应当给予行业惩戒:①违反《注册会计师法》有关规定的;②违反注册会计师职业道德规范的;③违反注册会计师业务准则的;④违反会计师事务所质量控制准则的;⑤应当给予惩戒的其他情形。"

(七)业务报备制度

业务报备制度是指会计师事务所将一定时期内,由注册会计师依法承办的审计、会计咨询和会计服务业务的基本情况逐项记录,并经归类汇集后报送中注协监管部门备案的工作制度。《会计师事务所执业许可和监督管理办法》第五十六条规定:"会计师事务所应当于每年5月31日之前,按照财政部要求,通过财政会计行业管理系统向所在地的省级财政部门报备会计师事务所相关信息。"

对于具有证券资格的会计师事务所,除了要满足以上管理办法的规定定期向地方省级财政部门报备信息,还要向证监会报备。财政部、中国证监会发布的《关于会计师事务所从事证券、期货相关业务有关问题的通知》(财会〔2007〕6号)规定:"具有证券资格的会计师事务所应当于每年5月31日之前,按照财政部、中国证监会要求,通过财政会计行业管理网报备,财政部、中国证监会应当对有关材料进行核查,必要时可以进行实地调查。"

(八) 诚信档案制度

财政部发布的《关于加强会计人员诚信建设的指导意见》(财会〔2018〕9号)明确指出：加强会计人员信用档案建设，建立严重失信会计人员"黑名单"制度。将存在提供虚假财务会计报告，做假账，隐匿或者故意销毁会计凭证、会计账簿、财务会计报告，贪污、挪用公款，职务侵占等与会计职务相关违法行为的会计人员，作为严重失信会计人员列入"黑名单"，纳入全国信用信息共享平台，依法通过"信用中国"网站等途径，向社会公开披露相关信息。

(九) 继续教育制度

财政部发布的《会计人员继续教育规定》明确规定了我国会计人员应持续继续教育，具体阐明会计人员继续教育的原则、内容与形式。第五条规定："会计人员享有参加继续教育的权利和接受继续教育的义务。"第十一条规定："会计人员继续教育的内容主要包括会计理论、政策法规、业务知识、技能训练和职业道德等。"

中注协发布的《中国注册会计师继续教育制度》(以下简称《制度》)确定了注册会计师继续教育的要求、形式等。《制度》第二条规定："注册会计师享有继续教育的权利，任何个人或机构不得以任何理由限制或剥夺注册会计师参加继续教育的权利。继续教育贯穿于注册会计师的整个执业生涯，注册会计师应当按照本制度的要求接受继续教育。"该制度还规定了注册会计师继续教育的主要形式：中注协或中注协委托其他机构举办的培训班、研讨会等；会计师事务所内部培训；中注协远程教育培训。《中国注册会计师继续教育制度》补充规定："参加《制度》规定的继续教育，是注册会计师保持执业水平、职业道德和职业胜任能力的必要途径，也是注册会计师享有的基本权利和应尽的会员义务。各地方协会应严格贯彻落实《制度》要求，注册会计师在继续教育过程中未达到相关制度规定标准和培训项目管理要求的，不予确认学时。对于未完成继续教育学时，且不符合《制度》第十条规定情形的注册会计师，由地方协会进行公告，并限期接受强制培训。"

第四节 资本市场审计失败案例

导读 5-4

普华永道被开出会计师事务所有史以来最大罚单

2018年7月，普华永道会计师事务所(简称PwC)因审计失败，未能发现导致Colonial银行的欺诈行为，被判处向美国联邦存款保险公司(简称FDIC)支付6.253亿美元赔偿金。这是会计师事务所有史以来的最大罚单。

该判决根据2017年12月美国地方法官Rothstein的发现——PwC在对其前客户Colonial银行的外部审计中存在严重疏忽，未能发现Colonial银行与Taylor Bean & Whitaker

公司之间多年的欺诈行为。Taylor Bean & Whitaker 公司曾是美国第 12 大抵押贷款机构,并且是 Colonial 银行的主要客户。

FDIC 凭借 Colonial 银行接管人的身份提起诉讼。根据 FDIC 的起诉书,Taylor Bean & Whitaker 公司的欺诈行为始于 2002 年,这家公司不仅将已经出售或承诺售予其他人的抵押贷款重复出售给 Colonial 银行,而且 Colonial 银行收到的抵押贷款项目中有些没有抵押品,有些已经违约。多年来,Taylor Bean & Whitaker 公司一直透支其在 Colonial 银行的账户,以弥补现金短缺。

欺诈被发现后,Taylor Bean & Whitaker 公司于 2009 年 8 月申请破产;不久之后,Colonial 银行也申请破产。FDIC 要为此支付数十亿美元的存款保险金。包括 Taylor Bean & Whitaker 公司董事和 2 名 Colonial 银行雇员在内的至少 8 人因参与该计划而认罪或被定罪。

Rothstein 法官称,PwC 没有实施相关的审计程序来发现欺诈行为,这违反了审计准则。她还表示,PwC 本可以通过检查相关抵押贷款的一些基础文件来发现欺诈行为,但他们却并没有这么做。

资料来源:蔡鼎:《42 亿元！普华永道遭遇会计师事务所史上最大罚单》,《每日经济新闻》,2018 年 7 月 3 日。

从导读 5-4 来看,近年来,国际资本市场上包括"四大"在内的大型会计师事务所出现了严重的审计失败事件。那么,我国资本市场上的会计师事务所是否存在严重的审计失败?如果存在,会计师事务所审计失败的具体原因是什么?本节主要梳理我国资本市场上重大的审计案例,在此基础上明晰七项审计失败的具体原因,为从源头上减少审计失败事件提供帮助。

一、审计程序不恰当：华泽钴镍审计失败

瑞华会计师事务所(特殊普通合伙)(简称"瑞华所")因审计程序不恰当而对成都华泽钴镍材料股份有限公司(简称"华泽钴镍")2013 年度和 2014 年度财务报告出具了不恰当的审计意见,导致审计失败。对此,中国证监会决定没收瑞华所业务收入 130 万元,并处以 390 万元的罚款;对签字审计师给予警告,并分别处以 10 万元的罚款。

首先,瑞华所在 2013 年度和 2014 年度报告审计的过程中,未直接与公司治理层沟通关于治理层了解公司是否存在舞弊及治理层如何监督管理层对舞弊风险的识别和应对过程等,而是分别询问华泽钴镍财务总监郭某红和发展部经理王某锋以履行这一询问程序。根据华泽钴镍公布的 2013 年度和 2014 年度报告,郭某红、王某锋并非公司治理层成员。由此,瑞华所未与治理层进行沟通,无法了解在此过程中治理层所发挥的作用,可能导致会计师错误评估舞弊风险。

其次,华泽钴镍 2013 年度财务报告审计工作底稿显示,瑞华所通过传真取得的 9 家不同单位的询证函回函所记录的时间,最早为 2014 年 4 月 17 日下午 3:44,最晚为同日

下午 3:49,中间间隔仅 5 分钟。针对回函时间高度集中的异常现象,会计师未给予应有的关注,未对回函的来源进行核验,所获取审计证据的可靠性低。

最后,瑞华所期后盘点票据并倒轧计算票据期末余额。倒轧程序需依赖与应收票据相关的内部控制才能得到有效执行,瑞华所不恰当地依赖内部控制,对应收票据实施盘点和倒轧程序,所获取审计证据的可靠性低。

由此,瑞华所存在缺乏必要的审计程序、函证程序不符合要求、未进行控制测试便不恰当地依赖内部控制等问题,这些行为分别违反了《中国注册会计师审计准则第 1141 号——财务报表审计中与舞弊相关的责任》《中国注册会计师审计准则第 1312 号——函证》及《中国注册会计师审计准则第 1231 号——针对评估的重大错报风险采取的应对措施》的规定。正是由于审计程序的不恰当导致审计失败的发生。值得注意的是,审计程序不恰当对应的情形还有很多,除了上文提到的三种情形,审计程序不恰当还可能表现为未执行替代审计程序、未进行风险评估或分析性复核、审计抽样不恰当、监盘程序不符合要求等。

二、审计证据与工作底稿不完整:天丰节能审计失败

利安达会计师事务所(简称"利安达")因审计证据与工作底稿不完整而对河南天丰节能板材科技股份有限公司(简称"天丰节能")的 IPO 审计出现审计失败。对此,中国证监会决定没收利安达业务收入 60 万元,并处以 120 万元罚款;对签字审计师给予警告,并分别处以 10 万元罚款;对项目负责人给予警告,并处以 8 万元罚款。

利安达及其审计师在审计天丰节能 IPO 时,审计底稿中计划类工作底稿缺失或没有在计划中对评估出的重大错报风险做出恰当应对,没有设计进一步的审计程序,没有对舞弊风险进行评估和应对。具体而言,利安达 IPO 审计底稿(2010 年)无计划类工作底稿,无总体审计策略、具体审计计划、重要性水平确定表、风险评估汇总表或其他风险评估底稿;利安达 IPO 审计底稿(2011 年)无总体审计策略、具体审计计划、风险评估汇总表或其他风险评估底稿;利安达 IPO 审计底稿(2012 年)具体审计计划中将"评估的重大错报风险"索引至 C47,但未见相应底稿。上述行为主要违反了《中国注册会计师审计准则第 1131 号——审计工作底稿》及《中国注册会计师审计准则第 1231 号——针对评估的重大错报风险采取的应对措施》的规定。

此外,固定资产审计程序未能得到有效执行,检查固定资产新增发生额时未关注原始凭证异常情况,盘点时未关注大额进口设备及构件,未核对设备编号,检查付款凭证时没有关注合同异常。上述行为违反了《中国注册会计师审计准则第 1301 号——审计证据》的规定,未能发现虚增固定资产 2 581.3 万元。

三、缺乏具体审计过程:宝硕股份审计失败

河北华安会计师事务所有限公司(简称"华安所")因缺乏具体审计过程对宝硕股份有限公司(简称"宝硕股份")2004 年度财务报告出具了不恰当的审计意见,导致审计失

败。对此,中国证监会决定没收华安所违法所得 927 090 元,并处以 927 090 元罚款;对主任会计师处以 20 万元罚款;对其他签字审计师分别处以 10 万元罚款。

早在 2001 年 12 月,宝硕股份便已成立内部单位——宝硕股份资金结算中心,负责办理宝硕股份及分公司和子公司的内部资金往来结算业务,并负责管理开户单位在银行的存款。宝硕股份及分公司和子公司均在资金结算中心开立存款账户。宝硕股份通过资金结算中心伪造了 962-01 账户的资金结算凭证,虚构资金划转,后经资金结算中心证明上述业务没有发生。审计工作底稿中未发现华安所对资金结算中心实施审计的痕迹,这违反了《中国注册会计师审计准则第 1201 号——计划审计工作》的规定。

2004 年宝硕股份通过其他应收款科目与保定德利得公司(简称"德利得")共发生往来业务 580 笔,其中借方发生 393 笔、发生额为 2 943 064 815.26 元,贷方发生 187 笔、发生额为 2 943 064 815.27 元,余额为 -0.01 元。宝硕股份将 2004 年发生的 25 笔贷款利息共 17 307 151.81 元记入其他应收款——德利得科目的借方,由此少记财务费用,增加 2004 年度利润 17 307 151.81 元。宝硕股份 2004 年通过分公司和子公司银行账户办理 53 笔票据贴现业务,贴现资金划归宝硕股份使用,发生的 21 882 067.42 元贴现利息记入其他应收款——德利得科目的借方,由此少记财务费用,增加 2004 年度利润 21 882 067.42 元。但华安所的审计工作底稿中未见其对德利得的大额往来款项进行抽验及替代性测试,对宝硕股份与德利得的异常交易没有关注。上述行为主要违反了《中国注册会计师审计准则第 1211 号——通过了解被审计单位及其环境识别和评估重大错报风险》及《中国注册会计师审计准则第 1231 号——针对评估的重大错报风险采取的应对措施》的规定。

四、未能识别关联方交易:*ST 国药审计失败

立信会计师事务所(特殊普通合伙)(简称"立信所")因未能识别关联方交易而对武汉国药科技股份有限公司(简称"*ST 国药")2012 年度和 2013 年度财务报告出具了不恰当的审计意见,导致审计失败。对此,中国证监会决定没收立信所业务收入 95 万元,并处以 95 万元的罚款;对签字审计师给予警告,并分别处以 10 万元的罚款。

*ST 国药 2012 年财务报表中虚假记载与上海公合实业有限公司(简称"公合实业")等客户钢材贸易业务收入约为 4 115.20 万元,占当年营业收入的 83.66%;2013 年财务报表中虚假记载与公合实业钢材贸易业务收入约为 1.03 亿元,占当年营业收入的 92.49%。进一步追查发现,公合实业时任总经理、现任董事长龚某是 *ST 国药主管会计工作负责人(财务总监)黄某华配偶,龚某、黄某华均承认以上事实。根据《上市公司信息披露管理办法》(证监会令〔2007〕第 40 号)的规定,龚某为 *ST 国药关联自然人,公合实业为 *ST 国药关联法人。

2012 年,审计师在明知 *ST 国药子公司上海鄂欣实业有限公司与公合实业同时发生钢材销售和采购业务的情况下,忽视明显的未披露关联方特征,未保持职业怀疑,未作异常处理,未实施进一步审计程序。在审计 2012 年度和 2013 年度财务报表时,获取的审计

证据不足,均没有获取*ST 国药董事、监事、高级管理人员的直系亲属名单、工作单位、职务等情况,未能发现公合实业和*ST 国药存在的关联关系。上述行为违反了《中国注册会计师审计准则第 1101 号——注册会计师的总体目标和审计工作的基本要求》和《中国注册会计师审计准则第 1323 号——关联方》的规定。

五、偏离审计目标:中恒通审计失败

利安达会计师事务所(简称"利安达")因偏离审计目标而对中恒通机械制造有限公司(简称"中恒通")财务报告出具不恰当审计意见,导致审计失败。利安达相关人员共 4 人因犯出具证明文件重大失实罪,分别被判处有期徒刑 6 个月至 2 年不等,缓刑 6 个月至 3 年不等,并处罚金 5 万—10 万元。

2013 年 8 月,中恒通董事长卢某为解决公司资金困难,拟发行中小企业私募债券融资。但中恒通实际财务状况未达到发行债券的相关要求,卢某决定对公司财务报表进行调整。

经人介绍,卢某与利安达浙江分所副所长杨某结识,在了解中恒通的发债要求后,杨某以会计师事务所名义承接中恒通审计项目,并指派会计师陈某为项目负责人,进驻公司进行现场审计。

审计期间,杨某和陈某根据卢某提出的要求,在缺少相关证明材料、按审计准则要求无法进行审计调整的情况下,将中恒通巨额账外收入计入营业收入,对净利润进行调整,并把股东捐赠转为公司资本公积金以降低负债率。随后,陈某起草了审计报告初稿,但拒绝以项目负责人名义签名。杨某安排会计师徐某作为项目现场负责人、会计师王某作为签发人签名。王某及徐某均未对审计初稿进行审核,直接予以签名。2013 年 12 月,利安达正式出具了标准无保留意见审计报告。中恒通据此获准发行 2 年期私募债券共计 1 亿元。2016 年该私募债券到期后,中恒通无力偿付债券本金和部分利息,给投资人带来重大经济损失。可见,利安达在审计过程中偏离了审计目标,违规调整财务报表来帮助客户发行债券,这违反了《中国注册会计师审计准则第 1101 号——注册会计师的总体目标和审计工作的基本要求》的规定。

六、未保持应有的职业谨慎:香榭丽审计失败

中天运会计师事务所(简称"中天运")因未保持应有的职业谨慎而对上海香榭丽传媒股份有限公司(简称"香榭丽")财务报告出具了不恰当的审计意见,导致审计失败。对此,中国证监会决定没收中天运业务收入 66 万元,并处以 198 万元罚款;对直接负责的主管人员给予警告,并分别处以 5 万元的罚款。

香榭丽业务单一,收入主要为户外 LED 屏体广告收入,2011 年至 2013 年 6 月,该类收入占比均达到 100%。由该业务产生的应收账款为香榭丽最主要的资产之一。香榭丽应收账款余额大、占比高且呈快速上升趋势,2011 年年末、2012 年年末和 2013 年 6 月末的应收账款账面余额分别约为 1.18 亿元、2.04 亿元和 2.52 亿元,占总资产的比例分别为 37.58%、48.11%和 60.87%。因此,香榭丽应收账款具有重要性和异常性的特征。

香榭丽实际控制人叶某自己承接的广告业务单(简称"公司单")数量多、金额占比高,且业务特征与正常业务单存在明显异常。一是单份合同金额大,均为100万元以上的合同,而正常业务单份合同金额较小,通常为几万元或几十万元;二是审批流程简化,没有相关销售副总、销售区域负责人等的签名;三是发起流程非常规,由销售管理部总监郑某娟代为发起,而正常销售业务合同申请的发起人通常为销售部(与销售管理部不同)人员。因此,香榭丽"公司单"具有重大性和异常性的特征。

中天运在审计香榭丽2011年年报、2012年年报、2013年半年报的过程中,已经识别出香榭丽因面临业绩压力而存在收入高估的舞弊风险,以及香榭丽因未成立内部审计部门而存在管理层凌驾于内部控制之上的风险,但中天运未基于识别出的上述风险和"公司单"的重大性和异常性,对"公司单"保持应有的职业谨慎和职业怀疑,这不符合《中国注册会计师审计准则第1211号——通过了解被审计单位及其环境识别和评估重大错报风险》的规定。

七、发现违规但未说明、未采取行动:银河科技审计失败

华寅会计师事务所有限责任公司(简称"华寅所")因发现违规但未说明并采取行动而对银河科技股份有限公司(简称"银河科技")财务报告出具了不恰当的审计意见,导致审计失败。对此,中国证监会决定对华寅所给予警告,并没收违法所得40万元;对签字审计师分别处以10万元罚款。

2005年2月,华寅所及其会计师在实施银河科技2004年度财务报告审计时,对银河科技被财政部广西专员办于2004年下半年检查并发现虚增2002年和2003年销售收入的行为及被北海市政府处罚的情况知情,但仍然出具了无保留意见审计报告。签字审计师称,华寅所原计划出具有保留意见的审计报告,但在出具2004年度审计报告前,北海市政府对银河科技的处罚为内部不公开处罚;而银河科技董事长潘琦和总裁王国生向华寅所保证3年内把存在的财务问题调整到位,保证3年内不会再有新的检查,华寅所由此同意出具无保留意见的审计报告。

然而,华寅所及其审计师在发现银河科技未对虚增2002年、2003年收入问题进行披露的情况下,仍对银河科技2004年度财务报告出具无保留意见的审计报告,违反了当时适用的《独立审计具体准则第18号——违反法规行为》中"如果被审计单位的违反法规行为对会计报表有重大影响,并且未能在会计报表中恰当反映,审计师应当发表保留意见或否定意见"的规定。

知识要点

审计与会计信息质量的关系　审计意见的信息含量　审计与投资者决策的关系　审计与债权人决策的关系　会计处理问题　信息披露问题　内部控制问题　审计的外部监管　审计的内部监管　审计失败的原因

行动学习

莲花味精的政府补助如何审计

河南莲花味精股份有限公司(简称"莲花味精")于1998年7月成立并于同年上市,主营业务为味精和调味品的生产与销售。

2007年,莲花味精通过《关于申请项城市政府给予原材料价格补偿的请示》(豫莲股字〔2007〕62号)向项城市政府申请补助1.944亿元,项城市政府在《项城市人民政府关于对河南莲花味精股份有限公司原材料价格补偿请示的批复》(项政文〔2007〕91号)中同意将项城市政府的1.944亿元作为粮食价格补偿冲抵成本。《项城市政府关于推动莲花化解债务风险工作进展情况及请求延期的函》(项政文〔2009〕64号)和《项城市政府关于推动莲花化解债务风险工作进展情况及请求延期的函》(项政文〔2009〕65号)及《周口市政府关于莲花味精股份有限公司被省证监局立案稽查有关情况的报告》(周政文〔2010〕74号)均承认政府补助的存在,同时也阐释了政府补助没有到位的客观原因。而莲花味精在政府补助没有实际到位的情况下,将尚未到位的政府补助款项入账,从而虚增2007年利润1.944亿元,导致2007年利润由亏转盈,2007年公司公开披露的净利润为26 513 425.97元。

2008年,莲花味精通过《关于申请项城市人民政府解决人工费用的请示》(豫莲股字〔2008〕51号)向项城市政府申请补助3亿元人民币。《项城市人民政府关于对河南莲花味精股份有限公司解决人工费用请示的批复》(项政文〔2008〕156号)同意将项城市政府的3亿元作为人工费用补偿冲抵成本。《项城市政府关于推动莲花化解债务风险工作进展情况及请求延期的函》(项政文〔2009〕64号)和《项城市政府关于推动莲花化解债务风险工作进展情况及请求延期的函》(项政文〔2009〕65号)及《周口市政府关于莲花味精股份有限公司被省证监局立案稽查有关情况的报告》(周政文〔2010〕74号)均承认政府补助的存在,同时也阐释了政府补助没有到位的客观原因。而莲花味精在政府补助没有实际到位的情况下,将尚未到位的政府补助款项入账,从而虚增2008年利润3亿元,导致莲花味精2008年利润亏转盈、2009年少计应付工商银行项城支行贷款利息,2008年公司公开披露的净利润为12 405 265.84元。

2008年6—12月,莲花味精分数次收到环保相关补贴资金共计1 895万元、政府淘汰落后产能补偿资金2 272万元。莲花味精将前述应计入营业外收入的政府补助共计4 167万元直接冲减生产成本。2009年4月,莲花味精收到政府企业发展促进资金90万元、外贸发展促进资金17.69万元,同年5月收到地方政府发展促进资金80万元。莲花味精将应计入营业外收入的前述各类政府补助款187.69万元直接冲减主营业务成本。

质疑和讨论:

根据《企业会计准则第16号——政府补助》,结合莲花味精2007—2008年对政府补助的确认、计量和列报,讨论政府补助会计处理中可能出现的问题,并在此基础上分析政府补助审计中的关注点,思考应采取何种应对措施防范与政府补助相关的重大错报风险。

案例分析

函证为何总是做不好

河南天丰节能板材科技股份有限公司(简称"天丰节能")2010—2012年通过虚构客户、虚构销售业务等手段虚增销售收入共计92 560 597.15元,其中2010年虚增11 302 460.63元,2011年虚增36 642 518.14元,2012年虚增44 615 618.38元,分别占当年账面销售收入的10.22%、17.54%和16.43%。具体来看,天丰节能虚构与安徽长彦水利工程有限公司等74家公司客户的销售业务,虚增销售收入58 232 201.59元;虚构与广东恒耀工程有限公司等14家公司客户的销售业务,虚增销售收入18 797 508.79元;虚构与河南汇能建筑装饰工程有限公司等7家公司客户的销售业务,虚增销售收入8 361 386.26元;虚构与湖北天福建筑安装工程有限公司等2家公司客户的销售业务,虚增销售收入2 327 418.09元;虚构与李彦斌等6个自然人客户的销售业务,虚增销售收入4 842 082.22元。

利安达会计师事务所(简称"利安达")是天丰节能首次公开发行股票并上市申请的证券服务机构。利安达分别对天丰节能2010—2012年的应收账款和银行存款进行了函证。然而,由于审计时未对应收账款函证过程保持控制,对明显异常回函没有关注,替代程序未得到有效执行,未能发现天丰节能虚构客户、虚增收入和银行存款的行为。

具体而言,利安达2010年函证的20家应收账款客户中有1家为虚假客户(天丰节能虚构的客户)、10家存在虚假销售(天丰节能以客户名义虚构销售),IPO审计底稿中留存了11家客户中7家的询证函回函。2010年天丰节能虚增对上述11家客户的销售收入1 079.61万元,利润为390.49万元,占当期利润总额的13.47%。利安达2012年函证的51家应收账款客户中有5家为虚假客户、2家存在虚假销售,IPO审计底稿中留存了7家客户的询证函回函。2012年天丰节能虚增对上述7家客户的销售收入495.64万元,利润为165.15万元,占当期利润总额的2.33%。此外,利安达在函证银行存款时,未能发现天丰节能在建设银行新乡牧野支行开立的账户2011年年末实际余额比账面余额少3 000万元的事实,以及天丰节能伪造银行询证函回函和银行对账单的事实。

要求:

1. 函证作为一项基本的审计程序,实务中很多项目会涉及,审计准则也对函证的各个环节进行了具体的规定。然而在审计实务中,很多审计失败都是源于函证程序的问题。请结合案例深入分析函证程序失败的主要原因。

2. 结合天丰节能审计的案例材料,分析银行函证程序中存在哪些突出的问题。

3. 结合天丰节能审计的案例材料,分析应收账款函证程序中存在哪些突出的问题。
4. 结合天丰节能审计的案例材料,讨论如何才能更好地实施函证程序。

补充阅读

中国注册会计师协会:《注册会计师行业课题研究报告》(第一辑),北京:中国财政经济出版社,2004年版。

李若山、周勤业:《注册会计师法律责任理论与实务》,北京:中国时代经济出版社,2002年版。

李晓慧:《会计与资本市场案例研究》,北京:高等教育出版社,2006年版。

李晓慧:《风险管理框架下审计理论与流程研究》,大连:东北财经大学出版社,2009年版。

李晓慧:《资本市场会计信息披露案例》,北京:经济科学出版社,2011年版。

李晓慧:《审计专题教学案例精选》,北京:经济科学出版社,2014年版。

李晓慧、郑海英:《审计教学案例精选》,北京:北京大学出版社,2018年版。

陈汉文、韩洪灵:《审计理论与实务》,北京:中国人民大学出版社,2019年版。

财政部会计司:《2017年注册会计师行业发展和行业管理情况报告》,财政部网站。

中国证券监督管理委员会、财政部会计司:《2017年注册会计师行业发展和行业管理情况报告》,中国证监会网站。

第六章

IPO 审计理论与实践

学习目的

1. 理解 IPO 审计与年度财务报表审计的区别
2. 理解 IPO 审计的审计范围和流程
3. 掌握 IPO 审计的重点监管风险
4. 掌握 IPO 审计的重点审计关注
5. 掌握 IPO 审计项目质量控制
6. 掌握 IPO 审计过程中的实地核查程序
7. 了解 IPO 审计中的财务尽职调查风险

第一节 IPO 审计概述

导读6-1

从富士康 A 股上市看 IPO 审计

2018年2月9日,中国证监会官网挂出富士康工业互联网股份有限公司首次公开发行股票招股说明书(申报稿)。

众所周知,富士康是全球最大的代工企业,但近几年来,富士康一直计划进军科技产业上游。富士康工业互联网就是其实施这一计划的一个重要载体,它是富士康集团的子公司,于2015年在深圳注册成立,主营业务包括通信网络设备、云端计算设备、工业机器人及物联网等,基本囊括富士康未来想要转型并发展的所有科技领域。

招股说明书(申报稿)显示,富士康工业互联网 2017 年实现净利润 159 亿元,同比增长约 10%;同期营业收入 3 545 亿元,同比增长约 30%;2017 年年末公司总资产为 1 486

亿元,总负债 1 204 亿元。富士康工业互联网此次 IPO 募集资金约 273 亿元,主要聚焦于工业互联网平台构建、云计算及高效能运算平台等八个项目进行投资。

对于这样一个举足轻重的业务板块将在 A 股上市,富士康工业互联网冲击 A 股绝对有着非同寻常的意义。首先,富士康工业互联网有望成为 A 股市场市值最高的台资控股上市公司;其次,富士康工业互联网有望成为国内 AI 超级独角兽。富士康工业互联网要想成功上市、成就上述功名,就一定离不开 IPO 审计。

IPO 审计即首次公开发行并上市审计。IPO 审计相比于普通的年报审计,有着时间长、程序烦琐、工作量大、内容复杂、要求高、责任重大、需遵循的法律法规多等特点。随着中国资本市场的快速发展,许多企业都想通过 IPO 募集资金,随之而产生的 IPO 财务造假行为也逐年增多,近十年来就有 300 多家 IPO 审核未通过。IPO 审计是应对企业上市过程中财务造假行为的第一道防火墙。要想做好 IPO 审计,使企业成功上市,审计师必须准确把握应对财务舞弊的措施以及发审会可能会重点关注的问题。

1. 严格执行审计程序

一些 IPO 失败案例表明,审计师在审计过程中没有按照审计准则要求使用函证程序,对于未回函和回函金额与审计最终确认金额不一致的情况,没有做出调整及执行进一步审计程序。这就要求我们在 IPO 审计的过程中,一定要严格按照规范和审计计划执行审计程序。在函证前,充分了解企业的货币资金账户余额、借贷、抵押等情况;当出现函证结果无效的情形时,审计师应实施替代程序或追加审计程序,同时考虑其对所发表的审计意见类型的影响。

2. 制定 IPO 质量控制体系

审计质量控制不仅能提高审计工作的效果以防范审计风险,还能促使审计师提高自身的业务水平。由于 IPO 审计较普通的年报审计存在很明显的特殊性,在制定审计质量控制体系方面没有统一的标准,这就要求会计师事务所在制定 IPO 质量控制体系时结合自身和拟上市企业的情况,总结企业 IPO 造假的常见方法,制定专门的质量控制体系和标准。

3. 提高审计师执业水平

除了企业的蓄意造假,很多 IPO 失败案例是源于审计师缺乏相应的业务能力及道德素质,未能出具合适的审计意见。因此,会计师事务所应加强对审计师的管理,可以采用定期组织业务培训、职业道德教育、建立审计师诚信档案体系等方法来增强审计师的综合素质,有效降低审计风险。

资料来源:《从富士康 A 股上市看 IPO 审计》,安然的首席审计官公众号(https://mp.weixin.qq.com/s/SYtc1v1TUu3xcnmwp71bNg,2020 年 2 月访问)。

从导读 6-1 中可知,企业 IPO 需要审计。那么,与一般年报审计相比,IPO 审计到底有什么不同呢?

一、审计师在企业 IPO 中提供的服务审计范围

（一）审计师在企业 IPO 或挂牌中提供的服务

首次公开募股（Initial Public Offering，IPO）是指一家企业或公司（股份有限公司）第一次向公众出售股份（首次公开发行，指股份公司首次向社会公众公开招股的一种发行方式）。通常，上市公司的股份是根据中国证监会出具的招股书或登记声明中约定的条款通过经纪商或做市商进行销售的。一般来说，一旦首次公开上市程序完成后，这家公司就可以申请到证券交易所或报价系统挂牌交易。有限责任公司在申请 IPO 之前，应先变更为股份有限公司。

企业 IPO 或挂牌往往是一项漫长的工作，在整个企业 IPO 或挂牌的过程中，注册会计师为客户提供以下服务：

1. 审计业务

审计业务主要包括：①最近三年及一期申报财务报表审计业务；②申报财务报表与原始财务报表审核业务；③验资业务；④境内外会计准则下会计数据差异专项审核。

2. 其他鉴证业务

其他鉴证业务包括：①盈利预测审核业务（如需要）；②内部控制审计业务；③非经常性损益明细表专项审计；④关联方及其交易的专项审计；⑤主要税种审核业务；⑥募集资金专项审核。

3. 相关服务业务

相关服务业务主要包括：①会计服务，尤其是财务尽职调查；②税务服务；③内部控制服务等。

（二）IPO 审计与年报审计的不同

IPO 审计是指由已获得证券业务服务资格的会计师事务所给拟上市的企业提供审计服务并出具该企业最近三年（二年）及一期的财务报表审计报告的过程。

总体而言，IPO 审计与普通年报审计基本相同。审计准则并没有区分所谓的年报审计和 IPO 审计，审计准则认为，只要是审计，要求都是一样的，都是获取充分、适当的审计证据对财务报表获取合理保证。但是，从我国实务角度看，IPO 审计与普通年报审计依然存在五个方面的不同。

1. 审计对象不同

年报审计对象是当期年度财务报表，工作中经常遇到的难题是审计调整的博弈；而 IPO 审计对象是最近三年（二年）及一期的财务报表，还需关注企业的历史遗留问题、企业内部控制流程和培训财务人员。

2. 审计涉及的时间不同

IPO 审计周期一般比年报审计更长。从企业申报 IPO 到成功上市，审计师在这一过

程中持续对企业财务报告进行审计并提供相应的服务。

3. 审计流程更加严格和规范

IPO审计除满足审计准则规定的要求外,还要满足中国证监会的监管要求,并同时关注招股说明书、募投计划等其他文件。这就倒逼审计师在进行IPO审计时采取比普通年报审计更加严格和规范的流程。

4. IPO审计遇到的问题更复杂且风险更大

一方面,企业管理层可能凌驾于内部控制制度之上进行财务舞弊,而拟IPO企业的管理层有更强的舞弊动机,这增大了审计工作的复杂程度;另一方面,企业上市周期长,审计工作需要与多方进行沟通,审计师可能需要不断调整方法,这提高了对审计师胜任能力的要求,从而增大了IPO审计的复杂程度,也增大了审计风险。

5. IPO审计需要与其他中介机构合作

IPO审计过程中需要与保荐机构、律师事务所、资产评估事务所等中介机构合作。从企业申报IPO到成功上市,审计师、律师和券商分工合作,共同为IPO企业提供中介服务。券商作为保荐人,主要工作是安排时间表、协调顾问工作、准备招股书草稿和上市申请、建议股票定价。审计师的主要工作是财务尽职调查、财务和内部控制相关咨询、出具最近三年(二年)及一期的财务报表审计报告及其盈利预测、提供募集资金等专项鉴证报告。公司律师的主要工作是安排公司重组、复核相关法律确认书、确定承销协议。保荐人律师的主要工作是考虑公司组织结构、审核招股书、编制承销协议。

(三) IPO审计范围

审计范围是指为实现审计目标应实施的审计程序的总和,而IPO审计范围则是指在IPO审计过程中为实现审计目标应实施的审计程序的总和。

IPO审计的具体范围包括公开报告和非公开报告两个部分:

(1)公开报告部分包括审计企业最近三年(二年)及一期的财务报表、非经常性损益、招股文件所引用的申报财务报表内容与封卷稿的招股文件所引用的对应内容、招股说明书所引用的各项报告,以及企业内部控制所实施的审计程序的总和。

(2)非公开报告部分包括审计企业主要税种的纳税情况、原始财务报表与申报财务报表、验资报告(针对以前年度由非证券资格事务所出具的历史验资报告)、发审会后重大事项说明,以及封卷稿时所实施的审计程序的总和。

实务中,除了上述两部分的报告内容,需要审计师参与的工作,可能还包括其他工作。比如,出席与保荐人投行和律师、评估师等中介会,讨论与上市有关的财务、内部控制、会计准则、审计、税务等事项;回应监管机构针对审计师的发问;配合发行人准备回答关于财务会计的问题;关注发行人回答监管机构的其他上市问题,和其他上市披露信息,查阅是否存在与IPO审计工作流程中不一致的信息等。

二、IPO 审计流程

IPO 审计流程主要包括以下五个部分：

1. 接受业务委托

审计师应谨慎决定是否接受 IPO 审计业务。审计师应当执行有关接受客户的程序，以获取以下信息：①考虑客户的诚信，没有信息表明客户缺乏诚信；②具有执行业务必要的素质、专业胜任能力、时间和资源；③能够遵守相关职业道德的要求。一旦决定接受业务委托，审计师应当与客户就审计约定条款达成一致意见。

2. 计划审计工作

审计师在执行具体审计程序之前，必须根据具体情况拟定科学、合理的计划，使审计业务以有效的方式得到执行。具体包括在审计业务开始时开展初步业务活动、制定总体审计策略、拟定具体审计计划等。

3. 识别和评估重大错报风险

审计师应当在初步业务活动的基础上，进一步了解被审计单位及其环境，如拟 IPO 公司所在行业的现状、公司的行业定位及其战略目标、公司相关的经营风险及其对会计政策的选择和运用、公司财务业绩的衡量和评价等。根据以上情况针对公司进行风险识别和评估。

4. 应对重大错报风险

审计师应当汇总识别出的重大错报风险，并制订进一步的财务报表层次重大错报风险应对方案，合理安排审计措施。具体包括了解、测试并评价拟 IPO 企业的内部控制，执行检查、观察、询问、函证、重新计算、重新执行、分析程序等进一步审计程序。

5. 编制审计报告

在完成进一步审计程序后，审计师还应当按照有关审计准则的规定做好审计完成阶段的工作，并根据所获取的审计证据，合理运用职业判断，形成适当的审计意见。

三、IPO 业务中监管者对审计师的严格要求

中国证监会会不定期就 IPO 业务的相关问题进行解答，从中国证监会发行监管部发布的《首发业务若干问题解答》（扫二维码获取详细资料）中不难发现：IPO 审计对审计的要求更加严格，对审计师的胜任能力要求也更高，主要体现在三个方面。

（1）在 IPO 审计过程中，审计师需进一步的核查发行人的会计处理，并针对会计处理的确认、计量、记录与列报发表明确的意见。例如针对《首发业务问题解答》中提到的部分 IPO 企业存在股份支付成分复杂且难以计量的问题，中国证监会指出审计师在 IPO 审计时除需核查被审计单位的会计处理是否符合会计准则的规定，还需针对股份支付相

关权益工具公允价值的计量方法及结果是否合理、与同期可比公司估值是否存在重大差异及原因、服务期的判断是否准确等问题发表明确意见。又如针对部分建筑施工企业因未及时结转已竣工并实际交付工程项目的施工余额而导致存货账面余额较大这一问题，中国证监会明确指出审计师需就该情形下对被审计单位将存货转为应收款项后计提的坏账准备是否充分进行核查并发表明确意见。

（2）在 IPO 审计过程中，审计师需对发行人在招股说明书中所披露的事项进行核查并发表明确意见。例如针对部分首发企业因采用公允价值模式进行后续计量而导致投资性房地产账面价值占总资产的比例很大这一问题，中国证监会要求发行人必须在招股说明书中充分披露采用公允价值模式计量与采用成本模式计量的具体差异、按成本模式下模拟测算的财务数据、与财务数据不可比性相关的风险揭示等事项，同时要求申报会计师对上述事项进行核查并发表明确意见。

（3）在 IPO 审计过程中，审计师需核查发行人除财务报表以外的其他事项是否符合《首次公开发行股票并上市管理办法》的规定。例如就发行人是否存在影响持续经营能力的重要情形这一问题，中国证监会规定审计师应核查发行人所处行业的国家政策或国际贸易条件、准入门槛与竞争情况、重要客户情况等，综合分析和评估上述情形是否对发行人持续经营能力构成重大不利影响，审慎发表明确意见，并督促发行人充分披露可能存在的持续经营风险。再如针对发行人报告期内存在财务内部控制不规范情形的问题，中国证监会要求审计师对被审计单位的财务内部控制是否存在不规范的情形进行核查，并督促发行人整改，使发行人符合首发条件要求的内部控制制度健全且得到有效执行。

第二节 IPO 审计中的重点监管风险及应对

导读 6-2

天丰节能 IPO 审计失败

天丰节能板材科技股份有限公司（简称"天丰节能"）成立于 2007 年，其母公司河南天丰集团已有二十多年的历史，拥有钢结构、钢铁贸易、冷弯机械、节能板材、钢结构节能建筑开发等五个业务板块，天丰节能作为一家子公司，主营节能板材。

2010 年光大证券保荐的天丰节能原计划推创业板，但受创业板行业要求的限制而撤回了材料，2012 年 4 月 12 日光大证券再一次为天丰节能报送中小板 IPO。2012 年年末，中国证监会对在审的 IPO 企业发出《关于做好首次公开发行股票公司 2012 年度财务报告专项检查工作的通知》（简称《通知》）。4 月 3 日，中国证监会公布了抽查的 30 家企业名单，其中包括天丰节能。经查明，2010—2012 年，天丰节能通过虚构客户、虚构销售业务等手段虚增销售收入 3 年共计 92 560 597.15 元；天丰节能通过虚构固定资产采购和贷款利息支出资本化，2010—2011 年累计虚增固定资产和在建工程 10 316 140.12 元，占 2011 年年末公司资产总额的 3.08%；2010—2012 年共计虚增固定资产和在建工程 27 923 990.26

元,占公司 2012 年年末资产总额的 5.83%;2010—2012 年,天丰节能虚增利润共计 34 390 224.35 元;2010—2012 年,天丰节能虚列向开封市升龙化工物资贸易有限公司、上海昱业实业有限公司、新乡市天发节能建材有限公司等 13 家供应商付款共计 29 441 438.62 元。另外,天丰节能还存在关联交易披露不完整、账银不符、伪造银行对账单、资金运营不独立、高级管理人员任职不独立等事实。

根据 2014 年 2 月 12 日,《中国证监会行政处罚决定书(利安达会计师事务所、黄程、温京辉等 4 名责任人)》(证监会〔2014〕21 号)列示了注册会计师因缺乏职业怀疑而受到处罚的事实,我们发现:

1. 签字注册会计师对审计师职业怀疑的实质并不理解,导致审计失败

利安达签字注册会计师黄程提出如下陈述申辩理由:在提交给核查小组的电子版本底稿中存在计划类工作底稿,2012 年实施了舞弊风险评估相关程序,计划类工作底稿和舞弊风险评估工作底稿缺失与审计失败没有必然联系;客户虚增收入是客户与银行串通提供虚假银行对账单及与第三方串通函证,与审计程序的执行程度不存在必然关系;对未回函客户部分实施了走访程序,银行询证函和对账单格式的异常可接受;盘点固定资产时进行了函证并获取了充分适当的审计证据;有关关联方程序,2012 年实施了风险评估程序并采取了应对措施等。温京辉(另一名签字注册会计师)、汪国海(天丰节能 IPO 审计项目负责人)提出的陈述申辩理由与黄程部分相同,并请求减轻和免除处罚。从注册会计师提出的申辩理由可见,作为签字注册会计师对职业怀疑的实质缺乏理解和认识。风险导向审计要求审计师保持职业怀疑,在现实中的具体表现就是"大胆怀疑,小心求证"。"大胆怀疑"是指注册会计师在计划和执行审计程序的整个过程中应当实施风险评估,对任何疑点(异常、相互矛盾、波动大)都要质疑;"小心求证"要求注册会计师"眼观六路、耳听八方"地执行针对性的审计程序进行取证,怎么能说"计划类工作底稿和舞弊风险评估工作底稿缺失与审计失败没有必然联系,客户虚增收入是客户与银行串通提供虚假银行对账单及与第三方串通函证,与审计程序的执行程度不存在必然关系"呢?如果签字注册会计师和项目负责人都不甚理解职业怀疑的实质,会计师事务所的其他一般审计人员可能更难掌握职业怀疑的实质精神,这必然使得计划和执行审计工作出现各种各样的问题,导致审计失败。

2. 注册会计师连风险导向审计准则规定的公认审计程序都不执行或形式地执行,更不用说具备职业怀疑能力

利安达对天丰节能 IPO 审计的相关底稿显示,注册会计师连风险导向审计准则规定的公认审计程序都不执行或形式地执行审计,主要表现在:

(1) 会计师事务所在 IPO 审计项目质量控制方面存在问题。不但存在底稿中计划类工作底稿缺失的情况,而且没有能够对评估出的重大错报风险做出恰当应对,没有设计进一步审计程序,没有对舞弊风险进行评估和计划应对。

(2) 对发行人申报期内的盈利增长和异常交易审查方面,主要存在对申报期内盈利增长异常和异常交易的分析与调查不够深入,具体到收入确认和成本核算方面,存在的

主要问题是对收入的确认、与收入有关的报表项目的真实性和合理性、对成本核算的真实性和完整性,以及与收入配比的合理性方面缺乏系统和完整的分析,仅仅是形式地执行审计程序。例如注册会计师函证的 2010 年 20 家应收账款客户中有 1 家为虚假客户(即天丰节能虚构的客户)、10 家存在虚假销售(即天丰节能以客户名义虚构销售),2010 年天丰节能虚增对上述 11 家客户的销售收入 1 079.61 万元,利润为 390.49 万元,占当期利润总额的 13.47%。利安达对天丰节能 IPO 审计底稿显示,11 家客户中 7 家的积极式的询证函回函完整归档。审计师 2012 年函证的 51 家应收账款客户中有 5 家为虚假客户、2 家存在虚假销售,2012 年天丰节能虚增对上述 7 家客户的销售收入 495.64 万元,利润为 165.15 万元,占当期利润总额的 2.33%。利安达对天丰节能 IPO 审计底稿显示,7 家客户的询证函回函也完整归档。公认的审计程序(如函证)得到执行,但仅仅是发函、收函,注册会计师对此没有做任何分析和评价。

(3)关联方认定及其交易方面,主要是会计师事务所对关联关系和关联交易未进行必要的调查与审计。天丰节能发行人在 2010—2012 年的 3 年中隐瞒了大量的关联交易,导致《招股说明书》中关联交易披露不完整。在 IPO 审计过程中,利安达 2010 年 IPO 审计底稿中仅有关联方及关联方交易"审计程序表",虽标有程序执行索引号,但未见相关底稿;2011 年 IPO 审计底稿中没有任何执行关联方审计程序的记录;2012 年 IPO 审计底稿中没有执行其他实质性审计程序的记录,关联方关系及披露没有审计结论。

(4)主要客户和供应商方面,主要是对发行人的主要客户和供应商缺乏必要的审计与审核。利安达 2012 年函证的 51 家应收账款客户中有 5 家为虚假客户、2 家存在虚假销售,IPO 审计底稿中却仅仅形式上留存了 7 家客户的询证函回函,没有对相关供应商做进一步的追查。

(5)资产盘点和资产权属方面,主要是对发行人的各项资产及其权属情况缺乏或忽视执行必要的审计、盘点或审核程序。利安达在检查固定资产新增发生额时,对于原始凭证出现的异常情况、盘点时大额进口设备及构件以及异常合同未能给予应有的关注,未核对设备编号,未能发现天丰节能虚增固定资产。

(6)货币资金方面,主要是忽视或忽略发行人申报期内的大额现金收支交易真实性的审计,忽视或忽略货币资金的内部控制及内部控制测试,对有关货币资金的外部函证未给予足够的重视等。对于银行存款,证监会及其派出机构的稽查小组人员发现银行提供的公司基本账户流水账与企业实际的账本存在较大的差异,主要体现在金额及账目的截止日期方面,由此引起稽查小组彻查天丰节能的警觉。但是利安达 IPO 审计时存在多处失察,首先是银行账户函证范围存在明显的遗漏,其次是审计师对于未回函的银行账户及异常的询证函回函未予追查,未能发现天丰节能在建设银行新乡牧野支行开立的账户(41001557710050203102)2011 年年末实际余额比账面余额少 3 000 万元的事实,以及天丰节能伪造银行询证函回函、伪造银行对账单的事实。

"对舞弊风险进行评估""对所有本年度存有款项的银行存款(包括余额为零已结清的账户)都要实施函证程序""对异常的银行对账单和函证回函实施进一步的审计程序"

"对关联交易应当实施进一步追查""关注主要客户和供应商"……这些都是财务报表审计公认的审计程序,如果注册会计师连公认的审计程序都不执行或仅仅是形式上执行,那么他们应当已经丧失基本的职业资格,更无法说明他们具备专业的质疑能力。

3. 注册会计师在审计中无法追查到第三方,也不能与财务总监充分接触,这使得审计师职业怀疑无法获取多方证据的推断得以验证

中国证监会的小组人员能够查证天丰节能IPO造假的关键在于他们能够"调取了最近三年该企业的进出口海关报关单""通过关联方的账本发现,2010—2012年天丰节能与其关联方发生大量资金划转但未计入公司财务账""找到上一家会计师事务所为其报送的工作底稿",甚至到财务总监孙玉玲的办公室内拿到了来不及删除数据的U盘。但注册会计师在接受天丰节能IPO审计的委托后,只对天丰节能的账簿和报表进行审计,即便是怀疑什么需要追查,也只能向天丰节能接待人员索要相关方的资料;注册会计师进驻上市公司做现场审计时,接触最多的是账簿和报表,其次是公司特派的接待人员,与公司财务总监、董监高接触不充分。

根据上述事实,中国证监会对利安达没收业务收入60万元,并处以120万元罚款;对直接负责人黄程、温京辉给予警告,并分别处以10万元罚款;对汪国海给予警告,并处以8万元罚款;认定利安达签字注册会计师黄程与温京辉为证券市场禁入者,10年内不得在任何机构中从事证券业务或担任上市公司董事、监事或高管人员职务。

资料来源:《中国证监会行政处罚决定书(利安达会计师事务所、黄程、温京辉等4名责任人)》(证监会〔2014〕21号)。

IPO审计是企业IPO发行中至关重要的一环,审计师如何保持职业谨慎以提高IPO审计质量,直接影响首次公开发行股票公司财务信息披露质量,监管部门对此极为关注。为避免利安达审计天丰节能失败招致的风险,审计师应该密切关注IPO审计业务的监管风险领域(见表6-1),并有针对性地采取措施。

表6-1 IPO审计中的监管风险领域

序号	监管领域	IPO审计中常见问题
1	了解内部控制并进行内部控制测试	①内部控制鉴证或内部控制审计中,对发现的内部控制缺陷,未正确判断其严重程度及其对内部控制鉴证报告或内部控制审计报告结论的影响; ②财务报表审计中,实质性测试时未充分考虑财务报表重大错报风险(包括控制风险)的评估结果,对实质性测试发现的财务报表重大错报,未考虑其是否与内部控制缺陷相关
2	财务信息披露和非财务信息披露的相互印证	①忽视招股说明书引用已审计财务报表中财务信息的准确性和一致性; ②忽视招股说明书中披露的业务数据与已审计财务报表的一致性; ③未结合发行人的经营特点对财务报表各项目进行客观分析

(续表)

序号	监管领域	IPO审计中常见问题
3	申报期内的盈利增长和异常交易	①在分析发行人申报期内盈利增长异常时,缺乏对重要比率和趋势的科学预判、对异常变动的深入调查,以及对多个业务指标间的联动分析; ②在审计发行人申报期内的异常交易时,局限于采用常规审计程序收集审计证据,忽视对异常交易商业实质的考虑和取证
4	收入确认和成本核算	①忽视对发行人不同销售模式,特别是创新销售模式下收入确认的分析; ②忽视申报期内各期应收账款、预收款项、营业收入和经营活动现金流量等数据之间的逻辑关系,未发现其中的异常情况; ③忽视对发行人申报期内成本核算真实性、完整性和收入成本配比合理性的分析; ④忽视同行业公司毛利率分析,未能发现发行人毛利率异常背后的真实原因
5	主要客户和供应商	①未对发行人或保荐人提供的主要客户和供应商信息执行必要的审计程序以核实其真实性; ②未对取得的主要客户和供应商信息保持必要的职业怀疑态度,未识别出关联方或者存在异常的客户和供应商; ③未对审计中发现的委托采购、集合销售等名义采购和销售业务的真实性执行进一步审计程序
6	关联方认定及其交易	①仅限于查阅书面资料以获取发行人关联方关系,未实施其他必要的审计程序; ②忽视对发行人在申报期内注销或非关联化的关联方及其商业实质进行甄别; ③忽视对重大关联交易价格的公允性进行检查
7	资产盘点和资产权属	①忽视异地存放或由第三方保管或控制的存货; ②忽视申报期第1年和第2年年末存货余额的审计; ③忽视货币资金的受限情况,忽视房屋及建筑物、交通工具、矿权等资产权属的抵押、质押情况; ④未能正确判断自身对资产监盘的专业胜任能力,未能及时聘请专家执行监盘工作; ⑤混淆发行人盘点和审计师监盘的不同责任
8	货币资金	①忽视对发行人申报期内大额现金收支交易真实性的审计,未能针对现金收支交易取得充分、适当的审计证据; ②对货币资金特别是现金收支交易的审计,未和发行人与货币资金相关的内部控制设计和执行的有效性测试结合起来; ③对申报期内银行询证函等外部证据的取得不够重视; ④将货币资金的审计简单等同于申报期内货币资金余额的确认
9	财务异常信息	①忽视发行人申报期各年度财务数据、申报期财务数据与申报期前历史数据、申报期财务数据与同行业公司财务数据,以及申报财务报表与原始财务报表数据进行对比,未能发现发行人申报期财务指标变动存在的异常情况; ②忽视与同行业公司财务数据的对比,未能发现发行人申报期财务数据变动与同行业公司之间的显著差异情况; ③忽视对发行人申报期内会计政策和会计估计变更原因及其合理性进行分析

一、了解内部控制并进行内部控制测试

审计师应当评价内部控制设计的合理性和执行的有效性,据以确定实质性测试的性质、时间和范围;还应当对发行人与财务报告相关的内部控制有效性发表意见,并根据要求单独出具内部控制鉴证报告或内部控制审计报告。

审计师应当了解发行人的内部控制并实施必要的内部控制测试,同时将发行人内部控制缺陷及其整改措施、整改结果记录于审计工作底稿:

(1)对于发行人内部控制缺陷,审计师应评价其严重程度,并考虑其对财务报表的影响程度;对于在实质性测试中发现的财务报表重大错报,审计师应考虑其是否与内部控制缺陷相关;对于发行人财务会计基础薄弱的,审计师应特别关注其是否存在内部控制重大缺陷,并考虑其对发行人内部控制有效性的影响。

(2)考虑发行人的内部控制缺陷是否在内部控制鉴证报告或内部控制审计报告中得到恰当反映。

(3)对审计委员会及内部审计部门是否切实履行职责进行尽职调查,并记录于审计工作底稿。

二、财务信息披露和非财务信息披露的相互印证

审计师应遵照《中国注册会计师审计准则第 1521 号——注册会计师对含有已审计财务报表的文件中的其他信息的责任》的要求,阅读发行人在招股说明书中对经营、财务、行业趋势和市场竞争等情况的披露。对于识别出的包含已审计财务报表文件中的其他信息和已审计财务报表存在重大不一致的,审计师应当确定已审计财务报表或其他信息是否需要修改;如果管理层拒绝修改财务报表或其他信息,审计师应在审计报告中发表非无保留意见或增加其他事项段说明重大不一致,以及采取审计准则规定的其他应对措施。如果审计师认为在包括已审计财务报表文件中的其他信息存在对事实的重大错报但并不影响已审计财务报表的,在发行人管理层或治理层拒绝做出修改的情形下,审计师应当与保荐机构进行沟通。

审计师应结合发行人的经营特点,重视申报期内年度财务报表各项目间的勾稽关系、联动性,以及财务信息与非财务信息的相互印证。具体包括:

(1)发行人招股说明书披露的财务信息是否与已审计财务报表一致,例如招股说明书中披露的申报期研发费用发生额是否与财务报表中披露的研发支出一致。

(2)发行人的经营模式、产销量与营业收入、营业成本、应收账款、期间费用等能否相互匹配;发行人的产能、主要原材料及能源耗用是否与产量相互匹配;发行人资产的形成过程是否与发行人历史沿革和经营情况相互印证。

(3)招股说明书中披露的财务信息分析是否与审计师了解的发行人实际情况相符,如应收账款变动原因的分析是否合理。

三、申报期内的盈利增长和异常交易

对于发行人申报期内存在的盈利异常增长和异常交易,审计师应根据相关监管要求,对盈利异常增长事项发表核查意见;同时,应关注异常交易的真实性、公允性、可持续性及其相关损益是否应界定为非经常性损益等,并督促发行人在招股说明书中补充披露。

审计师应针对发行人申报期内存在的盈利异常增长和异常交易执行充分、适当的审计程序。

(一) 申报期内存在盈利异常增长情况

审计师应设计合理的分析程序,对实质性分析结果的预期值进行科学的预判,特别包括以下事项:

(1) 对于包括但不限于毛利率、期间费用率、应收账款周转率、存货周转率、预收账款变动率、产能利用率、产销率等影响发行人盈利增长的重要财务指标和非财务指标进行多维度的分析。

(2) 对于公司申报期内毛利率高于同行业水平,而应收账款周转率、存货周转率低于同行业水平,以及经营性现金流量与净利润脱节的情况,应追查其合理性,识别发行人是否存在利润操纵。

(3) 为了识别发行人是否挤占申报期前后的经营成果以美化申报期财务报表,审计师在审计发行人申报期财务报表时,应关注申报期前1—2年的财务报表和申报期财务报表日至财务报表报出日之间发行人的财务信息。

(4) 审计师应关注发行人在申报期内的盈利异常增长现象并发表核查意见,如果申报期内发行人出现较大幅度波动的财务报表项目,或者营业毛利、净利润的增长幅度明显高于营业收入的增长幅度等情况,应督促发行人在招股说明书中补充披露。

(二) 申报期内存在异常交易情况

异常交易往往具有以下特点:一是偶发性;二是交易标的不具备实物形态,或者对交易对手而言不具有合理用途;三是交易价格明显偏离正常市场价格。虽然支持这些异常交易发生的各种形式的证据齐全、审计证据的收回率较高,但审计师对此仍应保持高度的职业怀疑态度。

在审计异常交易的过程中,审计师不应仅满足于取得形式上的审计证据,而应着重于实质性的专业判断,考虑与上述交易相关的损益是否应界定为非经常性损益等,并督促发行人对在招股说明书中详细披露上述交易情况。

四、收入确认和成本核算

在从事 IPO 审计业务的过程中,审计师应结合发行人所处行业特点,关注收入确认和成本核算的真实性、完整性以及毛利率分析的合理性;尤其是在识别和评估舞弊导致

的收入项目重大错报风险时,审计师应基于收入确认存在舞弊风险的假定,重点关注不同类型的交易。

在会计监管工作中,审计师应有针对性地执行以下审计程序:

(一)针对申报期内发行人不同销售模式下收入确认方式实施相应的审计程序

如果发行人采用经销商或加盟商模式,审计师应关注发行人频繁发生经销商或加盟商加入及退出的情况,以及发行人申报期内经销商或加盟商收入的最终销售实现情况;同时,应考虑发行人收入确认会计政策是否符合企业会计准则及其应用指南的有关规定,包括对不稳定经销商或加盟商的收入确认是否适当、退换货损失的处理是否适当等。

如果发行人采用直销模式,审计师应检查销售协议中的收入确认条件、退换货条件、款项支付条件等能否证明与商品所有权相关的主要风险与报酬已发生转移。

如果发行人存在其他特殊交易模式或创新交易模式,审计师应合理分析盈利模式和交易方式创新对经济实质与收入确认的影响。只有当充分、适当的审计证据能够证明与商品所有权相关的主要风险和报酬已发生转移时,发行人才能确认销售收入。在此过程中,审计师应注重从外部独立来源获取审计证据。

如果发行人采用完工百分比法确认销售收入,审计师应核查发行人确认完工百分比的方式是否合理,从发行人内部不同部门获取资料中的相关信息是否一致,以及完工百分比能否取得客户确认、监理报告、供应商结算单据等外部证据予以佐证,必要时可以聘请外部专家协助。

(二)重点关注与营业收入相关的报表项目之间的逻辑关系

如果发行人应收账款余额较大,或者应收账款增长比例高于销售收入增长比例,审计师应分析具体原因,并通过扩大函证比例、增加大客户访谈、增加截止测试和期后收款测试比例等方式,加强应收账款的实质性测试程序。

如果发行人经营性现金流量与利润严重不匹配,审计师应要求发行人分析经营性现金流量与净利润产生差异的原因,并逐项核对差异是否合理。

(三)重点关注发行人申报期内成本核算的真实性、完整性和收入成本配比的合理性

(1)发行人成本核算的会计政策是否符合发行人实际经营情况。

(2)如果发行人毛利率与同行业公司相比明显偏高且与行业发展状况不符、存货余额较大、存货周转率较低,审计师应核查发行人是否存在少转成本,以虚增毛利润的行为。例如,发行人为满足高新技术企业认定条件,将应计入生产成本的支出在管理费用(研发费用)中核算和列报。

(3)审计师应核查发行人是否向实际控制人及其关联方或其他第三方转移成本,以降低期末存货和当期营业成本。

(4)审计师应进行截止测试,检查发行人是否通过调节成本确认期间,以便在各年度之间调节利润。

（四）追查重大差异并应对

发行人报告期毛利率变动较大或者与同行业上市公司平均毛利率差异较大，审计师应采用定性分析与定量分析相结合的方法，从发行人行业及市场变化趋势、产品销售价格和产品成本要素等方面对发行人毛利率变动的合理性进行核查。

五、主要客户和供应商

审计师应核查申报期内发行人是否为主要客户建立客户档案，确定其授信额度，并在授信额度内向客户提供赊销；核查发行人是否建立合格供应商名录，是否在合格供应商名录内选择供应商；是否对发行人主要客户和供应商情况进行核查，并根据重要性原则进行实地走访或电话访谈，将相关情况记录于审计工作底稿。

在会计监管工作中，审计师应有针对性地执行以下审计程序：

（1）对发行人主要客户和供应商（如前十名客户或供应商）情况进行核查，取得客户或供应商的工商登记资料；根据重要性原则，对主要客户和供应商进行实地走访或电话访谈，并记录于审计工作底稿；特别注意甄别客户和供应商的实际控制人及关键经办人员与发行人是否存在关联方关系。

（2）对比历年主要客户和供应商名单，核查报告期内新增的主要客户的基本情况，必要时通过实地走访等方式核实其交易的真实性；对于与原有主要客户、供应商交易额大幅减少或合作关系取消的情况，应关注变化原因。如果审计师直接从与发行人有业务往来的客户或供应商处获取审计证据存在困难，在不违反《中国注册会计师职业道德守则》有关审计师独立性规定的前提下，可以要求发行人以适当方式或者聘请第三方调查机构进行背景调查以帮助审计师获取审计证据。

（3）审计师应关注发行人与主要客户交易的真实性，客户所购货物是否有合理用途、客户的付款能力和货款回收的及时性，以及供应商的真实性和供货来源。

六、关联方认定及其交易

审计师应当遵照《中国注册会计师执业准则》和《会计监管风险提示第2号——通过未披露关联方实施的舞弊风险》的要求，审计发行人是否严格按照《企业会计准则第36号——关联方披露》《上市公司信息披露管理办法》和证券交易所相关业务规则的规定，真实、准确、完整地披露关联方关系及其交易，关注发行人是否存在通过未披露关联方实施舞弊的行为。

在会计监管工作中，审计师应采取《会计监管风险提示第2号——通过未披露关联方实施的舞弊风险》（扫二维码获取详细资料）中提到的应对措施，并补充考虑以下情形：

（1）如果存在未披露关联交易迹象，审计师应采取进一步措施核实是否存在未披露关联方的情况。审计师应调查申报期内与发行人存在重大、异常交易的交易对手背景信息,如股东、关键管理人员、业务规模、办公地址等,并与已取得的申报期内发行人实际控制人、董事、监事、高级管理人员关系密切的家庭成员名单相互核对和印证。

(2)如果存在申报期内发行人关联方注销及非关联化的情况,审计师应关注发行人是否将关联方注销及将非关联化之前的交易作为关联交易进行披露;应识别发行人将原关联方非关联化行为的动机及其后续交易的真实性、公允性,以及发行人是否存在剥离亏损子公司或亏损项目以增加公司利润的行为。

(3)如果存在发行人与控股股东及其控制的企业发生重大关联交易等情形,审计师应扩大有关关联交易的审计范围,必要时可要求发行人及控股股东配合,核查关联方的财务资料。

七、资产盘点和资产权属

审计师应关注存货和其他资产的真实性以及减值准备计提是否充分,了解发行人是否建立主要资产的定期盘点制度,包括盘点频率、盘点执行人、监盘人等,盘点结果是否形成书面记录;审计师应在存货盘点现场实施监盘,并对期末存货记录实施审计程序,以确定其是否准确反映实际的存货盘点结果。

在会计监管工作中,审计师应有针对性地执行以下审计程序:

(1)如果存在异地存放和由第三方保管或控制的存货,审计师应针对发行人实际情况,执行异地盘点或向第三方发函等审计程序。

(2)如果审计师在申报期第1年或第2年结束后接受委托担任发行人的审计师,可能无法对发行人第1年或第2年年末存货实施监盘,审计师应考虑能否实施有效替代程序(包括取得、使用并评估前任会计师的监盘结果)以获取充分、适当的审计证据;否则,审计师应考虑上述情况对审计意见的影响。

(3)在进行银行函证时,审计师关注是否存在受限货币资金;对于房屋及建筑物、交通工具、矿权等资产的监盘,审计师除实地查看外,还应同时查看资产权属证明原件,了解是否设定对外抵押,并取得复印件作为工作底稿;对于正在办理权属证明的大额资产,审计师应了解权属证明办理情况,确认是否存在权属纠纷或实质性障碍。

(4)如果实施监盘程序确有困难,审计师应考虑能否实施有效替代程序(包括聘请专家执行监盘程序)以获取充分、适当的审计证据;否则,审计师应考虑上述情况对审计意见的影响。

(5)审计师应关注发行人不同时期存放存货仓库的变动情况,以确定发行人盘点范围是否完整,是否存在因仓库变动未将存货纳入盘点范围的情况。

八、货币资金审计

审计师应充分关注发行人现金收支管理制度是否完善、有效,以及大额现金收支交易的真实性;关注银行存款余额及其发生额,尤其是大额异常资金转账的合理性。

在会计监管工作中,审计师应针对发行人的实际情况实施必要的审计程序,取得充分、适当的审计证据。

(1) 审计师在对发行人大额现金收支交易进行审计时,应当:关注大额现金使用范围是否符合《现金管理暂行条例》的规定;以收取现金方式实现销售的,应核对付款方和付款金额与合同、订单、出库单是否一致,以确定款项确实由客户支付;必要时,向现金交易客户函证申报期内各期收入金额,以评估现金收入的发生和完整性认定是否恰当。

(2) 审计师在对与发行人申报期内货币资金相关内部控制执行有效性进行测试时,应当:评价发行人是否已按《现金管理暂行条例》明确了现金的使用范围及办理现金收支业务时应遵守的规定,已按照《支付结算办法》及有关规定制定了银行存款的结算程序,相关内部控制的设计是否合理;重点抽查申报期内现金的收支、费用的开支和备用金的管理等按规定的审批权限、支取流程和程序;复核银行存款余额调节表,核对调节项的合理性,同时结合期后回款(付款)情况验证银行存款余额调节表项目的真实性;在选取申报期内货币资金控制测试样本时,要重视审计程序的不可预见性,谨慎选取样本,认真对待抽样发现的异常。

(3) 审计师在执行与货币资金有关的实质性审计程序时,不应局限于银行函证、现金盘点和检查银行存款余额调节表等常规审计程序,还应结合发行人申报期内的销售、采购交易等情况,适当运用分析性程序以识别风险:申报期内开户银行的数量及分布与发行人实际经营的需要是否一致;银行账户的实际用途是否合理,尤其关注申报期内大额资金往来和新开账户;申报期内注销账户原因,防止因发行人注销账户而降低审计师对该账户的风险预期等;结合对利息收入和银行手续费的审计,分析发行人货币资金余额和交易的合理性。

(4) 审计师应转变余额审计观念,重视核对发行人申报期内银行交易:设定重要性水平,分账户详细核对申报期内重要大额交易;要求发行人提供加盖银行印章的对账单,必要时可以重新向银行取得对账单,获取真实的银行对账单作为外部证据;核对收付发生额时要高度谨慎,如高度重视长期未达账项,查看是否存在挪用资金等事项;关注收付业务内容与公司日常收支的相关性,以识别发行人转移资金或者出借银行账户的情况;结合应收、应付账款科目审计,防止发行人粉饰现金流量;核对会计核算系统发生额与网上银行流水。

九、财务异常信息的审计

审计师应了解发行人的生产经营情况,将发行人申报期财务数据进行多纬度的对比,并分析发行人选用会计政策和会计估计的适当性;同时,审计师还应关注会计政策和会计估计在申报期内的一致性,关注发行人是否存在利用会计政策和会计估计变更人为改变正常经营活动以影响申报期各年度利润的行为。

在会计监管工作中,审计师应保持足够的职业怀疑态度,并针对发行人的实际情况取得充分、适当的审计证据,以证明财务异常信息的合理性,具体包括:

（1）发行人申报期各年度财务数据、申报期财务数据与申报期前历史数据的变动情况，是否与审计师了解的发行人基本情况保持一致；申报期财务数据与同行业公司财务数据相比是否存在异常，分析异常原因；申报财务报表与原始财务报表是否存在差异，分析差异原因，并评价是否与发行人会计基础薄弱或管理层舞弊有关。

（2）发行人所采用的会计政策和会计估计是否与同行业公司存在明显差异，分析发行人是否利用会计政策和会计估计变更操纵利润，如降低坏账计提比例、改变存货计价方式、改变投资性房地产计价方式、改变收入确认方式等。

（3）发行人是否人为改变正常经营活动以粉饰业绩，如发行人放宽付款条件以促进短期销售增长、推迟广告投入以减少销售费用、短期降低员工工资、引进临时客户等。

第三节 IPO 审计的其他重点审计关注

导读6-3

科创板 IPO 部分项目财务核查要求

为明确市场预期、提高科创板股票发行上市审核透明度，上海证券交易所按照"急用先行"原则，就科创企业发行条件和上市条件相关事项制定了《上海证券交易所科创板股票发行上市审核问答》。

一、发行人存在首发申报前制订的期权激励计划并准备在上市后实施的，信息披露有哪些要求？中介机构应当如何进行核查？

（一）发行人首发申报前制定、上市后实施的期权激励计划应当符合的要求

发行人存在首发申报前制定、上市后实施的期权激励计划的，原则上应符合下列要求：

（1）激励对象应当符合《上海证券交易所科创板股票上市规则》相关规定；

（2）激励计划的必备内容与基本要求，激励工具的定义与权利限制、行权安排、回购或终止行权、实施程序等内容，应参考《上市公司股权激励管理办法》的相关规定予以执行；

（3）期权的行权价格由股东自行商定确定，但原则上不应低于最近一年经审计的净资产或评估值；

（4）发行人全部在有效期内的期权激励计划所对应股票数量占上市前总股本的比例原则上不得超过15%，且不得设置预留权益；

（5）在审期间，发行人不应新增期权激励计划，相关激励对象不得行权；

（6）在制订期权激励计划时应充分考虑实际控制人稳定，避免上市后期权行权导致实际控制人发生变化；

（7）激励对象在发行人上市后行权认购的股票，应承诺自行权日起三年内不减持，同时承诺上述期限届满后比照董事、监事及高级管理人员的相关减持规定执行。

（二）发行人信息披露要求

发行人应在招股说明书中充分披露期权激励计划的有关信息为：

（1）期权激励计划的基本内容、制订计划履行的决策程序、目前的执行情况；

（2）期权行权价格的确定原则，以及和最近一年经审计的净资产或评估值的差异与原因；

（3）期权激励计划对公司经营状况、财务状况、控制权变动等方面的影响；

（4）涉及股份支付费用的会计处理等。

（三）中介机构核查要求

保荐机构及申报会计师应对下述事项进行核查并发表核查意见：

（1）期权激励计划的制订和执行情况是否符合以上要求；

（2）发行人是否在招股说明书中充分披露期权激励计划的有关信息；

（3）股份支付相关权益工具公允价值的计量方法及结果是否合理；

（4）发行人报告期内股份支付相关会计处理是否符合企业会计准则的相关规定。

二、发行人存在研发支出资本化情况的，信息披露有哪些要求？中介机构应当如何进行核查？

（一）研发支出资本化的会计处理要求

发行人内部研究开发项目的支出，应按照《企业会计准则——基本准则》《企业会计准则第6号——无形资产》等相关规定进行确认和计量。研究阶段的支出，应于发生时计入当期损益；开发阶段的支出，应按规定在同时满足会计准则列明的条件时，才能确认为无形资产。

在初始确认和计量时，发行人应结合研发支出资本化相关内部控制制度的健全性和有效性，对照会计准则规定的相关条件，逐条具体分析资本化的开发支出是否同时满足上述条件。在后续计量时，相关无形资产的预计使用寿命和摊销方法应符合会计准则要求，按规定进行减值测试并足额计提减值准备。

（二）发行人信息披露要求

发行人应在招股说明书中披露：

（1）与资本化相关研发项目的研究内容、进度、成果、完成时间（或预计完成时间）、经济利益产生方式（或预计产生方式）、当期和累计资本化金额、主要支出构成，以及资本化的起始时点和确定依据等内容；

（2）与研发支出资本化相关的无形资产的预计使用寿命、摊销方法、减值等情况，并说明是否符合相关规定。

发行人还应结合研发项目推进和研究成果运用可能发生的内外部不利变化，以及与研发支出资本化相关的无形资产规模等因素，充分披露相关无形资产的减值风险及其对公司未来业绩可能产生的不利影响。

（三）中介机构核查要求

保荐机构及申报会计师应关注下列事项，并对发行人研发支出资本化相关会计处理的合规性、谨慎性和一贯性发表核查意见：

（1）研究阶段和开发阶段的划分是否合理，是否与研发活动的流程相联系，是否遵循正常研发活动的周期及行业惯例并一贯运用，研究阶段与开发阶段的划分依据是否完整、准确披露；

（2）研发支出资本化的条件是否均已满足，是否具有内外部证据支持，重点从技术可行性、预期产生经济利益的方式、技术、财务资源和其他资源的支持等方面予以关注；

（3）研发支出的成本费用归集范围是否恰当，研发支出的发生是否真实，是否与相关研发活动切实相关，是否存在为申请高新技术企业认定及企业所得税费用加计扣除目的而虚增研发支出的情形；

（4）研发支出资本化的会计处理与可比公司是否存在重大差异。

资料来源：《上海证券交易所科创板股票发行上市审核问答》，上交所网站，2019年3月访问。

期权激励计划、研发支出资本化是科创板IPO财务核查的重点关注事项，在IPO审计过程中，还有许多值得重点关注的事项。

一、对调账的审计关注

企业IPO的过程，实际上是业务、经营和相应内部控制等方面逐步规范的过程。在此过程中，IPO审计会遇到各种各样的调账问题。IPO审计时，审计师针对IPO企业审计调账事项应重点关注相关风险。

（一）对账外账调整的考虑

如果在前期发现拟IPO改制和申报企业存在账外账或两套账的严重问题，审计师首先要考虑的是企业的诚信以及是否承接该客户的业务。存在这种情况的企业，其内部控制一般会非常薄弱，对审计师来讲风险很大。

如果该等企业存在大量的现金交易，或者审计师不能确认资金账户的完整性，审计师就应当拒绝承接相关业务。如果经评估后认为可以承接，则必须要求客户对账外账进行调整并纳入统一核算。在这一过程中，审计师一般应考虑以下事项：

（1）纳入账内的业务所对应的收入、成本、费用是否有真实、合理的业务基础，应取得必要的实物流和资金流原始证据，检查入账交易的真实性。

（2）对企业业务和交易的完整性，实施大量的审计程序，可以通过以下途径验证：①核查调账之后，企业申报期间的存货收、发、存等财务会计信息与实物流转信息，是否存在合理且相关印证的关系；②核查调账之后，企业申报期间的资金结存、收入和支出与企业真实的资金流水，是否存在合理且相关印证的关系；③核查调账之后，企业申报期内采购和销售相关的财务会计信息与通过对交易对方函证、访谈、现场观察等获取的相关信息，是否存在合理且相关印证的关系。

只有在上述各环节都能够获得满意的结果和证据的情况下,才能确认企业进行的相关调整;同时,需要考虑因缺少原始凭证,以及与纳税问题相关联的税收滞纳金、罚款的存在和影响,由此可能导致企业存在重大违法违规行为,从而给 IPO 进程带来的实质影响。

(二) 后期证据对前期影响的考虑

IPO 审计往往是连续三年的,这样势必存在后期取得的证据对前期事项的判断存在影响的情况。对于该类事项,审计师可以从以下方面通盘考虑:

原则 1:会计核算的历史原貌原则

对于企业原有的核算方法,除非有证据表明原来核算时所做的估计没有充分考虑当时已有的所有情况,属于估计错误,否则应尽量保持其原貌,不要刻意去调整。

原则 2:不宜用后期的证据去美化报表原则

比如一项投资处置发生损失,除非有证据表明前期未计提减值准备属于会计差错,否则不要用后期发生的损失去认定前期应计提减值准备。

以上两项原则实质上具有一致性,就是要反映经济业务和财务核算的本来面目,减少人为调整导致报表项目大幅波动或平滑。

(三) 对企业内部控制的考虑

在 IPO 审计过程中,一般要求审计师就公司内部控制发表审计或鉴证意见。如果存在大量的或较大金额的上述各种情形的审计调整,审计师应评估其对发表内部控制审计或鉴证意见的影响,从而保证恰当地发表相关内部控制审计或鉴证意见。

二、会计政策和会计估计变更的审计关注

现行会计准则原则性导向的制定基础,赋予了企业根据实际情况合理变更会计政策和会计估计的选择权;同时,也给一些意图利用不合理的会计政策和会计估计变更操纵利润、粉饰财务报表迎合发行上市需要的 IPO 企业以可乘之机,使之成为目前较常见的舞弊方式之一。对此,审计师往往难以找到有说服力的理由和证据予以证明,使得审计的难度和风险加大。目前,会计政策与会计估计变更已成为审计的难点和重点。

(一) 是否存在操纵盈利的动机

根据会计准则,企业进行会计政策变更,只有国家统一规定变更和变更后会计信息更可靠、更相关两种情形。即除国家统一规定外,会计政策及会计估计的变更,只能是以经济环境和客观情况发生改变、需要提供更相关、更可靠会计信息为出发点。在审计时,审计师应当结合相关审计程序,关注变更动机是否与上述原因相关,是否存在操纵盈利的舞弊动机。关注重点包括关注变更原因的合理性、关注变更的动机和目的、进行分析性复核。

（二）变更依据是否充分合理

IPO 企业由于前期监管要求并不严格，内部控制往往相对比较薄弱，因此审计师在审计时，需要特别关注会计政策和会计估计变更依据的合理性与充分性以防范审计风险。关注重点包括：

（1）企业进行会计政策变更，是否具备能够提供更可靠、更相关会计信息的客观环境和条件。

（2）企业是否存在通过其他不符合准则的措施变更会计政策、违背会计信息的质量要求。

（3）企业进行会计估计变更，是否取得了真实可靠、充分客观的证据，包括是否与审计师的独立估计结果可对比验证，技术与资产的受益年限，是否有外部专家报告。

（4）变更结果是否可验证，考虑截止审计报告日后事项对变更合理性的支持依据。

（三）关注相关会计处理的正确性

作为舞弊操纵易发的重点审计领域，审计师在审计 IPO 企业的会计政策和会计估计变更时，应确保企业严格按照会计准则的规定及相关法规进行会计处理，防范不规范行为的发生。

（1）会计政策变更采用追溯调整法，无法区分是会计政策变更还是会计估计变更、难以确定累积影响数的会计政策变更均按会计估计变更处理；会计估计变更采用未来适用法。审计师在审计时要检查企业是否严格执行上述适用原则，是否根据盈利目标的需要主观操纵会计处理。

（2）严防滥用变更核算起点进行财务操纵。一般情况下，会计估计变更应自该估计变更被董事会等相关机构正式批准后生效；如需提交股东大会审议，不得早于股东大会审议日。会计政策追溯调整，应当从可追溯调整的最早期间期初开始应用变更后的会计政策。审计师在审计时要关注是否按照上述时限进行处理，是否存在影响重大的人为操纵情形。

（3）关注是否存在应变更而未变更的情形，包括应当获取而未获取、已获取而未采用相关资料信息的情况等。上述情形属于会计差错而应进行正确调整，重大的应予以追溯并披露，不重大的可以当期更正但仍需披露。

三、合并财务报表合并范围的审计关注

企业合并财务报表的合并范围往往对申报期间财务数据（包括净利润、主营业务收入等盈利指标，以及资产负债率等财务状况指标）影响重大，确定合并范围是以"控制"为基础，涉及重大专业判断。企业出于各种目的或诉求，可能试图将某些应纳入合并范围的子公司排除在合并范围之外，或者将不具有控制权的被投资实体作为子公司纳入合并范围。相关审计既涉及对会计准则有关"控制"概念本身的理解，也涉及对支持控制与否的各种证据的具体审计认定，对审计师审计工作的挑战很大。

（一）纳入合并范围时点的判断

▶ 案例 6.1

纳入合并范围时点的判断

2019年A公司收购B公司，双方于2019年8月15日签订股权转让协议，协议约定以2019年6月30日B公司净资产评估值为基础确定的全部股权转让价款为人民币2亿元。该转让协议已经被A公司9月1日召开的股东大会批准，并于9月30日获B公司实际控制人(省国资委)批准。

A公司按照协议约定于9月30日前支付了股权转让款1.2亿元，余款8 000万元应于股权工商变更登记完成之日起10日内结清。按照双方协议安排，A公司已于10月1日委派管理团队进驻并负责B公司的运营，有权自主决定其经营、财务政策，但对外担保行为仍需B公司股东批准。A公司接管B公司后尚未有对外重大投资计划。

按照双方协议安排，2019年12月31日前的盈亏仍归属于B公司原股东，B公司实现净利润的2%以及人民币100万元作为A公司托管报酬，2020年1月1日起，B公司的盈亏归A公司享有。

2020年2月28日，B公司完成新股东的工商变更登记手续。

对于本案例，审计师应关注哪些影响控制权判断的因素？A公司应自何时起将B公司纳入合并范围？

案例分析：

购买日即企业合并交易中发生控制权转移的日期。确定购买日的基本原则是确定控制权发生转移的时点，即取得被收购对象控制权的日期。

本案例交易有四个时间点：

时间点一，2019年9月30日：A公司履行本公司审批程序。

时间点二，2019年10月：虽然对外担保行为需经B公司股东批准，但B公司股东保留该权利主要是为了避免承担重大担保损失，系保护性权利，不影响A公司实际决定B公司财务与经营政策的判断。然而，由于A公司不享有因主导B公司的经营活动而带来的相应收益及承担相应的风险，因此该期间A公司实际上扮演代理人角色。

时间点三，2020年1月1日：2020年1月1日后，A公司实际控制B公司，主导B公司的经营和财务政策，并由此享有相应的收益及承担相应的风险。因此，应将2020年1月1日确定为购买日，A公司应自该日起将B公司纳入A公司合并范围。

时间点四，2020年2月28日：股权变更工商登记手续是股权转让的法律手续，不应作为判断是否取得控制权的必要条件。

在审计过程中，审计师应从交易的经济实质而非法律形式出发，分析相关决策权的转移及由此带来的主要风险报酬的转移，据以判断投资者是否实际取得被投资单位的控制权。

(二）持股比例及协议、章程条款与控制权的判断

▶ **案例 6.2**

持股比例及协议、章程条款与控制权的判断

A 公司与 B 公司共同出资设立 C 公司，其中 A 公司持股 51%、B 公司持股 49%。

公司章程规定，公司董事会由 7 名董事组成，其中 A 公司委派 4 名董事，B 公司委派 3 名董事；特定事项需经全体董事一致表决通过。特定事项包括 C 公司单项交易超过 1 000 万元的采购、转让、出售、出租或以其他方式处置任何资产，以及签订、实质性修改、解除或终止任何重大合同和年度计划。

A 公司是否应该将 C 公司纳入财务报表合并范围？

案例分析：

首先，A 公司持有 C 公司股权比例超过 50%，但持股比例并非判断控制权的充分条件。

其次，章程规定 C 公司的特定事项需经全体董事一致通过，此时要具体分析这些特定事项的特别表决权要求——是实质性权利还是保护性权利。

对于单笔交易权限的限制，需结合 C 公司的规模、经营性质及常规交易的一般金额具体分析。若 1 000 万元相对于公司一般业务而言几乎不可能发生、通常不会发生，则可能属于保护性权利。但若 1 000 万元的交易相较于 C 公司营业规模并非小概率事件，则很可能认定该约束性条款具有实质意义，而非保护性条款。

最后，公司章程规定的"签订、实质性修改、解除或终止任何重大合同和年度计划"等事项需经全体董事一致表决通过等约束性条款表明，A 公司实际上对 C 公司并不具有控制权。

因此，A 公司不应将 C 公司纳入财务报表合并范围。

（三）相关证据的可靠性和相关性判断

▶ **案例 6.3**

相关证据的可靠性和相关性判断

A 公司与 B 公司出资 50% 设立 C 公司，各占 50%，根据双方投资协议和 C 公司章程，重大财务和经营决策需经双方一致同意才可达成。A 公司认为其向 C 公司派出总经理负责 C 公司的日常经营，由此将 C 公司纳入财务报表合并范围。

在审计过程中，A 公司向审计师提供了 B 公司签署的同意 A 公司将 C 公司纳入其财务报表合并的声明。

A 公司是否应该将 C 公司纳入其财务报表合并范围？

案例分析：

本案例中，A 公司提供的证据不足以支持其合并 C 公司。第一，总经理负责日常经营并不表明其有权决定 C 公司的重大财务和经营决策；第二，B 公司出具的说明即便是真实的也没有效力，因为 A 公司如何进行财务报表列报与 B 公司并不相关，不须征得 B 公司的同意；第三，B 公司同意 A 公司合并，不能引申理解为 B 公司放弃投资协议和章程中自身对 C 公司经营与财务决策的权利。

因此，A 公司将 C 公司纳入财务报表合并范围是不恰当的。

四、股权激励工具的审计关注

随着《中华人民共和国公司法》修订及新会计准则的实施，股权激励计划作为行之有效的激励工具，在众多企业中被广泛采用。企业在实施 IPO 计划的过程中，已设定的股权激励工具对财务报表具有较重要的影响，是 IPO 审计应关注的重点和难点。需重点关注的具体风险如下：

（一）关注 IPO 企业在以往期间的股权激励工具

1. 对历史财务报表以外信息的关注

对已采用股权激励的企业，其历史财务报表很可能没有体现相应的会计处理。在启动 IPO 审计工作计划时，审计师仅从历史财务报表无法发现并辨别企业是否有此事项，审计师应特别关注企业历史年度是否存在《企业会计准则第 11 号——股份支付》明确认定的股份支付情形。

2. 深入沟通股份支付的会计影响

股份支付会对留存收益和资本公积两个一级科目的重分类产生影响。管理层和股东对股份支付会计影响的认知可能与准则不一致，审计师应当深入沟通讨论。以下情形通常属于股份支付会计影响事项：①公司向董事、高管、核心员工、员工持股平台或其他人员发行的新股价格明显低于公允价值；②股东将其持有的股份以较低的价格转让给以上人士；③股票发行价格低于每股净资产。

（二）关注 IPO 企业股权激励的初始计量

由于 IPO 企业的股份暂未在资本市场流通，获取其公允价值有一定难度。企业应当依据《企业会计准则第 22 号——金融工具确认和计量》的有关规定，确定权益工具的公允价值，并根据股份支付协议条款的条件进行调整。

管理层在确定公允价值时，通常要考虑以下四个维度并相互印证：①以引入外部机构或战略投资者相对公允的价格作为参照依据；②引入专业的资产评估机构进行评估，首选现金流折现法；③以相同或类似行业的市盈率、市净率等指标作为衡量公允价值的校对依据；④使用期权定价模型。

（三）关注 IPO 企业对股权激励费用的处置

审计师应当了解在股份支付计划授予之时，公司管理层对摊销期间的判断。IPO 企业股权激励的支出，是一次性计入相关成本或费用还是分期摊销计入相关成本或费用，取决于向员工授予期权的目的和条件。

1. 一次性计入相关成本或费用的情形

根据现有 IPO 企业的实际情况，有些 IPO 企业授予的股份虽然存在股权锁定期，但并不要求取得股权激励的员工在未来限售期内继续为本企业服务或者达到业绩条件。因此，这类股权锁定期并不能作为股份支付费用，分期摊销的充分条件，此时股份支付费用应当全部计入授予日报告期损益。

2. 分期摊销计入相关成本或费用的情形

如果股东与高管员工等人士有相应的合同条款，且该条款对获取股权激励的员工具有强制性的服务期限约束（即企业获取服务与服务期限是确定的），那么对于这样的可行权条件，会计处理应做分期摊销。

（四）关注中国证监会上市规则中有关"股权清晰"的要求

股权激励事项大部分存在可行权条件，涉及服务期限条件和业绩条件，这些条件的设定会被中国证监会认定为"股权不清晰"而不满足上市要求。

IPO 企业为避免被认定为股权不清晰而对上市进程产生较大影响，企业通常的做法是在协议文件中约定：若公司能够达成 IPO，则提前解除被授予人的服务锁定到期日，而以 IPO 达成之日为终止点。

五、研发费用资本化的审计关注

在 IPO 企业粉饰财务报表的手段中，研发支出资本化是较隐蔽的方式之一。企业会计准则针对研发支出资本化的规则往往需要较多的管理层判断，这给财务报表审计带来了困难和挑战。

（一）关注研究阶段与开发阶段的划分是否合理

根据企业会计准则，企业内部研究开发项目的支出，应当区分研究阶段支出与开发阶段支出。

研究是指为获取并理解新的科学或技术知识而进行的独创性的有计划调查。开发是指在进行商业性生产或使用前，将研究成果或其他知识应用于某项计划或设计，生产出新的或具有实质性改进的材料、装置、产品等。

（二）关注研发支出资本化的条件是否充分

根据企业会计准则，企业内部研究开发项目在开发阶段的支出，同时满足下列条件的才能确认为无形资产：①完成该无形资产使其能够使用或出售在技术上具有可行性；②具有完成该无形资产并使用或出售的意图；③无形资产产生经济利益的方式，包括能够证明运用该无形资产生产的产品存在市场或无形资产自身存在市场,无形资产将在内部使用的,应当证明其有用性;④拥有足够的技术、财务资源和其他资源支持以完成该无形资产的开发,并有能力使用或出售该无形资产;⑤归属于该无形资产开发阶段的支出能够可靠计量。

在审计过程中,审计师应取得充分、必要的证据,逐一审慎判断企业会计准则中的五项资本化条件。

(三) 其他事项提示

1. 采用谨慎性原则进行研发支出的资本化判断

在审计实务中,审计师有可能难以取得确凿证据对研发支出资本化的合理性做出判断。在这种情况下,审计师应遵循谨慎性原则,审慎判断。

2. 外购技术二次开发的资本化判断

企业在继续研发外购技术时,应合理判断外购技术的未来经济利益能否流入企业,并按照自行研发支出的原则进行资本化处理。

六、职工薪酬的审计关注

职工薪酬作为重要的成本费用项目及舞弊操纵易发领域,是审计师在 IPO 审计中需特别关注的重点之一。IPO 审计中具体事项的风险提示如下:

(一) 随意改变薪酬标准

(1) 改变薪酬标准是否符合企业规定的决策程序,国有性质企业是否经相关主管部门批准?

(2) 企业制定的薪酬制度和标准是否合理、是否符合税法规定、是否存在劳动纠纷隐患?

(3) 改变薪酬标准的目的,是否与盈利目的相关?

(4) 结合经营状况和动机,关注是否存在其他盈利操纵行为。

(二) 薪酬水平异常偏低

(1) 企业实际经营状况是否正常、是否与财务报表显示的状况相背离?

(2) 是否存在人为操纵职工薪酬水平虚增业绩的行为?

(3) 是否存在通过股份支付等其他途径提供核心人员和高管薪酬的情形?

(4) 是否存在上市后大幅提高员工福利导致业绩变脸的可能性?

(三) 职工人数异常下降

(1) 实地核对主要部门岗位用人信息,核对"五险一金"和个人所得税的缴纳信息等,核实职工人数改变的真实性。

(2) 对审查核实职工人数改变、生产效率和人均产能等的原因,判断人数改变是否合理,以及是否存在盈利能力造假风险。

（3）关注关联企业和未合并企业的职工人数与产能的匹配性，以及盈利的真实性。

（4）关注存在辞退福利计划的可能性。

（四）利用员工分类进行盈利操纵

（1）混淆资本性支出与收益性支出。人为调整基建工程和无形资产研发人员数量以便调整当期费用；调整研发人员数量，还可能产生虚报研发费用加计扣除应纳税所得额的违规风险。

（2）混淆生产成本与当期费用。人为将应当期费用化的员工薪酬计入生产成本而虚增当期利润，反之则虚增毛利率水平和虚减利润。

（3）违规享受税收优惠。福利性生产企业可以享受的职工薪酬加计扣除应纳税所得额和降低所得税率等优惠政策均与员工性质有关，因此企业可能会操纵"四残"性质人数，从而达到违规享受优惠政策的情况。

（五）对辞退福利的确认

（1）会计准则对辞退福利的确认规定了两个严格的限定条件，在IPO审计中，为防止虚增利润，应重点关注应确认未确认的情形，以及在存在相关迹象时是否产生其他经营风险。

（2）为防范人为操纵，会计准则规定"企业不可单方面撤回解除劳动关系计划或裁减建议"，其实质是只有符合"预计经济利益流出企业的可能性超过50%"的条件才能确认预计负债，若企业可以单方面否定，则人为操纵空间较大。

（3）为防范随意确认补偿金额，对非强制性辞退计划补偿金额的确定应当以企业与有选择权的员工签署了离职协议为准。

（六）对股份支付的考虑

（1）是否符合会计准则及监管部门强调的适用原则？

（2）是否存在人为操纵盈利的行为？

（七）对社会保险和公积金规范性影响的关注

（1）根据相关法规的规定完整计算应补缴的金额。

（2）考虑如果追缴是否就会导致不能满足报告期对盈利指标（如成长性、连续盈利或盈利总额指标等）的要求。

（3）在取得下述支持文件后可以考虑不进行审计调整。社会保险和住房公积金管理部门守法证明，实际控制人和大股东对承担相关支出损失的承诺，发行人律师关于欠缴行为不构成重大违法和不对发行构成实际障碍的法律意见。

七、商誉的审计关注

在企业IPO审计过程中，商誉作为重要的会计科目，审计师应重点关注商誉事项对财务报告是否有重大影响。商誉在核算和认定方面具有一定的特殊性，确认商誉时考虑的因素将直接影响商誉价值的认定。因此,会计师事务所应结合企业会计准则、审计师执业准则及相关法规对 IPO 企业会计核算及规范运作的要求,审慎对待商誉的审计。

(一)复合合并模式下商誉的确认和计量

通常的合并方式包括控股合并和吸收合并。复合合并模式是指合并方先采用控股合并的形式取得被合并方的控制权,再采取吸收合并的方式注销上述被合并方,使其变为分公司或并入母公司。

(1)在控股合并环节,企业通过非同一控制下企业合并取得子公司的控制权,应当按照《企业会计准则第 20 号——企业合并》的规定,确认所取得的子公司(被购买方)可辨认净资产和相关商誉。

(2)在吸收合并环节,企业将该子公司注销变为分公司,按照企业会计准则的规定,对属于同一控制下的吸收合并,不应确认商誉。《企业会计准则解释第 5 号》提出的指导意见是,终止确认该相关商誉,同时冲减未分配利润。

(二)非同一控制的控股合并下商誉的确认

根据企业会计准则的规定,对于非同一控制下的企业合并,在确认商誉时,要比较企业合并成本与合并中取得的被收购方可辨认净资产公允价值份额之间的差额。企业合并成本大于合并中取得的被收购方可辨认净资产公允价值份额的差额,应确认为商誉;企业合并成本小于合并中取得的被收购方可辨认净资产公允价值份额的差额,应计入合并当期损益。因此,被收购方可辨认净资产公允价值的确认,直接影响商誉的确认。

1. 企业合并中取得的无形资产的确认

如收购方支付的对价明显高于被收购方账面净资产公允价值,在确认被收购方可辨认净资产公允价值时,应考虑账面未予记载的无形资产的影响。

未予记载的无形资产一般具有以下特征:源于合同性权利或其他法定权利;能够从被收购方中分离或者划分出来,并能单独或者与相关合同、资产和负债一起,用于出售、转移、授予许可、租赁或交换。

一般应聘请专业评估机构对上述无形资产的公允价值进行评估,在能可靠计量的情况下,应区别于商誉单独确认为无形资产。

2. 企业合并中产生的或有负债的确认

为了尽可能地反映收购方因企业合并而可能承担的潜在义务,对于收购方在企业合并时可能需要代被收购方承担的或有负债,即使购买日该或有负债导致经济利益流出企业的可能性比较小,但在其公允价值能合理确定的情形下,应确认为合并中产生的负债。

3. 被合并方原确认商誉、递延所得税项目的处理

对于被收购方在企业合并之前已确认的商誉和递延所得税项目,收购方在分配企业合并成本、确认合并中取得可辨认资产和负债时不应予以考虑。

在按照规定确定了合并中应予确认的各项可辨认资产、负债的公允价值后,对于双

方计税基础与账面价值不同而形成的暂时性差异,应按照所得税会计准则的规定确认相应的递延所得税资产或递延所得税负债。

4. 与母公司会计政策、会计估计差异的调整

因编制合并报表的需要,被收购方应按照母公司的会计政策、会计估计进行调整,如坏账准备的提取政策差异等。

因会计政策、会计估计而进行的调整,不应调整被收购方可辨认净资产公允价值。当被收购方的坏账准备的评估值为零时,若按照母公司的坏账政策计提坏账准备并调整被购买方可辨认净资产公允价值,则会使公允价值变小而增加商誉的价值,使之与实际情况不符。

5. 资产评估增值的处理及递延所得税的影响

在进行资产收购时,收购双方一般会聘请具备资质的评估机构对被收购方进行整体评估,并以评估值为依据作为交易对价。当被收购方的固定资产、土地等资产的评估值出现增值时,根据企业会计准则的规定,控股合并情况下,在编制合并报表时应对被收购企业的会计报表按评估值进行调整。调整时应注意评估增值,调整增加合并报表的固定资产、无形资产及资本公积科目,不需要对该项固定资产等确定递延所得税影响或所得税影响。

在单体报表层面,由于被收购方单体会计报表仍按原账面值计提折旧并计税,因此单体报表账面值与计税基础并无差异。

在合并报表层面,根据《关于企业重组业务企业所得税处理若干问题的通知》(财税〔2009〕59号)的规定,企业收购股权时,收购方取得股权(即对子公司的长期股权投资)的计税基础应按公允价值确定。被收购方股东按公允价值计算缴纳转让所得税,意味着对子公司的长期股权投资实际上代表了子公司的各项资产、负债,也意味着子公司的各项资产、负债在合并财务报表层面的税收实际上是按公允价值确定计税基础的,与会计计量数值相同不存在暂时性差异。因此,在合并财务报表层面也不需要对子公司该项固定资产及其折旧确定递延所得税影响或所得税影响。

第四节 IPO 审计的项目质量控制及其他要点

/ 导读6-4 /

会计师事务所 IPO 项目专项核查参考指引

IPO 企业涉及行业较多,各家企业均有自身特殊的情况(例如高科技企业的研发费用,工程企业的完工百分比法,农业企业的现金收付交易等),须根据企业自身特点制定有针对性的核查程序并进行补充分析。现以完工百分比法为例,就相应核查程序作如下说明:

（一）风险评估程序

（1）了解 IPO 企业具体的收入确认会计政策，判断采用完工百分比法确认销售收入是否符合企业会计准则中收入确认的必要条件。

（2）了解 IPO 企业采用完工百分比计量收入的方式是否合理，能否取得监理报告或客户签章确认的结算单据等外部证据；是否执行了内部控制措施来可靠计量估计的总成本、实际已发生的成本，满足完工百分比法核算收入的必要条件；了解是否有可靠的内部控制系统。

（3）访谈公司生产总监，了解公司可靠计量完工进度、进行成本控制的内部控制系统。

（二）控制测试

（1）通过审计抽样，测试项目估计总成本是否有可靠的依据，项目总成本是否经过审批；项目总成本发生变更的，变更后项目的估计总成本是否经过审批。

（2）通过审计抽样，测试资产负债表日主要项目计量的完工进度是否取得第三方确认的监理报告或客户确认的结算单据。

（三）实质性程序

实质性程序通常包括实质性分析程序和细节测试，下面分别予以说明。

1. 实质性分析程序

（1）分析 IPO 企业报告期内项目估计总成本与实际总成本的差异，在报告期内是否存在重大差异；若存在重大差异，则定性、定量分析产生重大差异的原因。

（2）分析 IPO 企业重大项目报告期内平均毛利率的变化情况，在正常情况下，建设各期是否基本一致，不存在人为调节收入、利润的情况。

2. 细节测试

（1）检查报告期 IPO 企业重大项目的预计总成本是否依据已签署项目合同的总成本并预计发生的待摊管理费用。

（2）向提供服务的主要供应商函证项目预计总成本的完整性。

（3）向客户函证主要项目合同总收入、项目合同的变更情况、资产负债表日已确认的项目完工进度情况、应当结算的款项、已支付的款项等情况。

（4）实地察看重要项目的完工进度，是否与账计完工进度存在重大差异。

（5）从 IPO 企业内部不同部门获取资料，检查完工进度计量的可靠性和准确性。

（6）取得收入合同、预计总成本、资产负债表日完工进度、已确认的收入、成本重新计算项目报告期 IPO 企业应确认的收入、成本，与账计收入、成本进行比较。

（7）通过期后测试，检查项目实际毛利实现情况与预计毛利实现情况是否存在重大差异，是否表明在资产负债表日确认报告期收入、成本时存在重大会计差错。

资料来源：改编自《北京注协专家委员会专家提示第 1 号——会计师事务所 IPO 项目专项核查参考指引》，北京市审计师协会网站，2019 年 3 月访问。

IPO企业涉及行业较多,会计师事务所应加强对IPO审计业务执业质量的管理,通过实地核查等举措提高审计质量,并做好上市前财务尽职调查相关工作。

一、会计师事务所IPO审计项目质量控制

会计师事务所应遵照《中国注册会计师执业准则》和《会计监管风险提示第3号——审计项目复核》的要求,完善并强化会计师事务所IPO审计项目质量控制制度及其执行。

在会计监管工作中,会计师事务所应当对执行IPO审计业务质量控制情况予以重点关注:

(1) 在承接IPO审计业务时,会计师事务所应当对发行人上市动机、所处行业的基本情况及其行业地位、可能存在的高风险领域、公司治理情况及申报期基本财务指标等进行调查。对于发行人存在欺诈上市嫌疑或者审计师无法应对重大审计风险的情况,会计师事务所应坚决拒绝接受审计委托。如果发行人在IPO过程中曾经更换审计师,后任审计师应就发行人更换审计师的原因与前任审计师进行沟通,了解发行人管理层的诚信情况、发行人与前任审计师存在重大分歧的会计、审计问题,以及其他可能对审计造成重大影响的事项。

(2) 在选派项目组成员时,会计师事务所应检查本所IPO审计项目组成员等是否与发行人存在关联关系或直接经济利益关系等影响审计师独立性的行为;根据对审计风险的评估,检查项目组成员是否具备包括相应技术知识、相关行业审计实务经验等在内的专业胜任能力。

(3) 在IPO审计业务执行阶段,会计师事务所应建立健全与监督、咨询和复核等有关的质量控制体系,始终将审计风险控制在可接受的范围内。质量控制复核人员可尽早介入,结合行业特点、行业同期基本情况,全面分析发行人的经营模式、经营特点及其在申报期内的变化情况,了解发行人会计处理的合理性和会计处理在申报期内的变化情况,以确定可能存在舞弊和重大错报风险的领域及其对财务报告的影响程度。

(4) 会计师事务所总所应加强管理其分所IPO审计业务执业质量,定期对各分所进行执业质量培训和质量控制检查,提升分所IPO审计业务执业质量。

二、IPO审计过程中的实地核查程序

采用实地核查方式,主要是为了获取判断交易真实性以及是否存在未披露关联方和关联关系的重要审计证据。监管规定要求,应当进行实地核查主要客户、供应商,以及新增或异常客户、供应商的情况。审计师应加强与券商沟通、协同核查,共同确定具体核查方案,包括样本选择、核查方式、核查时间和核查内容等。

(一) 主要核查内容

实地核查重点关注相关交易与企业性质、规模、财务实力、持续经营等存在矛盾的地方,具体包括:

（1）交易价格的合理性、公允性，所购销货物是否有合理用途，包括检查货物终端销售或最终使用情况。

（2）客户的付款能力和货款回收的及时性，对于新增、异常、关联方客户或供应商是否频繁发生与业务不相关或交易价格明显异常的大额资金流动。

（3）核查发行人是否存在通过第三方账户周转，从而达到回收货款并支付购货款的情况。

（二）核查对象的选样

（1）获取并复核发行人按照单个法人口径列示的客户或供应商名录，根据前述选样原则确定应当实地核查的重要客户和供应商。

（2）实地核查客户、供应商的家数，报告期内特别是最近一年（一期）一般应保持较高比例，换算成核查金额的比例应不低于50%。

（3）对于申报期或最近一年（一期）之外其他各会计期内选取的核查客户、供应商，也需进行实地核查。

（4）上述重要客户、供应商（如前几名等）确实无法实地核查的，应同时采用其他方式进行核查，如电话访谈、邮件、询证函、互联网核查等，并考虑替代核查程序的有效性以及核查范围是否受到限制。

（5）上述重要客户、供应商，期中审计已按照《关于进一步提高首次公开发行股票公司财务信息披露信息有关问题的意见》进行实地核查且期中至期末该客户或供应商经营变化不大的，可以不再采取实地核查的方式，但应补充取得交易往来询证函和关联关系确认函等相关证据跟进，将期中审计取得证据的期限推至期末。

（6）对于已选作实地核查样本但对方不接受访谈，或因涉密可访谈内容有限的，建议了解原因是否合理，补充对方背景调查，检查业务单据（如合同、验收单及资金单据等），分析交易的合理性和真实性，尽可能实施函证等替代程序。

（三）实地核查的具体要求

（1）选择核查对象的主要业务人员（关键经办人员）进行访谈，尽可能访谈不同部门、不同级别的人员，取得多方信息以相互印证。

（2）核查询问基本信息主要包括核查对象的工商信息、主营业务、行业状况、与发行人的合作关系、与发行人的交易额占其同类交易总额的比例等。

（3）核实核查对象与发行人的主要合同条款，如交易模式、交易规模、付款方式、付款期限、运输条款、运输保险受益人、销售佣金比例等。

（4）核查选定对象的生产经营场所（若适用），如办公环境、仓库情况、经营规模、库存情况等，了解客户消化从发行人采购的货物的能力或供应商向发行人供应的主要原料、包装物的能力，关注其生产经营现状，并与访谈内容相互印证。

（5）实地核对核查对象的工商、税务、银行等部门提供的资料，若为新增、异常或关联方,则应尽可能取得其工商登记资料、纳税资料、与核查对象相关交易的银行账户流水等资料,甄别核查对象的实际控制人及关键经办人员与发行人是否存在关联关系。

(6) 掌握发行人实际控制人、董事、监事、高级管理人员及其密切家庭人员的对外投资清单,与核查对象的股东和关键经办人员进行比对;关注与发行人实际控制人、董事、监事、高级管理人员关系密切的家庭成员与核查对象是否存在关联关系。

(7) 现场函证核查对象与发行人的交易及往来余额,函证内容包括但不限于主要合同条款、交易额、债权/债务余额、是否为关联关系及其他会计师认为必要的信息。

三、IPO 审计中财务尽职调查的风险关注

从启动 IPO 现场核查到发布《关于 IPO 被否企业作为标的资产参与上市公司重组交易的相关问题与解答》(2018 年 10 月 19 日),中国证监会对 IPO 的审核日趋严格。IPO 的严格审核,以至于审计师针对企业上市前财务尽职调查业务日益增加,需要关注的风险也日益加大。上市前财务尽职调查的目的,主要是了解公司财务是否满足上市条件及是否存在舞弊,并为投资者决策提供相关参考及协助投资者完善投资合约等。因此,审计师在承接 IPO 审计业务时,提前识别财务报表风险尤为重要。审计师应结合自身专业胜任能力,遵循客观和公正原则,保持职业怀疑态度,针对公司 IPO 是否存在实质性障碍以及财务报表是否存在重大错报风险做出审慎判断。

企业上市前财务尽职调查过程中常见的风险点主要包括以下四类:一是历史出资不实或出资有瑕疵风险,二是业务开展和财务核算不匹配风险,三是关联关系识别风险,四是税金及社会保险费计算缴纳风险。

(一) 历史出资不实或出资有瑕疵风险

1. 主要情形

公司的股权清晰是 IPO 的核心要求,中国证监会相关法规要求公司股东出资不存在重大瑕疵。因此,历史出资问题是上市前财务尽职调查首要关注的风险,通常包括但不限于如下情况:

(1) 出资未能及时到位。公司股东应按期足额缴纳公司章程中规定的各自认缴的出资额,否则可能被认定为出资不实,对公司未来 IPO 构成实质性影响。

(2) 出资资产未能及时办理财产转移手续。公司以实物、知识产权、土地使用权等非货币性资产出资,但未办理财产转移手续或者所有权受到限制,也可能被认定为出资不实,对公司未来 IPO 构成实质性影响。

(3) 关联方资金占用。有限责任公司股份制改造净资产账面价值整体变更折股时,如果存在控股股东、实际控制人或其他股东占用公司资金的情况,则需要就以下情况具体分析:占用资金为公司经营性形成的应收款项,通常不认定其为出资不到位;占用资金为公司非经营性资金,或虽然是经营形成但长期未收回形成事实上的资金占用且占股本

比例较大甚至超过股本金额,可能会被认定为股东出资不实。

(4) 出资资产与公司经营业务无关。作为股东出资的非货币性资产,通常应具有实际使用价值并与公司经营业务相关。若该非货币性资产与公司实际从事的经营业务不密切相关,或者其投入公司后未产生实际效益,则可能存在股东未实际履行出资义务的瑕疵。

(5) 非货币性资产出资不实或未经过评估。根据公司法相关规定,作为出资的非货币性资产应当评估作价、核实财产,不得高估或者低估作价;公司成立后,如果作为设立公司出资的非货币性资产的实际价值显著低于公司章程所定出资金额,则可能构成 IPO 障碍。

2. 审计师的应对措施

对于上述可能存在的情况,在实施公司上市前财务尽职调查时,建议公司考虑以下措施:

(1) 货币资金出资不足的,由股东补足现金出资;实际出资情况与验资报告不符或验资报告存在形式瑕疵的,最后通常由申报会计师出具验资复核报告。

(2) 出资资产存在瑕疵的,需将相应资产作价转让或者由原股东以等额货币资金置出,从而使出资资产权属及其价值不存在瑕疵。

(3) 实物出资不实、出资资产与公司经营业务无关或者非货币性资产出资未经评估的情况,公司可通过启动资产置换程序或事后补充评估、获取政府相关机关的确认函等手段来弥补。

(二) 业务开展和财务核算不匹配风险

1. 主要情形

业务开展和财务核算不匹配风险在实务中主要表现为:公司申报前存在账务不完整、部分营运资金或实物流体外循环的情况;公司可能存在管理层舞弊,或者公司财务不规范、人员专业胜任能力不够等情况。

2. 审计师的应对措施

针对上述情况,审计师可采取的措施为:一是建议公司或者潜在投资人详细分析账务实际情况,寻求最小成本解决途径,使公司属于规范运作而逐步达到 IPO 条件;二是区分上述情况是属于管理层舞弊,还是属于公司财务不规范或者人员专业胜任能力不够。审计师通常要分析财务报表中相关财务指标,并对重点风险领域进行细致、审慎的调查,以判断公司是否存在管理层舞弊并实质影响公司未来 IPO。审计师可以考虑执行如下程序:

(1) 分析公司核心业务数据或财务指标,了解公司的盈利能力、运营能力与偿债能力等。通过与历史数据进行比较分析,了解公司各项指标发展趋势是否合理;通过与行业数据比较分析,识别公司与行业的异同以及公司可能存在的重大风险。

(2) 重点关注:①现金;②存货及营业成本;③应收账款;④其他应收款;⑤在建工程、固定资产及无形资产;⑥营业收入;⑦销售费用;⑧管理费用;⑨经营活动现金流量。

(三) 关联方关系识别风险

《企业会计准则第36号——关联方披露》界定的关联方为:一方控制、共同控制另一方或对另一方施加重大影响,以及两方或两方以上同受一方控制、共同控制或重大影响的,构成关联方。关联方之间转移资源或发生义务时可能存在不公允定价,为了修饰财务报表,很多公司通过关联方为公司输送利益或者损害小股东利益。如果管理层不披露关联方关系及其交易,财务报表就可能存在舞弊导致的重大错报风险。因此,识别关联方及其交易的完整性尤为重要。

审计师一般可考虑通过以下方式识别潜在关联方(包括关联方非关联化的情况):

(1) 查看公司的工商存档资料,重点关注疑似关联方的注册登记地址、联系人姓名、电话、邮箱信息,以及历次股东、董事、高管变动情况。

(2) 询问公司实际控制人、股东、董事、高管等知情人。

(3) 关注财务报表重点科目。分析金额较大或账龄较长的重点科目明细性质,可以挖掘出"隐性关联"信息,例如查阅往来大额明细中注册地在本地或名称中有相同字符的公司等。

(4) 分析公司主要供应商和主要客户。审计师可重点调查公司主要供应商和主要客户的交易,分析公司与交易对手是否存在关联关系。

(5) 利用第三方征信系统或专业App查询软件等,查询股东、高管投资或任职等其他信息。另外,搜索公司的官方网站可以识别公司的主要业务及合作伙伴等信息。

审计师可以通过上述方式识别关联方和关联交易,判断公司是否存在IPO障碍。

(四) 税金及社会保险费计算缴纳风险

公司IPO时一般需要取得税务局及人力资源和社会保障局合规函,以证明公司在IPO申报期未欠缴税金和社会保险费,也无税金和社会保险费计算缴纳违规行为。审计师需针对公司税务及社会保险风险进行详细调查,关注公司税金及社会保险费计算缴纳情况是否符合法律、法规和规范性文件的要求;是否存在拖欠税款及社会保险费的情形;是否受过税务局及人力资源和社会保障局的处罚;判断公司享受税收优惠政策及财政补贴是否合法、合规、真实、有效,综合评估公司面临的税务及社会保险费风险,以及后续解决方案的可行性及有效性。

在实际运行中,公司面临的经营和监管环境千变万化,实务中的税务风险日趋复杂而隐秘,可能存在的违规情形主要有:一是公司可能通过账外账核算逃缴税金,或者可能会通过推迟确认收入、少确认收入、加速计提折旧、关联交易转移收入等方式隐瞒公司利润,或者采取不按时申报增值税等方式延迟纳税。二是公司为了粉饰业绩,可能会通过虚构客户、虚增销售、提前确认收入等方式虚增利润,导致多缴税款。三是公司股份制改造涉及公司的控股架构和业务运营模式,股权或资产在剥离、转移等过程中会涉及大量税务问题。例如,用资本公积或者留存收益折股的,需关注自然人股东缴纳个人所得税的风险,以及是否符合申请缓缴个人所得税的条件等。四是与非货币性资产出资、不公允增资、股份支付相关的持股平台及股份代持等带来的税务风险。

上述公司上市前财务尽职调查业务需关注的风险是互相依存、互相影响的,往往一个方面出现风险,会导致其他方面风险的发生。这要求审计师对公司进行全方位且细致的调查取证分析,根据所取得的资料审慎分析、判断公司存在的风险,判断是否可构建解决方案化解已存在的瑕疵和风险,确定公司业务和财务等是否可以通过后续规范,以期在将来能满足IPO的相关条件。

知识要点

IPO审计　IPO审计流程　首发业务若干问题解答　IPO审计监管风险　内部控制测试　财务信息披露和非财务信息披露的相互印证　申报期内的盈利增长和异常交易　收入确认和成本核算　主要客户和供应商　关联方认定及其交易　资产盘点和资产权属　货币资金　财务异常信息的审计　对调账的审计关注　会计政策和会计估计变更的审计关注　合并财务报表合并范围的审计关注　股权激励工具的审计关注　研发费用资本化的审计关注　职工薪酬的审计关注　商誉的审计关注　会计师事务所IPO审计项目质量控制　IPO审计过程中的实地核查程序　IPO审计中的财务尽职调查　非鉴证服务的风险关注

行动学习

对IPO审计师同时承办其他鉴证及相关服务的思考

一名做过几十单IPO审计的资深注册会计师说,企业IPO或企业挂牌中的核心问题是在企业法律、治理构架下应重点关注公司治理、关联交易与同业竞争、独立经营原则、会计与税务等问题。因此,审计师除了给客户提供三年又一期的财务报表审计,还要同时为客户提供内部控制审计等其他鉴证业务、财务尽职调查等相关服务业务。

质疑和讨论:

在企业IPO审计中,审计师如何同时提供内部控制审计等其他鉴证业务、财务尽职调查等相关服务业务? 同时提供相关服务业务时应当注意什么?

案例分析

2018年59家IPO企业被否原因汇总分析

扫二维码获取详细资料:2018年59家IPO企业被否原因汇总分析

要求:

基于2018年59家IPO企业被否原因汇总资料,讨论在企业IPO审计中应当重点关注哪些领域。分析如何应对企业IPO财务报表重大错报风险。

补充阅读

大信会计师事务所:《中国证券市场IPO审核财务问题800例》(第2版),北京:经济科学出版社,2015年版。

李晓慧、赵雪媛、黄益建:《审计专题教学案例精选》,北京:经济科学出版社,2015年版。

李晓慧、郑海英:《审计教学案例精选》,北京:北京大学出版社,2018年版。

李晓慧:《资本市场会计信息披露案例》,北京:经济科学出版社,2011年版。

国际审计师协会:《国际审计专业实务框架》,中国审计协会译,北京:中国财政经济出版社,2017年版。

中国注册会计师协会:《中国注册会计师审计准则及应用指南》,中国审计师协会官网,2019年3月访问。

张国峰:《IPO企业上市典型案例深度剖析——疑难问题与解决对策》,北京:法律出版社,2013年版。

张国峰:《走向资本市场:企业上市尽职调查与疑难问题剖析》,北京:法律出版社,2013年版。

证监会:《会计监管风险提示第4号——首次公开发行股票公司审计风险》,中国证券监督管理委员会官网,2019年3月访问。

证监会:《首发业务若干问题解答》,中国证券监督管理委员会官网,2019年3月访问。

模块三

内部控制与舞弊审计

第七章

内部控制评价与审计

学习目的

1. 了解内部控制评价及其相关责任人的职责
2. 了解内部控制评价、审计及财务报表审计的不同和联系
3. 掌握内部控制评价的基本流程及底稿编制
4. 熟悉内部控制缺陷认定
5. 掌握内部控制评价报告的编写及沟通
6. 了解内部控制审计及相关责任人的职责
7. 掌握内部控制审计的流程及方法
7. 熟悉内部控制审计报告的编写。

第一节 内部控制评价与内部控制审计

导读7-1

贵糖股份否定意见的内部控制审计报告

广西贵糖(集团)股份有限公司(简称"贵糖股份")于1998年在深交所上市。公司经营范围涉及食糖、纸、酒糟干粉、食用酒精等材料的制造和销售。2013年4月,致同会计师事务所对贵糖股份出具了否定意见即内部控制审计报告。报告指出,贵糖股份公司蔗渣、原煤等大宗原材料成本核算基础薄弱,部分暂估入账的大宗原材料缺少原始凭证,与此相关的财务报告内部控制运行失效。会计师认为贵糖股份内部控制重大缺陷包括:

1. 原材料成本暂估

贵糖股份采用期末暂估方式对蔗渣、原煤等大宗原材料价格进行调整的做法不符合企业会计准则及其相关规定。2010年及以前年度,材料暂估增加的未分配利润高达1.06

亿元。2011年,贵糖股份的原材料暂估入账导致营业成本大幅下降,其中调整金额较大的有原材料蔗渣3 550万元、糖1 841万元、纸1 841万元。由此看出,贵糖股份在2011年及以前年度的与资产管理相关的内部控制存在严重问题,公司并没有建立完善的成本核算制度合理计算原材料成本。

2. 存货严重积压

贵糖股份的部分存货存在严重积压。例如,包装物(糖袋),3年以上的积压有45 043套,1—3年的积压达272 159套,金额合计65万元;机械热磨浆板也存在2 011.98吨的积压,积压时间长达一年多;五金仓其他材料的积压较为严重,其中3年以上的积压占比为79.47%。该事项直接导致公司在2012年度大幅计提资产减值损失740万元。

……

奇怪的是,在被出具否定意见的内部控制审计报告后,贵糖股份的管理层不承认其内部控制运行失效,并在2012年度的内部控制评价报告及年度财务报告中指出,公司的内部控制评价工作严格遵守《内部控制应用指引》,体现了全面性、重要性和客观性原则。

分析上述资料并思考:什么是内部控制评价?内部控制评价与内部控制审计、财务报表审计的关系是什么?

一、内部控制评价概述

在我国,随着"银广厦""郑百文""琼能源""中信泰富"和"中航油"等一系列财务造假及内部控制失效事件的发生,内部控制已成为社会公众日益关注的问题。财政部等部门非常重视内部控制建设问题,2006年7月,我国成立了内部控制标准委员会;2008年6月,财政部等五部委联合发布了《企业内部控制基本规范》;2010年4月,五部委又联合发布了内部控制基本规范的配套应用指引。上述系列文件从不同的层次和角度对内部控制建设、评价、审计给予指导,具体内容如图7-1所示,其中《内部控制评价指引》对企业内部控制评价进行了基本规范。

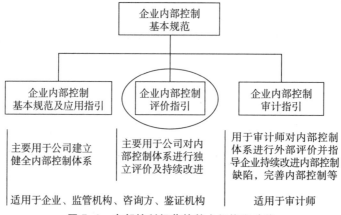

图7-1 内部控制规范的基本架构和功能

内部控制评价是指企业董事会或类似权力机构对内部控制的有效性进行全面评价、形成评价结论、出具评价报告的过程。对于这一定义,我们可以从三个角度进行理解。

(一) 内部控制评价的主体是董事会或类似权力机构

内部控制评价的主体是董事会或类似的权力机构,是指董事会或类似的权力机构是内部控制设计和运行的责任主体。董事会可指定审计委员会来承担对内部控制评价的组织、领导、监督职责,并授权内部审计部门或独立的内部控制评价机构执行内部控制评价的具体工作,但董事会仍对内部控制评价承担最终的责任,对内部控制评价报告的真实性负责。对内部控制的设计和运行的有效性进行评价并对外披露是管理层解除受托责任的一种方式,董事会可以聘请会计师事务所对其内部控制的有效性进行审计,但董事会对内部控制评价承担的责任不能因此而减轻或消除。

(二) 内部控制评价的对象是内部控制的有效性

内部控制评价的对象是内部控制的有效性。所谓内部控制的有效性,是指企业建立与实施内部控制对实现控制目标提供合理保证的程度。

基于控制过程角度,内部控制的有效性可分为内部控制设计的有效性和内部控制运行的有效性。内部控制设计的有效性是指为实现控制目标所必需的内部控制程序都存在且设计恰当,能够为控制目标的实现提供合理保证;内部控制运行的有效性是指在内部控制设计有效的前提下,内部控制能够按照设计的内部控制程序正确执行,从而为控制目标的实现提供合理保证。内部控制运行的有效性离不开设计的有效性,如果内部控制在设计上存在漏洞,即使内部控制制度能够得到一贯执行,也不能认为其运行有效。

评价内部控制设计的有效性,可以从以下三个方面加以考察:一是内部控制的设计是否做到以内部控制的基本原理为前提,以《企业内部控制基本规范》及其配套指引为依据;二是内部控制的设计是否覆盖所有关键的业务与环节,是否对董事会、监事会、经理层和员工具有普遍的约束力;三是内部控制的设计是否与企业自身的经营特点、业务模式及风险管理要求相匹配。评价内部控制运行的有效性,也可以从以下三个方面进行考察:一是相关控制在评价期内如何运行;二是相关控制是否得到持续一致的运行;三是实施控制的人员是否具备必要的权限和能力。

需要说明的是,由于受内部控制固有局限(如评价人员的职业判断、成本效益原则)的影响,内部控制评价只能为内部控制目标的实现提供合理保证,而不能提供绝对保证。

(三) 内部控制评价是内部控制质量的保证环节

内部控制建设是一个过程,强调评建结合、不断改进。内部控制评价是遵照一定的流程严格进行的。企业内部控制建设工作不是一蹴而就的,而是要通过定期和不定期的内部控制评价来促进内部控制质量不断提升。

二、内部控制审计与整合审计

(一) 内部控制审计的含义

内部控制审计是指会计师事务所受企业委托,对特定基准日企业内部控制的设计和运行的有效性进行审计。企业内部控制审计基于特定基准日，即审计师基于基准日（如年末 12 月 31 日）内部控制的有效性发表意见，而不是对财务报表涵盖的整个期间（如一年）的内部控制的有效性发表意见。但这并不意味着审计师只关注企业基准日当天的内部控制，而要考察企业一个时期内（足够长的一段时间）内部控制的设计和运行情况。例如，审计师可能在 5 月对企业内部控制进行测试，发现问题后提请企业进行整改，如 6 月整改，企业的内部控制在整改后要运行一段时间（至少一个月），8 月审计师再对整改后的内部控制进行测试。因此，虽然是对企业 12 月 31 日（基准日）内部控制的设计和运行发表意见，但这里的基准日不是一个简单的时点概念，而是体现内部控制这个过程向前的延续性。审计师所采用的内部控制审计的程序和方法，也体现了这种延续性。审计师应当对财务报告内部控制的有效性发表审计意见，并在内部控制审计报告中，针对内部控制审计中注意到的非财务报告内部控制重大缺陷，增加"非财务报告内部控制重大缺陷描述段"进行披露。

（二）整合审计

审计师可以单独进行内部控制审计，也可以把内部控制审计和财务报告审计放在一起进行整合审计。在整合审计中，审计师对内部控制设计与运行的有效性进行测试，要同时实现两个目的：①获取充分、适当的证据，支持在内部控制审计中对内部控制有效性发表的意见；②获取充分、适当的证据，支持在财务报告审计中对控制风险的评估结果。各个国家（地区）对内部控制审计和整合审计有不同的要求（见表 7-1）。

表 7-1　各个国家（地区）对内部控制审计和整合审计的规定

	整合审计		内部控制审计
	是否强制要求	是否要求同一家审计	是否强制要求
美国	是	是	是
日本	是	否	是
欧盟	否	—	否
加拿大	否	—	否
英国	否	—	审计师对管理层做出的内部控制声明进行形式审阅
中国	否	否	是

为什么内部控制审计和财务报告审计可以放在一起进行整合审计呢？这主要是由于内部控制审计要求对企业控制设计和运行的有效性进行测试，而财务报告审计中要求了解企业的内部控制，并在需要时测试控制，这是两种审计的相同之处，也是整合审计中应整合的部分。内部控制审计和财务报告审计相同之处如下：

1. 最终目的相同

两者的最终目的都是提高财务信息质量，增强财务报告的可靠性。

2. 审计模式相同

两者都采用风险导向审计模式，审计师首先实施风险评估程序，然后针对重大缺陷或错报风险实施相应的审计程序。

3. 对内部控制有效性的定义和评价方法相同

两者都要了解和测试内部控制，都可能用到询问、检查、观察、穿行测试、重新执行等方法和程序。

4. 识别领域相同

两者识别的领域都是重点账户、重要交易类别等重点审计领域，审计师在内部控制审计中要评价这些账户和交易是否被内部控制覆盖，在财务报告审计中要评价这些重点账户和重要交易类别是否存在重大错报。

5. 重要性水平相同

两者的审计对象和判断标准都相同，审计师在内部控制审计中确定的重要性水平是为了检查财务报告内部控制是否存在重大缺陷，在财务报告审计中是为了检查财务报告是否存在重大错报。

另外，内部控制审计和财务报告审计可以利用工作结果。在实施财务报告审计时，审计师可以利用内部控制审计的结果来修改实质性程序的性质、时间安排和范围，并且可以利用该结果来支持分析程序中所使用的信息的完整性和准确性。在确定实质性程序的性质、时间安排和范围时，审计师需要慎重考虑识别出的控制缺陷。在实施内部控制审计时，审计师应当评估财务报告审计的实质性程序中发现问题的影响。最重要的是，审计师应当重点考虑财务报告审计中发现的财务报表错报，考虑这些错报对评价内部控制有效性的影响。

（三）内部控制审计与财务报告审计的区别

1. 审计目标不同

内部控制审计对财务报告内部控制的有效性发表审计意见，若有必要，则应该在内部控制审计报告中，针对财务报告内部控制的重大缺陷，增加"非财务报告内部控制重大缺陷描述段"进行披露。财务报告审计则对财务报表是否符合会计准则、是否公允反映被审计单位的财务状况和经营成果发表意见。

2. 了解和测试内部控制的目的不同

内部控制审计了解与测试内部控制的目的是对内部控制设计和运行的有效性发表意见。财务报告审计按照风险导向审计模式，了解内部控制的目的是评估重大错报风险，测试内部控制的目的是对某个报表事项得出初步结论，二者的最终目的都是为财务报告发表审计意见服务。

3. 审计意见包含的时间范围不同

内部控制审计对特定基准日内部控制的有效性发表意见,而财务报告审计要测试内部控制在整个审计期间运行的有效性。

4. 测试范围不同

内部控制审计要对所有重要账户、各类交易和列报的相关认定进行了解和测试。财务报告审计只有在以下两种情况下强制对内部控制进行测试:①在评估和认定重大错报风险时,预期控制的运行是有效的,即在确定实质性程序的性质、时间安排和范围时,审计师拟信赖控制运行的有效性;②仅实施实质性程序并不能提供认定存在层次上的充分、适当的审计证据。其他情况下,审计师可以不测试内部控制。

5. 测试样本量不同

内部控制审计对结论的可靠性要求高,因此测试的样本量相对较大。财务报告审计对内部控制审计结论的可靠性要求取决于减少实质性程序工作量的程度,测试样本量相对较小。

6. 报告不同

内部控制审计需要对外披露审计报告,还要以正面、积极的形式对内部控制有效性发表审计意见。除非内部控制影响到对财务报表发表的审计意见,否则财务报告审计不需要对外披露内部控制情况。审计结果通常以管理建议书的形式由审计师向管理层报告财务报告审计过程中发现的内部控制重大缺陷,但审计师没有义务专门实施审计程序来发现和报告内部控制重大缺陷。

审计师可以单独进行内部控制审计,也可以整合内部控制审计和财务报告审计进行审计。在整合审计中,审计师在对内部控制设计与运行的有效性进行测试时,要同时实现两个目的:一是获取充分、适当的证据,支持在内部控制审计中对内部控制有效性发表的意见;二是获取充分、适当的证据,支持在财务报告审计中对控制风险的评估结果。

三、内部控制评价与内部控制审计的关系

内部控制审计属于审计师外部评价,内部控制评价属于企业董事会主导的企业自我评价,两者有着本质的区别。

(一)两者的责任主体不同

建立健全和有效实施内部控制、评价内部控制的有效性是企业董事会的责任;在实施审计工作的基础上对内部控制的有效性发表审计意见是审计师的责任。

(二)两者的评价依据和评价目标不同

内部控制评价应依据《企业内部控制评价指引》,内部控制评价是企业董事会对各类

内部控制目标实施的全面评价;而内部控制审计应依据《企业内部控制审计指引》,内部控制审计是审计师侧重对财务报告内部控制目标实施的审计评价。

（三）发现问题的处理方式不同

内部控制评价部门对评价过程中发现的内部控制缺陷,根据重要程度及时上报经理层或董事会,及时采取应对策略,督促相关单位或部门进行整改,并追究有关机构或相关人员的责任,针对整改结果进行核查和确认,切实将风险控制在可承受范围之内。内部控制审计中,审计师对于发现的财务报告内部控制缺陷,要识别其严重程度并考虑对审计结论的影响。对于在审计过程中注意到的非财务报告一般控制缺陷及重要缺陷,要与管理层进行沟通,提醒企业改进;对于注意到的非财务报告重大缺陷,除与企业沟通并提醒改进外,还应在审计报告中增加"非财务报告内部控制重大缺陷描述段",对重大缺陷的性质及其对相关控制目标的影响程度进行披露,提示内部控制审计报告使用者注意相关风险。

（四）两者的评价结论不同

企业董事会对内部控制的整体有效性发表意见,并在内部控制评价报告中出具内部控制有效性结论;审计师仅对财务报告内部控制的有效性发表意见,对于内部控制审计过程中注意到的非财务报告内部控制重大缺陷,在内部控制审计报告中增加"非财务报告内部控制重大缺陷描述段"进行披露。

虽然内部控制审计与内部控制评价存在上述区别,但两者往往都需要了解、测试和评价内部控制,并依赖同样的证据、运用类似的测试方法、使用同一基准日,对内部控制有效性做出判断,因此必然存在一些内在的联系。导读7-1中审计师对贵糖股份发表否定意见的内部控制审计报告,但贵糖股份自己评价内部控制不存在重大缺陷,这说明贵糖股份内部控制评价存在问题。在内部控制审计过程中,尽管审计师不对内部控制评价结论直接鉴证,但可以根据实际情况对企业内部控制评价工作进行评估,判断是否利用企业内部审计师、内部控制评价人员和其他相关人员的工作及可利用程度,从而相应减少本应由审计师执行的工作。

第二节　内部控制评价的流程、方法与报告

导读7-2

上海××股份有限公司关于公司内部控制的自我评价报告

本公司管理层保证本报告内容不存在任何虚假记载、误导性陈述或重大遗漏,并对其内容的真实性、准确性和完整性承担个别及连带责任。

建立健全、有效实施内部控制是本公司管理层的责任。本公司内部控制的目标为:合理保证企业经营管理合法合规、资产安全、财务报告及相关信息真实完整,提高经营效

率和效果，促进企业实现发展战略。

内部控制存在固有局限性，故仅能对达到上述目标提供合理保证，而且内部控制的有效性也可能随着公司内外部环境及经营情况的改变而改变。本公司内部控制设有检查监督机制，内部控制缺陷一经识别，本公司将立即采取整改措施。

本公司建立和实施内部控制时，考虑了《上海证券交易所上市公司内部控制指引》规定的目标设定、内部环境、风险确认、风险评估、风险管理策略选择、控制活动、信息沟通、检查监督八项要素。

本公司管理层对本年度上述所有方面的内部控制进行了自我评价，发现自本年度1月1日至本报告期末，存在的重大缺陷包括：

（1）目前公司缺乏完善的财务结账流程的相关制度作为对财务部门月度关账工作的指导，同时也没有书面的月度关账清单作为结账的核查表。在实际操作中，每月结账时由不同职能的会计负责与自己职责相关的关账事项，并由财务人员相互检查，口头沟通结账前应当注意的事项。

（2）公司尚未制定应用系统、数据库及其数据、操作系统、网络设备及硬件的变更流程及相关制度，包括变更申请、系统测试及实施上线审批等。

公司已采取的整改措施包括：

（1）建立规范的财务结账流程，采用统一的月末关账清单，并记录在财务账册中。月末关账清单应包含关账过程中的检查事项为：非常规事项的完成情况、关联方往来核对是否完成、折旧计提工作、费用分摊工作、银行对账工作、现金盘点工作、各类文档材料的核对，以及其他在关账过程中需注意的事项。月末关账时，需由经办人员按照关账清单逐项检查，并在关账清单上签字，然后由财务负责人逐项签字审核。

（2）建立正式的、书面的信息系统开发及变更管理层审批流程，确保系统满足公司业务发展的需要，以避免对各个业务部门的业务产生影响。

截止到本报告日，尚未整改完毕的重大缺陷有公司尚未制定应用系统、数据库及其数据、操作系统、网络设备及硬件的变更流程及相关制度，包括变更申请、系统测试及实施上线审批等，预计整改完成时间为2018年9月30日。

本管理层认为，自本年度1月1日至本报告期末，本公司内部控制制度健全，执行有效。

本报告已经2018年3月1日总经理办公会审议通过，本公司管理层及全体成员对报告内容的真实性、准确性和完整性承担个别及连带责任。

上海××股份有限公司管理层
总经理：张三
公司盖章
2018年3月3日

阅读上述资料并思考：该公司内部控制评价报告存在哪些问题？

《企业内部控制基本规范》规定:企业应当结合内部监督情况,定期对内部控制的有效性进行自我评价,出具内部控制自我评价报告。因此,建全有效的内部控制评价体系可以有效防止会计造假和财务舞弊问题,更好地促进企业实现其经营管理目标。企业内部控制评价的主要目的有:一是内部控制评价有助于企业自我完善内部控制体系。内部控制评价通过评价、反馈、再评价,报告企业在内部控制建立与实施中存在的问题,并持续地进行自我完善的过程。通过内部控制评价查找、分析内部控制缺陷并有针对性地督促落实整改,可以及时堵塞管理漏洞,防范偏离目标的各种风险,并举一反三,从设计和执行等领域全方位地健全、优化管控制度,从而促进企业内部控制体系不断完善。二是内部控制评价有助于提升企业市场形象和公众认可度。企业开展内部控制评价,需形成评价结论,出具评价报告。通过自我评价报告,企业将风险管理水平、内部控制状况以及相关的发展战略、竞争优势、可持续发展能力等信息公布于众,树立诚信、透明、负责任的企业形象,有利于增强投资者、债权人及其他利益相关者的信任度和认可度,为企业自身创造更有利的外部环境,促进企业的长远可持续发展。三是内部控制评价有助于实现与政府监管的协调互动。政府监管部门有权对企业内部控制建立与实施的有效性进行监督检查。企业实施内部控制自我评价,能够通过自查及早排查风险、发现问题、积极整改,有利于从配合政府监管中赢得主动,并借助政府监管成果进一步改进企业内部控制实施和评价工作,促进自我评价与政府监管的协调互动。

一、利益相关者对内部控制评价的责任

企业内部控制既然是全员参与的自我评价中动态完善的过程,内部控制评价也就成为一项全面且综合的工作。在整个内部控制评价的过程中,利益相关者的职责有:

1. 企业董事会及其审计委员会

企业董事会应对内部控制评价报告的真实性负责。董事会可以通过审计委员会承担对内部控制评价的组织、领导、监督职责。董事会或审计委员会应听取内部控制评价汇报,审定内部控制重大缺陷、重要缺陷整改意见,对于内部控制部门在督促整改中遇到的困难,积极协调、排除障碍。

2. 企业监事会

监事会应审议内部控制评价报告,对董事会建立与实施内部控制进行监督。

3. 经理层

经理层应结合日常掌握的业务情况,针对内部控制评价方案提出应重点关注的业务或事项,审定内部控制评价方案和听取内部控制评价报告,对于内部控制评价中发现的问题或报告的缺陷,要按照董事会或审计委员会的整改意见积极采取有效措施予以整改。

4. 内部监察审计部门及其审计师

在企业内部控制评价中,内部监察审计部门及其审计师的主要工作有:①组织企

业内部控制自我评价工作;②对企业内部控制自我评价结果进行抽查,执行独立评价;③出具企业内部控制评价报告,跟踪、督促和复查内部控制缺陷的整改。

5. 企业各业务部门、职能部门或所属单位

企业各业务部门、职能部门或所属单位是运作和执行内部控制的基本体,其在企业内部控制评价中的主要职责是:①建立健全并不断完善自身的内部控制;②执行自身内部控制自我评价;③配合企业全面的内部控制检查评价工作;④对于内部控制检查评价中发现的缺陷应及时整改,不能立即整改的,应制订缺陷整改实施计划。

二、内部控制评价的流程、方法及主要工作底稿

在实务中,企业实施内部控制评价的具体流程如图 7-2 所示,主要包括拟定评价工作方案、组成评价工作组、实施现场测试、汇总评价结果、编报评价报告等。

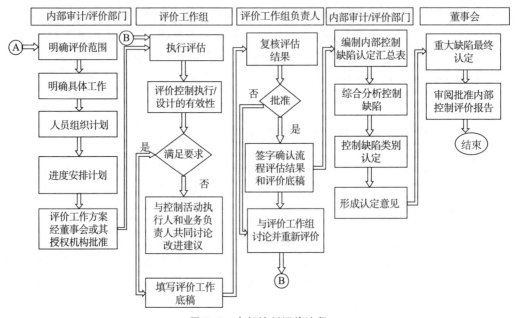

图 7-2 内部控制评价流程

(一)内部控制评价的前期准备阶段

内部控制评价的准备阶段是内部控制评价流程中最重要的阶段,企业应高度重视这一阶段的工作。内部控制评价部门或机构应根据内部控制的情况和评价要求拟定评价工作方案。这部分的重点工作内容为确定评价范围、确定评价内容、组成评价工作组、确定评价工作进度和预算及其他事项。

1. 确定评价范围

确定评价范围是指决定纳入评价范围的单位和业务流程有哪些。现代企业一般具有规模大、层级多和业务种类繁多的特点,内部控制评价不可能面面俱到,而要突出重

点。企业在确定评价范围时应以风险评估为基础,结合财务报表,从定性、定量两方面进行分析,选择进行内部控制评价的下属板块、公司、相关业务及流程并确定评价范围。定量是指将各业务公司财务报表科目数据与重要性水平进行比较,将数值大于重要性水平的科目所对应的流程纳入评价范围。管理层在选择重要性水平时,建议与外部审计师沟通,使用小于等于外部审计的重要性水平,有利于外部审计师认同公司的内部控制评价工作。选择合并财务报表的关键财务指标包括总资产、营业收入、税前利润等,根据各业务公司的具体情况确定定量门槛,将各业务公司从定量分析上划分为重要性高、中、低。定性是指管理层、各业务部门基于对公司情况的了解及风险认识,将有风险事项与财务报表科目挂钩,将相关流程纳入评价范围;同时,结合各业务公司的管理水平进行分析。在开展内部控制评价的第一年,可以仅对风险情况进行定性分析;在以后年度,可以在完成内部控制评价后对分支机构内部控制进行评分,得出剩余风险,以确定其管理水平(见表7-2)。

表7-2 内部控制评价频率决策

分支机构(或流程)的重要性	分支机构的管理水平	实际风险水平	内部控制评价频率
高	G	中	2年评价1次
	A	中	1年或2年1次
	W	告	1年评价1次
中	G	低	3年评价1次
	A	中	1年或2年评价1次
	W	告	1年评价1次
低	G	低	2年或3年评价1次
	A	低	2年或3年评价1次
	W	低	2年或3年评价1次

2. 确定评价内容

在内部控制评价准备阶段应明确内部控制评价的基本内容,包括执行测试程序、认定内部控制缺陷规则、落实整改的原则等。这部分内容和"实施现场测试""认定控制缺陷""汇总评价结果"和"编制评价报告"等环节密切相关,我们将在相应的部分中讲述。

3. 组成评价工作组

在设置内部控制评价机构的基础上,企业还应成立专门的评价工作组,接受内部控制评价机构的领导,具体承担内部控制检查评价的任务。评价工作组成员应具备独立性、业务胜任能力和职业道德素养。企业可以授权审计部门或专门机构负责组织内部控制评价的实施工作。如果企业决定外聘会计师事务所提供内部控制评价服务,根据《企业内部控制基本规范》的要求,该事务所不应同时为企业提供内部控制审计服务。

4. 确定评价工作进度和预算

内部控制评价组织部门应计算纳入评价范围的分支机构与业务流程预计所需评价人员的数量和工作量,结合年度其他项目所需人员的数量和工作量,检查集团是否有足够的资源开展内部控制评价工作,判断是否需要调整年度内部控制评价计划。根据调整后与现有资源相适应的内部控制评价计划,安排评价人员和时间,拟定详细的评价工作进度表,然后在评价计划的基础上编制评价工作的费用预算。

(二) 内部控制评价的具体实施阶段

内部控制评价的对象是内部控制的有效性,而内部控制的有效性是企业建立与实施内部控制、为实现控制目标提供合理保证的程度。

1. 内部控制评价的内容

整体层面上,企业内部控制评价是紧紧围绕内部环境、风险评估、控制活动、信息与沟通、内部监督五要素进行的,如表7-3所示。

表7-3 整体层面上企业内部控制评价的内容

要素		评价内容
内部环境	治理结构	从机构设置的整体控制力、权责划分、相互牵制、信息流动路径等方面评价组织框架
	发展战略	从制定的合理性、有效实施和适当调整三方面评价发展战略
	机构设置及权责分配	公司内部责权分配和授权如何有效进行?是否结合自身特点和内部控制的要求设置内部机构、明确职责权限、将权力和责任落实到各责任单位?是否编制了内部管理手册
	内部审计	企业是否设置了内部审计机构?其独立性如何?内部审计机构对监督检查中发现的内部控制缺陷是通过什么途径和方式报告的?
	人力资源政策	从企业人力资源引进结构合理性、开发机制、激励约束机制等方面评价人力资源政策
	企业文化	从企业文化建设和评估两方面评价企业文化
	社会责任	从安全生产、产品质量、环境保护与资源节约、促进就业、员工权益保护等方面评价企业社会责任。
风险评估	风险识别	企业是否根据确定的公司目标和内部控制目标识别风险?与目标相关的内部风险和外部风险分别是什么?公司确定的整体层面和业务层面的风险承受度是怎样的?
	风险分析	企业采用何种方式对识别出的风险进行评价?
	风险应对	企业制定的风险应对策略是否考虑了成本效益原则?风险规避策略、风险降低策略、风险分担策略、风险承受策略分别是怎样的?

(续表)

要素		评价内容
控制活动	不相容职务控制	是否有效地实施了职责分离？
	授权审批控制	是否区分常规授权和特别授权,明确各岗位的权限范围、审批程序和相应责任？
	会计系统控制	是否配备具备专业胜任能力的会计人员？是否严格按照国家会计准则和制度进行？是否保持会计资料的真实完整？
	财产保护控制	是否对资产进行实物(如存货盘点、现金盘点等)控制？
	预算控制	是否制定了预算并进行适当的控制？是否对偏离预算进行了纠正？
	运营分析控制	是否建立了运营分析制度？采用何种分析方法？
	绩效考评控制	是否建立和实施绩效考评制度？对各责任单位和全体员工的业绩考评是否定期评价？是否客观？
	重大风险预警机制和突发事件应急处理机制	是否建立重大风险预警机制和应急事件处理机制？是否有明确的责任人员？
信息与沟通	信息制度	企业收集内部信息、外部信息的途径如何？企业信息的传递层级、途径、及时性如何？
	沟通制度	是否建立了报告机制？员工是否了解违法违规行为的举报沟通渠道？是否建立了良好的沟通机制？
内部监督		对管理层在内部监督方面的基调,监督的有效性及内部控制缺陷认定的科学、客观、合理地进行认定和评价

流程层面上,内部控制主要从包括内部控制设计的有效性和内部控制运行的有效性。其中,内部控制设计的有效性是指为实现控制目标所必需的内部控制要素都存在且设计恰当;内部控制运行的有效性是指现有内部控制按规定程序得到正确执行。评价内部控制运行的有效性,应当着重考虑以下几个方面:①相关控制在评价期内是如何运行的;②相关控制是否得到持续一致的运行;③实施控制的人员是否具备必要的权限和能力。在评价期内完成的底稿有控制点执行人自我评价问卷(见表7-4)、企业内部控制设计有效性评价底稿(表7-5)和执行内部控制有效性测试底稿(见表7-6)。

2. 了解和测试内部控制底稿举例

任何一项具体的内部控制评价均需要以下必要步骤:一是梳理企业某项业务领域的内部控制规定,二是分析企业该领域内部控制的性质和频率,三是确定内部控制评价测试程序和抽样数量,四是执行测试并进行记录。这些工作都可以通过内部控制评价测试表(见表7-7)予以反映。

表 7-4 控制点执行人自我评价问卷

部门：		姓名：	
填写时间：		评价时间范围：	
控制点编号	控制点描述	是否存在缺陷	产生缺陷的原因

除上述控制点外的其他个人内部控制职责：

以上评价真实准确，本人对评价结果负责

执行人签字：

加强本流程内部控制执行的建议：

加强本流程内部控制设计的建议：

其他加强内部控制设计和执行的建议（不局限于自己负责的流程）：

表 7-5 企业内部控制设计有效性评价底稿

编制人：	日期：	底稿索引号：
复核人：	日期：	

流程编号：		流程名称：
评价时间范围：		

内容	评价结果
1. 控制目标变化描述	
2. 影响业务流程的因素分析	
3. 内部控制失效风险描述	
4. 内部控制设计有效性评价结论	

设计有效/设计存在以下缺陷

设计缺陷描述	现有控制点描述（如无相应控制点，则填"无"）	改进计划/建议

表 7-6　执行内部控制有效性测试底稿

编制人：	日期：	底稿索引号：
复核人：	日期：	

业务流程(子流程)：

控制点序号及描述：

风险点：	控制点执行频次：

测试方法：

评价结果记录：

追加测试程序及结果记录：

评价结论：

发现内部控制缺陷及其影响：

改进建议：

被评价单位意见(如未发现缺陷,可不征求被评价单位意见)：

表 7-7　内部控制评价测试

内部控制编号	预防性或检查性控制	手工活动自动控制	控制活动发生的频率	控制程序编号	测试程序	控制活动是否发生变动	控制活动如果有变动,请描述新的控制活动
1							
2	检查性	手工	月度	不适用	制度相关控制,不适用	是	每月关账时按照关账清单进行检查：
3	预防性	手工	年度	HTJD-FR-TP-101	根据事件发生频率,测算样本量,从财务部获取年度财务决算指导手册：检查年度财务决算指导手册是否对年度财务报表的编制工作要求、填报范围、财务报表体系及格式、财务报表编制说明、财务报表申报要求均做出明确的说明和规定……	否	不适用
4							

在了解企业情况的基础上面对内部控制测试决策时,需要决定选择什么样的测试程序和抽样数量。不同的控制要求采用不同的测试程序,例如是手工控制还是自动控制,

以及控制发生的频率决定了控制测试的抽样数量。例如,授权批准等书面形式的控制会在相关文件中留下控制痕迹,应该采用检查的测试程序;企业文化等控制需要通过观察相关的活动来测试;对于了解内部控制转型情况的事项询问是不可缺少的程序;等等。在确定抽样数量时,一般应考虑控制的性质和发生的频率。表7-8反映了综合考虑内部控制的性质和频率进行抽样决策的逻辑。

表7-8 抽样数量决策

控制性质	执行频率	抽样数量
手工	每天多次	25
手工	每天	15
手工	每周	5
手工	每月	2
手工	每季	1
手工	每年	1
自动化	每个程序化控制测试一次	
计算机环境整体控制	对计算机环境整体控制,分别按照以上的手工及自动化控制测试的指引来执行	

合理地设计内部控制自我评价测试程序需要关注以下几点:一是对应每个控制活动的内部控制设计情况制定测试程序,若通过穿行测试了解到的实际控制活动与原内部控制手册的关键控制活动有所变化,则测试程序也应相应更新;二是测试程序应重点针对关键控制活动的5W+1H(Why\When\Who\What\Where\How)进行编写,检查内部控制活动的执行人员、过程、结果、频率、文档的流转和保存等是否如内部控制活动所述展开;三是测试方法可以有观察、获取并检查文件资料、访谈、重新测试等选择;四是样本量的界定应按频率执行,依照测试样本量选取表格,获取并检查符合标准的样本数量;五是对所有的测试程序,应建立单独的测试模板页面,注明相关的控制活动编号、样本量、测试程序、测试样本的填写模板等,并做好与内部控制手册相链接。

销售预售款合同与订单内部控制测试

针对企业销售和订单管理环节,了解企业该流程的内部控制主要包括四项:一是企业规定业务部门签订合同前必须提交《合同请示报告书》;二是每份《合同请示报告书》需经过总经理、主管副总经理、市场营销部经理及法务专员的审批;三是如果合同金额超过100万元,应召开合同评审会做出决策,合同评审会由市场营销部、技术部、生产制造部、采购物流部、财务经理、质保部、法务专员共同组成;四是所有合同需经过有效盖章。根据上述了解到的情况,评价人员基于内部控制测试期间共2个月、共签订10份合同的情况，认为发生频率可视为每周一次，从而确定抽样数量为 5 个样本。根据内部控制内容确定的具体的测试程序为：从综合管理部维护的销售合同台账中随机抽取测试样本；检查这份合同是否有对应的《合同请示报告书》；检查该《合同请示报告书》是否经过总经理、主管副总经理、市场营销部经理及法务专员的审批；检查该笔合同金额是否超过 100 万元，若超过 100 万元，则该份合同是否提请召开合同评审会，并经由市场营销部、技术部、生产制造部、采购物流部、财务经理、质保部、法务专员共同审批通过；检查该份合同是否经过有效盖章，据此形成表 7-9 所示的销售和收款（合同及订单的管理）内部控制测试工作底稿。

表 7-9　内部控制测试工作底稿

销售和收款（合同及订单的管理）							
控制活动编号	HTJD-RE-CA-202						
样本量	5（测试期间共 2 个月、共签订 10 份合同，可视为每周一次）						
测试程序	从综合管理部维护的销售合同台账中随机抽取测试样本 1. 检查这份合同是否有对应的《合同请示报告书》 2. 检查《合同请示报告书》是否经过总经理、主管副总经理、市场营销部经理及法务专员的审批 3. 检查该笔合同金额是否超过 100 万元，若超过 100 万元，则该份合同是否提请召开合同评审会，并经市场营销部、技术部、生产制造部、采购物流部、财务部、质保部、法务专员共同审批通过 4. 检查该份合同是否经过有效盖章						
样本描述	文件名称	日期	是否满足测试程序 1	是否满足测试程序 2	是否满足测试程序 3	是否满足测试程序 4	
1	销售合同（合同号：XX）	20××年 9 月 22 日	是			是	
2	《合同请示报告书》	20××年 9 月 20 日		是	是		
⋮							
结论	控制活动执行是否有效：				备注：		
发现改进点描述	无						

（三）内部控制评价的报告阶段

内部控制评价报告应当报经董事会或类似权力机构批准后对外披露或报送相关部门。企业内部控制评价部门应当关注自内部控制评价报告基准日至内部控制评价报告发出月期间是否出现影响内部控制有效性的因素，并根据其性质和影响程度对评价结论进行相应调整。企业以 12 月 31 日作为年度内部控制评价报告的基准日，内部控制评价报告应于基准日后 4 个月内报出。在报告阶段形成内部控制缺陷及改进建议汇总表（见表 7-10），借此支持评价报告的编写。

表 7-10　内部控制缺陷及改进建议汇总

编制人：　　　　　　日期：　　　　　　底稿索引号：
复核人：　　　　　　日期：

编号	缺陷描述	发生时间	产生原因	已造成或潜在影响	已采取的改进措施	目前改进情况	缺陷未完全消除的原因	下一步改进计划
重要缺陷：								
重大缺陷：								
尚未消除的一般缺陷：								
已消除的一般缺陷：								

企业应当建立内部控制评价工作档案管理制度，妥善保管内部控制评价的有关文件资料、工作底稿和证明材料等。内部控制评价报告阶段的工作主要有两项，一是内部控制缺陷的认定，二是内部控制评价报告的编写，我们将在后面详细介绍。

（四）内部控制评价的方法

内部控制评价工作组应当对被评价单位进行现场测试，综合运用个别访谈、调查问卷、专题讨论、穿行测试、实地查验、抽样和比较分析等方法，充分收集被评价单位内部控制设计和运行是否有效的证据，按照评价的具体内容，如实填写评价工作底稿，研究分析内部控制缺陷。几种常用的内部控制评价方法如下：

（1）个别访谈法。评价工作组人员根据评价工作的需要，对单独访谈评价单位各部门员工，收集有关内部控制有效性的证据，获取有关已有的制度措施是否实际发挥作用等信息。个别访谈法主要用于了解公司内部控制现状,在企业层面评价和业务层面评价的了解阶段经常使用。访谈的对象应包括部门负责人与其他工作人员,询问的内容应便于理解与回答;在访谈前先拟好问题的提纲;尽可能访谈不同岗位的工作人员以增强证据的可靠性,使访谈结果更加真实;访谈时要有一定的技巧,并注意不要表明自己的观点看法等;在访谈过程中,要有人负责做好访谈记录。

(2)调查问卷法。将所要调查的内容以问卷的形式发放给被评价单位相关部门的员工,待员工填写后收集整理,据此对内部控制进行测试。调查问卷法收集的信息是员工直接填写的,而不是从一些样本资料中获取的。调查文件可由多人分别同时填写,调查范围更广,设计的问题应尽量简洁明了。

(3)穿行测试法。穿行测试法是指在内部控制流程中任意选取一笔交易作为样本,追踪该交易从最初起源直到最终在财务报表或其他经营管理报告中得以反映的过程,即该流程从起点到终点的全过程(例如,在保险公司的内部控制评价中,选取一笔保险新单,追踪其从投保申请到财务入账的全过程),以此了解控制措施设计的有效性,并识别出关键控制点。

(4)抽样法。抽样法是指按照样本量选取标准,从确定的样本总量中抽取一定比例的业务样本,对样本进行检验,以此进一步评价业务流程控制运行的有效性,分为随机抽样和其他抽样。随机抽样是指按随机原则从样本库中抽取一定数量的样本;其他抽样是指人工任意选取或按某一特定标准从样本库中抽取一定数量的样本。需要注意的是,要保证样本的充分性和适当性。

(5)实地查验法。实地查验法主要针对业务层面控制,使用统一的测试工作表,与实际的业务、财务单证进行核对进行控制测试。实地查验法主要应用于对一些不留线索的控制进行测试和对执行控制的到位程度进行测试。在实施这一内部控制评价方法时,想要达到更加理想的效果,最好采用不事先通知而是临时突击查验的形式进行。

(6)比较分析法。比较分析法是指通过数据分析来识别评价关注点。在进行数据分析时,可以是与历史数据、行业(公司)标准数据或行业最优数据等进行比较。

(7)专题讨论法。专题讨论法是指集合与业务流程相关的管理人员及专业人员,共同就一些业务流程的具体问题、缺陷整改方案等进行讨论,既可以是控制评价的手段,也可以是形成缺陷整改方案的途径。

上述多种内部控制评价方法可以单独使用,但在实际的评价工作中,各种方法并不是相互排斥的,为了保证评价工作的质量,评价工作组经常结合运用多种方法。另外,还可使用流程图法等方法,也可通过信息系统开发全新的检查方法。企业通过系统进行自动控制、预防控制的,在方法上应注意与人工控制、发现性控制的区别。

人们常把一些管理分析方法应用到内部控制评价中,主要有:

(1)杜邦分析体系。杜邦分析体系(DuPont system)的基本原理是指利用各个主要财务指标之间的内在联系,综合分析评价企业财务状况的一种分析方法。其关键是建立完整、连贯的财务比率体系,确定总指标,然后运用指标分解的方法在各个指标之间建立起相互联系,通过数据的替换,确定从属指标对总指标的影响。在进行分析时,企业可将各财务指标之间的关系绘制成杜邦分析图。

杜邦分析体系因杜邦公司首先使用而得名。提出的背景正是美国从事多种业务经营的综合性企业发展阶段,企业需要解决垂直式综合性企业的多元经营、市场组织以及如何将资本投向利润最大化等经济问题。杜邦分析体系后来发展成为一个评价各个部门业绩的重要工具,至今仍广泛使用。这是典型的结果导向财务指标,适用于对经营结果的评价与考核。

(2)平衡计分卡。该平衡计分卡强调企业从整体上考虑营销、生产、研发、财务、人力资源等部门之间的协调统一,而不再将它们割裂开来;它以实现企业的整体目标为导向,强调整体最优而非局部最优;它全面考虑了各利益相关者,强调企业从长期和短期、结果和过程等多个视角思考问题。平衡计分卡采用竞争评价标准,有效地解决了各部门之间争夺资源进而导致资源配置效率低下的问题,提高了企业整体业绩。在战略规划阶段,对战略目标进行量化与分解,将企业目标转化为部门及个人行动目标,极大地增强了企业内部之间沟通的有效性,促使各个部门及全体员工对企业整体目标达成共识;在战略实施阶段,业绩评价反馈的信息有助于管理者及时发现问题,采取措施以保证既定战略的顺利实现。

平衡计分卡出现于20世纪90年代,那时的经营环境发生了巨大变化,金融工具频繁使用、市场瞬息万变,竞争在全球范围内加剧,企业要生存和发展,就必须具有战略眼光和建立长远奋斗目标。平衡计分卡是在考虑了影响企业战略经营成功的主要因素的基础上建立的较科学的业绩评价指标体系。

(3)作业成本法。作业成本法是以"成本驱动因素"理论为基本依据,根据产品生产或企业经营过程中发生和形成的产品与作业、作业链、价值链的关系,对成本发生的动因加以分析,选择"作业"为成本核算对象,归集和分配生产经营费用的一种成本核算方法。

作业成本法把过程管理的思想引入成本归集中,对业绩评价评标产生了重要影响,提供了新的业绩计量和考核办法,是一种注重过程的业绩评价方法。

传统的成本会计与决策有用性目标的差距越来越大,急需建立一套方法来克服标准成本法对产品实际成本的扭曲。作业成本法正是基于这种需要而产生的,适用于企业技术的尖端化和准时制(JIT)。

(4)经济增加值方法。经济增加值(EVA)的概念是SternStewart公司提出的,计算公式为:EVA=税后净营业利润−资本成本=资产报酬率×总资产−加权平均资本成本率×总成本。其中,税后净营业利润是指不扣除债务成本的营业利润,资本是指企业占用的包括权益资本和债务资本的全部资金。

EVA模型衡量公司是否创造了经济价值,它以会计数据为基础,承认公司的全部资本成本,真实反映了企业的经济状况以及投资者获得的超过公司资本成本的经济回报。

经济增加值的计算是一个由会计利润向经济利润调整的过程。考虑机会成本和调整会计报表项目是 EVA 模型的两个重要特色。该评价体系以 EVA 的增加或减少评价企业各部门及其管理者的经营业绩,是以结果为导向的评价方法。

三、内部控制缺陷认定标准及认定实践

(一)内部控制缺陷定义和分类

《企业内部控制评价指引》要求企业在内部控制评价报告中披露内部控制缺陷及其认定,描述适用于本企业的内部控制缺陷具体认定标准,并声明与以前年度保持一致或做出的调整及相应原因。内部控制缺陷是描述内部控制有效性的一个负向维度。企业内部控制评价的主要工作内容之一就是找出内部控制缺陷并有针对性地进行整改。

(1)按照影响企业内部控制目标实现的严重程度,内部控制缺陷分为重大缺陷、重要缺陷和一般缺陷。重大缺陷是指一个或多个控制缺陷的组合,可能导致企业严重偏离控制目标。当存在一个或多个内部控制重大缺陷时,应当在内部控制评价报告中做出内部控制无效的结论。重要缺陷是指一个或多个控制缺陷的组合,其严重程度低于重大缺陷,但仍有可能导致企业偏离控制目标。重要缺陷的严重程度低于重大缺陷,不会严重危及内部控制的整体有效性,但也应当引起董事会、经理层的充分关注。一般缺陷是指除重大缺陷、重要缺陷以外的其他控制缺陷。

将内部控制评价中发现的内部控制缺陷划分为重大缺陷、重要缺陷和一般缺陷,须借助一套可系统遵循的认定标准,认定过程中还需要内部控制评价人员充分运用职业判断。一般而言,如果一个企业存在的内部控制缺陷达到了重大缺陷的程度,就不能说该企业的内部控制整体有效。

(2)按照内部控制缺陷成因或来源,内部控制缺陷分为设计缺陷和运行缺陷。设计缺陷是指企业缺少为实现控制目标所必需的控制,或现存控制设计不适当,即使正常运行也难以实现控制目标。运行缺陷是指设计有效(合理且适当)的内部控制因运行不当(包括由不恰当的人执行、未按设计的方式运行、运行的时间或频率不当、没有得到一贯有效运行等)而形成的内部控制缺陷。

当内部控制存在设计缺陷和运行缺陷时,会影响内部控制的设计有效性和运行有效性。

(3)按照影响内部控制目标的具体表现形式,内部控制缺陷可分为财务报告内部控制缺陷和非财务报告内部控制缺陷。财务报告内部控制是指企业为了合理保证财务报告及相关信息真实、完整而设计和运行的内部控制,以及用于保护资产安全的内部控制中与财务报告可靠性目标相关的控制。主要包括以下政策和程序:①保存充分、适当的记录,准确、公允地反映企业的交易和事项;②合理保证企业按照会计准则的规定编制财务报表;③合理保证收入和支出的发生,以及资产的取得、使用或处置经过适当授权;④合理保证及时防止或发现并纠正未经授权的、对财务报表有重大影响的交易和事项。

非财务报告内部控制是指除财务报告内部控制之外的其他控制,通常是指为了合理保证经营的效率效果、遵守法律法规、实现发展战略而设计和运行的控制,以及用于保护资产安全的内部控制中与财务报告可靠性目标无关的控制。

(二)内部控制缺陷认定标准及其举例

企业在确定内部控制缺陷的认定标准时,应当充分考虑内部控制缺陷的重要性及其影响程度。企业应根据《企业内部控制评价指引》,结合自身情况和关注的重点,自行确定内部控制重大缺陷、重要缺陷和一般缺陷的具体认定标准,由董事会最终审定。为避免企业操纵内部控制评价报告,非财务报告内部控制缺陷认定标准一经确定,在不同评价期间必须保持一致,不得随意变更。

内部控制缺陷的重要性和影响程度是相对于内部控制目标而言的。按照对实现财务报告目标和其他内部控制目标的影响的具体表现形式,下面从财务报告内部控制缺陷和非财务报告内部控制缺陷两方面分别阐述内部控制缺陷的认定标准。

1. 财务报告内部控制缺陷认定标准及举例

将财务报告内部控制的缺陷划分为重大缺陷、重要缺陷和一般缺陷,所采用的认定标准直接取决于内部控制缺陷的存在可能导致的财务报告错报的重要程度。这种重要程度取决于两个方面的因素:①该缺陷是否具备合理可能性,导致企业的内部控制不能及时防止或发现并纠正财务报告错报。合理可能性是指大于微小可能性(几乎不可能发生)的可能性,确定是否具备合理可能性涉及评价人员的职业判断。②该缺陷单独或连同其他缺陷可能导致的潜在错报金额的大小。还有一些迹象通常表明财务报告内部控制可能存在重大缺陷:①董事、监事和高级管理人员舞弊;②企业更正已公布的财务报告;③审计师发现当期财务报告存在重大错报,而内部控制在运行过程中未能发现该错报;④企业审计委员会和内部审计机构对内部控制的监督无效。财务报告内部控制缺陷的认定一般采用定量的方式予以确定。财务报告内部控制缺陷的认定标准举例如表 7-11 所示。

表 7-11 财务报告内部控制缺陷的认定标准举例

缺陷类型	可能性	影响程度	
		定性指标	定量指标
一般缺陷	微小或大于微小(注)	无	小于等于公司利润总额 1%
重要缺陷	大于微小	出现以下迹象之一通常表明财务报告内部控制存在重要缺陷: ①纠正财务报表中的错报虽然未达到和超过重要性水平,但仍应引起董事会和管理层的重视; ②以往已出现并报告给管理层的内部控制缺陷未按期整改	大于公司利润总额 1% 且小于等于公司利润总额 5%

（续表）

缺陷类型	可能性	影响程度	
		定性指标	定量指标
重大缺陷	大于微小	出现以下迹象之一通常表明财务报告内部控制存在重大缺陷： ①董事、监事和高级管理人员舞弊； ②控制环境无效； ③公司更正已公布的财务报告； ④注册会计师发现当期财务报表存在重大错报，而内部控制在运行过程中未能发现； ⑤企业审计委员会和内部审计机构对内部控制的监督无效	大于公司利润总额5%

注：微小指发生概率小于5%，估计几乎不可能发生。

2. 非财务报告内部控制缺陷认定标准及举例

非财务报告内部控制是指针对除财务报告目标之外的其他目标的内部控制。这些目标一般包括战略目标、资产安全、经营目标、合规目标等。非财务报告内部控制评价应当作为企业内部控制评价的重点。非财务报告内部控制缺陷认定具有涉及面广、认定难度大的特点。企业可以根据风险评估的各项工作，对《企业内部控制应用指引》中每项应用指引所阐述的风险，根据自身的实际情况、管理现状和发展要求，加以细化或按内部控制原理补充，参照财务报告内部控制缺陷的认定标准，合理确定定性和定量的认定标准，根据其对内部控制目标实现的影响程度认定为一般缺陷、重要缺陷和重大缺陷。非财务报告内部控制缺陷的认定一般采用定量和定性相结合的方式予以确定。定量标准涉及金额大小，既可以根据造成直接财产损失绝对金额制定，也可以根据直接损失占本企业资产、销售收入或利润等的比率确定；定性标准涉及业务性质的严重程度，可以根据其直接或潜在负面影响的性质、影响范围等因素确定。以下迹象通常表明非财务报告内部控制可能存在重大缺陷：①国有企业缺乏民主决策程序，如缺乏"三重一大"决策程序；②企业决策程序不科学，如决策失误，导致并购不成功；③违犯国家法律、法规，如环境污染；④管理人员或技术人员纷纷流失；⑤媒体负面新闻频现；⑥内部控制评价结果特别是重大缺陷或重要缺陷未得到整改；⑦重要业务缺乏制度控制或制度系统性失效。在非财务报告内部控制目标中，战略和经营目标的实现往往受到企业不可控的诸多外部因素的影响，企业的内部控制只能合理保证董事会和管理层了解这些目标的可实现程度。因而，在认定针对这些控制目标的内部控制缺陷时，我们不能只考虑最终的结果，而应考虑企业制定战略、开展经营活动的机制和程序是否符合内部控制的要求，以及不适当的机制和程序对实现企业战略及经营目标可能造成的影响。非财务报告内部控制缺陷的认定标准举例如表7-12所示。

表 7-12　非财务报告内部控制缺陷的认定标准举例

缺陷类型	可能性	影响程度(定性与定量指标)						
		业务能力的损失、经营目标的实现程度	造成资产损失	声誉的影响范围和恢复程度	法律法规的遵循程度	对安全的影响	环境受损	员工态度、能力和数量的影响
重大缺陷	大于微小	(1)重大业务的失误,需要付出很大的代价(投入时间、人员和成本超出预算20%以上)才能控制,或者情况失控并给企业存亡带来重大影响。 (2)风险造成公司整体无法达成部分关键营运目标或业绩指标。任一未达成指标的完成率低于90%;或者受风险影响的部门/单位无法达成所有关键营运目标或业绩指标①。 (3)设备、人员、系统、自然灾害等因素造成受风险影响的部门/单位普遍业务/运营中断达到3天及以上	2 000万元及以上	(1)负面消息在全国各地流传,中央政府部门或监管机构高度重视或开展调查,或者引起官方主流媒体②极大关注。 (2)企业需要1年以上时间恢复声誉③	(1)严重违反法规,导致中央政府或者监管机构调查,受到处罚。 (2)重大商业纠纷、民事诉讼或仲裁,标的金额达到5 000万元及以上	特别重大事故,造成3人以上死亡	(1)无法弥补的灾难性环境损害,或造成《国家突发环境事件应急预案》规定的环境事件发生。 (2)被国家环保行政部门通报,并被要求停产整顿	(1)严重损害员工利益,影响整体员工的工作积极性。 (2)造成职工个人或集体进京上访,造成恶劣影响 3.5%以上的核心技术人员和管理人员[指中级(含中级)技术人员/二级单位中层以上管理人员]流失

注:①关键营运目标或业绩指标是指董事会/国资委对公司年度考评的指标或公司年度下发的考核所属单位的各项指标,比如成本指标、利润指标、总资产收益率、节能减排、安全生产等;②例如人民网、新华网、人民日报等媒体;③例如出现环保事件,监管部门要求整改落实完毕的时间可定义为恢复声誉所需的时间;④微小指发生概率小于5%或者几乎不可能发生。

(三) 内部控制缺陷汇总及其整改

1. 内部控制缺陷汇总

实践中,当企业在内部控制评价工作中发现内部控制缺陷时,应在工作底稿(见表 7-13)中记录以下内容:一是问题描述,描述内部控制缺陷的客观事实,即企业现有的控制举措及其与内部控制应用指引要求或行业最佳实践间的差异所在;二是风险/影响,即内部缺陷可能为企业带来的风险/影响,可以结合定性或定量的方法,从财务、声誉、安全等多个角度进行表述;三是整改建议,内部审计部门针对该内部控制缺陷提出的可行的整改建议。企业内部控制评价部门应当编制内部控制缺陷认定汇总表,结合日常监督和专项监督中发现的内部控制缺陷及其持续改进情况,对内部控制缺陷及其成因、表现形式及影响程度进行综合分析和全面复核,提出认定意见,并以适当的形式向董事会、监事会或者经理层报告。重大缺陷应当由董事会予以最终认定。对于认定的重大缺陷,企业应当及时采取应对策略,切实将风险控制在可承受范围之内,并追究有关部门或相关人员的责任。

表 7-13 内部控制缺陷汇总表举例

问题点编号	所属流程	子流程	内部控制应用指引参考	问题描述	风险/影响	影响程度	整改建议
2000-FA-DD-02	资产管理(固定资产)	固定资产日常管理	"资产管理"第十三条 企业应当加强房屋建筑物、机器设备等各类固定资产的管理,重视固定资产维护和更新改造,不断提升固定资产的使用效能,积极促进固定资产处于良好运行状态	固定资产台账的核对缺乏审核痕迹我们了解到财务部使用SAP系统维护固定资产清单,并依照固定资产编号与办公室的实物台账进行定期核对,但审核人员并没有在核对完成后签字确认	缺乏审核人员的签字确认,可能导致实物台账与财务系统记录之间的差异没有被及时记录下来并进行相关的处理	中	我们建议财务部固定资产会计与办公室管理人员在核对实物台账与财务系统记录后,签字确认实物台账与财务系统记录相一致,以保证公司固定资产的完整性,准确反映公司资产的价值
2000-FR-DD-08	财务报告	财务报告的编制	"财务报告"第九条 企业财务报告列示的各种现金流量由经营活动、投资活动和筹资活动的现金流量构成,应当按照规定划清各类交易和事项的现金流量的界限	关联方对账:财务部每季度合并报表时会关注管理方交易,但是没有书面的关联方对账记录	关联方对账信息不准确,未披露风险	中	定期进行关联方对账并存档

（续表）

问题点编号	所属流程	子流程	内部控制应用指引参考	问题描述	风险/影响	影响程度	整改建议
2000-FR-DD-09	财务报告	财务报告的编制	"财务报告"第七条 企业财务报告列示的资产、负债、所有者权益金额应当真实可靠 "财务报告"第八条 企业财务报告应当如实列示当期收入、费用和利润	会计科目变更：我们抽取了一份外高桥第三发电有限责任公司提交的变更会计科目申请表，了解到科目变更由该公司加盖公章，经财务部加盖部门章之后由核算会计进行科目变更，但是变更没有事后审核痕迹	会计科目变更应由非会计人员进行操作，避免发生职责冲突	中	由财务经理、主管等非会计人员负责系统会计科目的变更

2. 内部控制缺陷报告与沟通

内部控制缺陷报告应当采取书面形式，可以单独报告，也可以作为内部控制评价报告的一个重要组成部分。一般而言，内部控制的一般缺陷、重要缺陷应定期（至少每年）报告，重大缺陷应立即报告。对于重大缺陷和重要缺陷及整改方案，应向董事会（审计委员会）、监事会或经理层报告并经其审定。若出现不适合向经理层报告的情形，例如存在与管理层舞弊相关的内部控制缺陷，或存在管理层凌驾于内部控制之上的情形，则应当直接向董事会（审计委员会）、监事会报告。

对于一般缺陷，可以向企业经理层报告，并视情况考虑是否需要向董事会（审计委员会）、监事会报告。

3. 内部控制缺陷整改

对于认定的内部控制缺陷，企业应当及时采取整改措施，切实将风险控制在可承受范围之内，并追究有关机构或相关人员的责任。

企业内部控制评价机构应当就发现的内部控制缺陷提出整改建议，并报经理层、董事会（审计委员会）、监事会批准。获批后，应制订切实可行的整改方案，包括整改目标、内容、步骤、措施、方法和期限。整改期限超过一年的，整改目标应明确近期目标和远期目标，以及相应的整改工作内容。

四、内部控制评价报告

企业应当根据年度内部控制评价结果，结合内部控制评价工作底稿和内部控制缺陷汇总表等资料，按照规定的程序和要求，及时编制内部控制评价报告。内部控制评价报告是内部控制评价的最终体现,按照编制主体、报送对象和时间,可分为对内报告和对外报告。

(一) 内部控制评价报告(对外报告)

对外报告是为了满足外部信息使用者的需求,必须对外披露,在时间上具有强制性,披露内容和格式强调符合披露要求。

企业因外部环境和内部条件的变化,其内部控制系统不可能是固定、一成不变的,而是一个不断更新和自我完善的动态体系,故需要经常对内部控制展开评价,实际工作中可以采用定期与不定期相结合的方式。

内部控制评价对外报告一般采用定期的方式,即企业至少每年进行一次内部控制评价并由董事会对外发布内部控制评价报告。年度内部控制评价报告应当以12月31日为基准日。值得说明的是,如果企业在内部控制评价报告年度内发生了特殊的事项且具有重要性,或出于某种特殊原因(如企业目标发生变化),企业需要针对这种特殊事项或原因及时编制内部控制评价报告并对外发布。这种类型的内部控制评价报告属于非定期的内部控制评价报告。

企业对外报告的内部控制评价报告应尽量按照统一的格式编制,以满足外部信息使用者对内部控制信息可比的要求。根据《企业内部控制评价指引》的规定,内部控制评价对外报告一般包括以下内容:

(1) 董事会声明。声明董事会及全体董事对报告内容的真实性、准确性、完整性承担个别及连带责任,保证报告内容不存在任何虚假记载、误导性陈述或重大遗漏。

(2) 内部控制评价工作的总体情况。明确企业内部控制评价工作的组织、领导体制、进度安排,说明是否聘请会计师事务所对内部控制有效性进行独立审计。

(3) 内部控制评价的依据。说明企业开展内部控制评价工作所依据的法律法规和规章制度。

(4) 内部控制评价的范围。描述内部控制评价所涵盖的被评价单位、纳入评价范围的业务事项以及重点关注的高风险领域。内部控制评价的范围有遗漏的,应说明原因及其对内部控制评价报告真实性、完整性的重大影响等。

(5) 内部控制评价的程序和方法。描述内部控制评价工作遵循的基本流程,以及评价过程中采用的主要方法。

(6) 内部控制缺陷及其认定。描述适用于本企业内部控制缺陷的具体认定标准,并声明与以前年度保持一致或做出的调整及相应原因;根据内部控制缺陷认定标准,确定评价期末存在的重大缺陷、重要缺陷和一般缺陷。

(7) 内部控制缺陷整改情况。对于评价期间发现、期末已完成整改的重大缺陷,说明企业有足够的测试样本显示,"与该重大缺陷相关的内部控制设计且运行有效",以及针对评价期末存在的内部控制缺陷,公司拟采取的整改措施及预期效果。

(8) 内部控制有效性的结论。对于不存在重大缺陷的情形,出具评价期末内部控制有效结论;对于存在重大缺陷的情形,不得做出内部控制有效的结论,并描述该重大缺陷的性质及其对实现相关控制目标的影响程度,以及可能给公司未来生产经营带来的相关风险。自内部控制评价报告基准日至内部控制评价报告发出日期间发生重大缺陷的,企业须责成内部控制评价机构予以核实,并根据核查结果相应调整评价结论,说明董事会拟采取的整改措施。

（二）内部控制评价报告（对内报告）

对内报告主要是为了满足管理层或治理层改善管控水平的需要,不具有强制性,内容、格式和披露时间由企业自行决定。内部控制评价对内报告一般采用不定期的方式,即企业可以持续地开展内部控制的监督与评价,并根据结果的重要性随时向董事会(审计委员会)或经理层报送评价报告。广义上,企业针对发现的重大缺陷等向董事会(审计委员会)或经理层报送的内部报告(内部控制缺陷报告)也属于非定期的报告。

内部控制评价对内报告一般是详式报告,尽管不同内部控制评价报告的特征和需求的不同,报告的内容可能千差万别,但在撰写一份有价值的内部控制评价对内报告时,应当注意以下几点:

（1）直接把评价结论放在段首以引起阅读者的关注,然后陈述所查证的事实、根源及其影响。

（2）把所有内部控制缺陷按其影响大小及其与企业战略发展、管理者关注度等的相关性,凡是直接影响企业战略发展、影响较大的,或者管理者在经营管理中特别关注的事项所产生的缺陷,应当列示在前面。

（3）针对查证的内部控制缺陷,应当客观分析其原因。这是评价人员通过对企业控制轨迹的测试,指出在现有状态下发生问题的原因。评价人员应该用简洁、直接的语言描述根本原因,尤其是向流程负责人报告此根本原因。如果评价人员不清楚某一发现的根本原因,就应该尝试不断地问"为什么",直到再也无问题可问为止。最后一个"为什么"的答案很可能就是该发现的根本原因。由于可能存在众多的潜在根源,评价人员一定要把重点放在关键的根源上,所采取的行动必须针对该发现的主要动因,而不必兼顾所有的原因,尤其是那些次要原因。

（4）针对查证的内部控制缺陷,应当从长期、短期两个后面分析其影响,在描述影响时应当注意:①尽可能详尽地描述影响,举一些实例可以使这些影响更加易懂;②如果财务影响可以量化,应该计算其总数,我们可以根据统计测试的推断结果计算一段时间内(如一年)某个影响的累计效应,也可以采用其他合适的方法;③除财务影响之外,评价人员还应该考虑某个重大缺陷对其他方面的影响,如对企业战略、声誉、客户、安全性、管制等的影响;④适当时,影响可以和流程目标或主要风险联系起来,这有助于加强某个重大缺陷与风险管理的相关性。

（5）针对查证的内部控制缺陷,应当提出有建设性的建议,描述这些建议时应当注意:①标本兼治,不是仅仅治标(即表象),而是针对问题的根源提出切实可行的方案;

②尽可能详尽,以避免对后来的行动产生不必要的误解;③具有可执行性,不仅执行的成本加付出的努力应该与这些行动所创造的价值相匹配,而且要落实到具体的责任人和部门;④可衡量性,流程负责人和评价人员能够对进度进行监督,以确保这些行动得到及时执行;⑤在协调与讨论中形成,并能够贯彻执行。

第三节 内部控制审计的流程、方法与报告

导读 7-3

否定意见的内部控制报告对应不同的年报审计报告意见类型

同一公司同一年度的内部控制审计报告意见类型是否与年度财务报告的审计意见类型一致?我们收集了资本市场上部分内部控制审计报告和相应的年度财务报告审计报告,发现20份否定意见的内部控制审计报告对应的财务报告年度审计报告的意见类型为:2份无法表示意见的审计报告,6份保留意见的审计报告,5份带强调事项段的审计报告,7份标准无保留意见的审计报告。下表是不同意见类型的举例。

序号	上市公司	内部控制审计意见类型	财务报告审计意见类型
1	*ST博元	否定意见(大华)	无法表示意见
2	*ST新都	否定意见(立信)	无法表示意见
3	皖江物流	否定意见(天健)	保留意见
4	水井坊	否定意见(毕马威华振)	保留意见
5	安泰集团	否定意见(立信)	带强调事项段的无保留意见
6	ST生化	否定意见(致同)	带强调事项段的无保留意见
7	泰达股份	否定意见(普华永道中天)	标准审计报告
8	昆明机床	否定意见(毕马威华振)	标准审计报告

阅读导读7-3并思考:内部控制审计报告的意见类型为什么和年度财务报告审计意见类型不一致?

内部控制审计是指会计师事务所接受委托,对特定基准日内部控制设计与运行的有效性进行审计。内部控制审计和内部控制评价的对象虽然都是企业的内部控制有效性,内部控制测试的逻辑和程序有相同之处,但是两者的目的、执行主体和报告方式等有很大的不同。本节对内部控制审计做详细介绍。

一、承接业务与签订业务约定书

内部控制审计是审计业务的一种,执行主体是审计师。审计师应当与被审计单位签

订业务约定书,形成审计委托关系。并不是任意单位的委托审计师都可以接收,只有当内部控制审计的前提条件得到满足,并且会计师事务所符合独立性要求、具备专业胜任能力时,会计师事务所才会接受或保持内部控制审计业务。在确定内部控制审计的前提条件是否得到满足时,审计师应当:①确定被审计单位采用的内部控制标准是否适当;②就被审计单位认可并理解其责任与治理层和管理层达成一致意见。

在内部控制审计中,审计师的审计责任应与被审计单位的责任相区分。被审计单位的责任包括:①按照适用的内部控制标准,建立健全和有效实施内部控制,以使财务报表不存在舞弊或错误导致的重大错报;②对内部控制的有效性进行评价并编制内部控制评价报告;③向审计师提供必要的工作条件,包括允许审计师接触与内部控制审计相关的所有信息(如记录、文件和其他事项),允许审计师在获取审计证据时不受限制地接触其认为必要的内部人员和其他相关人员等。

如果决定接受或保持内部控制审计业务,会计师事务所就应当与被审计单位签订单独的内部控制审计业务约定书。业务约定书应当至少包括以下内容:①内部控制审计的目标和范围;②审计师的责任;③被审计单位的责任;④指出被审计单位采用的内部控制标准;⑤提及审计师拟出具的内部控制审计报告的形式和内容,以及对在特定情况下出具的内部控制审计报告可能不同于预期形式和内容的说明;⑥审计收费。

二、内部控制审计流程与方法

在实践中,内部控制审计流程如图 7-3 所示。

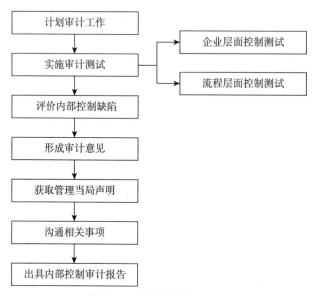

图 7-3　内部控制审计流程

(一) 计划审计工作

与会计报表审计一样,审计师在审计对企业内部控制时应当贯彻风险导向审计的思路,恰当地计划内部控制审计工作,确定总体审计策略和具体审计计划,同时考虑舞弊风险。

在规划内部控制审计时,应当注意以下方面:

(1) 在计划整合审计工作时,审计师需要评价下列事项对财务报表和内部控制是否有重要影响,以及有重要影响的事项将如何影响审计工作:①与企业相关的风险,包括在评价是否接受与保持客户和业务时,审计师了解的与企业相关的风险情况以及在执行其他业务时了解的情况;②相关法律法规和行业概况;③企业组织结构、经营特点和资本结构等重要事项;④企业内部控制最近发生变化的程度;⑤与企业沟通过的内部控制缺陷;⑥重要性、风险等与确定内部控制重大缺陷相关的因素;⑦对内部控制有效性的初步判断;⑧可获取的、与内部控制有效性相关的证据的类型和范围。此外,审计师还应关注与评价财务报表发生重大错报的可能性和内部控制有效性相关的公开信息,以及企业经营活动的相对复杂程度。

(2) 重视风险评估的作用。在内部控制审计中,审计师应当以风险评估为基础,确定重要账户、列报及其相关认定,选择拟测试的控制,确定针对所选定控制需收集的证据。一般而言,内部控制的特定领域存在重大缺陷的风险越高,给予该领域的审计关注就越多。审计师应当更多地关注高风险领域,没有必要测试那些即使有缺陷,也不可能导致财务报表重大错报的控制。

(3) 科学决策是否以及如何利用其他专家或审计师开展工作。无论专业胜任能力如何,审计师都不应利用那些客观程度较低的人员开展工作。同样,无论客观程度如何,审计师都不应利用那些专业胜任能力较低的人员开展工作。通常认为,企业的内部审计师拥有更高的专业胜任能力和客观性,审计师可以考虑更多地利用这些人员开展相关工作。

在内部控制审计中,审计师利用他人工作的程度还受到与被测试控制相关的风险的影响。与某项控制相关的风险越高,可利用他人工作的程度就越低,审计师就需要更多地亲自测试该项控制。如果其他审计师负责审计企业的一个或多个分部、分支机构、子公司等组成部分的财务报表和内部控制,审计师就应当按照《中国注册会计师审计准则第1401号——对集团财务报表审计的特殊考虑》的规定,确定是否利用其他审计师的工作。

(二) 自上而下实施审计测试

审计师应当自上而下地实施审计测试(见图7-4)。自上而下的审计方法是审计师识别风险、选择拟测试控制的基本思路。

在财务报告内部控制审计中,自上而下的方法始于财务报表层面控制,以审计师对财务报告内部控制整体风险的了解开始,然后审计师将关注重点放在企业层面控制上,并将工作逐渐下移至重大账户、列报及相关认定。这种方法引导审计师将注意力放在显示有可能导致财务报表及相关列报发生重大错报的账户、列报及认定上。之后,审计师验证其了解到的业务流程中存在的风险,并就已评估的每个相关认定的错报风险,选择足以应对这些风险的业务层面控制进行测试。在非财务报告内部控制审计中,自上而下

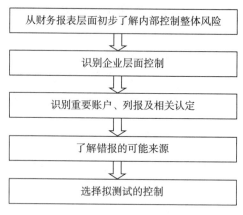

图 7-4 自上而下的审计方法

的方法始于企业层面控制,并将审计测试工作逐步下移到业务层面控制。自上而下实施审计测试时,应当注意以下方面:

(1) 自上而下的方法描述了审计师在识别风险以及拟测试的控制时的连续思维过程,但并不一定是审计师执行审计程序的顺序。

(2) 审计师应当识别、了解和测试对内部控制有效性有重要影响的企业层面控制。审计师对企业层面控制的评价,可能增加或减少本应对其他控制进行的测试。不同的企业层面控制在性质和精确度上存在差异,审计师应当从以下方面考虑这些差异对其他控制及测试的影响:①某些企业层面控制,例如与控制环境相关的控制,对及时防止或发现并纠正相关认定错报的可能性有重要影响。虽然这种影响是间接的,但这些控制仍然可能影响审计师拟测试的其他控制,以及测试程序的性质、时间安排和范围。②某些企业层面控制旨在识别其他控制可能出现的失效情况,能够监督其他控制的有效性,但还不足以精确到及时防止或发现并纠正相关认定的错报。当这些控制运行有效时,审计师可以减少对其他控制的测试。③某些企业层面控制本身能够精确到足以及时防止或发现并纠正相关认定的错报。如果一项企业层面控制足以应对已评估的错报风险,审计师就不必测试与该风险相关的其他控制。

企业层面控制包括下列内容:①与控制环境(内部环境)相关的控制;②针对管理层和治理层凌驾于控制之上的风险而设计的控制;③被审计单位的风险评估过程;④对内部信息传递和期末财务报告流程的控制;⑤对控制有效性的内部监督(监督其他控制的控制)和内部控制评价。此外,集中化的处理和控制(包括共享的服务环境)、监控经营成果的控制以及针对重大经营控制及风险管理实务的政策也属于企业层面控制。

期末财务报告流程是企业层面内部控制的重要组成部分,审计师应予以充分重视。期末财务报告流程包括:①将交易总额记入总分类账的程序;②与会计政策的选择和运用相关的程序;③总分类账中会计分录的编制、批准等处理程序;④对财务报表进行调整的程序;⑤编制财务报表的程序。审计师在评价期末财务报告流程应考虑以下几点:①被审计单位财务报表的编制流程,包括输入、处理及输出;②期末财务报告流程中运用信息技术的程度;③管理层中参与期末财务报告流程的人员;④纳入财务报表编制范围的组成部分;⑤调整分录及合并分录的类型;⑥管理层和治理层对期末财务报告流程进行监督的性质及范围。

(3) 在识别、了解和测试企业层面控制之后,审计师应当进一步识别重要账户、列报及其相关认定。如果某账户或列报可能存在一个错报,该错报单独或连同其他错报将导致财务报表发生重大错报,则该账户或列报是重要账户或列报。如果某财务报表认定可能存在一个或多个错报,这些错报将导致财务报表发生重大错报,则该认定是相关认定。判断某认定是否为相关认定,应当依据其固有风险,而不应考虑相关控制的影响。

为识别重要账户、列报及相关认定,审计师应当从以下方面评价财务报表项目及附注的错报风险:①账户的规模和构成;②易于发生错报的程度;③账户或列报中反映的交易的业务量、复杂性及同质性;④账户或列报的性质;⑤与账户或列报相关的会计处理及报告的复杂程度;⑥账户发生损失的风险;⑦账户或列报中反映的活动引起重大或有负债的可能性;⑧账户记录中是否涉及关联方交易;⑨账户或列报的特征与前期相比发生的变化。

在识别重要账户、列报及相关认定时,审计师还应当确定重大错报的可能来源。审计师可以考虑在特定的重要账户或列报中错报可能发生的领域和原因,确定重大错报的可能来源。

在内部控制审计中,审计师在识别重要账户、列报及相关认定时应当评价的风险因素与财务报表审计中考虑的因素相同。

如果某账户或列报的各组成部分存在的风险差异较大,被审计单位可能需要采用不同的控制以应对这些风险,审计师应当分别予以考虑。

(4) 对于了解潜在错报的来源并识别相应的控制,审计师应当实现下列目标以进一步了解潜在错报的来源,并为选择拟测试的控制奠定基础:①了解与相关认定有关的交易的处理流程,包括这些交易如何生成、批准、处理及记录;②验证审计师识别出的业务流程中可能发生重大错报(包括舞弊导致的错报)的环节;③识别被审计单位用于应对这些错报或潜在错报的控制;④识别被审计单位用于及时防止或发现并纠正未经授权的、导致重大错报的资产取得、使用或处置的控制。审计师应当亲自执行能够实现上述目标的程序,或督导提供直接帮助的人员的工作。

穿行测试通常是实现上述目标的最有效方式。穿行测试是指追踪某笔交易从发生到最终被反映在财务报表中的整个处理过程。审计师在执行穿行测试时,通常需要综合运用询问、观察、检查相关文件及重新执行等程序。在执行穿行测试时,针对重要处理程序发生的环节,审计师可以询问被审计单位员工对规定程序及控制的了解程度。实施询问程序连同穿行测试中的其他程序,可以帮助审计师充分了解业务流程,识别必要控制设计无效或出现缺失的重要环节。为有助于了解业务流程处理的不同类型的重大交易,在实施询问程序时,审计师不应局限于关注穿行测试所选定的单笔交易。

三、内部控制的测试

对内部控制进行测试是内部控制审计的主要工作内容,在对内部控制进行测试时应考虑如何选择拟测试的控制,以及如何测试控制设计的有效性和运行的有效性等。

(一)选择拟测试的控制

审计师应当针对每一相关认定获取控制有效性的审计证据,以便对内部控制整体的有效性发表意见,但没有责任对单项控制的有效性发表意见。

审计师应当对被审计单位的控制是否足以应对评估的每个相关认定的错报风险形成结论。因此,审计师应当选择对形成评价结论具有重要影响的控制进行测试。对于特定的相关认定而言,可能有多项控制用于应对评估的错报风险;反之,一项控制也可能应对评估的多项相关认定的错报风险。审计师没有必要测试与某项相关认定有关的所有控制。在确定是否测试某项控制时,审计师应当考虑该项控制单独或连同其他控制是否足以应对评估的某项相关认定的错报风险,而不论该项控制的分类和名称如何。

(二)测试控制设计的有效性和运行的有效性

审计师应当测试控制设计的有效性。如果某项控制由拥有有效执行控制所需的授权及专业胜任能力的人员按规定的程序和要求执行,能够实现控制目标,能够有效防止或发现并纠正可能导致财务报表发生重大错报的错误或舞弊,则表明该项控制的设计是有效的。

审计师应当测试控制运行的有效性。如果某项控制正在按照设计运行、执行人员拥有有效执行控制所需的授权和专业胜任能力,能够实现控制目标,则表明该项控制的运行是有效的。

审计师获取的有关控制运行有效性的审计证据包括:①控制在所审计期间的相关时点是如何运行的;②控制是否得到一贯执行;③控制由谁或以何种方式执行。

在测试所选定控制的有效性时,审计师应当根据与控制相关的风险,确定所需获取的审计证据。与控制相关的风险包括控制可能无效的风险,以及如果该控制无效,可能导致重大缺陷的风险。与控制相关的风险越高,审计师需要获取的审计证据就越多。下列因素影响与某项控制相关的风险:①该项控制拟防止或发现并纠正的错报的性质和重要程度;②相关账户、列报及认定的固有风险;③交易的数量和性质是否发生变化,进而可能对该项控制设计或运行的有效性产生不利影响;④相关账户或列报是否曾经出现错报;⑤企业层面控制(特别是监督其他控制的控制)的有效性;⑥该项控制的性质及其执行频率;⑦该项控制对其他控制(如控制环境或信息技术的一般性控制)有效性的依赖程度;⑧执行该项控制或监督该项控制执行的人员的专业胜任能力,以及其中的关键人员是否发生变化;⑨该项控制是人工控制还是自动化控制;⑩该项控制的复杂程度,以及在运行过程中依赖判断的程度。

(三)控制测试的涵盖期间

对控制有效性的测试所涵盖的期间越长,能提供的控制有效性的审计证据越多。单就内部控制审计业务而言,审计师应当获取内部控制在基准日之前一段足够长的时间内有效运行的审计证据。在整合审计中,控制测试所涵盖的期间应当尽量与财务报表审计中拟信赖内部控制的期间保持一致。

审计师执行内部控制审计业务旨在对基准日内部控制的有效性出具报告。如果已获取有关期中控制在运行有效性的审计证据,审计师应当确定还需要获取哪些补充审计证据,以证实剩余期间控制的运行情况。在将期中测试结果更新至基准日时,审计师应当考虑下列因素以确定需要获取的补充审计证据:①基准日之前测试的特定控制,包括与控制相关的风险、控制的性质和测试的结果;②期中获取的有关审计证据的充分性和适当性;③剩余期间的长短;④期中测试之后,内部控制发生重大变化的可能性。

(四)控制测试的时间安排

测试控制有效性的实施时间越接近基准日,提供的有关控制有效性的审计证据越有力。为了获取充分、适当的审计证据,审计师应当在下列两个因素之间进行平衡以确定测试的时间:①尽量在接近基准日实施测试;②实施的测试应涵盖足够长的期间。

整改后的内部控制应当在基准日之前运行足够长的时间,这样审计师才能得出整改后的内部控制是否有效的结论。因此,在接受或保持内部控制审计业务时,审计师应当尽早与被审计单位沟通这一情况,并合理安排控制测试时间,留出提前量。例如,审计师在基准日前3个月完成期中测试工作。此外,由于对企业层面控制的评价结果将影响审计师测试其他控制的性质、时间安排和范围,审计师可以考虑在执行审计业务的早期阶段对企业层面控制进行测试。

(五)控制测试的范围

审计师在测试控制的运行有效性时,应当在考虑与控制相关风险的基础上,确定测试的范围(样本规模)。审计师确定的测试范围,应当足以使其获取充分、适当的审计证据,为基准日内部控制是否不存在重大缺陷提供合理保证。

1. 测试人工控制的最小样本规模

在测试人工控制时,如果采用检查或重新执行程序,审计师测试的最小样本量区间如表7-14所示。

表7-14 测试人工控制的最小样本量区间

控制测试频率	控制运行总次数	测试的最小样本量区间
每年一次	1	1
每季一次	4	2
每月一次	12	2—5
每周一次	52	5—15
每天一次	250	20—40
每天多次	大于250	25—60

在利用表7-14时,审计师应当注意下列事项:①测试的最小样本量是指所需测试的控制运行次数;②审计师应当根据与控制相关的风险,基于最小样本量区间确定具体的样本规模;③表7-14假设控制的运行偏差率预期为0,如果预期偏差率不为0,审计师应当扩大样本规模;④如果审计师不能确定控制运行频率,但是知道控制运行总次数,仍可根据"控制运行总次数"一列确定测试的最小样本规模。

2. 测试自动化应用控制的最小样本规模

信息技术处理具有内在一贯性。在信息技术的一般性控制有效的前提下,除非系统发生变动,否则审计师只需对自动化应用控制的运行测试一次,即可得出所测试自动化应用控制是否运行有效的结论。

3. 发现偏差时的处理

当发现控制偏差时,审计师应当确定下列事项的影响:①与所测试控制相关的风险的评估;②需要获取的审计证据;③控制运行有效性的结论。评价控制偏差的影响需要审计师运用职业判断,并受到控制的性质和所发现偏差数量的影响。如果发现的控制偏差是系统性的或人为有意造成的,审计师应当考虑舞弊可能性及其对审计方案的影响。

在评价控制测试中发现的某项控制偏差是否为控制缺陷时,审计师可以考虑的因素包括:①该偏差是如何被发现的。例如,如果某控制偏差是从另外一项控制中发现的,则可能意味着被审计单位存在有效的发现性控制。②该偏差是与某一特定的地点、流程或应用系统相关,还是对被审计单位有广泛影响。③就被审计单位的内部政策而言,该控制出现偏差的严重程度。例如,某项控制的执行晚于被审计单位政策要求的时间,但仍在编制财务报表之前得到执行,还是该项控制根本没有得到执行。④与控制运行频率相比,偏差发生的频率大小。

由于有效的内部控制不能为实现控制目标提供绝对保证,单项控制并非一定要毫无偏差地运行才被认为有效。在按照表7-14的样本规模进行测试的情况下,如果发现控制偏差,审计师就应当考虑偏差的产生原因及性质,并考虑采用扩大样本量等适当的应对措施,以判断该偏差是否对总体不具有代表性。例如,对每日发生多次的控制,如果初始样本量为25个,当测试发现一项控制偏差且不是系统性偏差时,审计师可以扩大样本量进行测试,增加的样本量至少为15个。如果测试后再次发现偏差,审计师就可以得出该控制无效的结论。如果扩大样本量没有再次发现偏差,审计师就可以得出控制有效的结论。

(六)控制变更时的特殊考虑

在基准日之前,被审计单位可能为提高控制效率、效果或弥补控制缺陷而改变控制。对内部控制审计而言,如果新控制实现了相关控制目标且运行了足够长的时间,使审计师能够通过对该控制的测试评价其设计和运行的有效性,那么审计师不必测试被取代的控制。对财务报表审计而言,如果被取代控制的运行有效性对控制风险的评估有重大影响,审计师应当测试被取代控制的设计和运行的有效性。

四、内部控制缺陷评价与沟通

(一) 内部控制缺陷评价

在计划和实施审计工作时,不要求审计师寻找单独或组合起来不构成重大缺陷的控制缺陷。控制缺陷的严重程度取决于:①控制不能防止或发现并纠正账户或列报发生错报的可能性的大小;②因一项或多项控制缺陷导致的潜在错报的金额大小。控制缺陷的严重程度与错报是否发生无关,而取决于控制不能防止或发现并纠正错报的可能性的大小。如图7-5所示,在评价内部控制缺陷时应当考虑以下方面:

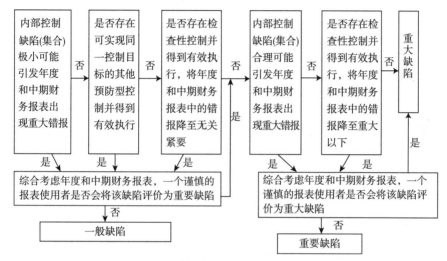

图7-5 判断内部控制缺陷属性的决策

(1) 在评价一项控制缺陷或多项控制缺陷的组合是否可能导致账户或列报发生错报时,审计师应当考虑的风险因素包括:①所涉及的账户、列报及相关认定的性质;②相关资产或负债易发生损失或舞弊的可能性;③确定相关金额时需判断的主观程度、复杂程度和范围;④该项控制与其他控制的相互作用或关系;⑤控制缺陷之间的相互作用;⑥控制缺陷在未来可能产生的影响。在评价控制缺陷是否可能导致错报时,审计师无须将错报发生的概率量化为特定的百分比或区间。如果多项控制缺陷影响财务报表的同一账户或列报,错报发生的概率就会增大。当存在多项控制缺陷时,即使这些缺陷从单项看不重要,但组合起来也可能构成重大缺陷。因此,审计师应当确定对同一重要账户、列报及相关认定或内部控制要素产生影响的各项控制缺陷,组合起来是否构成重大缺陷。

(2) 在评价因一项或多项控制缺陷导致的潜在错报的金额大小时,审计师应当考虑的因素包括:①受控制缺陷影响的财务报表金额或交易总额;②在本期或预计的未来期间受控制缺陷影响的账户余额或各类交易涉及的交易量。在评价潜在错报的金额时,账户余额或交易总额的最大多报金额通常是已记录的,但最大少报金额可能超过已记录的。通常,小金额错报发生概率比大金额错报发生概率更大。

（3）在确定一项控制缺陷或多项控制缺陷的组合是否构成重大缺陷时，审计师应当评价补偿性控制的影响。在评价补偿性控制能否弥补控制缺陷时，审计师应当考虑补偿性控制是否有足够的精确度以防止或发现并纠正可能发生的重大错报。

（二）内部控制缺陷整改的影响

如果被审计单位在基准日前对存在缺陷的控制进行了整改，整改后的控制需要运行足够长的时间，才能使审计师得出其是否有效的审计结论。审计师应当根据控制的性质和与控制相关的风险，合理运用职业判断，确定整改后控制运行的最短期间（或整改后控制的最少运行次数）以及最少测试数量。整改后控制运行的最短期间（或最少运行次数）和最少测试数量参考表 7-15。

表 7-15 整改后控制运行的最短期间（或最少运行次数）和最少测试数量

控制运行频率	整改后控制运行的最短期间或最少运行次数	最少测试数量
每季 1 次	2 个季度	2
每月 1 次	2 个月	2
每周 1 次	5 周	5
每天 1 次	20 天	20
每天多次	25 次（分布于涵盖多天的期间，通常不少于 15 天）	25

如果被审计单位在基准日前对存在重大缺陷的内部控制进行了整改，但新控制尚未运行足够长的时间，审计师应当将其视为内部控制在基准日存在重大缺陷。

（三）内部控制缺陷沟通

虽然并不要求审计师执行足以识别所有控制缺陷的程序，但审计师应当沟通其注意到的内部控制的所有缺陷。内部控制审计不能保证审计师能够发现严重程度低于重大缺陷的所有控制缺陷，因此审计师不应在内部控制审计报告中声明，在审计过程中没有发现严重程度低于重大缺陷的控制缺陷。

对于重大缺陷和重要缺陷，审计师应当以书面形式与管理层和治理层沟通。书面沟通应当在审计师出具内部控制审计报告之前进行。审计师应当以书面形式与管理层沟通其在审计过程中识别出的所有其他内部控制缺陷，并在沟通完成后告知治理层。在进行沟通时，审计师不必重复自身、内部审计师或被审计单位其他人员以前书面沟通过的控制缺陷。

五、内部控制审计报告

（一）审计报告的基本内容

审计师在完成内部控制审计后要出具审计报告，表达对财务报告内部控制的意见，并对出具的审计报告负责。标准的内部控制审计报告一般包括：①标题；②收件人；③引言段；④企业对内部控制的责任段；⑤审计师的责任段；⑥内部控制固有局限性的说明段；⑦财务报告内部控制审计意见段；⑧非财务报告内部控制重大缺陷描述段；⑨审计师的签名和盖章；⑩会计师事务所的名称、地址及盖章；⑪报告日期。

（二）审计报告的类型

审计报告有标准无保留意见、带强调事项说明段的非标准无保留意见、否定意见和无法表示意见四种类型。

1. 标准无保留意见的内部控制审计报告

标准无保留意见的内部控制审计报告是指审计师出具的内部控制审计报告中不附加说明段、强调事项段或任何修饰性词语。符合以下条件的，审计师应当对财务报告内部控制出具无保留意见的内部控制审计报告：

（1）企业按照《企业内部控制基本规范》《企业内部控制应用指引》《企业内部控制评价指引》及企业自身内部控制制度的要求，在所有重大方面保持了有效的内部控制。

（2）审计师已经按照《企业内部控制审计指引》的要求计划并实施审计工作，在审计过程中未受到限制。

标准无保留意见的内部控制审计报告参考格式如下：

内部控制审计报告

××股份有限公司全体股东：

按照《企业内部控制审计指引》及中国审计师执业准则的相关要求，我们审计了××股份有限公司（以下简称××公司）××××年×月×日的财务报告内部控制的有效性。

按照《企业内部控制基本规范》《企业内部控制应用指引》《企业内部控制评价指引》的规定，建立健全和有效实施内部控制，并评价其有效性是企业董事会的责任。（注：企业对内部控制的责任）

我们的责任是在实施审计工作的基础上，对财务报告内部控制的有效性发表审计意见，并对注意到的非财务报告内部控制的重大缺陷进行披露。（注：审计师的责任）

内部控制具有固有局限性，存在不能防止和发现错报的可能性。此外，由于情况的变化可能导致内部控制变得不恰当，或对控制政策和程序的遵循程度降低，根据内部控制审计结果推测未来内部控制的有效性具有一定风险。（注：内部控制的固有局限性）

我们认为，××公司按照《企业内部控制基本规范》和相关规定在所有重大方面保持了有效的财务报告内部控制。（注：财务报告内部控制审计意见）

在内部控制审计过程中，我们注意到××公司的非财务报告内部控制存在重大缺陷。（注：描述该缺陷的性质及其对实现相关控制目标的影响程度）

由于存在上述重大缺陷，我们提醒本报告使用者注意相关风险。需要指出的是，我们并不对××公司的非财务报告内部控制发表意见或提供保证。本段内容不影响对财务报告内部控制有效性发表的审计意见。(注:非财务报告内部控制的重大缺陷)

××会计师事务所中国审计师:
(盖章)×××(签名并盖章)

中国审计师:
×××(签名并盖章)
中国××市××××年×月×日

2. 带强调事项说明段的非标准无保留意见的内部控制审计报告

带强调事项说明段的无保留意见的内部控制审计报告是指审计师认为财务报告内部控制虽不存在重大缺陷,但仍有一项或多项重大事项需要在内部控制审计报告中增加强调事项段予以说明,用来提醒内部控制审计报告使用人注意。审计师需要在强调事项段中指明,该段内容仅用于提醒内部控制审计报告使用者关注,并不影响对财务报告内部控制发表的审计意见。如果确定企业内部控制评价报告对审计要素的列报不完整或不恰当,审计师应当在内部控制审计报告中增加强调事项段,说明这一情况并解释得出该结论的理由。

带强调事项说明段的内部控制审计报告参考格式如下:

内部控制审计报告

××股份有限公司全体股东:

按照《企业内部控制审计指引》及中国审计师执业准则的相关要求,我们审计了××股份有限公司(以下简称××公司)××××年×月×日的财务报告内部控制的有效性。

"一、企业对内部控制的责任"至"五、非财务报告内部控制的重大缺陷"参见标准内部控制审计报告相关段落表述。

我们提醒内部控制审计报告使用者关注……(注:描述强调事项的性质及其对内部控制的重大影响)本段内容不影响已对财务报告内部控制发表的审计意见。(注:强调事项)

××会计师事务所   中国审计师:×××(签名并盖章)
(盖章)   中国审计师:×××(签名并盖章)
                          中国××市×××年×月×日

3. 否定意见的内部控制审计报告

如果认为内部控制存在一项或多项重大缺陷,除非审计范围受到限制,否则审计师应当对内部控制发表否定意见。否定意见的内部控制审计报告还应当包括重大缺陷的定义、性质及其对内部控制的影响程度。

如果重大缺陷尚未包含在企业内部控制评价报告中,审计师应当在内部控制审计报告中说明重大缺陷已识别但没有包含在企业内部控制评价报告中。如果企业内部控制评价报告中已包含重大缺陷,但审计师认为这些重大缺陷未在所有重大方面得到公允反映,审计师应当在内部控制审计报告中说明这一结论,并公允表达有关重大缺陷的必要信息。此外,审计师还应当就这些情况以书面形式与治理层沟通。

如果对内部控制的有效性发表否定意见,审计师就应当确定该意见对财务报告审计意见的影响,并在内部控制审计报告中予以说明。

否定意见的内部控制审计报告参考格式如下:

内部控制审计报告

×××股份有限公司全体股东:

按照《企业内部控制审计指引》及中国审计师执业准则的相关要求,我们审计了××股份有限公司(以下简称××公司)××××年×月×日的财务报告内部控制的有效性。

"一、企业对内部控制的责任"至"三、内部控制的固有局限性"参见标准内部控制审计报告相关段落表述。

重大缺陷,是指一个或多个控制缺陷的组合,可能导致企业严重偏离控制目标。(注:指出审计师已识别出的重大缺陷,并说明重大缺陷的性质及其对财务报告内部控制的影响程度)

有效的内部控制能够为财务报告及相关信息的真实、完整提供合理保证,而上述重大缺陷使××公司内部控制失去这一功能。(注:导致否定意见的事项)

我们认为,由于存在上述重大缺陷及其对实现控制目标的影响,××公司未能按照《企业内部控制基本规范》和相关规定在所有重大方面保持有效的财务报告内部控制。(注:财务报告内部控制审计意见)

其他内容参见标准内部控制审计报告相关段落表述。(注:非财务报告内部控制的重大缺陷)

××会计师事务所	中国审计师:×××(签名并盖章)
(盖章)	中国审计师:×××(签名并盖章)
	中国××市×××年×月×日

4. 无法表示意见的内部控制审计报告

审计师只有实施了必要的审计程序,才能对内部控制的有效性发表意见。如果审计范围受到限制,审计师应当解除业务约定或出具无法表示意见的内部控制审计报告。

如果法律法规的相关豁免规定允许被审计单位不将某些实体纳入内部控制评价范围,审计师可以不将这些实体纳入内部控制审计范围。这种情况不构成审计范围受到限制,但审计师应当在内部控制审计报告中增加强调事项段或者在审计师责任段中,就这些实体未被纳入评价范围和内部控制审计范围这一情况,做出与被审计单位类似的恰当陈述。审计师应当评价相关豁免是否符合法律法规的规定,以及被审计单位针对该项豁免做出的陈述是否恰当。如果认为被审计单位有关该项豁免的陈述不恰当,审计师应当提请其适当修改。如果被审计单位未进行适当修改,审计师应当在内部控制审计报告的强调事项段中说明被审计单位的陈述需要修改的理由。

在出具无法表示意见的内部控制审计报告时,审计师应当在内部控制审计报告中指明审计范围受到限制,无法对内部控制的有效性发表意见,并单设段落说明无法表示意见的实质性理由。审计师不应在内部控制审计报告中指明所执行的程序,也不应描述内部控制审计的特征,以避免报告使用者对无法表示意见产生误解。如果在已执行的有限程序中发现内部控制存在重大缺陷,审计师应当在内部控制审计报告中对重大缺陷做出详细说明。

只要认为审计范围受到限制将导致无法获取发表审计意见所需的充分、适当的审计证据,审计师就不必执行任何其他工作即可对内部控制出具无法表示意见的内部控制审计报告。在这种情况下,内部控制审计报告的日期应为审计师已就该报告中陈述的内容获取充分、适当的审计证据的日期。在因审计范围受到限制而无法表示意见时,审计师应当就未能完成整个内部控制审计工作的情况,以书面形式与管理层和治理层沟通。

无法表示意见的内部控制审计报告参考格式如下:

内部控制审计报告

××股份有限公司全体股东

我们接受委托,对××股份有限公司(以下简称××公司)××××年×月×日的财务报告内部控制进行审计。

删除审计师的责任段,"一、企业对内部控制的责任"和"二、内部控制的固有局限性",参见标准内部控制审计报告相关段落的表述。

描述审计范围受到限制的具体情况。(注:导致无法表示意见的事项)

由于审计范围受到上述限制,我们未能实施必要的审计程序以获取发表意见所需的充分、适当证据,因此我们无法对××公司财务报告内部控制的有效性发表意见。(注:财务报告内部控制审计意见)

重大缺陷是指一个或多个控制缺陷的组合,可能导致企业严重偏离控制目标。尽管我们无法对××公司财务报告内部控制的有效性发表意见,但在我们实施审计程序的过程中,发现了以下重大缺陷:

(注:指出审计师已识别出的重大缺陷,并说明重大缺陷的性质及其对财务报告内部控制的影响程度)

有效的内部控制能够为财务报告及相关信息的真实完整提供合理保证,而上述重大缺陷使××公司内部控制失去这一功能。(注:识别的财务报告内部控制重大缺陷,如在审计范围受到限制前,执行有限程序未能识别出重大缺陷,则应删除本段)

参见标准内部控制审计报告相关段落表述。(注:非财务报告内部控制的重大缺陷)

××会计师事务所　　　　　　　　　　　中国审计师:×××(签名并盖章)
(盖章)　　　　　　　　　　　　　　　　中国审计师:×××(签名并盖章)
　　　　　　　　　　　　　　　　　　　中国××市××××年×月×日

知识要点

内部控制评价　内部控制评价流程　内部控制评价报告　内部控制审计　整合审计　内部控制审计流程　内部控制审计报告

行动学习

收集资本市场最近两年被出具否定意见的审计报告的上市公司,理解其对应的年度财务报告审计报告意见类型,讨论内部控制报告、内部控制审计报告与年度财务报告审计报告的关系?

案例分析

新华制药内部控制评价报告与内部控制审计报告

一、简介

山东新华制药股份有限公司(以下简称"新华制药")始创于1943年,前身为山东新华制药厂,1993年9月30日改制为股份公司。1996年12月,公司在香港上市,股票代码为00719。1997年7月,公司在深圳交易所上市,股票代码为000756,公开发行A股股票。2012年3月23日,信永中和会计师事务所有限责任公司给山东新华制药股份有限公司2011年度财务报表出具了无保留意见的审计报告,出具了否定意见的内部控制审计报告。

二、与欣康祺医药的往来

山东欣康祺医药有限公司(以下简称"欣康祺")成立于20世纪90年代,是济南市首批获得医药经营GSP认证的企业。公司经营方式为批发,经营范围为中成药、化学药制剂、抗生素、生化药品、生物制品等。

截至2011年12月31日,新华制药下属子公司(医贸公司)应收欣康祺及与其存在担保关系方新宝医药、华邦医药、山东药材高新分公司、百易美医药货款合计6 073.1万元,其中应收欣康祺4 060.6万元,应收华邦医药979.6万元,应收百易美医药399.6万元,应收山东药材高新分公司334.3万元,应收新宝医药299.1万元。欣康祺为新宝医药、华邦医药、山东药材高新分公司、百易美医药等四家公司尚未支付的上述货款向本公司下属子公司(医贸公司)提供了担保,华邦医药为欣康祺尚未支付的上述货款提供了担保。

三、导火索:欣康祺非法集资案

2011年12月30日,济南市公安局对欣康祺涉嫌非法吸收公众存款案立案侦查。2012年2月29日上午,山东省公安厅召开专题发布会,正式宣布了欣康祺非法集资案的情况。

公开资料显示,自2010年8月以来,欣康祺总经理徐新国等人以公司名义,以与银行合作开立银行承兑汇票需要保证金为由,以2.5%—4%的月息为诱饵,非法吸收公众资金近10亿元。欣康祺等5家公司欠新华制药子公司的货款6 073.1万元也很有可能就此打了水漂。

欣康祺长期以来把医药业做成金融业,其主要获利模式是从上游赊购进货,再以低3%—5%的价格现销给下游,同时将赚取的现金投入期货市场以获取收益。这种获利模式具有很大的风险性,也是欣康祺最后资金链断裂的根本原因。

2012年3月15日,新华制药披露,公司大客户之一(山东济南欣康祺医药有限公司)经营异常,资金链断裂,可能导致新华制药重大损失。

四、否定的内部控制评价报告

2011年新华制药内部控制评价报告中,自我评价的结论为内部控制失效。报告指出:根据内部控制缺陷认定标准,结合日常监督和专项监督情况,我们评价中发现报告期内存在一项重大缺陷,即子公司山东新华医药贸易有限公司对客户授信额度过大导致较大经济损失。上述重大缺陷使得公司对山东欣康祺医药有限公司及其关联公司形成大额应收款项6 073.1万元;同时,因欣康祺公司经营出现异常,资金链断裂,可能使公司遭受较大经济损失。

针对报告期内发现的内部控制缺陷,公司通过建立完善的相关制度、增大检查力度等相应措施进行了整改:对子公司控制方面,针对子公司内部控制制度中缺少多头授信的规定及内部控制制度执行不严导致对客户授信额度过大造成损失的问题,公司修订印发了《山东新华制药股份有限公司营销信用风险管理办法》,对多头授信做出了明确规定,并加大了监督检查力度,以防形成新的因授信额度过大导致的信用风险。

五、否定的内部控制审计报告

2012年3月23日,信永中和会计师事务所有限责任公司给新华制药出具了否定意见的内部控制审计报告。

新华制药内部控制存在如下重大缺陷:

(1)新华制药下属子公司山东新华医药贸易有限(以下简称"医贸公司")内部控制制度对多头授信无明确规定,在实际执行中,医贸公司的鲁中分公司、工业销售部门、商业销售部门等三个部门分别向同一客户授信,使得授信额度过大。

(2)新华制药下属子公司(医贸公司)内部控制制度规定对客户授信额度不大于客

户注册资本,但医贸公司在实际执行中,对部分客户超出客户注册资本授信,使得授信额度过大,同时医贸公司也存在未授信发货的情况。

上述重大缺陷使得新华制药对欣康祺及与其存在担保关系方形成大额应收款项6 073.1万元;同时,因欣康祺经营出现异常,资金链断裂,可能使新华制药遭受较大经济损失。2011年,新华制药对应收欣康祺及与其存在担保关系方货款计提了4 858.5万元坏账准备。

六、人们的质疑

尽管新华制药被信永中和出具否定意见内部控制审计报告,但人们对此仍然议论纷纷,问题的导火线和焦点问题如下:

(1) 济南市公安局于2011年12月30日对欣康祺涉嫌非法吸收公众存款案立案侦查,涉案金额高达10亿元。公司年报显示,欣康祺多年来一直为新华制药大客户。2009年,欣康祺为新华制药第一大客户;2011年为新华制药第三大客户,贡献营业收入1.49亿元。

(2) 人们认为"内部控制制度的问题不是一天两天才存在的,肯定是原来就有漏洞",如果公司的内部控制制度并没有发生变化,此前的审计工作对此不可能毫无察觉,由此指责信永中和"马后炮难掩严重失职",甚至有人以专家身份提出"受损失的股民可以要求会计师事务所赔偿"。

(3) 2011年,新华制药内部控制评价报告的结论为内部控制失效。新华制药对欣康祺等五家公司欠款6 073.1万元已按80%计提坏账准备4 858.5万元,占2011年公司全年利润的52.12%,但审计师仍发表否定意见的内部控制审计报告。

要求:

1. 从新华制药2011年内部控制被出具了否定意见的审计报告,但年度财务报告却被出具了无保留意见的审计报告,讨论审计师对同一家公司的内部控制审计报告和年度财务报告审计报告的关系,以及在什么情况下,尽管企业内部控制审计报告是非标意见的,但年度财务报告审计报告仍可以是标准的审计报告。

2. 从信永中和被指责的有关情况中,思考审计师如何才能避免被追究相关的法律责任。

3. 结合本案例,讨论内部控制评价报告与内部控制审计报告的关系。

4. 结合本案例,讨论企业出现什么内部控制缺陷容易被出具非标准内部控制审计报告。

补充阅读

财政部等五部委:《企业内部控制评价指引》,2015年。
财政部等五部委:《企业内部控制审计指引》,2015年。
财政部等五部委:《企业内部控制审计指引实施意见》,2015年。

洪峰:《关于上市公司内部控制重大缺陷的研究综述》,《财会月刊》,2012年第8期。

李晓慧、孟春:《有效内部控制的关键环节研究——来自巴林银行、兴业银行和瑞士银行的多案例研究》,《财政研究》,2012年第2期。

李晓慧:《中国工商管理案例精选》(第五辑),北京:中国财政经济出版社,2016年版。

李晓慧、何玉润:《内部控制与风险管理:理论、实务与案例》(第二版),北京:中国人民大学出版社,2016年版。

李晓慧、张明祥、李哲:《管理层自利与企业内部控制缺陷模仿披露关系研究:基于制度理论分析》,《审计研究》,2019年第2期。

第八章

舞弊审计理论与实践

学习目的

1. 了解舞弊审计责任的历史沿革
2. 掌握我国舞弊审计责任的界定与履行
3. 了解舞弊审计的线索
4. 熟悉舞弊审计的查证技巧
5. 熟悉舞弊审计的沟通机制
6. 了解企业的反舞弊机制

第一节 舞弊审计责任沿革与确立

导读 8-1

事务所状告证监会,审计失实谁之过

河南华为会计师事务所有限责任公司于 2000 年负责对上市公司宇通客车公司 1999 年度会计报表进行审计。宇通公司使用编制虚假凭证、虚假银行对账单及科目汇总表、修改部分明细账等方式,虚减公司资产、负债 13 500 万元。而河南华为会计师事务所审计师在审计中没有发现宇通公司虚减资产和负债的会计记录,为宇通公司 1999 年年报出具了标准无保留意见的审计报告,收取宇通公司审计费 30 万元。

2001 年 2 月 6 日,财政部向中国证监会出函,认为宇通公司为了在 2000 年配股,虚减资产和负债合计 13 500 万元,使企业达到配股的目的;鉴于宇通公司的行为同时违反了证券管理有关法规的规定,建议移送中国证监会酌情处理。

中国证监会于 2002 年 10 月 10 日以华为会计师事务所及两名签字会计师在审计中

"未勤勉尽责"为由做出没收非法所得30万元、对两名签字会计师分别处以警告的处罚决定。此决定做出后,华为会计师事务所向中国证监会提出行政复议。中国证监会2003年3月做出行政复议决定,维持行政处罚。随后,华为会计师事务所将中国证监会告上法庭。同年11月,北京市第一中级人民法院进行公开宣判,维持中国证监会行政处罚决定。

对此处罚,多方各执己见。

华为会计师事务提出,有关材料显示,导致宇通公司1999年审计报告部分内容失实的原因完全在于企业,宇通公司提供了虚假的原始资料,而承办审计师已勤勉尽责。中国证监会不能因为企业舞弊、报告出了问题就殃及会计师事务所,中国证监会将30万元业务费认定为非法收入也于法无据。

中国证监会认为,华为会计师事务所出具的财务报表存在诸多虚假内容,对于宇通公司诸多存在明显疑点的问题,华为会计师事务所在审计过程中均没有给予合理关注,最终出具了含有虚假内容的文件。对此,会计师不能因企业对造假承担了责任就免除自己的责任,因而没收30万元非法所得于法有据。

法院认为,华为会计师事务所的审计违反了审计准则的有关规定,如果审计师及其事务所严格按照有关规定进行审计,完全能够发现年报中虚减负债及虚增资产的内容。

审理法官认为,中国证监会认定审计师未勤勉尽责并予以处罚,具有事实及法律依据。中国证监会根据原告的违法情节做出没收非法所得的处罚决定,处罚幅度适当。中国证监会在作出行政处罚决定的过程中,根据我国行政处罚法的相应规定进行了告知、听证、送达文件,符合法定程序。

资料来源:李京华:《"未能勤勉尽责"的会计师事务所状告证监会败诉》,新华网,2003年11月20日。

从导读8-1可以看出,在审计实务中,对于舞弊审计责任问题存在很多的争议,其中一个重要的原因是人们对舞弊审计责任的内涵缺乏深入的理解。本节主要回顾美国舞弊审计准则和国际舞弊审计准则的历史变迁,梳理舞弊审计责任的历史沿革,并在此基础上阐述我国审计舞弊责任的确立和履行。

一、舞弊审计责任的沿革

(一)舞弊审计责任的第一次变迁

最初,社会公众包括会计职业界均认为查错揭弊是审计师财务报表审计的主要目标。然而,从20世纪20年代起,工业化国家受到两次世界大战及不断恶化、蔓延的资本主义经济危机的严重影响,整个社会经济环境发生了巨大变化。受此影响,在这一时期,审计职业界普遍认为审计师不承担专门检查会计舞弊的责任,查找会计舞弊只是一种顺便的责任,不须进行专门的审计。

AICPA 1972年发布的SAS No.1(《审计准则和程序汇编》)明确规定:①揭露舞弊行

为不是审计师的审计目的;②不能依赖常规的财务报表审计来确保揭露舞弊行为。那时是将审计师执行的财务报表审计和专门接受委托进行的舞弊审计严格区分,并在准则中规定审计师不承担对舞弊的审计责任。

(二)舞弊审计责任的第二次变迁

20世纪70年代后,美国连续发生几起重大舞弊案,如产权基金公司和全国学生营销公司舞弊案等,Moss & Metcalf委员会对此采取了一系列行动,包括1977年颁布的《反外国贿赂法》等。公司道德危机引发了公众对审计师财务报表审计不承担舞弊审计责任的不满,加上政府监管呼声的高涨特别是证券交易委员会的强制性干涉,AICPA被迫做出反应,成立POB,创建同业复核制度,在"会计师事务所部"下设"证券交易委员会业务处",并于1977年1月发布SAS No.16和No.17。SAS No.16(《独立审计师检查错误和舞弊的责任》)取代SAS No.1的有关规定,明确指出审计师对舞弊负有审计责任。可见,第二次制度变迁实现了由不承认到承认审计师在财务报表审计中对舞弊负有审计责任的根本性立场和观念的转变,具有划时代的里程碑意义,这对整个审计职业产生深远影响。

(三)舞弊审计责任的第三次变迁

由于SAS No.16措辞含糊,仅仅一般性地要求开展审计以发现对财务报表有重大影响的错误和舞弊,并没有提供审计舞弊的详细指南,因此运用该准则审计舞弊的效果并不明显,不能满足审计职业界和公众的要求,公司舞弊大案时有发生。1982年美国估计财务报表舞弊金额超过550亿美元。1987年国会议员Dingell在《纽约时报》上发表声明:"责成审计师职业界在一年内改进工作,否则政府将正式介入。"

AICPA迅速做出反应,研究对策,在充分考虑全美反舞弊财务报告委员会(NCFFR)的建议后,于1988年4月发布9项新准则,即SAS No.53至SAS No.61。其中,SAS No.53(《审计师检查和报告错误和舞弊的责任》)取代SAS No.16,明显扩大审计师责任,要求所设计的审计应能为查出报表的重大错误与舞弊提供"合理保证"。与SAS No.16相比,SAS No.53提供了更广泛的舞弊审计指南,并强调了检查舞弊时应警觉的五大环境特征。SAS No.53还规定了保护条款,指出缘于审计局限性和舞弊复杂性,审计师不能担保财务报表无重大错误和舞弊,只能获取相应证据"合理保证"财务报表不存在由错误和舞弊等导致的重大错报,并强调更不可能绝对保证发现由"欺诈或串谋"导致的重大舞弊行为,以避免因舞弊审计责任扩大而可能给审计行业带来灾难性影响。可见,第二次制度变迁实现了由从总体立场上抽象承认对舞弊负审计责任,到明确要求检查舞弊的"工作重心前移至审计计划阶段",并"合理保证"所设计的审计工作能查出重大错误和舞弊。这个转变适应了形势发展需要,是审计理论和实务的一大进步,对审计舞弊无疑更有指导意义。

(四)舞弊审计责任的第四次变迁

SAS No.53尽管有上述改进,但仍无法有效缩小审计期望差。1993年3月,POB在题为"站在公众利益的立场上"(In the Public Interest)的报告中,明确指出社会公众最关注和期望的是审计师能够揭露管理舞弊并承担审计责任,而审计师却不能满足要求且存在较大差距。

美国于1995年通过的《私人有价证券诉讼改革法案》,明确规定了审计师应承担识别和揭露某些舞弊行为的责任。这促使AICPA在1997年2月颁布了SAS No.82(《财务报表审计中对舞弊的关注》),取代了SAS No.53。

SAS No.82界定了审计师的舞弊发现责任,并提供了相应的指南,包括应有的职业关注、计划审计、评价内部控制、收集充分适当的证据事项支持审计师的意见等方面的内容。和以往的舞弊准则相比,SAS No.82对审计实务的指导更具综合性。尽管该准则并未改变SAS No.53对于审计责任的认定"合理保证财务报表不存在重大误述",但它更多地阐述了发现舞弊的方法。更重要的是,与以往准则相比,SAS No.82是第一份单独提及舞弊的审计准则,而此前的准则是同时"错误"和"违规"。SAS No.82首次使用了"舞弊"一词,而以前在提及舞弊事项时更多地使用"违规"一词。

SAS No.82明确审计师审查舞弊的责任覆盖审计全过程,不仅仅局限于审计计划阶段,而以前准则未明确审计计划阶段后审查舞弊的责任。SAS No.82要求审计师应书面记录其确定舞弊风险的过程,而以前准则并无具体规定。SAS No.82要求审计师书面记录其如何应对所发现的舞弊风险,而以前准则极少提及应记录、评估舞弊风险。SAS No.82强调了审计师应以"职业怀疑"与客户打交道,并提供了需要审计师考虑的各类风险的具体指南。SAS No.82还要求审计师应专门就舞弊风险询问管理当局,从舞弊产生的源头开始审查。

(五)舞弊审计责任的第五次变迁

在SAS No.82施行的5年多时间里,不断发生了一些世界著名公司特大财务欺诈及审计失败案件,令美国政府及公众极度不满,强烈要求审计行业自我检讨,切实改进舞弊审计的效果。在此恶劣环境和紧急情况下,AICPA及时认真做了大量调研和征求意见工作,对舞弊审计准则又进行第四次修订,于2002年10月发布标题未作改动的新准则SAS No.99(《财务报表审计中对舞弊的关注》),以取代SAS No.82。本次修订周期在历次中是最短的。与SAS No.82相比,SAS No.99针对切实提高审计舞弊的效果,做出了一系列富有成效的改进。

颁布SAS No.99是安然事件后AICPA从审计师审计程序入手解决舞弊问题迈出的重要一步。SAS No.99全面取代了SAS No.82,并修订了SAS No.1中"执行审计工作时应有的职业谨慎"和SAS No.85中"管理当局声明"的有关内容。

SAS No.99围绕审计师如何提高舞弊发现能力、审计师应在多大程度上承担发现舞弊的责任等方面进行了重大修改。具体而言,变化主要包括以下方面:第一,进一步强化了职业怀疑对审计师审计工作的重要性,要求审计师由"合理怀疑"到"怀疑一切";第二,要求审计小组直面舞弊,从审计计划阶段开始,就应集中审计项目小组的智慧,重点研究客户财务报告可能在哪些方面产生舞弊以及舞弊的情况、性质;第三,在审计实施阶段执行舞弊审计程序;要求审计师实施非常规审计策略,包括对被审计单位不曾预料到的地区、场所、账户进行测试,询问对象既应包括管理层也应包括其他单位或个人;第四,对管理当局凌驾于控制程序之上的,应明确实施相关审计程序,测试管理当局凌驾控制的程度。总之,SAS No.99 体现的审计思想已经是不折不扣的舞弊审计。

（六）舞弊审计责任的第六次变迁

继 AICPA 于 2002 年 10 月发布了舞弊审计准则 SAS No.99 后,国际会计师联合会（IFAC）下属的 IAASB 也连续重拳出击,修订、发表了多项准则,在 2003 年颁布了一系列要求审计师更深入考虑舞弊风险的新的审计风险准则,于 2004 年 2 月发布了 ISA240（《审计师在财务报表审计中对于舞弊的责任》）,试图建立较为权威的反舞弊标准和体系。ISA240 和 SAS No.99 的先后出台,标志着国际独立审计师职业界在提高财务报表舞弊审计的有效性方面取得的重要进展。

修订后的 ISA240 首先区分了舞弊和错误,并描述了与审计师有关的两种类型的舞弊——产生于非法挪用资产的错报和产生于欺诈财务报告的错报,描述了被审计单位的董事和管理当局对防止与发现舞弊各自应承担的责任,描述了舞弊审计中的固有局限,并阐述了审计师发现由舞弊导致的重大错报的责任。修订后的 ISA240 着重强调了职业怀疑,要求审计师抱着职业怀疑的态度去发现舞弊导致重大错报的可能性,尽管审计师凭过去的经验认为被审计单位的董事和管理当局是诚实与正直的。

修订后的 ISA240 还提供了与监管和执法等权力机构沟通的指南,提供了审计师遇到的舞弊或可能的舞弊对其继续履行审计而产生的异常情况应如何进行处理的指南,并提出了审计师应建立工作底稿的要求。修订后的 ISA240 还多次强调,为了将审计风险降到一个可接受的低水平,审计师在计划和实施审计中应考虑舞弊所导致财务报表重大错报的风险。在此之后,国际审计与鉴证准则委员会又陆续对舞弊审计准则进行了修订,但总体上舞弊审计责任未发生显著的变化。

二、我国舞弊审计责任的沿革与确立

（一）我国舞弊审计责任的变迁

在我国,由于审计行业起步较晚,同时长时间没有独立的审计准则给以指导,很长一段时间内人们对审计师在审计中应承担的舞弊审计责任没有清晰的认识。直至 1996 年,中国审计师协会颁布了《独立审计具体准则第 8 号——错误与舞弊》,明确要求审计师在编制和实施审计计划时,应当"充分关注"可能存在的导致会计报表严重失实的错误与舞弊;同时指出,审计师对会计报表的审计并非专为发现错误或舞弊,审计测试及被审计单位内部控制的固有限制使得审计师无法保证一定能发现所有的舞弊。

第 8 号具体准则虽然首次提出了我国审计师对舞弊审计的责任,然而由于它缺乏一个有效的发现舞弊审计的概念框架,以及舞弊审计的详细指南和需要关注的舞弊风险因素,造成舞弊审计效果欠佳。2006 年,中国审计师协会对独立审计准则进行了修订,将原来第 8 号具体准则中对错误和舞弊的关注分列,颁布了《中国注册会计师审计准则第

1141号——财务报表审计中对舞弊的考虑》(已废止)。原第1141号准则要求审计师在计划和实施审计工作以将审计风险降至可接受的低水平时,应当考虑舞弊导致的财务报表重大错报风险,同时系统地描述了舞弊的表现特征、产生原因和发现方法,对舞弊审计起到了一定的指导作用。至此,我国舞弊审计责任基本确立。2019年2月20日,中国审计师协会修订颁布了《中国注册会计师审计准则第1141号——财务报表审计中与舞弊相关的责任》,更多地在细节方面对原舞弊审计准则进行修订,但舞弊审计责任基本未发生显著的变化。

(二)我国舞弊审计责任的界定与履行

1. 我国舞弊审计责任的界定

2019年2月20日,中国审计师协会修订颁布的《中国注册会计师审计准则第1141号——财务报表审计中与舞弊相关的责任》中,对审计师发现并披露错误与舞弊的责任做出了明确的界定。该准则指出,审计师应在充分考虑审计风险的基础上,实施适当的审计程序以合理确信能发现可能导致财务报表严重失真的错误与舞弊,但是由于审计测试及被审计单位内部控制的固有限制,审计师依照独立准则进行审计并不能保证发现所有的错误和舞弊。同时,该准则还要求,在获取合理保证时,审计师有责任在整个审计过程中保持职业怀疑,考虑管理层凌驾于内部控制之上的可能性,并认识到对发现错误有效的审计程序未必对发现舞弊有效。此外,根据法律法规或相关职业道德的要求,对于被审计单位违反法律法规的行为(包括舞弊),审计师可能承担额外责任。

2. 我国舞弊审计责任的履行

按照2019年2月20日修订的《中国注册会计师审计准则第1101号——注册会计师的总体目标和审计工作的基本要求》的规定,我国舞弊审计责任的履行应该符合以下几个方面的要求:

第一,在保持职业怀疑方面,审计师应当在整个审计过程中保持职业怀疑,认识到存在由舞弊导致的重大错报的可能性,而不应受到以前来自管理层、治理层的正直和诚信形成的判断的影响。除非存在相反的理由,否则审计师可以将文件和记录当作真品。但如果在审计过程中识别出的情况使审计师认为文件可能是伪造的或文件中的某些条款已发生变动但未告知审计师,审计师应当进一步调查。如果管理层或治理层对询问做出的答复相互之间不一致或与其他信息不一致,审计师应当调查这种不一致。

第二,在项目组内部的讨论方面,项目组成员之间应当进行讨论,并由项目合伙人确定将哪些事项向未参与讨论的项目组成员通报。项目组内部讨论的重点应当包括财务报表易发生由舞弊导致的重大错报的方式和领域,包括舞弊可能如何发生。在讨论过程中,项目组成员不应假定管理层和治理层是正直和诚信的。

第三,在实施风险评估程序和相关活动方面,当按照准则的规定实施风险评估程序和相关活动以了解被审计单位及其环境时,审计师应当实施相应的审计程序,以获取用以识别由舞弊导致的重大错报风险所需的信息。

第四,在识别和评估由舞弊导致的重大错报风险方面,审计师应当在财务报表层次和各类交易、账户余额、披露的认定层次,识别和评估由舞弊导致的重大错报风险。在识别和评估由舞弊导致的重大错报风险时,审计师应当基于收入确认存在舞弊风险的假定,评价哪些类型的收入、收入交易或认定会导致舞弊风险。

第五,在应对所评估的由舞弊导致的重大错报风险方面,审计师应当针对所评估的由舞弊导致的财务报表层次重大错报风险确定总体应对措施。审计师应当设计和实施进一步审计程序,审计程序的性质、时间安排和范围应当能够应对所评估的由舞弊导致的认定层次重大错报风险。当按照第1101号审计准则实施的程序无法涵盖特定的管理层凌驾于控制之上的其他风险时,审计师还应当确定是否有必要实施其他审计程序,以应对识别出的管理层凌驾于控制之上的风险。

第六,评价审计证据方面,在就财务报表与所了解的被审计单位的情况是否一致形成总体结论时,审计师应当评价临近审计结束所实施的分析程序,是否表明存在此前尚未识别的由舞弊导致的重大错报风险。如果识别出某项错报,审计师应当评价该项错报是否表明存在舞弊。如果确认财务报表存在由舞弊导致的重大错报,或无法确定财务报表是否存在由舞弊导致的重大错报,审计师应当评价这两种情况对审计的影响。

第七,审计师应当就第1101号审计准则规定的舞弊相关事项向管理层和治理层(如适用)获取书面声明。如果由舞弊或舞弊嫌疑导致出现错报,致使审计师遇到对其继续执行审计业务的能力产生怀疑的异常情形,审计师应当确定适用于具体情况的职业责任和法律责任,并在相关法律法规允许的情况下,考虑是否解除业务约定。如果识别出舞弊或获取的信息表明可能存在舞弊,除非法律法规禁止,审计师应当及时与适当层级的管理层沟通此类事项,以便管理层告知对防止和发现舞弊事项负有主要责任的人员。同时,审计师应当确定法律法规或相关职业道德要求是否要求审计师向被审计单位之外的适当机构提出报告,是否规定了相关责任,并基于该责任,审计师向被审计单位之外的适当机构报告在具体情形下可能是适当的。最终,审计师应当记录对被审计单位及其环境的了解以及对重大错报风险的评估结果,应当将相关内容形成审计工作底稿。

第二节 舞弊线索与查证技巧

导读 8-2

金亚科技股份有限公司(简称"金亚科技")成立于1999年11月18日,位于四川省成都市,主营数字化用户信息网络终端产品、卫星直播系统综合解码器等。2013年金亚科技大幅亏损,为了扭转亏损,时任董事长周旭辉在2014年年初定下了公司当年利润3 000万元左右的目标。每个季末,金亚科技时任财务负责人会将真实利润数据和按照年初确定的年度利润目标分解的季度利润数据报告给周旭辉,最后由周旭辉确定当季度对外披露的利润数据。

在周旭辉认季度利润数据以后，财务负责人于每个季度末将季度利润数据告诉金亚科技财务部工作人员，要求他们按照这个数据做账，虚增收入、成本，配套地虚增存货、往来款和银行存款，并将这些数据分解到月，相应地记入每个月的账目中。金亚科技的会计核算设置了003和006两个账套。003账套核算的数据用于内部管理，以真实发生的业务为依据进行记账。006账套核算的数据用于对外披露，伪造的财务数据都记录于006账套。2015年4月1日，金亚科技依据006账套核算的数据对外披露了《金亚科技股份有限公司2014年度报告》。

具体而言，金亚科技通过虚构客户、伪造合同、伪造银行单据、伪造材料产品收发记录、隐瞒费用支出等方式虚增利润。经核实，金亚科技2014年度合并财务报表共计虚增营业收入73 635 141.10元、虚增营业成本19 253 313.84元、少计销售费用3 685 014元、少计管理费用1 320 835.10元、少计财务费用7 952 968.46元、少计营业外收入19 050.00元、少计营业外支出13 173 937.58元、虚增利润总额80 495 532.40元（占当期披露的利润总额的比例为335.14%），上述会计处理使金亚科技2014年度报告利润总额由亏损变为盈利。

2014年年末，金亚科技中国工商银行成都高新西部园区支行账户银行日记账余额为219 301 259.06元，实际银行账户余额为1 389 423.51元，该账户虚增银行存款217 911 835.55元，占当期披露的资产总额的比例为16.46%。

2014年，金亚科技子公司成都金亚智能技术有限公司建设项目，由四川宏山建设工程有限公司施工，建设面积为385 133平方米，每平方米造价约2 000元，按40%预付比例估算需要预付工程款3.1亿元。为此，金亚科技制作了假的建设工程合同，填制了虚假银行付款单据3.1亿元，减少银行存款3.1亿元，同时增加3.1亿元预付工程款。

资料来源：《中国证监会行政处罚决定书（金亚科技股份有限公司、周旭辉、张法德等17名责任人员）》，中国证监会网站，2019年10月访问。

阅读导读8-2，我们可以看出，相对于错误，舞弊对财务报告的影响更重大。由于舞弊是故意的行为，而且往往是高管直接参与的群体性行为，因此相对于错误，舞弊更难以被发现。在审计实务中，审计师如何才能识别和应对舞弊呢？本节主要讨论舞弊的线索和查证技巧，以便回答这一问题。

一、常见舞弊情形

（一）损害组织经济利益的舞弊

损害组织经济利益的舞弊是指组织内、外人员为谋取自身利益，采用欺骗等违法违规手段使组织经济利益遭受损害的不正当行为。具体包括下列情形：①收受贿赂或者回扣；②将正常情况下可以使组织获利的交易事项转移给他人；③贪污、挪用、盗窃组织资产；④使组织为虚假的交易事项支付款项；⑤故意隐瞒、错报交易事项；⑥泄露组织的商业秘密；⑦其他损害组织经济利益的舞弊行为。

(二) 谋取组织经济利益的舞弊

谋取组织经济利益的舞弊,是指组织内部人员为使本组织获得不当经济利益且自身也可能获得相关利益,采用欺骗等违法违规手段,损害国家和其他组织或个人利益的不正当行为。具体包括下列情形:①支付贿赂或回扣;②出售不存在或不真实的资产;③故意错报交易事项、记录虚假的交易事项,使财务报表使用者误解而做出不适当的投融资决策;④隐瞒或删除应当对外披露的重要信息;⑤从事违法违规的经营活动;⑥偷逃税款;⑦其他谋取组织经济利益的舞弊行为。

在一个组织内部,不同领域为不同组织或个人舞弊提供的机会,其中容易发生舞弊。对于组织本身来讲,容易出现财务报表舞弊;对于组织内部的中层管理者来讲,容易出现虚报费用和收取回扣的舞弊;对于一般员工来讲,往往会发生基于岗位的资产侵占舞弊;对于公司股东来讲,容易出现操纵股价的舞弊行为。

二、舞弊线索

美国著名的反舞弊专家 Albrecht(1995)提出了经典的舞弊三角理论,他认为舞弊行为的发生需要三大因素:动机/压力(Incentive/Pressure)、机会(Opportunity)和合理化借口(Rationalization)。如同燃烧必须具备热度、氧气及燃料一样,只有三大舞弊因素同时存在,舞弊行为才可能发生。此外,三大舞弊因素又是相互作用的,如果舞弊的动机十分强烈或面临非常好的舞弊机会,那么行为人不需要太多的借口就可能实施舞弊。同样,如果一个人的诚信度很低,也很容易为自己的不诚实行为找到借口,那么即使机会不佳或压力不大,他也可能实施舞弊。对于审计师舞弊审计而言,基于舞弊三角理论有效地识别舞弊风险因素以发现舞弊的线索至关重要。

与财务报表审计相关的舞弊审计行为有两类:一类是针对财务信息做出虚假报告,另一类是侵占资产。一般而言,相比于后者,前者对财务报告的影响更大,而且产生的经济后果更严重,我们主要讨论对财务信息做出虚假报告的舞弊。

(一) 舞弊动机或压力因素

1. 资本市场动机

对于中国上市公司及其发起人股东而言,在资本市场上获取超额收益是会计舞弊的根本动因。具体来说,主要包括以下动机:①获得发行上市资格;②实现后续融资;③提高 IPO 价格;④避免 ST 或退市;⑤虚抬股价;⑥满足股权激励条件。近年来有很多典型的案例是出于获取超额收益动机,例如龙宝参茸在进行 IPO 申报时涉嫌虚假陈述被查处,就是因为公司面临极大的偿债压力,不能顺利上市融资可能会面临银行抽贷、政府催还借款、机构投资者退出等风险。昆明机床为避免暂停上市,连续三年实施财务造假,2013—2015 年通过跨期确认收入、虚计收入和虚增合同价格等方式虚增收入 4.83 亿元,通过少计提辞退福利和高管薪酬的方式虚增利润 2 961 万元。2000 年以 440% 的涨幅夺得当年沪深两市涨幅"探花"的银广夏,事后也被证明是通过虚增利润配合庄家炒作股价。

2. 隐瞒关联方资金占用或违规担保

控股股东为了获得自身的利益,可能凭借对上市公司的绝对控制地位,将上市公司募集的资金或经营所得据为己有。为了逃避监管部门的监管,上市公司有动机通过财务报表舞弊行为隐瞒关联方资金占用的事实,具体手段包括:①关联方以上市公司名义进行债务融资,但上市公司没有在账面上反映债务的增加,导致上市公司隐瞒债务;②先将关联方资金占用记入其他应收款,再通过"洗大澡"计提巨额减值准备,最终实现关联方将上市公司资金据为己有;③刻意隐瞒关联关系或隐瞒实际控制人的真实情况;④直接隐瞒关联方的资金占用事实。

关联方的资金占用给上市公司资金的流动性带来沉重压力,直接影响上市公司的经营状况和盈利能力。对外担保给上市公司带来了巨大债务风险,在债务方无力偿还债务的情况下,承担连带责任的上市公司将承受债务压力或被卷入法律诉讼纠纷。如陕西达尔曼的衰亡、数码测绘的退市及新疆德隆系的崩溃,都与公司资金被占用和违规对外担保有着直接关系。

3. 借款动机

我国的证券市场仍属于新兴市场,上市公司需要的资金有很大部分仍来自银行等金融机构。银行等信贷部门在向上市公司提供贷款时,非常注重通过财务报表数据评估公司的偿债能力,盈利状况不佳的企业往往难以获得信贷资金。因此,为了获得金融机构的信贷资金或其他供应商的商业信用,上市公司有动机实施财务报表舞弊。特别是经营业绩欠佳、财务状况不健全的上市公司,有可能不惜铤而走险,利用财务报表舞弊骗取银行贷款。

4. 政治动机

我国财务报表舞弊的政治动机主要表现在:①上市公司多属国家控股,政府部门在考核和任免高管时非常注重财务指标;②地方政府政绩与上市公司绩效息息相关;③当高管人员发生变更时,继任人员会用清理旧账的方式为新上任的业绩提升埋伏笔。如美尔雅集团在地方政府的干预下,1991—1997年先后兼并了7家濒临倒闭企业,付出了2.27亿元的巨额代价,而后地方政府又想让公司进入股市圈钱,将政府包袱转嫁到公众股东身上,于是在地方政府的大力协助下,美尔雅在1997年上市,且自上市伊始,其财务舞弊就没有间断过。

5. 税收动机

会计利润直接关系到纳税的金额与时间分布。为了能够减少或递延纳税,企业一般愿意选择报告较少盈利或将报告盈利推迟至未来期间确认的会计程序或做法,甚至采用财务报表舞弊手段隐瞒或递延利润的确认。但是,税收动机还可能与企业的所有制形式和经营业绩有关,一些国有企业、拟上市公司、面临退市压力的上市公司出于其他动机也可能"美化"财务报表,选择多交税或提早交税以证实虚增的会计利润。比如达尔曼为了保证造假计划"天衣无缝",对造假形成的虚增税款照交不误,几年来累计多缴税款数亿元。

6. MBO 动机

MBO(上市公司管理者收购)定价很大程度上以财务报表数据作为参考指标,因此管理层有动机在实施 MBO 前通过利润转移、虚减利润和资产等行为"丑化"财务报表,使每股净资产急剧缩水,从而达到低成本收购的目的。比如宇通客车在 MBO 之后就被证明涉嫌财务报表舞弊,其 1999 年度报告中编造虚假记账凭证共计虚减资产、负债各 13 500 万元,还涉嫌通过计提存货跌价准备、大量清理固定资产、调整固定资产折旧方法的方式蓄意压低 MBO 之前的利润。

(二) 舞弊机会因素

1. 法律环境不健全

完善的法律环境带来的强制性处罚机制将极大地增加舞弊成本,使上市公司不敢铤而走险。我国证券市场上财务报表舞弊行为的发生在很大程度上与相关法律环境不够健全有关。迄今为止,监管部门主要依靠行政处罚手段打击上市公司的会计信息造假,对直接责任人追究刑事责任的少之又少,民事赔偿更是微乎其微。

2. 地方政府过度干预

本地区的经济发展情况往往是考核地方官员的重要指标。本地企业的成功上市,不仅能够筹集到巨额资金、减轻地方财政压力,还能够增加当地经济活力和知名度,因此各级地方政府会"义不容辞"地帮助本地企业。当已上市企业面临暂停上市或退市风险时,地方政府也会通过各种形式的政府补贴、税收减免、资产重组等维系其上市地位。

3. 公司治理结构不完善

由于我国特殊的经济环境,公司治理中国有股"一股独大"现象十分明显。表面上看,我国上市公司股权高度集中似乎能够避免内部人控制问题,但实际上是往往导致所有权虚置缺位的情况出现,难以对管理者进行有效的监督和约束。而我国证券市场长期以来中小投资者较多、机构投资者较少,短期投资者较多、长期投资者较少的特点也使得证券市场投机性较强,投资者缺乏监督上市公司高管行为的动力。控股股东和中小股东同时"所有者缺位",为我国上市公司的财务报表舞弊行为提供了外部条件。

此外,虽然股东大会是全体股东行使控制权的主要方式,但由于我国上市公司股权过于集中,大股东凭借自身的控股地位,能够完全操控股东大会,中小股东的利益无法通过"用手投票"的方式得到保护。董事会的独立性对其运行效率及效果有着决定性的作用;然而,我国上市公司中的内部人控制现象导致董事会的独立性受到严重侵蚀,为上市公司财务报表舞弊提供了有利机会。

4. 行业或业务的性质

被审计单位所在行业或其业务的性质为编制虚假财务报告提供了机会,这种机会可能来自以下几个方面:①从事超出正常经营范围的重大关联方交易,或者与未经审计或由其他会计师事务所审计的关联企业进行重大交易;②被审计单位拥有强大的财务实力或能力,在特定行业处于主导地位,能够对与供应商或客户签订的条款或条件做出强制规定,从而可能导致不适当或不公允的交易;③资产、负债、收入或费用建立在重大估计的基础上,这些估计涉及主观判断或不确定性,难以印证;④从事重大、异常或高度复杂的交易,特别对临近期末发生的复杂交易是否按照"实质重于形式"原则处理存在疑问;⑤在经济环境及文化背景不同的国家或地区从事重大经营或重大跨境经营;⑥利用商业中介,而此项安排似乎没有明确的商业理由;⑦在属于"避税天堂"的国家或地区开立重要银行账户,或者设立子公司或分公司进行经营,而此类安排似乎没有明确的商业理由。

5. 组织结构复杂或不稳定

组织结构复杂或不稳定,体现在以下几个方面:①难以确定对被审计单位持有控制性权益的组织或个人;②组织结构过于复杂,存在异常的法律实体或管理层级;③高级管理人员、法律顾问或治理层频繁更换。组织结构复杂或不稳定为财务报告舞弊提供了很好的机会。

6. 内部控制缺陷

内部控制是被审计单位防范和及时发现舞弊的重要机制。而内部控制缺陷会导致该机制无法有效发挥作用,从而为财务报告舞弊提供了机会。内部控制要素出于以下因素存在缺陷:①对控制的监督不充分,包括自动化控制,以及针对中期财务报告(如要求对外报告)的控制;②会计人员、内部审计师或信息技术人员不能胜任而频繁更换;③会计系统和信息系统无效,包括内部控制存在值得关注的缺陷的情况。

(三)舞弊合理化解释因素

合理化解释是指组织舞弊者必须找到某个理由,使组织舞弊行为与其本人的道德观念、行为准则相符合,是舞弊者寻求自我安慰的手段,属于道德价值判断范畴。面对相同的财务报表舞弊收益和实施舞弊行为的机会,行为人不同的道德价值观将导致不同的行为结果。由于个人的道德价值观很难直接观察到,因此审计师主要从管理层的行为特征中识别其合理化解释因素。例如,管理层能否有效地传递、执行、支持或贯彻被审计单位的价值观或道德标准;被审计单位、高级管理人员或治理层是否存在违反证券法或其他法律法规的历史记录,或因舞弊或违反法律法规而被指控等。

三、舞弊查证技巧

(一)职业怀疑

职业怀疑是指审计师执行审计业务的一种态度,包括质疑的思维方式,对可能表明由错误或舞弊导致错报的迹象保持警觉,以及对审计证据进行审慎评价。

职业怀疑具有六个方面的特征,即质疑的精神、搁置判断、追求认知、人际理解、自信及自我决断。职业怀疑有助于降低审计师在舞弊审计过程中可能遇到的风险。这些风险通常包括:忽略了可疑的情况;在决定证据收集程序的性质、时间和范围时使用了不恰当的假设;对证据进行了不恰当的评价;等等。

在运用职业怀疑时,要注意三个方面的问题。首先,职业怀疑是审计师在舞弊审计中应始终保持的一种职业态度。具体来说,是审计师对已有的结论、证据和证据来源等,在内心没有确认前表现出的一种暂不信任和搁置判断的态度。其次,职业怀疑的对象是已经存在的证据、结论等。这些怀疑的对象必须是已有的,而非凭空想象的。对证据和证据的怀疑应该是对其来源、准确性、相关性、可靠性等的关注,对结论的怀疑更多地表现为对论证逻辑合理性的怀疑。最后,职业怀疑不是无止境的怀疑,应有合理的边界。审计师应有的职业怀疑应当是能够说出理由、经得起理性论证的怀疑,而不是无缘故的吹毛求疵。职业怀疑不是永不信任、不作判断,而是暂不信任和搁置判断。

审计师在检查和报告舞弊行为时,应当从以下方面保持应有的职业谨慎:

(1)具有识别、检查舞弊的基本知识和技能,在实施审计项目时警惕相关方面可能存在的舞弊风险。

(2)根据被审计事项的重要性、复杂性及审计成本效益,合理关注和检查可能存在的舞弊行为。

(3)运用适当的审计职业判断,确定审计范围和审计程序,以检查、发现和报告舞弊行为。

(4)当发现舞弊迹象时,应当及时向适当管理层报告,提出进一步检查的建议。

(二)项目组内部的讨论

项目组内部的讨论是有效识别舞弊风险的重要手段。项目组成员之间应当进行讨论,并由项目合伙人确定将哪些事项向未参与讨论的项目组成员通报。项目组就由舞弊导致财务报表发生重大错报的可能性进行的讨论可以达到以下三个目的:第一,具备较多经验的项目组成员有机会与其他成员分享关于财务报表易发生由舞弊导致的重大错报的方式和领域的见解;第二,针对财务报表易发生由舞弊导致的重大错报的方式和领域考虑适当的应对措施,并确定分派哪些项目组成员实施特定的审计程序;第三,确定如何在项目组成员中共享审计程序实施结果,以及如何处理可能引起审计师注意的舞弊指控。

项目组内部讨论的重点应当包括财务报表易发生由舞弊导致的重大错报的方式和领域,包括舞弊可能如何发生。在讨论的过程中,项目组成员不应假定管理层和治理层是正直和诚信的。项目组内部讨论的内容包括:

(1)项目组成员认为财务报表(包括单一报表及披露)易发生由舞弊导致的重大错报的方式和领域、管理层可能编制和隐瞒虚假财务报告的方式、侵占资产的方式等。

(2)可能表明管理层操纵利润的迹象,以及管理层可能采取的导致虚假财务报告的利润操纵手段。

(3)管理层企图通过晦涩难懂的披露使披露事项无法得到正确理解的风险,例如包含太多不重要的信息或使用不明晰或模糊的语言。

（4）已知悉的对被审计单位产生影响的外部和内部因素,这些因素可能产生动机或压力使管理层或其他人员实施舞弊、提供可能实施舞弊的机会、表明可能存在为舞弊行为寻找借口的文化或环境。

（5）对于接触现金或其他易侵占资产的员工,管理层对其实施监督的情况。

（6）注意到的管理层或员工在行为或生活方式上出现的异常或无法解释的变化。

（7）强调在整个审计过程中对由舞弊导致重大错报的可能性保持适当关注的重要性。

（8）遇到的哪些情形表明可能存在舞弊。

（9）如何在拟实施审计程序的性质、时间安排和范围中增加不可预见性。

（10）为应对由舞弊导致财务报表发生重大错报的可能性而选择实施的审计程序,以及特定类型的审计程序是否比其他审计程序更为有效。

（11）审计师注意到的舞弊指控。

（12）管理层凌驾于内部控制之上的风险。

（三）询问

询问是审计师在舞弊审计中不可或缺的调查取证手段。询问在了解有关舞弊情况、发现舞弊线索和印证舞弊审计结果等方面发挥着重要作用。高质量的审计询问,往往能帮助审计师快速锁定舞弊问题线索,在审计查证中能发挥事半功倍的效果。如何做好审计询问,不仅是一项审计技术方法,更是一门学问和艺术。

在运用询问程序时,审计师应在询问前准备好关于舞弊的问题,提问由容易到艰难、由轻松到敏感。询问时,应充分运用审计心理学,根据被询问人的口头语言和身体语言进行合理的推断,对于未经证实的回答不要完全相信,感到迷惑时应大胆说出并进一步了解。具体地,审计师应向管理层、被审计单位内部的其他人员及治理层询问与舞弊相关的事项。

首先,审计师应询问管理层的内容主要涉及四个方面。第一,询问管理层对财务报表可能存在由舞弊导致的重大错报风险的评估,包括评估的性质、范围和频率等。由于管理层对内部控制和财务报表的编制承担责任,因此审计师询问管理层有关其对舞弊风险及旨在防止和发现舞弊的控制的自我评估是恰当的。管理层对上述风险和控制所做评估的性质、范围和频率可能因被审计单位的不同而不同。在一些被审计单位,管理层可能每年进行详细的评估,或将评估作为持续监督的一部分。而在另一些被审计单位,管理层的评估可能不十分正式或频繁。管理层评估的性质、范围和频率与审计师对被审计单位控制环境的了解相关。例如,管理层没有对舞弊风险做出评估,在某些情况下可能意味着管理层对内部控制缺乏重视。第二,询问管理层对舞弊风险的识别和应对过程,包括管理层识别出的或注意到的特定舞弊风险,或者可能存在舞弊风险的各类交易、账户余额或披露。在拥有多处经营地点的被审计单位,管理层的识别和应对过程可能包括对各经营地点或业务分部的不同程度的监督,管理层可能已经识别出可能存在较高舞弊风险的经营地点或业务分部。第三,询问管理层其对舞弊风险的识别和应对过程向治理层的通报。第四,询问管理层有关其经营理念和道德观念向员工的通报。

其次,审计师应询问管理层和被审计单位内部的其他人员,询问其是否知悉任何影响被审计单位的舞弊事实、舞弊嫌疑或舞弊指控。审计师询问管理层,可以获取有关员工舞弊导致的财务报表重大错报风险的有用信息。然而,这种询问难以获取有关管理层舞弊导致的财务报表重大错报风险的有用信息。询问被审计单位内部的其他人员可以为这些人员提供机会,使他们能够向审计师传递一些信息,而这些信息是他们本没有机会与其他人沟通的。如果被审计单位设有内部审计部门,审计师应当询问内部审计师,以确定其是否知悉任何影响被审计单位的舞弊事实、舞弊嫌疑或舞弊指控,并获取这些人员对舞弊风险的看法。

最后,审计师应询问治理层有关其如何监督管理层对舞弊风险的识别和应对过程,以及为降低舞弊风险而建立的内部控制。治理层负责监督被审计单位为监控风险和财务控制以及对法律法规的遵守而建立的系统。治理层在监督被审计单位对舞弊风险及相关内部控制的评估中发挥着积极的作用。治理层和管理层的责任可能因被审计单位与所在国家或地区的不同而不同,审计师了解治理层和管理层各自的责任是很重要的,这样才能了解适当人员所实施的监督。了解治理层实施的监督,可能有助于审计师了解被审计单位发生管理层舞弊的可能性、与舞弊风险相关的内部控制的充分性,以及管理层的胜任能力和诚信程度。

(四) 分析性程序

分析性程序是指审计师通过分析和比较财务信息与非财务信息的关系或计算相关的比率,以确定审计重点、获取审计证据和支持审计结论的一种审计方法。分析性程序在舞弊审计中被广泛应用,审计师运用分析性程序的能力在很大程度上决定着舞弊审计的成败。例如,2013年10月15日,大华会计师事务所因新大地IPO审计失败而受到证监会的处罚,就是因为未能很好地运用分析性程序获得充分和适当的审计证据。经调查发现,在审计新大地2009年主营业务收入项目的过程中,大华所对新大地2009年主营业务毛利率进行了统计,并将统计结果记录于工作底稿,但未对毛利率巨幅波动(3月为-104.24%,11月为90.44%)做出审计结论,也未对异常波动的原因进行分析。在审计新大地2011年主营业务收入项目的过程中,在12月毛利率与全年平均毛利率偏离度超过33%的情况下,仍得出全年毛利率无异常波动的结论;在审计当年应收账款的过程中,未发现2011年12月新大地现金销售回款占当月销售回款43%的异常情形。

在实际应用时,分析性程序包含五种具体的方法,分别是趋势分析法、比率分析法、合理性测试法、外部比较法和统计模型分析法。

趋势分析是指对比多期的财务或非财务数据,确定其增减变动的方向、数额和幅度,以掌握有关数据的变动趋势或发现异常的变动。趋势分析法适用于被审计单位处于稳定经营环境之下,数据关系具有较强的可预测性,也适用于非财务数据。趋势分析的对象可以是资产负债表、利润表等科目的变动趋势,也可以是相关财务比率的变动趋势。

比率分析是指结合其他有关信息,将同一报表内或不同报表间的相关项目联系起来,计算比率来反映数据之间的关系,以此评价被审计单位的财务信息。比率分析建立在财务报表项目之间存在稳定且可直接预测关系的基础上,通常将资产负债表和利润表的科目联系起来,相较于立足单一报表科目的趋势分析更为有效。此外,比率分析通常和趋势分析结合使用。一般来说,一个公司各项财务指标长期来看应当较为稳定,不会呈现过于剧烈的变动。若公司经营战略和方针没有出现较大改变而主要财务指标变化幅度较大,就需要审计师重点关注。

合理性测试是指通过彼此相关联的项目或造成某种变化的各种变量,测试某项目金额是否合理,如将产品销售量和被审计单位可供销售产品数量进行对比,将营业收入与运费、电费、销售人员工资等联系对比。相较于其他分析性程序,合理性测试更多地依赖于客观外部数据而不是主观判断,能够提供更有说服力的审计证据,在实质性阶段得到更广泛的应用。

外部比较法包括可比公司比较法和行业比较法,能够从行业和可比公司角度给审计师提供参考的预期值。分析性程序要求审计师建立预期值,而行业和可比公司的状况在一定程度上会反映预期值的性质。很多行业都有自身的特点,比如如果普遍以赊销为主,那么公司的应收账款周转率普遍较低;如果被审计单位显著高于行业水平,那么就应引起重视。如果多个业务规模类似的企业毛利率为15%,而被审计单位达到25%,那么就有可能存在错报风险。外部比较法通常会和趋势分析、比率分析、合理性测试等方法相结合,贯穿于审计的全部阶段。上文利用趋势分析和比率分析将欣泰电气的财务状况与三变科技、置信电气等可比公司和行业状况进行对比,从而更加直接地识别出财务舞弊的迹象。

统计模型分析是指运用统计学原理、建模原理等技术进行数据分析,包括回归分析、时间序列分析、因子分析等。统计模型分析法一般建立在大量数据和稳定关系的基础上,在短期预测、成因分析等方面具有更高的准确性和科学性,还可以量化预期值。统计模型分析法往往要求审计师熟悉统计学知识,相较于传统的分析方法,实施难度和花费成本均更高。

（五）函证

函证是指审计师为了印证被审计公司会计记录所载事项、防止被审计公司弄虚作假,以被审计单位名义向第三者发函询证的方法。函证程序作为实质性测试程序,所取得的审计证据可靠性较高,是审计师舞弊审计的重要审计方法。但是,在舞弊审计中,函证方法如果运用不当,会导致审计失败的发生。

在运用函证程序进行舞弊审计时,应注意以下五个方面的问题:

第一,对函证过程保持控制。当实施函证程序时,审计师应当对询证函保持控制,包括:①确定需要确认或填列的信息;②选择适当的被询证者;③设计询证函,包括正确填列被询证者的姓名和地址,以及被询证者直接向审计师回函的地址等信息;④发出询证函并予以跟进,必要时再次向被询证者寄发询证函。但在实务中出于时间紧等各种原因,审计师经常会将询证函交给被审计单位相关人员负责寄发和收回,或者由被审计单位的财务人员代为填写询证函。这些做法为被审计单位伪造相关询证函回函提供了机会,降低了发现舞弊的可能性。

第二,应当函证的事项必须实施函证程序。审计师应当确定是否有必要实施函证程序以获取认定层次的相关、可靠的审计证据。在舞弊审计中,应当函证而未实施函证,致使未能发现舞弊行为主要表现在:①未就本票真实性函证出票行为;②未对佣金收入的真实性进行多方函证,证据不够充分;③没有对去向待查的应收款项及银行保证金进行函证;④应收账款询证函的存根联和发出联都保存在工作底稿里,没有对外发出,省略了函证程序;⑤未对大股东的资金占用额进行函证;⑥对垫付工程款、工程施工和按揭销售房屋等重大事项未履行必要的函证程序;⑦未对担保事项执行函证程序等。

第三,函证的可替代程序不可缺失。在未回函的情况下,审计师应当实施替代程序以获取相关、可靠的审计证据。对于函证程序的替代是指在函证程序不能实施或虽实施但不能实现预期目标时采取的、为证明被审计会计报表有关账户余额或其他信息的真实性和正确性而实施的具有替代性质的其他审计程序。若审计师对未收到回函的客户没有再次函证,也没有采用可替代程序获取充分的证据,则无法有效发现被审计单位的舞弊行为。

第四,询证函的设计与审计目标吻合。在使用函证程序时,审计师的目标是设计和实施函证程序,以获取相关、可靠的审计证据。询证函内容的设计必须与审计目标相联系。在审计过程中,审计师在询证函未做特别设计的情况下,客户一般仅核对年末余额,并不能为报表日前发生的销售在日后如发生退货提供充分的证据,而且函证程序一般是获取较为可靠的审计证据以验证真实性审计目标。所以,如果不做特别设计,审计师依赖的函证程序是难以发现完整性问题的。

第五,在函证程序中保持职业谨慎态度。如果存在对询证函回函的可靠性产生疑虑的因素,那么审计师应当进一步获取审计证据以消除这些疑虑。但是,仍有一些会计师事务所欠缺职业谨慎态度,导致虽执行了函证程序但没有收到应有的效果,主要表现为:①回函确认金额比例低;②未按照审计准则的要求选择函证样本;③未能严格控制函证程序,取得银行函证及对账单原件等问题;④未充分关注银行函证结果与账面数的差异的问题;⑤审计师未勤勉尽责,未发现被审计单位提供了虚假的银行对账单、银行函证的问题。

(六)监盘

被审计单位在虚增收入和利润的同时,往往利用虚增存货和固定资产来消化虚增的资金。虚增存货的主要方式是虚增采购数量,典型的案例就是进行水产养殖的蓝田股份财务造假案。虚增固定资产等长期资产的主要方式是虚假采购固定资产、在建工程等长期资产,如天丰节能采用虚假向国外采购机器设备的方式。审计师如何发现被审计单位的这些舞弊行为呢?监盘是一种有效的查证方法。

监盘是一项双重目的的测试,它运用观察和检查等审计程序,帮助审计师获取关于存货数量和状况的充分、适当的审计证据,监盘的结果直接关系到整个舞弊审计的质量。

审计师应在监盘的计划阶段、执行阶段和总结阶段做好相应的工作。

在监盘计划阶段，审计师要做到三个"了解"。首先，审计师应了解被审计单位的行业特点和存货的类别，对将要监盘的对象有整体概念和监盘思路，并初步确定监盘的范围和方法；其次，审计师应了解被审计单位与存货和存货盘点相关的内部控制制度，找出关键控制点并对风险进行初步评估；最后，审计师应了解第三方持有被审计单位存货及其他长期资产的数量，考虑是否需要外聘专家等。

在监盘的执行阶段，审计师要做到三个"盘"，即盘人、盘物和盘其他。盘人是指审计师运用观察等审计方法对被审计单位相关人员执行内部控制的情况进行测试，进而对盘点结果的整体可信性做出评价。盘物是指对实物的抽查盘点。审计师应注意以下几方面问题：①抽查存货类别和比例的确定；②灵活运用各种审计程序验证审计结果；③抽查存货的具体方法；④对存货价值的关注。

在监盘的总结阶段，审计师应关注被审计单位对盘点差异的处理情况，并考虑其对会计报表的影响。同时，审计师应对监盘情况进行总结，包括被审计单位存货的整体情况，相关内部控制制度的了解、评价的情况和重要的审计风险领域，存货抽查盘点的重点、难点及发现的问题，重大差异处理情况等。

第三节　舞弊审计沟通与反舞弊机制

导读8-3

阿里巴巴的反腐之路

说到反腐，阿里巴巴（阿里）有多种组织与形式，与其他公司不同的是，阿里有一个"廉正合规部"。阿里"廉正合规部"成立于2012年年初，主要职能为腐败调查、预防及合规管理。该部门独立于各业务线内审及内部控制部门，只向集团CPO汇报，调查权限上不封顶；该部门也有举报平台，供商家举报阿里的违规行为。

对于踩红线的员工，阿里是不会手软的。当年的"聚划算事件"在互联网圈内投下了一枚震撼弹。时至今日，依然有人认为阿里是在赔本反腐，甚至正是当年的"愚蠢决定"，才造就如今的商战对手。当时，所有人都预测，团购将会成为阿里的下一座金矿。对于众多商家来说，能够进入"聚划算"的大盘并获得网页关键位置推荐的名额，便意味着巨大的流量与销售额。一些商家挖空心思与"聚划算"的工作人员拉关系，甚至进行贿赂。

但是马云说了这样一句话："即便不要这个业务，也要守住阿里的价值观。"最终，查处违规的员工有28人，移送司法机关的员工有7人，业务负责人触犯非国家工作人员受贿罪，被判处有期徒刑7年。有人觉得，严查"聚划算"腐败是马云为数不多的赔本买卖。假如"聚划算"能够守住团购市场头把交椅，如今估值起码以千亿元人民币计。因反腐，让一家可能估值上千亿元的公司一蹶不振，实在亏大了。不过换一种算法，如果对腐败姑息纵容，又何来今日的万亿级阿里呢？

2015年6月18日,阿里又联合碧桂园、复星、美的、顺丰、世茂、万科等企业,成立了中国企业反舞弊联盟,旨在通过创新和合作,帮助企业实施反舞弊行动和制度建设,搭建企业反舞弊经验交流平台,以共同建设廉洁的商业环境。由阿里合伙人负责反腐,一方面,体现了阿里对腐败的零容忍,而合伙人的特殊影响力,能够真正做到反击腐败"无论层级";另一方面,强化了阿里文化与价值观的某种象征——捍卫底线。

阿里是中国科技互联网市值最高的企业,也是中国上市公司中分享财富最多的企业,成千上万的阿里员工因此受益。这是阿里故事的一体两面,或者说,反击腐败是阿里的成功,也是阿里员工受益的保障。

阿里的反腐之路,值得更多公司借鉴。

资料来源:《阿里巴巴的反腐之路》,《廉政瞭望》,2018年10月9日。

阅读《廉政瞭望》刊发的《阿里巴巴的反腐之路》的新闻报道,我们可以看出防止和及时发现舞弊不仅需要审计师的舞弊审计,更依赖于公司建立的反舞弊机制。而公司反舞弊审计能否有效地发挥作用,还有赖于与审计师舞弊审计的沟通。本节将主要讨论舞弊审计沟通与反舞弊机制。

一、舞弊审计沟通

(一) 与管理层的沟通

根据《中国注册会计师审计准则第1141号——财务报表审计中与舞弊相关的责任》,如果审计师识别出舞弊或获取的信息表明可能存在舞弊,除非法律法规禁止,否则审计师应当及时与适当层级的管理层沟通此类事项,以便管理层告知对防止和发现舞弊事项负有主要责任的人员。

审计师应当尽快提请适当层级的管理层关注这一事项是很重要的。即使该事项(如被审计单位组织结构中处于较低职位的员工挪用小额公款)可能被认为不重要,审计师也应当这样做。确定拟沟通的适当层级的管理层,需要运用职业判断,并且这一决定受串通舞弊的可能性、舞弊嫌疑的性质和重要程度等事项的影响。通常情况下,适当层级的管理层至少要比涉嫌舞弊的人员高出一个级别。

在某些国家或地区,法律法规可能限制审计师就某些事项与管理层和治理层沟通。法律法规可能明确禁止那些可能不利于适当机构对发生的或怀疑存在的违法行为进行调查、沟通或其他行动(包括引起被审计单位的警觉)。例如,依据反洗钱法令,审计师被要求向适当机构报告识别出的或疑似存在的违反法律法规行为。在这些情形下,审计师考虑的问题可能是复杂的,并可能认为征询法律意见是适当的。

(二) 与治理层的沟通

《中国注册会计师审计准则第1141号——财务报表审计中与舞弊相关的责任》要求,如果确定或怀疑舞弊涉及管理层、在内部控制中承担重要职责的员工或其他人员(在舞弊行为导致财务报表重大错报的情况下），审计师应当及时与治理层沟通此类事项，除非治理层全部成员参与管理被审计单位。如果怀疑舞弊涉及管理层，除非法律法规禁止，否则审计师应当与治理层沟通这一怀疑，并与其讨论为完成审计工作所必需的审计程序的性质、时间安排和范围。

审计师与治理层的沟通可以采用口头形式，也可以采用书面形式。审计师在确定采用口头还是书面形式沟通时，需要考虑的因素包括：①对该事项的讨论是否包含在审计报告中，例如在审计报告中沟通关键审计事项时，审计师可能认为有必要就确定为关键审计事项的事项进行书面沟通；②特定事项是否已经得到满意的解决；③管理层是否已事先就该事项进行沟通；④被审计单位的规模、经营结构、控制环境和法律结构；⑤在特殊目的财务报表审计中，审计师是否还要审计被审计单位的通用目的财务报表；⑥法律法规要求，例如在某些国家或地区，法律法规规定了与治理层进行书面沟通的文件形式；⑦治理层的期望，包括与审计师定期会谈或沟通的安排；⑧审计师与治理层持续接触和对话的次数；⑨治理机构的成员是否发生了重大变化。由于涉及较高层级管理层的舞弊或导致财务报表重大错报的舞弊的性质和敏感性，审计师需要及时报告这类舞弊事项，并可能认为有必要以书面形式报告。

在某些情况下，当审计师注意到舞弊涉及管理层之外的人员且不会导致重大错报时，审计师也可能认为与治理层沟通这一事项是适当的。类似地，治理层可能希望获知这方面的信息。审计师与治理层在审计初期阶段已就沟通的性质和范围达成一致意见，将有助于这一沟通过程。在例外情况下，如果对管理层或治理层的诚信或正直情况产生怀疑，那么审计师可能认为征询法律意见以确定适当的措施是适当的。

《中国注册会计师审计准则第1141号——财务报表审计中与舞弊相关的责任》还要求，如果根据判断认为还存在与治理层职责相关的、涉及舞弊的其他事项，除非法律法规禁止，否则审计师应当就此与治理层沟通。其他需要与治理层讨论的有关舞弊的事项可能包括：①对管理层评估的性质、范围和频率的疑虑，这些评估是针对旨在防止和发现舞弊的控制及财务报表可能存在的重大错报风险而实施的；②管理层未能恰当应对识别出的值得关注的内部控制缺陷或舞弊；③审计师对被审计单位控制环境的评价，包括对管理层胜任能力和诚信的疑虑；④可能表明存在编制虚假财务报告的管理层行为，例如对会计政策的选择和运用可能表明管理层操纵利润，以影响财务报表使用者对被审计单位业绩和盈利能力的看法，从而欺骗财务报表使用者；⑤对超出正常经营范围的交易的授权的适当性和完整性的疑虑。

（三）与被审计单位之外适当机构的沟通

《中国注册会计师审计准则第1141号——财务报表审计中与舞弊相关的责任》指出，如果识别出或怀疑存在舞弊，审计师应当确定法律法规或相关职业道德是否要求审计师向被审计单位之外的适当机构做出报告。此外，审计师还应当确定法律法规或相关职业道德是否规定了相关责任，基于该责任，审计师向被审计单位之外的适当机构报告在具体情形下可能是适当的。

审计师在具体情形下决定是否被要求向被审计单位之外的适当机构报告识别出的或怀疑存在的违反法律法规行为,或做出报告是否适当,可能涉及复杂的考虑和职业判断。因此,审计师可能考虑进行内部(例如,会计师事务所内部或网络事务所)咨询,或者在保密基础上向监管机构或职业团体咨询(除非法律法规禁止或违背保密义务)。审计师还可能考虑征询法律意见以了解审计师的可能选择,以及采取任何特定行动的职业或法律影响。对于公共部门,报告舞弊(无论是否通过审计发现)的责任可能取决于相关法律法规、授权审计的文件或其他监管机构的具体规定。

二、反舞弊机制

2008年财政部等五部委制定的《企业内部控制基本规范》第四十二条指出:"企业应建立反舞弊机制,坚持惩防并举、重在预防的原则,明确反舞弊工作的重点领域、关键环节和有关机构在反舞弊工作中的职责权限,规范舞弊案件的举报、调查、处理、报告和补救程序。"基本规范为企业构建反舞弊机制提供了指导。

(一)反舞弊工作的重点领域

根据《企业内部控制基本规范》,企业至少应当将下列情形作为反舞弊工作的重点:①未经授权或者采取其他不法方式侵占、挪用企业资产,牟取不当利益;②在财务会计报告和信息披露等方面存在的虚假记载、误导性陈述或重大遗漏等;③董事、监事、经理及其他高级管理人员滥用职权;④相关机构或人员串通舞弊。

(二)反舞弊工作的责任归属

公司管理层应对舞弊行为的发生承担责任。公司管理层负责建立、健全并有效实施包括舞弊风险评估与舞弊预防在内的反舞弊程序和控制并进行自我评估。审计委员会负责公司反舞弊行为的指导工作。公司建立的反舞弊工作常设机构具体组织及执行跨部门的、公司范围内的反舞弊工作。各业务部门承担本部门的反舞弊工作。

(三)舞弊的预防与控制

舞弊的预防与控制主要依赖公司管理层建立的反舞弊机制,包括:①倡导诚信正直的企业文化,营造廉洁守纪的工作作风环境;②评估舞弊风险并建立具体的控制程序和机制,以降低舞弊发生机会;③建立反舞弊工作常设机构,接收、调查和报告舞弊举报,并接受来自董事会和审计委员会的监督。

倡导诚信正直的企业文化可以采取多种方式。例如,最高管理层坚持以身作则,并以实际行动带头遵守公司各项制度和规范;公司的反舞弊政策和程序及有关措施应在公司内部通过多种形式(员工手册、公司规章制度发布、宣传或局域网等方式)进行有效沟通或培训,确保员工接受有关法律法规、职业道德规范的培训,使其明白与行为准则相关的概念;对新员工进行反舞弊培训和法律法规及诚信道德教育;鼓励员工在公司日常工作和交往中遵纪守法,从事遵守诚信道德的行为,帮助员工正确处理工作中发生的利益冲突和不当利益的诱惑;公司制定并实施行之有效的实名或匿名举报制度,以及教育和处罚政策。

管理层可以从三个方面评估舞弊风险并建立具体的控制机制,以减少舞弊发生的机会:①管理层要在公司层面、业务单位层面和主要账户层面进行舞弊风险识别与评估,包括虚假财务报告、公司资产的盗用、未授权或不恰当的收入或支出,以及高层管理人员舞弊的风险评估;②管理层要建立和实施内部控制机制,以降低舞弊发生机会,应以授权、批准、核查、核对、责权分工、业绩复核和资产保全等方式,针对舞弊发生的高风险区域(如虚假财务报告、管理层越权、职务侵占、信息系统及技术领域),建立必要的内部控制措施,从源头上防范业务舞弊和财务舞弊的发生;③高级管理层定期(每年/每半年)对所管辖的业务领域开展自我检查,对于是否遵纪守法和诚信经营形成自查报告并上交治理层。

公司应设立反舞弊工作常设机构,负责组织和执行公司范围内跨部门、跨业务的反舞弊工作。反舞弊工作常设机构在制订和执行年度审计计划时应考虑舞弊风险,审计师应自觉提高反舞弊意识和舞弊侦查技术,保持应有的职业谨慎,积极参与反舞弊方面的法律法规、行业准则、知识技能培训,主动了解公司生产经营活动发展状况,熟悉会计政策和其他有关规章制度。

(四)舞弊案件的举报、调查、报告

反舞弊工作常设机构负责建立职业道德问题及舞弊案件的举报热线电话、电子邮件信箱等,并公布举报热线号码、电子邮箱地址,作为各级员工和与公司直接或间接发生经济关系的社会各方反映、举报公司及人员违反职业道德问题或者检举、揭发实际或疑似舞弊案件的渠道。反舞弊工作常设机构应将这一工作流程化,建立书面程序及制度,规定如何接受、保留、处理指控以及员工实名或匿名、外部第三方实名或匿名举报,并留下书面记录供管理层、审计委员会和董事会检查。

反舞弊工作常设机构对涉及一般员工的可疑的、被控但未经证实的举报,将视其轻重缓急,会同公司法律、人力资源等部门人员共同进行评估并做出是否调查的决定。若举报牵涉公司高级管理人员,经公司董事会、审计委员会批准后,由反舞弊工作常设机构和相关部门管理人员共同组成特别调查小组进行联合调查。在进行调查时,视需要还可聘请外部专家参与;对于受影响的业务单位的内部控制,要进行评估并提出改进建议;对于实名举报,无论是否立项调查,审计部门都应向举报人反馈调查结果。

对于举报和调查处理后的舞弊案件报告材料,反舞弊工作常设机构应按归档工作的规定,及时立卷归档;对于有关舞弊案件的调查结果和工作报告,要依据报告性质按季度向公司董事会、审计委员会分别报告;对于举报和调查处理后的舞弊案件材料,审计部门应及时立卷归档。档案的保管期限遵照国家及公司有关档案管理制度执行。

(五) 反舞弊工作的指导和监督

公司审计委员会至少每年召开一次反舞弊情况通报会,当遇到涉及公司高管舞弊事件,导致公司正常生产、经营活动受到较大影响的舞弊事件,影响公司财务报告正常出具或发生错报等重要情况或重大问题时,可随时召开会议。各部门负责人在通报会上向审计委员会汇报有关本部门开展反舞弊工作的情况,并听取审计委员会的有关意见及指示;反舞弊工作常设机构对公司反舞弊工作计划、反舞弊开展情况等提出评估报告,就舞弊案件的举报接收情况、调查结果及处理意见提出报告,并听取审计委员会的有关意见及指示。

反舞弊工作常设机构可以在公司审计委员会和董事会授权下独立地或与公司业务部门一起调查被举报舞弊案件;也可以接受管理层委托,为管理层调查特别舞弊事项,以及针对特别事项专门评估反舞弊制度及流程。反舞弊工作常设机构所做的调查报告、处理意见、评估报告,应向管理层、董事会、审计委员会分别报告。

反舞弊工作常设机构一年应至少向审计委员会和董事会进行一次反舞弊工作汇报,针对管理层及审计部门开展的工作,董事会和审计委员会应进行指导、监督及参与。审计委员会和董事会进行的独立的或共同的有关讨论及所作指示,应留有书面记录;将管理层针对上述机构所做的询问、意见、指示的反馈意见、执行结果,以书面形式加以记录并妥善保管备查。除此之外,在制订和执行年度审计计划时,反舞弊工作常设机构也要考虑舞弊风险。这是因为审计部门在公司反舞弊工作中应发挥必要的指导和监督作用,所以其应就工作计划和工作成果与管理层进行必要的沟通,并接受审计委员会和董事会的指导与监督。

(六) 舞弊的补救措施和处罚

发生舞弊案件后,公司应及时采取补救措施,检视原有内部控制程序中的风险漏洞,改进内部控制的有效性以防止舞弊行为再次发生,必要时由责任部门向公司管理层提交改进内部控制的措施的书面报告。对证实犯有舞弊行为的员工,无论是否达到刑事犯罪的程度,公司管理层均应按内部奖惩规定予以相应的经济和行政纪律处罚。对于一般员工的非重大舞弊案件,由运营与人力资源部门按内部奖惩制度判定责任并执行处罚;对于高管舞弊或重大舞弊事件,由公司管委会做出处罚决议,运营与人力资源部门遵照执行。除此之外,犯有舞弊行为的员工触犯刑律的,由公司移送司法机关依法处理。

知识要点

舞弊审计责任的历史沿革　审计期望差距　美国舞弊审计准则　国际舞弊审计准则　中国舞弊审计准则　审计线索　审计查证技巧　审计沟通机制　企业反舞弊机制

> **行动学习**

外高桥员工舞弊是管理责任还是审计责任

上海外高桥保税区开发股份有限公司(简称"外高桥")是上海市一家有名的上市公司,曾与浦东金桥、陆家嘴并称"一嘴两桥"。2003年4月,外高桥改聘普华永道中天会计师事务所(简称"普华永道")普华永道服务两年后,公司股东大会以审计费过高为由解聘普华永道。外高桥2003年审计费为79.5万元、2004年为90.5万元,而2005年普华永道提出的审计费是120.5万元。

2005年6月初,外高桥发现其存放在证券公司营业部保证金账户的2.04亿元仅仅剩下2万元。公安机关披露,黎某自1994年进入外高桥工作,由于表现突出,不久被提升为公司财务部经理助理,掌管公司证券投资类业务。黎某经朋友介绍与仇某认识,两人合谋通过国海营业部大平台进行资金非法转移,造成客户资金大量转移,绝大部分资金无法追回。财务报表显示,2003年年底,外高桥在国海营业部存有保证资约9 000万元,但账户实有金额仅约3 000元;2004年年底,外高桥在国海营业部存有约2亿元保证资,但账户实有余额仅约2万多元。普华永道对外高桥2003年和2004年的财务报表都出具了标准意见的审计报告。

2005年6月20日,外高桥发现自己公司2003年度和2004年度财务报表的资金账户余额与其在国海营业部的证券保证金账户余额存在较大差距。普华永道两次在审计外高桥存放保证金的账户时,审计师都没有按照正常审计程序对询证函进行有效控制,普华永道在2003年和2004年对涉案客户资金进行函证时,并没有直接向证券公司发出询证函,而是将询证函交给外高桥的黎某,当然最终也不是由证券公司直接向普华永道回函,而是由黎某交还给普华永道。外高桥认为,正是因为审计程序——函证程序存在工作失误,普华永道应对公司的损失负责。2005年8月,外高桥的律师顾问向普华永道发出律师函,要求与其就外高桥的资金损失赔偿事宜进行谈判;普华永道否认了其对外高桥资金损失的责任,并拒绝就赔偿事项进行协商。

此后,双方再没有沟通联系,直到2006年5月初,外高桥依据业务委托书约定选择了仲裁的方式,向中国国际经济贸易仲裁委员会提出仲裁申请。外高桥以在2003年度和2004年度的审计过程中,普华永道未能保持必要的职业谨慎、未严格依照独立审计准则中规定的函证程序开展审计工作,出具标准意见的审计报告,致使公司遭受巨大经济损失的理出,要求普华永道承担2亿元的经济损失,并退还两年的全部审计服务费,并由被申请人普华永道承担相应的仲裁和律师等相关费用。

外高桥在仲裁申请书中称,通过比较明细账,发现自己公司2003年度和2004年度会计报表中显示的资金余额与其在证券公司保证金账户余额存在较大出入。在审计业务程序方面,外高桥称,2003—2004年,普华永道对该涉案客户资金进行函证时,并未直接向证券公司收发询证函,而是将询证函交给外高桥相关工作人员,这种不规范、不严格的函证程序,给参与人员隐瞒其非法挪用项目资金的行为留下空隙。普华永道在审计程序中没有对询证函保持有效的控制,已有证据表明收回的询证函不可靠,但普华永道没有实施其他适当审计程序予以补救。由此,外高桥方面认为,普华永道没有能保持必要的职业谨慎、未严格依照独立审计准则中规定的函证程序,出具了标准意见的审计报告,致使公司遭受巨大的经济损失。

普华永道则认为其对外高桥方面不存在任何过错,不承担任何责任,拒绝任何形式的赔偿协商。普华永道还认为其已按照独立审计准则的要求,履行了所提供审计服务的全部义务。同时,双方在2003年、2004年接洽业务时,业务委托书约定了免责条款,内容为"除因本事务所故意行为或重大过错所引起的索赔事项外,本事务所概无义务向贵公司赔偿任何超出业务约定书中所要求支付的专业服务费的金额,无论这些损失是由违约、侵权或其他任何原因引起"。

质疑和讨论:

根据舞弊审计责任的相关理论,结合外高桥和普华永道对舞弊责任的不同观点,深入讨论三个问题:(1)管理层和审计师在舞弊责任上有何本质的差异?(2)普华永道是否需要对外高桥员工舞弊承担责任?(3)如果普华永道需要承担责任,原因是什么?应在多大程度上承担责任?

案例分析

××公司的重大会计差错是舞弊还是错误

××公司在2018年年报中主动对高达15 485万元的前期会计差错进行追溯调整,调整后,××公司2017年度由盈利2 650万元变为亏损8 350万元。2017年度的会计差错在利润表上主要体现为以下方面:①漏结转成本;②少计销售费用(广告费);③研发费用未计入当期损益;④提前确认未实现的销售收入;⑤提前确认所得税返还收益;⑥未抵销存货中的未实现利润;⑦少计其他费用。表8-1列示了××公司利润表相关数据及其调整前后的对比情况。

表8-1 ××公司利润表相关数据及其调整前后的对比情况

项目	2018年	2017年 调整后	2017年 调整前	2016年	2015年
主营业务收入(万元)	289 000	92 600	93 740	33 450	40 420
主营业务成本(万元)	192 700	75 305	71 260	29 880	29 750
营业费用(万元)	43 250	16 230	13 705	13 000	6 450
管理费用(万元)	22 560	13 360	5 270	8 850	2 610
净利润(万元)	2 170	(8 350)	2 650	(1 800)	300

（续表）

项目	2018 年	2017 年		2016 年	2015 年
		调整后	调整前		
主营成本率	0.667	0.813	0.760	0.893	0.736
营业费用率	0.150	0.175	0.146	0.389	0.160
管理费用率	0.078	0.144	0.056	0.265	0.065

2017 年度的会计差错在资产负债表上主要体现为以下方面：①少提坏账准备；②少计存货跌价准备；③少计长期投资减值准备。表 8-2 中列示了××公司资产负债调整前后的对比情况。

表 8-2　××公司资产负债表调整前后的对比情况　　　　单位：万元

项目	2017 年调整后		2017 年调整前		减值差异
	余额	①减值准备	余额	②减值准备	①-②
应收账款	25 830	5 380	25 600	1 010	4 370
其他应收款	7 280	3 440	7 320	1 390	2 050
存货	31 310	3 130	34 200	1 015	2 115

2017 年，××公司采取账龄分析法计提坏账准备；而到了 2018 年，坏账准备计提政策发生变更，除了采用账龄分析法，还附加了专项准备法，2018 年度报告中有一段话是 2017 年度报告没有的："专项坏账准备的提取是在对各重大应收款项进行分析的过程中，综合考虑此账款的账龄、债务单位的财务及实际经营情况以及现金流量情况、账款的当期回收情况和期后回收情况等，进行坏账准备的估计并计提。"

××公司认为，2017 年度会计报表所反映的问题属于会计处理和会计估计不当，而会计处理和会计估计不当属于对会计准则理解偏差造成的，而非财务舞弊。××公司在 2015 年 11 月配股成功，募集资金 18 645 万元。2018 年 4 月中旬，××公司母公司完成股份制改造，宣布组建"××集团股份公司"，计划以 A 股整体上市。

我国上市交易规则对企业经营成果和财务状况有明确的规定。上市公司出现财务状况异常情况或其他异常情况，导致其股票存在被终止上市的风险，或者投资者难以判断公司前景以致投资者权益可能受到损害的，交易所会对公司股票实施风险警示；最近两个会计年度经审计的净利润连续为负值或者被追溯重述后连续为负值的，上市公司股票会被实施退市风险警示，在公司股票简称前冠以"*ST"字样，以区别于其他股票。股票被实施退市风险警示后，公司披露的最近一个会计年度经审计的净利润继续为负值的，上市公司会被暂停上市；股票被暂停上市后，公司披露的最近一个会计年度经审计的财务会计报告存在扣除非经常性损益前后的净利润低者为负值、期末净资产为负值、营业收入低于 1 000 万元，或者被会计师事务所出具保留意见、无法表示意见、否定意见的审计报告等四种情形之一,上市公司会被终止上市。我国对上市公司增发配股和并购重组也有相应的财务指标要求。

要求:

1. 结合××公司案例材料,讨论错误与舞弊的本质差异,并在此基础上判断××公司2017年的重大会计差错是错误还是舞弊。

2. 结合××公司案例材料,运用舞弊三角理论分析××公司的重大会计差错,特别是舞弊动机因素。

3. 结合××公司案例材料,运用分析性程序方法分析2015年、2016年和2018年财务报表中的异常情况。

4. 结合××公司案例材料,讨论会计估计变更和会计政策变更的差异,并在此基础上分析××公司坏账准备计提方法变更属于会计估计变更还是会计政策变更。原因是什么?

补充阅读

陈关亭:《我国上市公司财务报告舞弊因素的实证分析》,《审计研究》,2007年第5期。

北京证监局:《基础审计程序(函证)专项检查专刊》,《会计及评估监管工作通讯》,2018年3月。

李晓慧、孙蔓莉:《业绩归因分析在审计风险识别中的运用研究》,《会计研究》,2012年第9期。

刘明辉、胡波:《法务会计、舞弊审计与审计责任的历史演进》,《审计与经济研究》,2005年第6期。

中国注册会计师协会:《中国注册会计师审计准则第1141号——财务报表审计中与舞弊相关的责任》,2019年2月20日修订。

中国注册会计师协会:《中国注册会计师审计准则第1141号——财务报表审计中与舞弊相关的责任》应用指南,2019年3月29日修订。

张龙平、王泽霞:《美国舞弊审计准则的制度变迁及其启示》,《会计研究》,2003年第4期。

Beasley M. S., An empirical analysis of the relation between the board of director composition and financial statement fraud, *Accounting Review*, 1996(4): 443-465.

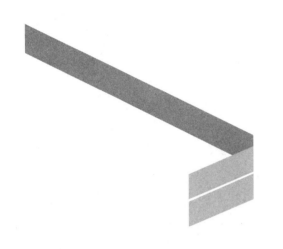

模块四

国家审计与内部审计

第九章

国家审计的理论与实践

学习目的

1. 了解国家审计不同模式的特征及适应性
2. 熟悉国家审计在国家治理中的定位与职能
3. 了解国家审计的基本规范
4. 掌握国家审计的特征及基本实务操作
5. 掌握国家审计报告及相关文书的编写技巧
6. 掌握重大政策措施落实情况跟踪审计的特征与技巧
7. 掌握投资项目绩效审计的特征与技巧

第一节 国家治理与国家审计

导读9-1

国家审计的基本职责

根据党的十九届三中全会审议通过的《中共中央关于深化党和国家机构改革的决定》《深化党和国家机构改革方案》和第十三届全国人民代表大会第一次会议批准的《国务院机构改革方案》，审计署是国务院组成部门。

中央审计委员会办公室设在审计署。

审计署贯彻落实党中央关于审计工作的方针政策和决策部署，在履行职责过程中坚持和加强党对审计工作的集中统一领导。主要职责是：

1. 主管全国审计工作。负责对国家财政收支和法律法规规定属于审计监督范围的财务收支的真实、合法和效益进行审计监督，对公共资金、国有资产、国有资源和领导干部履行经济责任情况实行审计全覆盖,对领导干部实行自然资源资产离任审计,对国家有关重大政策措施贯彻落实情况进行跟踪审计。对审计、专项审计调查和核查社会审计机构相关审计报告的结果承担责任,并负有督促被审计单位整改的责任。

2. 起草审计法律法规草案,拟订审计政策,制定审计规章、国家审计准则和指南并监督执行。制定并组织实施专业领域审计工作规划。参与起草财政经济及其相关法律法规草案。对直接审计、调查和核查的事项依法进行审计评价,作出审计决定或提出审计建议。

3. 向中央审计委员会提出年度中央预算执行和其他财政支出情况审计报告。向国务院总理提出年度中央预算执行和其他财政收支情况的审计结果报告。受国务院委托向全国人大常委会提出中央预算执行和其他财政收支情况的审计工作报告、审计查出问题整改情况报告。向党中央、国务院报告对其他事项的审计和专项审计调查情况及结果。依法向社会公布审计结果。向中央和国家机关有关部门、省级党委和政府通报审计情况和审计结果。

4. 直接审计下列事项,出具审计报告,在法定职权范围内作出审计决定,包括国家有关重大政策措施贯彻落实情况;中央预算执行情况和其他财政收支,中央和国家机关各部门(含直属单位)预算执行情况、决算草案和其他财政收支;省级政府预算执行情况、决算草案和其他财政收支,中央财政转移支付资金;使用中央财政资金的事业单位和社会团体的财务收支;中央投资和以中央投资为主的建设项目的预算执行情况和决算,国家重大公共工程项目的资金管理使用和建设运营情况;自然资源管理、污染防治和生态保护与修复情况;中国人民银行、国家外汇局的财务收支,中央国有企业和金融机构、国务院规定的中央国有资本占控股或主导地位的企业和金融机构境内外资产、负债和损益,国家驻外非经营性机构的财务收支;有关社会保障基金、社会捐赠资金和其他基金、资金的财务收支;国际组织和外国政府援助、贷款项目;法律法规规定的其他事项。

5. 按规定对省部级党政主要领导干部及其他单位主要负责人实施经济责任审计和自然资源资产离任审计。

6. 组织实施对国家财经法律法规、规章、政策和宏观调控措施执行情况、财政预算管理及国有资产管理使用等与国家财政收支有关的特定事项进行专项审计调查。

7. 依法检查审计决定执行情况,督促整改审计查出的问题,依法办理被审计单位对审计决定提请行政复议、行政诉讼或国务院裁决中的有关事项,协助配合有关部门查处相关重大案件。

8. 指导和监督内部审计工作,核查社会审计机构对依法属于审计监督对象的单位出具的相关审计报告。

9. 与省级党委和政府共同领导省级审计机关。依法领导和监督地方审计机关的业务,组织地方审计机关实施特定项目的专项审计或审计调查,纠正或责成纠正地方审计机关违反国家规定作出的审计决定。按照干部管理权限协管省级审计机关负责人。

10. 组织开展审计领域的国际交流与合作,指导和推广信息技术在审计领域的应用。

11. 完成党中央、国务院交办的其他任务。

12. 职能转变。进一步完善审计管理体制,加强全国审计工作统筹,明晰各级审计机关职能定位,理顺内部职责关系,优化审计资源配置,充实加强一线审计力量,构建集中统一、全面覆盖、权威高效的审计监督体系。优化审计工作机制,坚持科技强审,完善业务流程,改进工作方式,加强与相关部门的沟通协调,充分调动内部审计和社会审计力量,增强监督合力。

资料来源:审计署简介,审计署网站,2020年1月访问。

阅读中华人民共和国审计署网站上的"审计署简介",我们发现国家审计的监督已经覆盖经济生活的方方面面,但在当前国际化、金融化及大数据信息化时代,国家审计在国家治理中究竟发挥什么作用?国家审计的核心价值和职责是什么?什么样的制度安排或组织框架才能支撑国家审计真正发挥功能?

一、国家审计管理体制及其职责

国家审计管理体制有广义和狭义之分,广义审计管理体制是指审计监督机构的总体构成、隶属关系、社会地位、机构设置、上下级关系和各自相对的职权范围;狭义审计管理体制是指国家审计组织的隶属关系和审计组织内部上下级之间的领导与被领导关系。国家的政体及发展阶段不同,国家审计管理体制呈现不同特征。

(一)立法型审计管理体制

审计机关隶属于立法部门,在西方国家,审计机关直接对国会或议会负责并报告工作,完全独立于政府,依法实施审计监督权。实行立法型审计管理体制的国家,基本上是立法、行政、司法三权分立的国家,具有较为完善的立法机构体系与立法程序,能够保证立法型审计管理体制职能的发挥,审计机关是国会名副其实的"牧羊犬",如英国、美国、加拿大等50多个国家的政府审计管理体制属于立法型。

立法型审计管理体制的最高审计机关与立法机关的关系比较紧密,在西方国家具体表现为:议会有专门委员会负责审计工作,审计长是议会成员,立法机关在审计长任命过程中具有一定的话语权,立法机关会对审计工作安排提出要求,审计机关向立法机关提交审计报告等。例如,美国审计署属于立法机关的一部分,其90%以上的工作来自国会要求,但审计署不是国会的一部分。英国、澳大利亚、加拿大的政治制度采用权力联合或权力融合的方式,行政机关、司法机关长期以来从属于立法机关,政府由议会多数党组成内阁,政府首长、各部部长是议会成员,审计长也是议会成员。

立法型审计管理体制的最高审计机关与地方审计机关的关系具有以下特征:

(1)最高审计机关与地方审计机关之间没有领导与被领导的关系。美国、澳大利亚、加拿大是联邦制国家,审计署与地方审计机关之间在经费、人员任免、机构设置等方面相互独立,不存在隶属关系。近年来,随着对苏格兰、威尔士下放权力,英国逐渐从单一制国家向半联邦国家过渡,这影响着英国最高审计机关与地方审计机关的关系。2014年,负责对英格兰和威尔士的地方政府进行审计的审计委员会被取消,地方审计事务移交给相关机构完成。

（2）最高审计机关负责制定国家审计准则，地方审计机关采用全国统一的审计准则、审计标准。鉴于中央会向地方下拨大量公共资金，为减少重复监督工作，美国审计署通过单一审计法案，要求各地方审计机关在检查中央下拨地方的公共资金时采用统一审计标准。根据《2014年地方审计与责任法案》，英国审计署成立了地方审计准则和指南小组，负责编写、出版、修订地方审计实务准则和指南，以加强对地方审计实务的指导。

（3）最高审计机关注重与地方审计机关建立业务交流机制。为加强最高审计机关与地方审计机关的业务交流，美国审计署定期组织举办"全美政府间审计论坛"。英国成立了由英国国家审计署、苏格兰审计署、威尔士审计署共同参加的"公共审计论坛"，每年聚会一次，为公共审计工作提供交流平台。为了加强相互支持和信息共享，澳大利亚成立了由各州审计长和联邦审计长组成的澳大利亚审计长委员会。

为履行职责，最高审计机关开展的工作主要是财务审计和绩效审计两大类型，并会根据立法机关要求开展专项调查，但不同国家的审计侧重点有所区别，如英国、澳大利亚、加拿大最高审计机关的财务审计比例较大，美国审计署的财务审计比例较小。美国审计署每年90%以上的工作是根据国会的要求来安排的。加拿大审计署在确定审计项目时会优先考虑议会最关注的领域。澳大利亚审计署绩效审计的主要目的是向议会提供公共资金得到有效管理及使用的保证。英国审计署每年向议会征求开展哪些绩效审计项目的意见，主要向议会提供公共资金如何实现政策目标的独立的、严谨的分析。

（二）司法型审计管理体制

国家审计机构拥有司法权，政府审计师具有司法地位，即政府审计法制化，并享有司法权力。有些国家还在审计机构内部设置审计法庭，直接对违反财经法纪和造成重大经济损失的案件进行审理，具有很高的权威性。审计法院属于司法体制，法律保障法官的独立性。这种模式相对于立法模式而言，更侧重于审查和追究当事人的财务责任，而不注重于向议会提供建设性的批评和建议，主要应用于法国、意大利、希腊、比利时、葡萄牙、西班牙、巴西等20多个国家。

各国审计法院与地方审计法院的关系各不相同。法国是比较典型的中央集权制国家，审计法院与地方审计法院的关系密切，对地方审计法院有人事管理权。意大利经历了从中央集权逐步向分权演进的过程，出现了"联邦"趋势与中央控制共存的局面，联合法庭具有司法管辖权。巴西联邦审计法院与地方审计法院不存在隶属关系。

司法型审计法院通常既具有审计职责，又拥有一定的司法职责。审计职责主要包括对政府机关、部门和其他公共机构的账目进行审查，对国有企业财务进行审计，开展私有化审计等。一些国家还有其他的审计职责。例如，法国审计法院和意大利审计法院对接受财政拨款或公共资助的组织和机构进行审计；法国审计法院对社会保障机构的账目进行审计；意大利审计法院对行政法案进行法案合规性的"事前"审计；巴西审计法院对政府投资项目进行审计，并对外国资本和私人资本进行投资准入审查，对联邦政府控股、参股跨国企业中有关巴西利益的账目进行审计。司法职责表现在审计法院对发现的造成国家财产损失的贪污、舞弊和不当行为具有一定的司法处理权限,可以进行司法裁判。各国的司法裁判权也存在差异,例如法国审计法院的司法裁判权限于公共会计人员层次,意大利审计法院和巴西联邦审计法院的裁判权比较广泛,涉及人员的层级较高。

(三)独立型审计管理体制

最高审计机关为宪法机构,其独立性受宪法和最高审计机关相关法律的保障,最高审计机关为中央级权力机构,不属于任何国家机构,独立于政府、议会和法院,单独形成国家政权的一个分支,履行监督权,对法律负责或者作为顾问为立法部门和政府部门提供帮助。

独立型审计管理体制中的审计机关在审计监督过程中,坚持依法审计的原则,客观公正地履行监督职能,只对法律负责,不受议会各政党或任何政治团体的干扰。与立法型审计管理体制一样,独立型审计管理体制也具有较强的独立性和宏观服务职能,德国、日本、俄罗斯、韩国等国家属于独立型审计管理体制。

(1)德国《联邦审计院法》第1条规定,联邦审计院作为联邦最高机关,是独立的政府审计机构,其行为只受法律约束。德国联邦审计院在联邦机构中与总统办公室、总理府及联邦各部委处于同一级别,独立于立法、司法和行政部门。根据德国联邦基本法和《地方自治法》,德国的联邦、州、市镇各级政府负责本级政府的财政收支平衡,各州审计院负责对本州政府的财务行为进行监督。对于联邦和各州共同出资的项目,如高校、海岸线防务和社会保障等,联邦审计院和各州审计院以共同或相互委托的方式进行审计,并相互通告审计结果、交流审计信息。德国《联邦预算法》第97条规定,联邦审计院必须根据审计项目的重要性总结当年的审计工作,并向联邦国会两院和联邦政府提交年度审计报告。德国最高审计机关拥有审计权、公告权、建议权等,对于在审计中发现的违法违规行为,最高审计机关只能要求被审计对象的主管部门进行处理或直接移交司法机关,自身并无处理处罚权;最高审计机关的职责来自根据宪法和审计院法的规定,对政府的预算执行和决算报告进行审计与确认,对国有资产管理情况进行监督,对公共项目支出进行绩效审计,并为联邦政府制定财经政策法规提供咨询。

(2)日本审计院在国家权力机构中的级别与国会、最高法院相当。日本审计院作为日本的最高审计机关,拥有可以制定与政令同等规格法规的权力,审计院在没有内阁政令依据的情况下,可以独立制定审计院施行规则、审计院审查规则、计算证明规则等,各省厅必须遵守。另外,审计院行使独立的审计监察权和财政监督权,还拥有特别检查权。同时,审计院还拥有独立的经费来源,日本《财政法》将审计院与参议院、众议院、最高法院一起列为特别预算单位,内阁须在征求审计院长的意见之后才可对其预算进行调整。审计院没有对地方公共团体(与中央财政资金无关的)进行审计的权限。《地方自治法》第199条规定,地方公共团体的财务及经营业务由地方自治体的监察委员负责监督。审计院每年会定期与地方自治体的监察当局进行业务交流,就审计监察的方法、实施情况和审计成果交换意见。审计院依据独立的《审计院规则》运作,不必接受内阁的政令开展工作，可以不受行政机关的干扰。在这种模式下，是否对某一单位进行审计就完全由审计机关自己决定；但对审计中发现的问题不具有处理权，应交由司法机关审理。审计院只是根据审计过程中发现的问题和收集的资料进行分析并得出公正的判断，从而向立法部门、行政部门及司法部门提供有价值的建议和信息，具有较强的宏观服务职能。

(3) 俄罗斯宪法授权联邦国会建立联邦审计院，并由审计院负责对政府进行财政监督。俄罗斯《联邦审计院法》规定，联邦审计院是常设的政府财政监督机关，拥有法定范围内的组织、职能及财务独立。俄罗斯联邦审计院为联邦级权力机构，地位相当于联邦部委，审计院院长的薪酬福利参照俄罗斯联邦政府第一副总理，副院长参照联邦政府副总理。俄罗斯《联邦审计院法》规定，联邦审计院必须根据每季度财政收入及支出的实际发生额，编写联邦财政预算执行情况的季度审计工作报告，并提交给联邦国会审议。俄罗斯联邦审计院的职责范围广、审计权限高，除要对政府的财政行为和中央财政资金的使用进行监督之外，联邦审计院还担负反腐败审计和国家战略审计的职责。根据《联邦审计院法》的规定，联邦审计院的审计师可进入军事基地等单位进行检查；如果发现被审计对象存在伪造文件、侵占财产和滥用职权等违法行为，那么审计师有封存现金和必要的文档、冻结银行存款和查封存放财产物资场所的权限；如果发现被审计对象的财务或商业违法行为给国家造成了直接损失，那么联邦审计院可对被审计对象进行处罚；当被审计对象多次违反或抵触联邦审计院的命令时，联邦审计院执行管理委员会有权暂停被审计对象一切形式的财政给付及结算业务。俄罗斯联邦审计院对各州市政府没有审计权，也不可以干预各州市审计当局的工作，只有在各州市政府使用联邦政府资产的情况下，联邦审计院才可以对其资产的使用情况进行审计。联邦审计院有权对俄联邦签订的对外条约、协议中与财政资金使用相关的条款发表意见，并对条约、协议的具体实施情况开展审计。

(4) 韩国审计监查院具有审计与监察双重职能，实行监审合一的审计体制。韩国审计监查院受总统的直接领导，但在行使职权时会保持法律上的独立性，不受立法、行政、司法机关的影响。在职责方面，韩国的《审计监查院法》规定，审计监查院在总统领导下建立，行使职责时保持独立地位；审计监查院在人员任免、组织、经费预算方面享有最大限度的独立性。审计监查院的经费由政府企划财政部提出，列入国家财政预算，交政府国务会议、总统审核，国会批准，并保证逐年增加。在监审合一的审计体制下，韩国审计监查院的基本职责有以下五个方面：一是国家财政收支决算审计；二是法定单位财务收支账目审计；三是职务监察；四是调查政府行政行为；五是对会计法律事宜发表意见。为此，韩国审计监查院有八大权限：赔偿责任判定权、纪律处分权、责令纠正权、警告权、责令改进权、建议权、通报批评权和指控权。审计监查院对地方审计监查机构进行业务指导，地方审计监查机构每年向审计监查院提交年度审计工作报告。

（四）行政型审计管理体制

行政型审计管理体制下，审计机关隶属于行政部门或政府某一部门，是国家行政机构的一部分，依法对政府各部门、各单位的财政预算和收支活动等进行审计，并对政府负责,以保证政府财经政策、法令、计划和预算的正常实施。行政型审计管理体制的独立性不如立法型和司法型审计管理体制强,独立地位往往在宪法或有关法律中予以明确规定,审计机关既是政府的职能部门,执行政府的指令或直接为政府经济管理服务,也是政府的监督部门,代表社会公众监督政府经济管理行为,制约和规范政府行政权力。目前采用这种审计管理体制的国家为数不多,中国、巴基斯坦与泰国具有代表性。

在建立国家审计制度的初期,我国选择了隶属于国务院的行政模式。这种选择是符合一定时期下国家政治经济环境特征的。特别是在新旧体制转型时期,财经领域中违法乱纪和有法不依的情况十分严重,弄虚作假和会计信息失真现象比较普遍,内部控制和财务管理不规范的状况没有得到根本好转。在这种情况下,实行在政府领导下的行政型审计管理体制,有利于更好地发挥审计监督的作用。这主要体现在:

(1) 有利于审计工作贴近政府出台的各项改革措施和重要工作部署,围绕经济工作中心,服务大局,切实加强对重点领域、重点部门和重点资金的审计监督,促进政府工作目标和宏观调控措施的贯彻落实。

(2) 时效性比较强。审计机关能够更直接、更有效地实施审计监督,及时发现处理和纠正各种违反国家财经法规问题,发挥审计监督在维护财经秩序、促进廉政建设、惩治经济犯罪中的作用,从而促进政府各部门依法行政、加强管理、完善法制、建立健全宏观调控体系。

(3) 有利于各级人大更好地支持监督审计工作。按照我国审计法的规定,审计机关每年受政府委托要向人大常委会报告本级预算执行情况及其他财政收支审计工作报告,这为各级人大了解、支持和监督审计工作创造了条件。

(4) 地方各级审计机关实行双重领导体制,有利于增强地方审计机关的独立性,也有利于审计系统加强业务建设,使全国审计工作形成一个有机整体。

目前,我国国家审计管理体制总体上实行的是行政型的"双重领导"制,除审计署在国务院总理领导下开展工作外,地方各级审计机关在本级人民政府行政首长和上一级审计机关的共同领导下,负责本行政区域的审计工作。这种审计管理体制是在改革开放初期特定的历史环境下形成的,而且为配合政府维护经济秩序和监督国有企业、增强经济监督的职能发挥过重要作用,但随着审计环境的变化,需要对审计独立性、审计透明度、审计报告制度、审计范围、审计效果以及审计后追查等方面进行改善,以实现审计监督的全覆盖。

我国自1982年宪法确立审计制度以来,国家审计的对象和内容一直以经济活动和经济责任为主。宪法第91条规定,国务院设立审计机关,对国务院各部门和地方各级政府的财政收支,对国家的财政金融机构和企业事业组织的财务收支,进行审计监督。审计法将"维护国家财政经济秩序、促进廉政建设、保障国民经济健康发展"作为立法目的,并结合审计法实施条例细化规定了审计机关对相关财政收支、财务收支的真实、合法和效益,依法进行审计监督。从法定审计职责范围来看,明确了审计对象和内容应当聚焦经济范围,以财政收支和财务收支等经济事项为主。党的十八大以来,中共中央、国务院对审计机关和审计师提出了一系列新部署与新要求。《国务院关于加强审计工作的意见》(国发〔2014〕48号)提出"对稳增长、促改革、调结构、惠民生、防风险等政策措施落实情况,以及公共资金、国有资产、国有资源、领导干部经济责任履行情况进行审计,实现审计监督全覆盖"。《关于完善审计制度若干重大问题的框架意见》(中办发〔2015〕58号)再次明确"对公共资金、国有资产、国有资源和领导干部履行经济责任情况实行审计全覆盖,做到应审尽审、凡审必严、严肃问责"。

二、国家审计的核心价值与职责

我们从历史上知名组织及相关事件的视角考察国家审计的核心价值与职责。

(一) 世界审计组织及其战略规划

1953年,由联合国及其专门机构的成员的最高审计机关组成并成立了世界审计组织(International Organization of Supreme Audit Institutions,INTOSAI),这是国际公认的影响最广泛、权威性最强的全球性公共部门审计专业组织,是联合国经济和社会理事会的咨询机构之一。世界审计组织是世界各国最高审计机关开展信息交流、技术合作、培训研讨的主要平台,其理念是"经验分享、人人共惠"。截至2020年12月,世界审计组织(www.intosai.org)共有195个正式成员(194个联合国成员国家最高审计机关和欧盟审计院)、5个没有投票权的协作成员和1个附属成员,是世界上成员数量仅次于联合国的第二大国际组织。

世界审计组织下设机构有世界审计组织大会(Congress,INCOSAI)、理事会(Governing Board)、秘书处(General Secretariat)、目标委员会(INTOSAI Goal Committees)和突发事件监督委员会(Supervisory Committee on Emerging Issues,SCEI)。目标委员会下设专业准则委员会、能力建设委员会、知识分享委员会以及政策、财务与管理委员会。另外,与世界审计组织保持关联的独立法律实体有世界审计组织发展培训委员会(INTOSAI Development Initiative,IDI)、国际政府审计杂志(*International Journal of Government Auditing*)机构。世界审计组织的相关实体还包括7个地区组织,即拉美审计组织、非洲审计组织、阿拉伯地区审计组织、亚洲审计组织、太平洋地区审计组织、加勒比地区审计组织和欧洲审计组织(见图9-1)。世界审计组织大会是世界审计组织的最高决策机制,每三年召开一次,在各个大洲轮流举办,从成立至今,世界审计组织举行了23届大会。理事会由20名成员组成,经各个地区组织推荐,由大会选举产生。现任主席为阿联酋审计署审计长,任期3年。理事会每年召开一次会议,负责在不召开大会期间就世界审计组织的重要事项进行决策。世界审计组织秘书处永久设在奥地利审计院,由奥地利审计院院长担任世界审计组织秘书长。秘书处主要负责开展世界审计组织内部及其与外部合作机构的联系,加强世界审计组织及成员的工作能力,提高世界审计组织的透明度,使世界审计组织成为更负责任和更可信赖的组织。

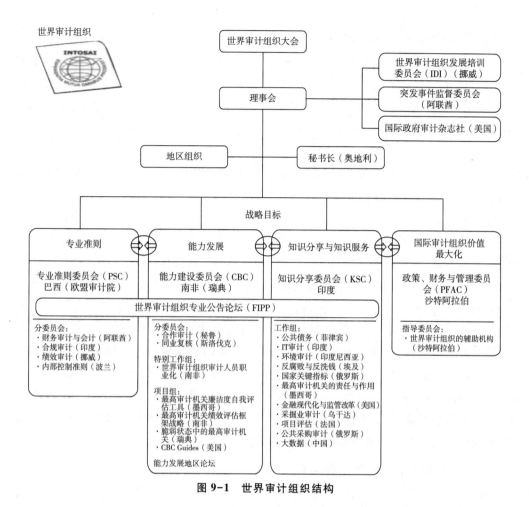

图 9-1 世界审计组织结构

1982年5月，中国审计署加入了世界审计组织。目前，中国审计署是世界审计组织理事会成员、四大战略目标委员会成员，还担任世界审计组织大数据工作组主席，并加入世界审计组织框架内的几乎全部工作组，包括环境审计工作组、信息系统审计工作组、反腐败与反洗钱工作组、金融现代化与监管改革工作组、国家关键指标工作组、最高审计机关的责任与作用工作组等。中国审计署参加了1983年世界审计组织第11届及以后各届大会。2013年10月，中国审计署在北京举办世界审计组织第21届大会，时任审计长刘家义担任世界审计组织理事会主席，任期至2016年12月。第21届大会总结了世界审计组织成立六十周年所取得的主要成果和经验，围绕"国家审计与国家治理""最高审计机关促进财政政策长期可持续性"两大议题进行讨论，最终通过了唯一正式成果文件《北京宣言》，宣言的核心是明确了各国最高审计机关的作用和目标——推进政府良治和全球治理。

2016年12月，世界审计组织在阿联酋阿布扎比召开第22届大会，批准了世界审计组织《2017—2022年战略规划》。

1. 世界审计组织的使命、远景与核心价值

（1）世界审计组织的使命。世界审计组织是一个自主、独立、专业、非政治性的组织，旨在为最高审计机关提供支持，促进各种观点、知识和经验的交流，在国际社会中担任公认的最高审计机关全球代言人，为公共部门审计提供高质量的审计准则，促进实现政府良治，推动最高审计机关加强能力建设并持续提高绩效。

（2）世界审计组织的愿景。通过增强最高审计机关履职能力，帮助各国政府提高绩效、增强透明度、确保问责、维护信用、打击腐败、增强公共信任度、提高公共资源收支使用的效率和效果，为人民谋福利，促进政府实现良治。

（3）世界审计组织的价值。世界审计组织的价值包括六大部分，即基于最高审计机关需要的需求评估、制定专业准则与指南、推广实施专业准则与指南、促进最高审计机关之间的知识分享、加强最高审计机关的能力建设与发展、监督与评价。

（4）世界审计组织的核心价值为独立、廉正、专业、信誉、包容、合作、创新。从世界审计组织的使命、愿景和核心价值中可以看到，居首位的最重要的价值就是最高审计机关的独立性。2007年通过的《墨西哥宣言——最高审计机关的独立性》，强调独立性是确保最高审计机关高效、独立地履行职责所必须具备的基本要求，并确认了独立性的八项相关原则——最高审计机关独立性的八大支柱，即法律地位、审计资源、最高审计机关领导人、工作运行、获取信息、报告审计结果、决定审计报告的内容与时间、有效的跟踪机制。世界审计组织认为，只有建立充分独立、有能力、可信赖和专业的最高审计机关，才能够确保问责、透明、良治和公共资金的合理使用。

2. 世界审计组织的战略规划（2017—2022年）

2016年12月，世界审计组织在阿联酋阿布扎比召开第22届大会，批准了世界审计组织《2017—2022年战略规划》，其战略目标与任务的核心内容如表9-1所示。

表9-1 世界审计组织的战略目标与任务（2017—2022年）

战略目标一：完善专业准则
通过宣传、提供和维护《最高审计机关国际准则（ISSAI）》，推动制定和采用适当、有效的专业准则，促进建立强有力的、独立的且具有跨领域能力的最高审计机关，鼓励实现良治
5项战略任务：（1）提供强有力的机构框架以支持准则制定工作，包括建立一个永久的准则制定机构（世界审计组织专业公告论坛）、一个技术支持部门和一个独立咨询部门。（2）确保《最高审计机关国际准则》足够清晰、切题和适用，成为世界审计组织成员首选的解决方案；《最高审计机关国际准则》应当被所有利益相关方公认为公共部门审计的权威准则体系。（3）使《最高审计机关国际准则》成为开展审计师职业教育和认证项目、其他教育和准则培训的有效资源。（4）努力实现世界审计组织专业公告的持续开发，并确保其得到定期维护。（5）对准则的实施和采用情况进行监督，将有关的问题反馈给准则制定流程，确保准则的制定尽可能地适用和切题

（续表）

战略目标二：加强能力发展

推动独立的各国最高审计机关和各地区组织开展各种能力开发活动，增强专业能力；向世界审计组织通告有关最高审计机关能力发展事项等的决策；与捐助机构、相关合作伙伴和利益相关方等开展合作，通过这些方式支持最高审计机关增强履职能力，最大化地实现其向社会提供的价值和作用

5项战略任务：(1)抓住机遇、迎接挑战，帮助寻找评价世界审计组织与捐助机构合作机制等的解决方案。(2)加强世界审计组织系统化的职业发展建设，使之成为职业能力发展和推行审计师职业化的支柱。(3)在最高审计机关和地区组织层面倡导并支持能力发展，维护最高审计机关绩效评估框架的有效性，并扩大其应用范围。(4)分享能力发展构想，通过服务社区等途径满足最高审计机关的需求。(5)与国际发展机构广泛开展战略性交流，维护最高审计机关的能力发展利益

战略目标三：促进知识共享与知识服务

开放、共享与合作，旨在通过各类知识开发、知识分享和知识服务活动，包括提供和修订世界审计组织各类公共产品；为社区交流网站提供基准并做好运行维护，鼓励各成员之间高效沟通；研究最佳实务，并就各方共同关心和感兴趣的问题开展研究，鼓励各国最高审计机关开展合作、相互协作、不断改进

3项战略任务：(1)在公共部门审计的不同领域开发各类专业技能并加以维护，为世界审计组织专业公告框架提供有关内容。(2)促进各成员国最高审计机关之间进行知识分享与经验交流。(3)与世界审计组织能力建设委员会、发展培训委员会及其他机构共同努力，根据同业复核和最高审计机关绩效评估框架的检查成果，进行跨领域的知识分享与经验总结，从而不断改进最高审计机关的工作

战略目标四：实现审计组织价值最大化

在尊重地区自主权、保持平衡性以及各成员国最高审计机关所代表的不同审计模式和审计方法的同时，采取确保工作经济性、效率性和效果性的方式组织与管理世界审计组织，以实现及时决策和有效治理

6项战略任务：(1)监督战略规划的实施进展，评估自身的绩效。(2)有效管理和利用世界审计组织的各类资金资源，力争以最优方式完成战略规划的各项任务。(3)有效组织、维护和管理世界审计组织与捐助机构合作机制，提供政策指导。政策、财务与管理委员会要帮助各国最高审计机关加深对合作机制以及通过合作机制提升能力的了解，认真执行合作谅解备忘录中的相关要求。(4)建立"全面风险管理"体系，帮助世界审计组织及时发现、评估并管理所面临的风险，进而有效应对全球性和地区性各类突发事宜。(5)继续与相关国际组织开展合作。(6)通过网站、《国际政府审计杂志》、社交媒体、视频和交互工具等，加强组织内部及其与外部合作伙伴和利益相关方的交流沟通，包括公开年度战略目标复核报告、项目调整及改进计划，促进及时、准确和透明的内外部交流

资料来源：Strategic Plan of INTOSAI 2017-2022，世界审计组织网站(www.intosai.org)，2020年1月访问。

（二）美国审计总署更名与战略规划

2004年，美国审计总署(General Accounting Office)更名为政府受托责任署(Government Accountability Office，GAO)[①]。这一改变不仅仅是名称的改变，它表明了美国审计总署的

---

① 下文仍沿用习惯英文译名"审计总署"。

发展方向，即强化政府责任，改进工作绩效。

成立初期，美国审计总署主要负责核查联邦政府的财务情况。

20世纪二三十年代，美国审计总署的工作侧重于履行法定职责中的控制，重点是检查政府支出是否合法、恰当。其基本工作程序为：政府支出机构根据凭单进行支付，然后将这些凭单送审计署检查。这段早期的历史，被称为凭单检查时期。

20世纪40年代晚期，美国审计总署开始审计政府法人，实行"综合审计"制，倡导改进会计制度，并与行政机构一起工作。《1945年政府法人控制法》授权美国审计总署审计全资政府法人和参股法人。为此，美国审计总署于1945年设立法人审计局，预示着美国审计总署的工作开始转向综合审计。综合审计要求对公共基金使用的合理性、合法性、诚实和效率进行检查。

1954年，约瑟夫·坎贝尔出任主计长。在坎贝尔的领导下，美国审计总署的工作体现了国家需求的改变，强调经济性和效益审计，重点放在国家防务契约审计，关注国外财政管理和军事援助项目、自动数据处理设备的购置和使用、国家航空和空间局开发项目等。1970年的《立法机关重组法案》和1974年的《国会预算与保留管制法案》授权美国审计总署对政府机构的项目管理活动进行评估与分析，意味着绩效审计在美国逐步开展起来，并发挥着越来越重要的作用。以后，美国审计总署不断扩大绩效审计的比例。

为了指导绩效审计的实践，美国审计总署非常注重绩效审计准则的制定。1972年6月，美国审计总署发表被称为黄皮书的《政府组织、项目、活动与职能的审计准则》的初始文本，即"公认的政府审计准则"，该文本题目在1988年修改为《政府审计准则》。黄皮书首次写入了绩效审计这一名词，规定其审计目标为：一是检查财务活动和法律法规的遵循情况；二是检查管理工作的经济性和效率性；三是计划预期实现成果的效果。《政府审计准则》于1981年、1988年、1994年和2003年四次修订。2003年最新颁布的《政府审计准则》将绩效审计定义为：对照客观标准，客观地、系统地收集和评价证据，对项目的绩效和管理进行独立的评价，对前瞻性的问题进行评估，对有关最佳实务的综合信息或某一深层次问题进行评估。该准则规定：绩效审计要为负责监督和采取纠正措施的有关各方在改正项目经营与决策及加强公共责任方面提供信息；绩效审计的目标包括对项目的结果、经济性及效率性、内部控制、法律和其他规定的遵循情况进行评估，检查前期的分析、指导或总括性的信息；绩效审计一般要提出审计的结果、结论和建议，并出具审计报告。

2004年，尽管美国审计总署依然是联邦政府财务活动的主要审计机构，但财务审计只占其当时工作量的15%，美国审计总署的大部分工作是负责对联邦政府进行业绩审核、项目评估、政策分析等，成为对受托责任、风险管理和综合治理进行评价的有效手段。美国审计总署成为一个服务于国会的独立的非党派机构，通常被称为国会的审计调查部门或"国会监督机构"，主要审查联邦资金的使用情况，并就如何促使政府更好地工作，向立法者和机构负责人提供建议。随着时间的推移，美国审计总署的任务从会计凭证审核发展到更全面的项目和绩效评估。这时，美国审计总署这个名称并未真实、准确地反映该机构所扮演的角色，理由如下：

(1)美国审计总署更名是美国政府管理理念创新的体现。新名称更好地体现了审计总署服务国会和美国人民的责任理念。

(2)美国审计总署更名表明其职责范围不断扩大,主要从检查财政账目逐渐调整为项目评价和政策结果评估。新名称体现了审计总署以联邦行政机构维护美国国家利益和美国人民的责任履行情况为监督重点。

(3)美国审计总署更名是吸引不同领域专业人才的重要手段。新名称有助于改善外部形象,消除社会对审计总署工作性质、人员专业背景等方面的误解,吸引非会计领域的优秀人才。

(4)美国审计总署更名是其建设联邦典范机构的重要助力。新名称有助于改变过时的政策、流程和方法,为改革举措的顺利实施提供助力,也有助于更清晰地表达审计总署在21世纪初的首要任务是提高联邦政府的绩效,保证尽到对国会和美国公众的责任。

更名后的美国审计总署将更加明确地表明,其首要任务是提高联邦政府的工作绩效,保证联邦政府能够对国会和美国公众尽责任(扫二维码获取详细资料:美国审计总署更名的时代背景及现实启示)。

目前,美国审计总署由大约3 000名拥有不同领域学科背景的员工组成,包括会计、经济、法律、工程、信息技术、社会科学、自然科学及其他学科领域专家。审计总署的蓝皮书不仅反映了联邦资金是否使用适当的问题,而且扩展到了联邦项目和政策是否达到目标,满足了社会的需要。审计总署关注的是部门和机构使用纳税人的钱的结果。审计总署还是政府运作应真实和透明的有力提倡者,有义务保证安然和世通这样的责任失误不会在公共部门再发生。审计总署的最终成果形式包括报告、证词、信息、技术援助及特殊性成果。2017年,审计总署的投入产出比为1∶128,即政府对审计总署每投资1美元,就会为国家增收节支128美元。

2018年2月22日,美国审计总署公布了《美国审计总署2018—2023年战略规划》。规划主要包括三个部分:为国会和国家服务的目标(GAO-18-1SP)、关键工作(GAO-18-395SP)以及影响政府和社会的发展趋势(GAO-18-396SP)。其中,"为国会和国家服务的目标"部分按照"总体目标—战略目标—绩效目标"层次,共包括4大类总体目标、19个战略目标和95个绩效目标;"关键工作"部分阐述了有助于成功实现95个绩效目标的实质性重点工作;"影响政府和社会的发展趋势"部分主要阐述对联邦政府和社会有重大影响的8种发展趋势。详细内容如表9-2和表9-3所示。

表9-2 美国审计总署的战略规划(2018—2023年):19个战略目标

总体目标一:提升美国人民福利和政府财政安全,以应对当前的挑战
战略目标1:为满足人口老龄化和多样化医疗保健的需要而提供资金与项目
战略目标2:为提高国家竞争力而提供终身教育
战略目标3:工人、家庭和儿童的福利与保护
战略目标4:老年人口的经济保障和福利

(续表)

战略目标5:建立灵活、公平和高效的司法系统
战略目标6:住房融资和可持续社区
战略目标7:稳定的金融体系和充分的消费者保护
战略目标8:有效地管理自然资源和环境
战略目标9:安全的、有保障和可利用的国家有形基础设施
总体目标二:帮助国会应对不断变化的安全威胁和全球挑战
战略目标10:保护国家免遭威胁和灾难
战略目标11:有效、高效地利用资源以增强军事能力和战备状态
战略目标12:推进美国外交政策,保护国际经济利益
战略目标13:加强情报界的管理和整合,加强情报活动
总体目标三:帮助联邦政府转型以应对国家挑战
战略目标14:分析政府的财政状况,解决政府财政收支差距
战略目标15:识别欺诈、浪费和滥用,改进内部控制以支持政府问责制
战略目标16:支持国会对跨领域问题、主要管理挑战和项目风险的监督
总体目标四:为国会提供高质量、及时的服务,最大限度地提高审计署的价值,成为领先的实践型联邦政府机构
战略目标17:实施战略性人才管理以增强审计师竞争力
战略目标18:简化审计署的工作流程,提供高质量的报告,并促进知识共享、优化政府标准和战略解决方案
战略目标19:在安全、协作和移动的环境中提供现代化交互式集成工具与系统

资料来源:http://www.gao.gov,2020年1月访问。

表9-3 美国审计总署的战略规划(2018—2023年):19个战略目标和95个绩效目标

战略目标1:为满足人口老龄化和多样化医疗保健的需要而提供资金与项目
8个绩效目标:(1)评估医疗保健系统的趋势和问题;(2)评估公共和私营医疗保险覆盖范围,以及改革的趋势、成本和问题;(3)评估联邦医疗保健项目的实施,减少项目中的不合理支付以及欺诈、浪费和滥用行为;(4)评估医疗保险制度的改革、融资、支出、运营和计划的完整性;(5)评估医疗补助的融资、支出和监督行为;(6)评估州和联邦为弱势群体提供医疗保障所采取的行动;(7)评估改善退伍军人事务部和国防部医疗服务的行动;(8)评估联邦政府关于促进和确保公共健康项目的有效性,包括药品和医疗设备的安全性与有效性,以及对公共卫生紧急事件的预防和应对
战略目标2:为提高国家竞争力而提供终身教育
3个绩效目标:(1)对改善入学前准备和基础教育(K-12)方面的政策与行政管理挑战进行评估,使年轻人为上大学和工作做好准备;(2)为改进学生中学毕业后援助项目提供建议;(3)确定项目的改进方法,为工人、退伍军人等提供就业机会,并提高他们的就业技能,以适应不断发展的经济形态

（续表）

战略目标 3：工人、家庭和儿童的福利与保护
3 个绩效目标：(1)为个人、家庭和儿童提供社会服务，为经济和营养援助项目的改善提供建议；(2)评估保护工人的战略和保障措施的有效性；(3)确定改善联邦政策和支持残疾人的方法
战略目标 4：老年人口的经济保障和福利
4 个绩效目标：(1)评估资助老年人福利的政策和行政挑战；(2)评估社区养老项目的政策和管理情况；(3)评估国家和个人投资的退休项目在为老年人提供保障方面是否充分、有效；(4)评估有助于个人改善择业、社会保障和退休的政策
战略目标 5：建立灵活、公平和高效的司法系统
4 个绩效目标：(1)评估联邦政府预防、阻止、调查和起诉恐怖主义、暴力犯罪与网络犯罪方面的工作成效；(2)评估联邦政府保护弱势群体和确保美国公民权利方面的工作成效；(3)审查联邦政府限制、改造、监督和释放罪犯方面的工作情况；(4)评估联邦政府通过赠款协助各州和地方建立公平有效的刑事司法制度所做的努力
战略目标 6：住房融资和可持续社区
5 个绩效目标：(1)评估联邦政府如何支持住房所有权和管理金融风险，同时改革联邦政府在住房金融中的作用；(2)审查支持租赁住房的联邦项目如何实现目标，包括管理援助财产的状况和改善特殊人口的福利；(3)评估联邦对无家可归者的援助工作及其对无家可归个人和家庭的影响；(4)监测社区和经济发展援助及其对社区的影响；(5)评估联邦协助小型企业举措的有效性
战略目标 7：稳定的金融体系和充分的消费者保护
2 个绩效目标：(1)评估监管机构在市场技术和监管变革中监督金融服务业并维持稳定、竞争和高效的金融体系的能力；(2)评估联邦政府对金融服务和产品以及进口产品的管理和消费者权益保护法律法规方面的监督
战略目标 8：有效地管理自然资源和环境
5 个绩效目标：(1)评估联邦政府所采取的措施，以确保后代获得可负担的、可持续的和清洁的能源；(2)评估美国土地和水资源可持续发展的联邦政策，包括针对当地社区的项目；(3)评估环境保护战略和方案；(4)评估联邦政府在管理环境方面所做的工作；(5)评估联邦政府在确保食品安全供应、应对农业风险和环境影响方面的能力
战略目标 9：安全的、有保障和可利用的国家有形基础设施
6 个绩效目标：(1)评估支持运输基础设施建设的政府投资政策和计划；(2)评估政府交通安全法规，并努力为运输基础设施的改善提供资金；(3)评估政府关于加强人员和货物的流动性及提高运输系统效率的政策；(4)评估联邦政府为支持和监督电子通信所做的努力；(5)评估美国邮政系统为确保其生存能力和完成使命所做的努力；(6)评估联邦政府管理和保障政府不动产投资组合所做的努力
战略目标 10：保护国家免遭威胁和灾难
7 个绩效目标：(1)对联邦国土安全管理、资源获取及利益协调方面进行评估；(2)评估加强边境安全及解决移民执法和服务问题的工作；(3)评估分享恐怖主义相关信息所做的努力；(4)评估加强运输方式安全方面的工作；(5)评估美国的国家应急准备、反应能力及加强国家抵御未来灾害能力方面的工作；(6)评估灾难性保险和灾难性贷款计划的成本、可用性和管理情况；(7)评估加强联邦政府资产和国家关键基础设施的保护以及网络安全方面的工作

(续表)

战略目标 11:有效、高效地利用资源以增强军事能力和维持战备状态

9 个绩效目标:(1)评估国防部满足作战需求的能力,为未来的任务做好准备;(2)评估国防部保卫国土和应对网络等非常规威胁的工作;(3)评估国防部的人力资本管理,以确保拥有一支高素质的军事人员、联邦文职人员和承包商;(4)评估武器系统获取科学技术发展、实现预期成果的能力;(5)评估国防部在改进合同管理方面的进展;(6)评估国防部在改进维护武器系统生命周期以及其他后勤职能和活动方面取得的进展;(7)评估国防部对国防支持基础设施的管理;(8)评估能源部国家核安全管理局和国防部在维护核安全企业、核力量结构和相关武器系统并使其现代化方面的努力;(9)评估国防部调整和利用组织结构与管理流程以最大限度地提高效率与绩效的业务运营工作

战略目标 12:推进美国外交政策,保护国际经济利益

5 个绩效目标:(1)分析美国和国际社会应对国家安全所面临威胁方面的工作执行情况与结果;(2)分析美国双边和多边对外援助的执行与管理情况,包括发展人道主义和经济援助,以及促进民主和人权的努力;(3)分析国际贸易计划如何为美国利益服务,以及美国如何影响世界经济;(4)评估美国外交努力的管理和有效性,以及加入多边组织的情况;(5)评估美国管理外国投资和全球供应商影响的努力

战略目标 13:加强情报界的管理和整合,加强情报活动

3 个绩效目标:(1)分析美国情报界的业务运营在整合和利用组织结构和管理流程以最大化效率与绩效方面的工作;(2)评估美国情报界的采购和合同管理程序与流程;(3)评估美国情报界支持军事行动、外交活动及其他政府活动的规划和工作

战略目标 14:分析政府的财政状况,解决政府财政收支差距

5 个绩效目标:(1)分析联邦政府短期和长期预算、债务管理、机构预算决策和运营的影响因素;(2)监测和审查联邦政府对州和地方政府短期和长期财政状况的反应;(3)评估财务信息的可靠性、财务报告内部控制的有效性,以及与政府财政状况及融资来源相关法律法规的遵守情况;(4)帮助国会审议税收政策;(5)确定缩小税收差距和进一步保护税收的机会

战略目标 15:识别欺诈、浪费和滥用,改进内部控制以支持政府问责制

4 个绩效目标:(1)依法审计,以确定并解决欺诈、浪费和滥用的漏洞;(2)进行调查、控制测试和评估安全漏洞;(3)确定加强联邦项目、资产运营的问责制和内部控制的方法;(4)处理和调查通过欺诈网收到的指控

战略目标 16:支持国会对跨领域问题、主要管理挑战和项目风险的监督

10 个绩效目标:(1)关注高风险的联邦项目,并评估政府的管理改革;(2)评估为改善政府注重成果管理所做的努力;(3)分析和评估为发展一支敏捷、熟练的员工队伍所做的努力,这对于实现高效协作的联邦政府至关重要;(4)确定、改进联邦机构获取货物和服务的方法;(5)评估联邦科学技术投资的管理和结果、保护知识产权和鼓励创新工作的有效性以及技术创新的进展和影响;(6)评估政府对信息技术的规划、实施和使用,以提高绩效并使联邦项目和运营现代化;(7)确定、改进联邦信息收集、传播和质量的方法;(8)确定如何改进各级政府赠款和其他联邦援助工作的管理;(9)确定和评估减少不成体系的重复工作的努力;(10)确定和建立创新、透明和开放政府的方法,并评估《2014 年数字问责和透明度法案》的执行情况

(续表)

战略目标17：实施战略性人才管理以增强审计师竞争力
3个绩效目标：(1)确定、吸引和保留具备实现卓越运营所需技能的员工队伍；(2)利用学习型组织培养员工队伍，培育多学科思维、协作和响应的能力；(3)加强和维持公平、多元和包容的文化，并为所有员工提供可展现才能的机会
战略目标18：简化审计署的工作流程，提供高质量的报告，并促进知识共享、优化政府标准和战略解决方案
5个绩效目标：(1)加强外联，以扩大和维护与国会和被审计单位的关系；(2)增强审计署的前瞻性和战略规划能力；(3)制定并持续改进政府的内部控制、评估和审计标准；(4)加强国内和国际审计队伍的信息共享、培训和能力建设；(5)利用数据、技术和流程改造持续改进审计署的产品、流程和规划
战略目标19：在安全、协作和移动的环境中提供现代化交互式集成工具与系统
4个绩效目标：(1)为员工提供交互式集成工具，以改善业务流程并提高效率；(2)优化集成企业数据的工具，以做出更敏捷、准确、经济高效的决策；(3)支持移动交互式环境；(4)确保安全、强健、经济高效的物理技术基础架构

资料来源：http://www.gao.gov，2020年1月访问。

总而言之，美国审计总署以"责任、诚信、可靠、价值、尊重、公平"为价值观，其核心价值是尽责、诚信、可靠，以宪法为准，对国会负责，帮助联邦政府成为"好政府"，实现对美国公民的职责。审计总署的主要职责是：监督公共资金的使用，通过实施财务审计、项目评估、调查等手段，评价联邦政府的履责情况。

（三）中国中央审计委员会成立及其职责

2018年3月，中国共产党中央委员会根据《深化党和国家机构改革方案》组建中共中央决策议事协调机构——中国共产党中央审计委员会。组建中央审计委员会，作为党中央决策议事协调机构，是为了加强党中央对审计工作的领导，构建集中统一、全面覆盖、权威高效的审计监督体系，更好地发挥审计监督作用。

中央审计委员会的职责是对审计工作进行顶层设计和统筹协调，为审计工作把方向、谋大局、定政策，为审计工作提供有力指导，促使审计工作服务党和国家的中心工作，促进审计工作为发展、改革保驾护航。中央审计委员会办公室设在审计署，由此，我国国家审计的组织架构如图9-2所示。

2018年5月23日，习近平主持召开了中央审计委员会第一次会议并在会议上强调：改革审计管理体制，组建中央审计委员会，是加强党对审计工作领导的重大举措；要落实党中央对审计工作的部署要求，加强全国审计工作统筹，优化审计资源配置，做到应审尽审、凡审必严、严肃问责，努力构建集中统一、全面覆盖、权威高效的审计监督体系，更好地发挥审计在党和国家监督体系中的重要作用。至此，国家审计对公共资金、国有资产、国有资源和领导干部履行经济责任情况实行审计全覆盖，确保党和国家重大决策部署贯彻落实的需要。审计对象既包括公共资金、国有资源、国有资本和领导人经济责任履行情况，还包括使用公共资金的军队、各级党委部门、各级共青团组织、各级妇联组织、各民主党派和非政府组织，实施国家审计监督，实现审计对象的全覆盖（见图9-3）。

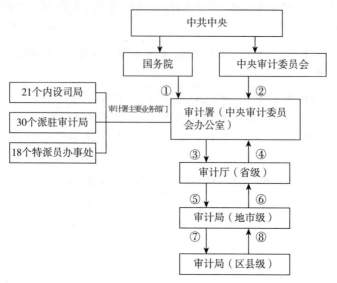

图9-2　我国国家审计组织构架

注：①审计署是国务院组成部门。② 审计署是中央审计委员会的办事机构，受中共中央集中统一领导。③ 具有人事任免权，统筹全国审计力量开展审计工作，考核下级审计机关，授权下级审计机关对地方的中央企业进行审计。④ 年度审计计划要报审计署备案，重大事项和审计结果必须向上级审计机关报告，配合上级审计机关完成重大审计项目。⑤ 与下级政府共同领导下级审计机关；考核下级审计机关；统筹资源完成本地区审计项目；试点地区审计机关由省级审计机关统一安排，协助有关部门开展全局性的重大项目。⑥⑧ 重大事项和审计结果必须向上级审计机关报告；配合上级审计机关完成重大审计项目。⑦ 与下级政府共同领导下级审计机关；考核下级审计机关；统筹资源完成本地区审计项目。

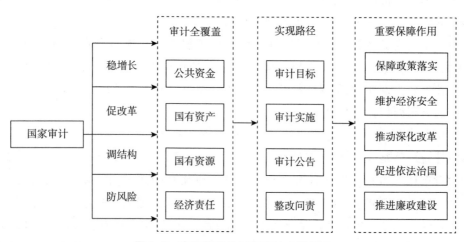

图9-3　全面覆盖的国家审计功能体系

三、国家审计与国家治理的良性互动关系

从世界各国国家治理的理论和实践来看,国家治理的核心是解决公权力如何有效配置和运行。国家治理中的决策问题主要关注政府或其他公权力部门是否"做正确的事",即政府决策是否科学合理、是否有理有据、是否符合国家发展战略和民众的根本利益。国家治理中的执行问题主要关注政府及其他拥有公权力部门是否"正确地做事",即执行正确的决策并实现预期目标和效果,在此过程中兼顾效率、效果和公平的统一。政府及其他公权力部门接受民众的委托,但因存在私利、自我膨胀和机会主义倾向,公权力常被滥用或异化,出现"政府权力部门化、部门权力利益化、部门利益个人化"的现象(刘家义,2015)。为了缓解这一委托代理问题,保护公众利益,实现国家良知,必须引入监督机制,以合理保障公权力在行使过程中受到制衡,"把权力放在笼子里",促进政府及其公权力部门"做正确的事、正确地做事",真正实现国家良治。

2014年12月,时任审计长刘家义在全国审计工作会议上指出:"国家审计作为党和国家监督体系的组成部分,具有揭示、抵御和预防的'免疫系统'功能,通过对公共资金、国有资产、国有资源、领导干部履行经济责任情况的审计监督,摸清真实情况、揭示风险隐患、反映突出问题和体制机制性障碍,并推动及时有效解决,是提升国家治理能力的重要力量,是实现国家治理现代化的基石和重要保障。"这充分揭示国家审计与国家治理良性的互动关系。

(一)国家审计对国家治理整体功能的发挥具有关键性影响

国家治理的实质内容是要建立起一种相互制约的机制,通常指国家的最高权威通过行政、立法和司法机关以及国家和地方之间的分权,对社会实施控制和管理的过程。按权力职责划分,国家治理系统包括决策系统、执行系统和监督系统,三者形成相互联系、相互作用、相互制衡的有机体。

我国宪法明确规定了国家审计的宪法责任。现行的国家政治体制决定了国家审计在国家治理中的基本地位,国家审计的工作方向应当服从国家治理的目标安排,而国家审计本身所具有的独立性、综合性和专业性的组织特性决定了国家审计在国家治理中的特殊地位,能够有效地保障和引导国家治理趋向优化。国家审计实质上是国家依法用权力监督制约权力的行为,其本质就是国家治理这个大系统中的内生的具有预防、揭示和抵御功能的"免疫系统",是国家治理的重要组成部分。为保证国家治理中一些关键子系统(对国家大系统有重大影响的子系统)能够在非线性事件发生的临界区间内运行,不至于超出临界点而引发国家大系统运行失衡,国家审计作为区别于国家治理系统的具有相当独立性的一个重要因素,对国家治理系统的优化具有不可替代的推动作用。

国家审计通过发挥揭示、预防和抵御的功能,成为保证国家治理体系健康的"免疫系统",对国家治理具有特殊和不可或缺的作用。

1. 揭示功能

国家审计的揭示功能(Reveal Function)是指审计机构执行审计业务后,能够客观、如

实地反映被审计单位的真实情况、揭示存在的问题、提出有针对性的意见建议,以促进相关责任单位及其人员的整改,实现国家治理的"纠偏"。例如,执行财政收支审计,可以揭露被审计单位滥用财政资源、虚假记录等问题;执行经济责任审计或反腐败审计,可以查处玩忽职守、以权谋私、贪污腐败、危害国家安全和人民利益等违法行为;执行自然资源离任审计,可以反映污染生态环境和破坏自然资源的现象。揭示功能是国家审计中最基础的功能定位,直接作用于国家治理中的监督控制系统,对决策和执行产生影响。

2. 预防功能

国家审计的预防功能(Preventive Function)是指通过实施审计或审计调查,及时发现问题苗头,去粗取精、去伪存真,由表及里、由此及彼,预防和预警风险隐患,降低不利影响,以实现国家治理的"前移";同时,也可以凭借审计的威慑力,对违规、违法行为产生事前的威慑作用,让潜在的涉事主体在权衡成本收益和心理压力之后,主动放弃或减少不合法行为。预防功能是揭示功能的衍生和深化,如果揭示功能未发挥作用,预防功能就无法实现,但预防功能是国家审计较高层次的功能定位,也只有发挥审计的预防功能,才能形成"发现问题、自我预防、自我修复"的"免疫机制"。

3. 抵御功能

国家审计的抵御功能(Function of Resistance)是指有效率的国家审计能够及时发现问题,如实披露并促进整改,形成国家治理的一道"防火墙"。审计在揭露问题的同时,充分发挥建设性作用,揭示并反映体制性障碍、制度性缺陷和重大管理漏洞,开展从现象到本质、从个别到一般、从局部到全局、从苗头到趋势、从微观到宏观的深层次分析,提出改革体制、健全法制、完善制度、规范机制、强化管理、防范风险的建议,起到抑制和抵御各种风险隐患的作用,进而促进完善体制制度、深化改革,提高经济社会运行质量和绩效,推动经济社会全面协调地可持续发展,提高国家治理绩效。具体可以体现在很多方面:国家审计是重要的监督问责系统,依法行使监督权,通过大量的数据、资料、现场、项目的分析,最先感知经济社会中的各种风险,形成数据和资料,并公正地反馈给执行系统和决策系统;通过对各级政府及其部门的财政收支、金融机构和企业等的财务收支的监督,国家审计推动国家政策的贯彻落实,不断提高国家资金使用效率,保障国家活动的有效性。同时,国家审计接受有关部门的委托,对党政干部和国有企业领导人员进行经济责任审计,提高国家执行系统的有效性。国家审计为国家治理提供及时、客观的数据和资料作为决策依据,从而提高国家治理的科学性。

(二)国家治理统率着国家审计

国家治理的需求决定了国家审计的产生,国家治理的目标决定了国家审计的方向。国家治理状况及其变化会影响到国家审计目的的变化,国家审计在特定历史条件下遵循自身的内在规律不断演进,其目标、任务、重点和方式都随着国家治理的目标、任务、重点和方式的转变而转变。

国家治理的功能着眼于全局性、整体性功能的发挥,国家审计的功能在于对国家治理体系的整体健康运行发挥"免疫"功能。国家治理这个大系统要正常运行、要能够不出现"疾病"和不受"病毒"侵害,国家审计在国家治理体系中必须作为一项基础性制度安排,发挥好国家审计的预防、揭示和抵御的功能,才能有助于整个国家治理大系统的正常运行。因此,国家审计的部分功能有机地蕴含于国家治理的整体功能之中。但是,国家审计应当具有独立超然的地位,没有既得利益的羁绊,国家审计的一切活动都应该从国家治理的整体着眼,寻求整体最优目标,把国家治理的利益放在第一位,做到部分服从整体。

第二节 国家审计规范与国家审计报告

观看六集政论专题片《法治中国》,从中可以深切地感受到一个现代化国家必须是一个法治国家,而一个国家立法、执法体系的完善离不开国家审计。对国务院各部门和地方各级政府的财政收支,对国家的财政金融机构和企业事业组织的财务收支进行审计监督,是宪法赋予审计的职责。审计监督与其他监督形式共同形成科学、有效的权力运行制约和监督体系,增强监督合力和实效,是建设法治政府的重要保证。但这一切的前提条件是,国家审计自身必须有完善的规范体系和透明的审计报告制度体系。

一、国家审计规范

国家审计规范是国家审计监督制度建立的法律依据和国家审计机关及其审计师在审计工作中应当遵循的各项审计法规、制度及准则的总称。我国的国家审计规范体系包括国家法律、行政法规、部门规章及规范性文件等,如图9-4所示。

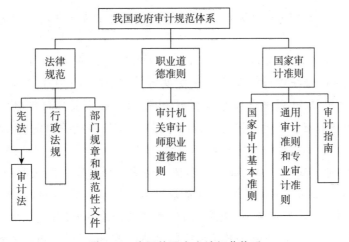

图9-4 我国的国家审计规范体系

(一)法律规范

1.国家法律

《中华人民共和国宪法》规定:国务院设立审计机关,对国务院各部门和地方各级政府的财政收支,对国家的财政金融机构和企业事业组织的财务收支进行审计监督。审计机关在国务院总理领导下,依照法律规定独立行使审计监督权,不受其他行政机关、社会团体和个人的干涉。宪法还规定:县级以上的地方各级人民政府设立审计机关。地方各级审计机关依照法律规定独立行使审计监督权,对本级人民政府和上一级审计机关负责。宪法还对审计监督的基本原则、审计机关的设置和领导体制、审计监督基本职责、审计长的地位和任免条件等基本制度做了规定。

2006年2月28日修订的《中华人民共和国审计法》对审计机关和审计师、审计机关职责、审计机关权限、审计程序及法律责任等内容进行了规范。2010年5月1日起施行《中华人民共和国审计法实施条例》明确了审计监督的具体范围:

(1)增加规定了对财政资金运用实行跟踪审计的范围。2009年,温家宝总理在第十一届全国人民代表大会第二次会议上所作的政府工作报告提出,"财政资金运用到哪里,审计就跟进到哪里"。条例还规定,审计机关对其他取得财政资金的单位和项目接受、运用财政资金的真实、合法和效益情况,依法进行审计监督。

(2)进一步明确了建设项目审计的具体范围。政府投资的建设项目是指全部使用预算内投资资金、专项建设基金、政府举借债务筹措的资金等财政资金的建设项目;以政府投资为主的建设项目是指未全部使用财政资金但财政资金占项目总投资的比例超过50%,或者虽未超过50%但政府拥有项目建设、运营实际控制权的建设项目。

(3)增加规定了专项审计调查的具体范围。审计机关对预算管理或者国有资产管理使用等与国家财政收支有关的特定事项,向有关地方、部门、单位进行专项审计调查。

(4)增加规定了对社会审计机构(会计师事务所)核查的具体范围。

2. 行政法规

2014年10月9日国务院印发《关于加强审计工作的意见》(国发〔2014〕48号),其主要内容有:

(1)审计监督将实现"全覆盖"。意见明确了审计机关要对稳增长、促改革、调结构、惠民生、防风险等政策措施落实情况,以及公共资金、国有资产、国有资源、领导干部经济责任履行情况进行审计,实现审计监督全覆盖,且对某些重大项目可以"全过程跟踪审计"。这不但意味着审计要贯穿权力运行的全过程,而且将把关口前移,增加任中审计,发挥经济责任审计"免疫系统"功能,避免"秋后算账"。

(2)跟踪审计国家重大决策部署落实情况将成为新常态。意见明确要发挥审计促进国家重大决策部署落实的保障作用,推动政策措施贯彻落实。持续组织对国家重大政策措施和宏观调控部署落实情况的跟踪审计,着力监督检查各地区、各部门落实稳增长、促改革、调结构、惠民生、防风险等政策措施的具体部署、执行进度和实际效果等情况,特别是重大项目落地、重点资金保障,及简政放权推进情况,及时发现和纠正有令不行、有禁不止行为,反映好的做法、经验、新情况、新问题,促进政策落地生根和不断完善。

(3)强化审计整改和问责。意见明确了整改的责任主体,要求被审计单位主要负责人作为整改的第一责任人。整改成了"一把手"工程,单位自然会更重视;要求被审计单位将整改结果在书面告知审计机关的同时,要向同级政府或主管部门报告,并向社会公告;各级政府每年要专题研究整改工作,并将整改纳入督查督办事项,有关被审计单位主管部门要及时督促整改;有关地区和部门要把审计结果及其整改情况作为考核、奖惩的重要依据,对整改不到位的,要约谈被审计单位主要负责人,对整改不力、屡审屡犯的,要严格追责问责;审计机关将建立整改检查跟踪机制,必要时可提请有关部门协助落实整改意见,同时也会将有关单位反馈的整改情况向社会做出相应的公告。

(4) 为审计独立性、审计职业化提供保障。明确要维护审计的独立性,地方各级政府要保障审计机关依法审计、依法查处问题、依法向社会公告审计结果,不受其他行政机关、社会团体和个人的干涉,定期组织开展对审计法律法规执行情况的监督检查;对拒不接受审计监督,阻挠、干扰和不配合审计工作,或威胁、恐吓、报复审计师的,要依法依纪查处;要着力提高审计队伍的专业化水平,推进审计职业化建设,建立审计师职业保障制度,实行审计专业技术资格制度,完善审计职业教育培训体系,努力建设一支具有较高政治素质和业务素质、作风过硬的审计队伍。

2015年12月8日中共中央办公厅、国务院办公厅印发的《关于完善审计制度若干重大问题的框架意见》(中办发〔2015〕58号)明确提出,"到2020年,基本形成与国家治理体系和治理能力现代化相适应的审计监督机制,更好地发挥审计在保障国家重大决策部署贯彻落实、维护国家经济安全、推动深化改革、促进依法治国、推进廉政建设中的重要作用……加大改革创新力度,完善审计制度,健全有利于依法独立行使审计监督权的审计管理体制,建立具有审计职业特点的审计师管理制度,对公共资金、国有资产、国有资源和领导干部履行经济责任情况实行审计全覆盖,做到应审尽审、凡审必严、严肃问责",还提出了履行法定审计职责保障机制及履行法定审计职责保障机制。

2010年10月12日,中共中央办公厅、国务院办公厅印发实施《党政主要领导干部和国有企业领导人员经济责任审计规定》(中办发〔2010〕32号),对经济责任审计的审计对象、审计计划、组织协调、审计内容、审计实施、审计评价、责任界定和结果运用等做出了具体规定。

3. 部门规章和规范性文件

2006年6月审计署印发《审计署公告审计结果办法》,规定凡审计署统一组织审计项目的审计结果,除受委托的经济责任审计项目和涉及国家秘密、被审计单位商业秘密的内容,原则上都要向社会公告。

2010年12月审计署印发《政府投资项目审计规定》进一步明确了政府投资项目审计的内容、重点,针对近几年各级审计机关开展较多的跟踪审计、竣工决算审计和绩效审计提出了规范性意见,并对进一步提高投资审计质量以及加强投资审计工作规范化、信息化建设和队伍廉政建设等提出了具体要求。

2014年7月27日,中央纪委机关、中央组织部、中央编办、监察部、人力资源和社会保障部、审计署、国资委联合印发《党政主要领导干部和国有企业领导人员经济责任审计规定实施细则》(审经责发〔2014〕102号),细化和完善了经济责任审计对象、审计内容、审计评价、审计报告、审计结果运用、组织领导和审计实施等内容。

2015年9月审计署印发的《关于进一步加大审计力度 促进稳增长等措施落实的意见》（审政研发〔2015〕58号），规定了各级审计机关的重点任务：一是促进重大政策有效落实；二是促进简政放权；三是促进重大建设项目加快推进；四是促进财政专项资金整合和统筹使用；五是促进盘活存量、优化结构、提高效益；六是促进闲置土地有效利用；七是促进创业创新；八是促进防范风险、维护经济安全；九是促进健全、完善制度规定。

2016年5月审计署发布了《"十三五"国家审计工作发展规划》，明确了"十三五"时期审计工作的主要任务，强调要围绕党和国家工作中心，服务改革发展大局，从审计财政财务收支的真实、合法和效益入手，始终坚持"两手抓"，突出着力维护人民根本利益、着力推动依法治国、着力推动深化改革、着力推动政策落实、着力推动提高发展质量和效益、着力推动生态文明建设、着力维护经济安全、着力推动党风廉政建设和反腐败斗争，阐述"十三五"时期政策落实跟踪审计、财政审计、金融审计、企业审计、民生审计、资源环境审计、经济责任审计、涉外审计等各领域审计的具体目标和工作重点，并提出从加强和改进审计管理、加强审计队伍建设、落实全面从严治党主体责任、推进审计法治化建设、加快审计信息化建设、加强和改进审计理论研究、加强审计国际合作与交流等方面加强审计机关自身建设。

（二）职业道德准则

2001年8月1日，审计署公布《审计机关审计师职业道德准则》（审计署令〔2001〕第3号），旨在提高审计师素质，加强职业道德修养，严肃审计纪律。审计师职业道德是指审计机关审计师的职业品德、职业纪律、职业胜任能力和职业责任。审计师办理审计事项，应当客观公正、实事求是、合理谨慎、职业胜任、保守秘密、廉洁奉公、恪尽职守。审计师在执行职务时，应当保持应有的独立性，不受其他行政机关、社会团体和个人的干涉。此外，该准则还规定了审计师在执业、继续教育与培训、保密等方面的具体要求。

（三）国家审计准则

目前，适用的国家审计准则是审计署2010年修订的《中华人民共和国国家审计准则》，共分七章，包括总则、审计机关与审计师、审计计划、审计实施、审计报告、审计质量控制与责任、附则，如图9-5所示。

（1）总则。介绍了制定准则的原因、适用准则的情形，以及适用准则时应承担的责任等。

（2）审计机关与审计师。规定了执行国家审计业务应满足的资格条件和职业要求，包括审计机关的具体资质和审计师应遵守法律法规、恪守职业道德、保持应有的独立性、具备必需的职业胜任能力等。

（3）审计计划。要求审计机关应当根据法定的审计职责和审计管辖范围编制年度审计项目计划，具体包括年度计划的编制流程、重点内容、审批流程，以及涉及审计计划调整的相关情形和处理方法。

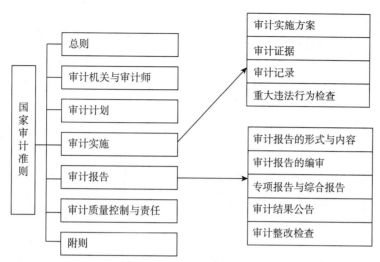

图 9-5 我国国家审计准则结构

（4）审计实施。明确审计实施过程的相关要求，包括审计实施方案的编写要求（如了解被审计单位及其所处环境的内容、程序和方法，据此确定的审计重点领域以及具体的审计实施方案）和具体执行过程中应注意的事项（如审计证据的获取、审计记录、审计工作底稿的保存、关注被审计单位的重大违法违规行为等）。

（5）审计报告。规范审计报告的具体内容与形式、审计报告编审程序、审计结果公布和审计整改检查的内容。

（6）审计质量控制与责任。规定审计机关应满足的审计质量控制要求和应承担的相关责任。

二、国家审计报告及相关文书质量的提升

（一）国家审计报告及相关文书

1. 审计报告

审计组在实施审计或者专项审计调查后，应当向派出审计组的审计机关提交审计报告。审计机关在审定审计组的审计报告后，应当出具审计机关的审计报告。遇到特殊情况，审计机关可以不向被调查单位出具专项审计调查报告。

（1）审计报告的基本要素。审计机关的审计报告（审计组的审计报告）包括以下基本要素：①标题；②文号，审计组的审计报告不含此项；③被审计单位名称；④审计项目名称；⑤内容；⑥审计机关名称，包括审计组名称及审计组组长签名；⑦签发日期，即审计组向审计机关提交报告的日期。

经济责任审计报告还包括审计师姓名及其担任的职务。

（2）审计报告的内容。审计报告的内容主要包括：①审计依据，即实施审计所依据的法律法规；②实施审计的基本情况，一般包括审计范围、内容、方式和实施的起止时间；③被审计单位基本情况；④审计评价意见，即根据不同的审计目标，以适当、充分的审计

证据为基础发表的评价意见;⑤以往审计决定执行情况和审计建议采纳情况;⑥审计发现的被审计单位违反国家规定的财政收支、财务收支行为和其他重要问题的事实、定性、处理处罚意见以及依据的法律法规和标准;⑦审计发现的移送处理事项的事实和移送处理意见,但涉嫌犯罪等不宜让被审计单位知悉的事项除外;⑧针对审计发现的问题,根据需要提出改进建议。

审计期间被审计单位对审计发现的问题已经整改的,审计报告还应当包括有关整改情况。

专项审计调查报告除符合审计报告的要素和内容要求外,还应当根据专项审计调查目标重点分析宏观性、普遍性、政策性或者体制/机制问题并提出改进建议。

2. 审计决定书和审计移送处理书

对于审计或者专项审计调查中发现被审计单位违反国家规定的财政收支、财务收支行为,依法应当由审计机关在法定职权范围内做出处理处罚决定的,审计机关应当出具审计决定书。审计决定书的内容主要包括:①审计的依据、内容和时间;②违反国家规定的财政收支、财务收支行为的事实、定性、处理处罚决定以及法律法规依据;③处理处罚决定执行的期限和被审计单位书面报告审计决定执行结果等要求;④依法提请政府裁决或者申请行政复议、提起行政诉讼的途径和期限。

审计或者专项审计调查发现的依法需要移送其他有关主管机关或者单位纠正、处理处罚或者追究有关人员责任的事项,审计机关应当出具审计移送处理书。审计移送处理书的内容主要包括:①审计的时间和内容;②依法需要移送有关主管机关或单位纠正、处理处罚或者追究有关人员责任事项的事实、定性及其依据和审计机关的意见;③移送的依据和移送处理说明,包括将处理结果书面告知审计机关的说明;④所附的审计证据材料。

3. 审计专题报告与审计综合报告

审计机关在审计中发现下列事项,可以采用审计专题报告、审计信息等方式向本级政府、上一级审计机关报告:①涉嫌重大违法犯罪的问题;②与国家财政收支、财务收支有关政策及其执行中存在的重大问题;③关系国家经济安全的重大问题;④关系国家信息安全的重大问题;⑤影响人民群众经济利益的重大问题;⑥其他重大事项。

审计专题报告应当主题突出、事实清楚、定性准确、建议适当;审计信息应当事实清楚、定性准确、内容精炼、格式规范、反映及时。

审计机关统一组织审计项目的,可以根据需要汇总审计情况和结果,编制审计综合报告。必要时,审计综合报告应当征求有关主管机关的意见。审计综合报告按照审计机关规定的程序审定后,向本级政府和上一级审计机关报送,或者向有关部门通报。审计机关实施经济责任审计项目后,应当按照相关规定,向本级政府行政首长和有关干部监督管理部门报告经济责任审计结果。

审计机关依照法律法规的规定,每年汇总本级预算执行情况和其他财政收支情况的审计报告,形成审计结果报告,报送本级政府和上一级审计机关。审计机关依照法律法规的规定,代本级政府起草本级预算执行情况和其他财政收支情况的审计工作报告(稿),经本级政府行政首长审定后,受本级政府委托向本级人民代表大会常务委员会报告。

4. 审计整改报告

审计机关应当建立审计整改检查机制,督促被审计单位和其他有关单位根据审计结果进行整改。

审计组在审计实施过程中,应当及时督促被审计单位整改审计发现的问题。审计机关在出具审计报告、做出审计决定后,应当在规定的时间内检查或了解被审计单位和其他有关单位的整改情况。审计机关可以采取适当的方式检查或了解被审计单位和其他有关单位的整改情况。

审计机关指定的部门负责检查或了解被审计单位和其他有关单位整改情况,并向审计机关提出检查报告。检查报告的内容主要有:①检查工作开展情况,主要包括检查时间、范围、对象和方式等;②被审计单位和其他有关单位的整改情况;③没有整改或者没有完全整改事项的原因和建议。

审计机关对被审计单位没有整改或者没有完全整改的事项,依法采取必要措施。审计机关对审计决定书中存在的重要错误事项,应当予以纠正。审计机关汇总审计整改情况,向本级政府报送关于审计工作报告中指出问题的整改情况的报告。

5. 审计结果公布

审计机关依法实行公告制度,即审计机关的审计结果、审计调查结果依法向社会公布。审计机关公布的审计结果和审计调查结果主要包括以下信息:①被审计(调查)单位基本情况;②审计(调查)评价意见;③审计(调查)发现的主要问题;④处理处罚决定及审计(调查)建议;⑤被审计(调查)单位的整改情况。

在公布审计结果和审计调查结果时,审计机关不得公布以下信息:①涉及国家秘密、商业秘密的信息;②正在调查、处理过程中的事项;③依照法律法规的规定不予公开的其他信息。

涉及商业秘密的信息,经权利人同意或者审计机关认为不公布可能对公共利益造成重大影响的,可以予以公布。

审计机关公布审计结果和审计调查结果应当客观公正。

审计机关公布审计结果和审计调查结果,应当指定专门机构统一办理,履行规定的保密审查和审核手续,报经审计机关主要负责人批准。审计机关内设机构、派出机构和个人,未经授权不得向社会公布审计结果和审计调查结果。审计机关统一组织不同级次审计机关参加的审计项目,其审计结果和审计调查结果原则上由负责项目组织工作的审计机关统一对外公布。审计机关公布审计结果和审计调查结果按照国家有关规定需要报批的,未经批准不得公布。

(二) 提升审计报告的价值增值

为了提升审计报告的价值增值,可以从以下几个方面着力:

(1) 审计组在起草审计报告前,应当讨论确定下列事项:①评价审计目标的实现情况;②审计实施方案确定的审计事项的完成情况;③评价审计证据的适当性和充分性;④审计报告提出审计评价意见;⑤评估审计发现问题的重要性;⑥提出对审计发现问题的处理处罚意见;⑦其他有关事项。

(2) 审计组对审计发现的问题提出处理处罚意见时,应当关注下列因素:①法律法规的规定。②属于审计职权范围的,直接提出处理处罚意见;不属于审计职权范围的,提出移送处理意见。③问题的性质、金额、情节、原因和后果。④对同类问题处理处罚的一致性。⑤需要关注的其他因素。

审计发现被审计单位信息系统存在重大漏洞或者不符合国家规定的,应当责成被审计单位在规定期限内整改。审计组应当记录关于前款事项的讨论情况及结果。

(3) 构建多级质量复核机制。为了保障审计报告质量,审计机关应构建多级质量复制机制,实行审计组成员、审计组主审、审计组组长、审计机关业务部门、审计机关审理机构、总审计师和审计机关负责人对审计业务的分级质量控制。审计组相关成员的工作职责与责任追究如表 9-4 所示。

表 9-4 审计组相关成员的工作职责与责任追究

不同责任人/部门	工作职责	追责事项
审计组成员	(1) 遵守本准则,保持审计独立性; (2) 按照分工完成审计任务,获取审计证据; (3) 如实记录实施的审计工作并报告工作结果; (4) 完成分配的其他工作	(1) 未按审计实施方案实施审计导致重大问题未被发现的; (2) 未按照本准则的要求获取审计证据导致审计证据不适当、不充分的; (3) 审计记录不真实、不完整的; (4) 对发现的重要问题隐瞒不报或者不如实报告的
审计组主审	(1) 起草审计实施方案、审计文书和审计信息; (2) 对主要审计事项进行审计查证; (3) 协助组织实施审计; (4) 督导审计组成员的工作; (5) 审核审计工作底稿和审计证据; (6) 组织审计项目归档工作; (7) 完成审计组组长委托的其他工作	根据工作需要,审计组可以设立主审。主审根据审计分工和审计组组长的委托承担责任。审计组组长将工作职责委托给主审或者审计组其他成员的,仍应当对委托事项承担责任。受委托的成员在受托范围内承担相应责任

（续表）

不同责任人/部门	工作职责	追责事项
审计组组长	（1）编制或者审定审计实施方案； （2）组织实施审计工作； （3）督导审计组成员的工作； （4）审核审计工作底稿和审计证据； （5）组织编制并审核审计组起草的审计报告、审计决定书、审计移送处理书、专题报告、审计信息； （6）配置和管理审计组的资源； （7）审计机关规定的其他职责	审计组组长应当对审计项目的总体质量负责，并对下列事项承担责任： （1）审计实施方案编制或者组织实施不当，造成审计目标未实现或者重要问题未被发现的； （2）审核未发现或者未纠正审计证据不适当、不充分问题的； （3）审核未发现或者未纠正审计工作底稿不真实、不完整问题的； （4）得出的审计结论不正确的； （5）审计组起草的审计文书和审计信息反映的问题严重失实的； （6）提出的审计处理处罚意见或者移送处理意见不正确的； （7）对审计组发现的重要问题隐瞒不报或者不如实报告的； （8）违反法定审计程序的
审计机关业务部门	业务部门统一组织审计项目的，应当承担编制审计工作方案，组织、协调审计实施和汇总审计结果的职责： （1）提出审计组组长人选； （2）确定聘请外部人员事宜； （3）指导、监督审计组的审计工作； （4）复核审计报告、审计决定书等审计项目材料； （5）审计机关规定的其他职责	业务部门对统一组织审计项目的汇总审计结果出现重大错误、造成严重不良影响的事项承担责任： （1）对审计组请示的问题未及时采取适当措施导致严重后果的； （2）复核未发现审计报告、审计决定书等审计项目材料中存在重要问题的； （3）复核意见不正确的； （4）要求审计组不在审计文书和审计信息中反映重要问题的
审计机关审理机构	（1）审查修改审计报告、审计决定书； （2）提出审理意见； （3）审计机关规定的其他职责	（1）审理意见不正确的； （2）对审计报告、审计决定书做出的修改不正确的； （3）审理时应当发现而未发现重要问题的
审计机关负责人	（1）审定审计项目目标、范围和审计资源的配置； （2）指导、监督和检查审计工作； （3）审定审计文书和审计信息； （4）审计管理中的其他重要事项	审计机关负责人对审计项目实施结果承担最终责任

(三) 国家审计报告公告制度的变迁

1985年8月24日,我国审计署第一任审计长吕培俭向六届全国人大常委会第十二次会议作了审计机关成立两年以来的工作情况的报告,这是审计署首次向全国人大常委会作工作报告。1989年3月,彭冲副委员长代表全国人大常委会所作的工作报告提出了改进人大监督工作的一些建议,其中包括每年第三季度由国务院向全国人大常委会分别作关于计划、预算执行情况的报告。

1994年3月,八届全国人大二次会议通过的《中华人民共和国预算法》对宪法和地方组织法有关人大预算监督的内容进行了细化,规定"各级政府审计部门对本级各部门、各单位和下级政府的预算、决算实行审计监督"。1994年8月,八届全国人大常务委员会通过的《中华人民共和国审计法》规定:"国务院和县级以上各级人民政府应当每年向本级人民代表大会常务委员会提出审计机关对预算执行和其他财政收支的审计工作报告。"1995年7月,国务院根据《中华人民共和国审计法》制定和颁布的《中央预算执行情况审计监督暂行办法》规定:"审计署应当按照全国人民代表大会常务委员会的安排,受国务院的委托,每年向全国人民代表大会常务委员会提出对上一年度中央预算执行和其他财政收支的审计工作报告。"从1996年起,听取和审议国务院预算执行情况的报告和审计工作报告(即审计机关的"两个报告")成为每年全国人大常委会会议的法定议程。

1994年颁布的《中华人民共和国审计法》规定,审计机关可以向政府有关部门通报或者向社会公布审计结果,这是最早提及国家审计结果公告的法律条文。2001年的《审计机关公布审计结果准则》(审计署令〔2001〕第3号),第一次以法规的形式确立了审计结果公告制度,其中第七条规定审计机关可以按照审批程序向社会公布下列审计事项的审计结果:本级人民政府或者上级审计机关要求向社会公布的;社会公众关注的;其他需要向社会公布的。2002年审计署发布《审计署审计结果公告试行办法》(审法发〔2002〕49号),以规范审计结果公告工作,提高审计工作透明度。这一办法与《审计机关公布审计结果准则》(审计署令〔2001〕第3号)一起,构成了我国国家审计结果公告制度的重要法规基础。也就是说,直到2001年审计署修订颁布的《审计机关公布审计结果准则》(审计署令〔2001〕第3号)和2002年颁布的《审计署审计结果公告试行办法》(审法发〔2002〕49号),才将审计机关的公布审计结果权独立出来予以细化和规范。

第三节 典型的国家审计实务操作

下面结合实务与案例,重点分析国家政策跟踪审计、绩效审计的特征和技巧。

一、重大政策措施落实情况跟踪审计

(一) 对跟踪审计的认知

跟踪审计始于20世纪90年代后期,实质上是实时审计,又称同步审计。政策措施落

实情况跟踪审是对国家和公众持续关注的、时效性强与突发性强的重大经济事项,在全过程实施实时评价、持续监督和及时反馈的一种审计模式(见图9-6)。

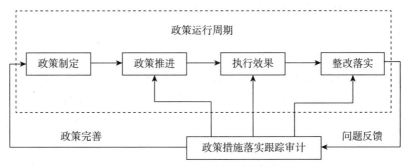

图9-6　政策措施落实跟踪审计模式

与传统审计对比(见表9-5),跟踪审计具有以下特征:

表9-5　跟踪审计与传统审计的对比

项目	跟踪审计	传统审计
审计目标	跟踪审计以预防为主,注重事前的防范和事中的过程控制	传统审计以查证错弊为主,注重事后的监督和处罚
审计介入时点与审计状态	要求审计师提前或同步介入项目,在全过程不同时点多次介入、多次审计,体现了过程性和动态性	一般是事后开展的审计,且是一次性静态审计
审计重点	过程中的经验与问题	责任履行结果
审计报告	阶段性报告,多报告	单一报告

1. 内容复杂性

一方面,跟踪审计中审计风险的复杂性体现在宏观政策涉及的内容纷繁复杂且本身在不断调整变化,相应地难以全面枚举、归纳其中的审计风险,大部分时候需要具体情况具体分析以防范和控制风险;另一方面,审计风险的复杂性不仅局限于揭示问题,在推广经验和督促整改过程中都可能存在审计风险。

2. 防范时效性

跟踪审计的重点不断变化和政策落实的阶段性持续推进决定了对审计风险的防范措施是有时效性的,通过全过程的跟踪方法,最大限度地做到信息的及时反馈,体现了前馈和后馈有机结合的特征和优势,在审计中及时发现问题、纠正问题,能够使审计摆脱"事后诸葛亮",真正做到"未雨绸缪、防患于未然"。但是,一段时间内的风险防范和控制措施随着改革进程的发展最终可能会失效,单一地在审计程序上建立控制和约束机制并不能持续、有效地防范审计风险。

3. 影响扩延性

跟踪审计动态地跟进经济活动,在过程中快速找到重点、锁定线索,提出整改意见并督促及时整改,有助于提升审计整改的效果,确保审计建议和审计决定落到实处,杜绝被审计单位"整而不改"的敷衍行为。由于实行审计公告制度，跟踪审计的结果定期向全社会公告，而跟踪审计与经济健康、社会进步、民生改善、环境保护等公众的关注和期盼有更加紧密的联系，审计结果会直接影响公众对政府的态度，因此跟踪审计的审计风险将更多地在政治、社会、公众心理、政府声誉等方面产生深层次的影响。

自2014年8月起，审计署组织全国审计机关，持续开展对相关部门和地方各级人民政府贯彻落实稳增长、促改革、调结构、惠民生、防风险等政策措施落实情况的跟踪审计。2014年10月27日，国务院颁布的《关于加强审计工作的意见》（国发〔2014〕48号）指出："持续组织对国家重大政策措施和宏观调控部署落实情况的跟踪审计，着力监督检查各地区、各部门落实稳增长、促改革、调结构、惠民生、防风险等政策措施的具体部署、执行进度、实际效果等情况，特别是重大项目落地、重点资金保障及简政放权推进情况，及时发现和纠正有令不行、有禁不止行为，反映好的做法、经验和新情况、新问题，促进政策落地生根和不断完善。"至此，对政策措施落实跟踪审计成为常态。自2015年5月起，审计署进一步加大跟踪审计力度，每月向国务院上报审计结果，同时向社会公告审计发现的正反两方面典型案例。审计机关持续关注政策措施落实中出现的新情况新、问题，深入分析问题产生的原因并提出意见和建议，边审计边督促整改，推进政策措施落地生根和不断完善，切实履行审计职责，发挥审计工作政策落实"督查员"、经济运行"安全员"、深化改革"催化剂"的作用。从2015年6月开始，政策跟踪审计从一季度一审改为一月一审，2016年则改为按月审计、按季报告。

（二）2019年第7号公告

1. 2019年第一季度国家重大政策措施落实情况跟踪审计结果

扫二维码获取详细资料：2019年第7号公告：2019年第一季度国家重大政策措施落实情况跟踪审计结果

2. 政策措施落实情况跟踪审计的特征

国家重大政策措施落实情况跟踪审计，是指审计机关依法对各地区、各部门贯彻落实国家重大政策措施和宏观调控部署情况（主要是贯彻落实的具体部署、执行进度、实际效果等）进行监督检查。审计机关开展国家重大政策措施落实情况跟踪审计，既可以专门组织，也可以结合其他各类审计统筹实施。审计机关开展国家重大政策措施落实情况跟踪审计，揭示政策措施贯彻落实中存在的突出问题，及时总结改革发展中的创新举措和取得的成效，推动中央和地方各级党委、政府重大决策部署落实到位，促进政令畅通和经济平稳运行、健康发展。该项跟踪审计具有以下特征：

（1）审计重点变化快。根据国家宏观形势的变化情况，每期跟踪审计的重点关注事项都会有所调整，具体体现在审计公告所反映的内容上。例如审计署安排的2019年第一季度重大政策措施落实情况跟踪审计，包含减税降费、中央就业补助资金管理使用、政府服务外贸外资企业、纳入国家"十三五"规划及获得中央财政投资的重大项目、规范行政审批行为、改进行政审批工作、清理违规设置不合理限制条件、污染防治目标任务完成、自然保护区等重点区域生态保护等政策措施落实情况。

（2）审计涉及面、覆盖面宽，内容和对象复杂。一方面，这体现在宏观政策涉及的内容纷繁复杂且本身在不断调整变化，每项政策执行本身又涉及非常多的审计对象。例如在 2019 年第一季度重大政策措施落实情况跟踪审计中，审计署及其派出机构对 31 个省份、新疆生产建设兵团和 35 个中央部门、15 家中央金融机构、10 户中央企业进行审计，涉及财政、发改委、水利、国土资源、企业等多部门和单位以及村集体和受保障个人。与传统的审计对象相比，跟踪审计对象庞大、覆盖范围广。另一方面，无论是审计还是审计报告，不仅要查证事实，还要揭示问题、推广经验并督促整改。

（3）审计具有持续性。持续性是跟踪审计最显著的特征，审计贯穿政策出台到落实的全过程。一些政策从出台到落实持续时间较长，多期审计公告可能会反映同一类政策涉及的问题，但这些问题可能处于政策推进的不同阶段，其表现形式也不尽相同。

（4）审计不局限于揭示问题。从审计公告内容看，当前跟踪审计的成果包括发现的主要问题、整改情况以及有关部门和地区推进国家重大政策措施贯彻落实的具体举措三个方面，即审计结合了推广经验和督促整改。

3. 政策措施落实情况跟踪审计的主要内容

政策措施落实情况跟踪审计的内容既涉及政策配套措施制定情况，又涉及政策执行及其效果情况，同时包含与政策相关的项目和资金情况，具有很强的综合性。

（1）政策配套措施制定情况审计。国家政策出台后，各有关部门和地方将会出台与政策相关的配套措施。对配套措施制定情况进行审计是政策跟踪审计的重要组成部分，主要包括：检查政策配套措施出台的依据，关注依据是否充分，是否符合现实情况要求；检查政策配套措施的可行性，关注配套措施是否真实、可操作；检查配套措施的制定过程，关注是否经过严格论证，并符合政策配套措施出台的程序；检查配套措施的宣传推广情况，关注配套措施是否为基层工作人员所熟悉和掌握。

（2）政策及其配套措施执行情况审计。政策是否协调与配套，是影响经济社会可持续发展的重要因素，审计师应将此作为审计关注的重点。一是关注短期政策与长期政策是否协调，及时揭示和反映不符合经济社会长期发展的短期政策；二是关注同一政策的连续性与稳定性，应及时揭示与反映前后矛盾的政策；三是关注财政、金融、投资、土地及相关产业政策之间的矛盾或不协调问题，提出修订、完善相关政策的审计建议，促进各项政策的协调配合，形成政策合力，发挥政策的整体功能；四是关注不同部门是否及时制定并实施落地的配套措施，以促进国家重大政策的落实。

（3）与政策相配套的资金和项目审计。该项审计的内容主要包括：检查项目和资金的总体情况，包括项目投资的总体规模和结构、资金的来源和去向等，关注各级政府投资占资金来源比例，分析政府性投资对社会投资的带动效应等；检查地方配套资金的落实情况，关注是否存在出资主体不明确、配套责任不到位的情况，是否存在因配套资金不到位导致项目未开工或停工的情况，是否存在预算资金滞留、沉淀、闲置浪费、挤占挪用等问题，切实发挥资金在重大项目建设中的保障性作用。

(4) 政策执行绩效审计。该项审计主要检查政策执行效果和效率情况:关注有令不行、有禁不止等拖延政策执行的情况;关注上有政策、下有对策,缩小或扩大政策执行范围等变通执行政策的情况;关注配套政策不落实、政策执行机制不健全、责任追究制不完善;关注政策执行是否收到预期效果,政策执行成本是否超出预定的限制等,结合成本和收益两个方面,综合评价政策执行绩效。

二、投资项目绩效审计

绩效审计是指由独立的审计机构或审计师,采用专门的审计方法,依据一定的审计标准,就被审计单位的业务经营活动和管理活动进行审查,收集和整理有关的审计证据,以判断其经营管理活动的经济性、效率性和效果性,提出改进意见,改善公共责任,为有关方面决策提供信息。这通常所讲的 3E/5E 审计,即对投资项目的经济性(Economy)、效率性(Efficiency)、效果性(Effectiveness)、公正性(Equity)和环境性(Environment)进行审计。

(一) 对绩效审计的认知

在实践中,绩效审计可以把绩效评价工作当作一项审计内容,围绕绩效评价的原则是否符合组织的文化和管理理念,评价流程是否符合要求、成本是否合理、结构是否有效等展开;绩效评价可以将绩效审计开展的工作作为评价对象,分析绩效审计工作的有效性以及审计师的工作业绩。为此,绩效审计和绩效评价具有以下联系:

(1) 评价目标相同。都是对组织或项目的经营管理活动的 3E/5E 进行评价并提出改进建议,以更好地实现组织目标、增加组织价值。

(2) 使用的工具相同,如数据分析工具等。

(3) 两者的工作可以相互提供依据和借鉴,互为对象。

但是,绩效审计不同于绩效评价,其区别在于:

(1) 主体不同。绩效审计主体是专门的审计机构和人员;绩效评价主体是组织的管理者、跨部门的机构,或者聘请的外部的独立第三方。

(2) 性质不同。绩效审计是指由专门的审计机构和人员实施的确认和咨询活动,凸显监督职责;绩效评价是指由相关主管部门或机构内部组织的对经济管理活动的评价,侧重于管理评价。

(3) 程序不同。绩效审计依据审计程序并采用专门的审计技术和方法,在确定经营管理活动合法、真实的基础上,发现和反映影响绩效的问题;绩效评价依据绩效评估程序,评价的基础数据主要依赖于被评价单位的会计决算和财务报告等资料。

(4) 范围不同。绩效审计是针对被审计单位的整体绩效水平做出综合评价;绩效评价是针对某一领域、某一环节和某一项目做出专项评价,重点更加突出,具有针对性。

按内容看,绩效审计分为以下三大类:

(1) 公共部门绩效审计。这是整体层面的评价,即把政府或政府部门履行职责的绩效状况作为审计内容,称为公共部门绩效审计。它所评价的内容有:政府部门运转过程中对人、财、物资源的消耗和利用状况;政府部门的公共事业规划能力;政府部门对公共事业的监管能力;政府部门对公共事业约束制度和法律法规的选择与制定能力;政府部门从事公共管理活动的方法的科学性和先进程度;政府部门工作人员的基本素质;等等。

(2) 公共项目绩效审计。这是重点层面的评价,即评价政府履行政府责任的绩效状况,把政府对公共投资领域的、为公民服务的投资项目作为审计内容,称为公共投资项目绩效审计,如市政基础设施工程、水利建设工程。它所评价的内容有:政府部门能否合理规划公共项目建设,能否经济、节约地投入公共项目的建设资金,能否充分有效地实现公共项目的经济效益、社会效益、环境效益等。

(3) 公共资源绩效审计。这是单项层面的评价,即评价政府管理公共资源的履行绩效,是对政府或政府部门负责管理、分配和利用公共资源的经济性、效率性和效果性进行评价的审计活动。它所评价的内容有:政府使用公共资源能否得到合理、经济、效益的使用,作为公共资源的典型代表就是财政专项资金的使用。

(二) A 投资项目的绩效审计

1. A 投资项目的全过程

A 投资项目的全过程主要工作如图 9-7 所示。

立项阶段	准备阶段	实施阶段	竣工阶段	运营阶段
• 项目可行性研究 • 项目评估或评审 • 项目决策审批 • 核准或批准	• 确定项目负责人 • 确定委托中介机构 • 部署受评单位配合工作 • 启动会	• 工程勘察设计 • 资金来源和融资方案 • 采购招投标 • 合同条款和协议签订 • 开工准备	• 试生产运行验收 • 竣工结算 • 竣工结算	• 技术水平达标 • 设计能力达标 • 经营状况 • 财务状况 • 运营管理 • 效益水平

图 9-7 A 投资项目的全过程回顾

2. A 投资项目的绩效审计流程

A 投资项目的绩效审计流程如图 9-8 所示。

准备阶段	启动阶段	现场调研阶段	分析评价阶段	审计报告阶段
• 选择项目 • 选择组织方式 • 评价方案报批 获取《项目自我总结评价报告》	• 确定项目负责人 • 部署受评单位配合工作启动会	• 资料收集 • 人员访谈 • 问卷调查 • 现场勘查 • 调查取证 • 撤离现场	• 评价方法选择 • 评价指标的确定 • 专家评议	• 交换意见 • 报告初稿 • 报告评审 • 报告定稿

图 9-8 投资项目的绩效审计流程

3. 审计中需收集的资料

在跟进投资项目全过程进行绩效审计时,需获取以下资料:

(1) 进场时应收集包括项目勘察、设计、施工招标阶段形成的与造价相关的各种咨询成果、文件报告等,应要求被审计单位(委托人)提供,主要包括:①有关建设项目的招标文件(含答疑文件)、投标文件、中标通知书等;②有关建设项目的所有合同及有效的附件材料;③全套设计文件、图纸会审及交底记录,图纸变更文件。

(2) 后期跟踪审计要注意关注下列资料:①跟踪审计实施方案;②审计月报;③审计日志;④工地例会资料收集;⑤工程进度款审核文件等;⑥变更签证等。

所收集资料的详细情况如表 9-6 所示。

表 9-6 投资项目绩效审计需收集的资料

类别	相关文件资料	获取方式
项目的立项或批复文件	项目立项的报批文件,包括项目建议书、可行性研究报告、项目初步设计和施工图、项目详细设计和施工方案、项目概算、环境影响评价报告、水土保持方案、安全评价、能源消耗评价等	这些通常是项目的关键性文件,通常可从实施单位与被审计单位的项目档案资料中获取
	项目批复资料,包括项目前述立项报批资料的批复文件、规划意见书、建设用地规划许可证、建设工程规划许可证、施工许可证、环评批复文件、质量监督注册、施工图审查意见、消防审查意见等	
	内部决议文件,包括项目评审意见、专家论证意见、投资决策意见、办公会会议纪要、董事会决议	
	项目内容调整文件及批复,包括项目规划内容的调整报告及批复文件、项目设计的调整报告及批复文件、项目概算的调整报告及批复文件、项目目标的调整报告及批复文件等	
项目过程记录文档	项目部组织结构与人员工作分工	通常由审计承担机构根据审计项目特征和评价内容,梳理并提交项目相关资料清单。由绩效审计组织单位协调档案管理部门、财务部门通过借阅项目档案来获得
	项目设计资料,包括全部版本的初步设计图、施工图、设计方案等	
	项目招标采购资料,包括招标统计表、招标管理台账、招标公告、招标文件、资格审查报告、开标会记录、投标文件、评标报告、中标通知书、商务谈判纪要等	
	项目合同资料,包括合同统计报表、合同管理台账、合同文件及相应的合同审批记录等	
	项目的全部变更、签证文件和审批记录,变更签证台账,以及项目部编制的与本项目变更签证有关的总结或报告	
	项目质量资料,包括项目的质量验收资料及总结等	
	项目进度资料,包括项目进度执行情况资料及总结	
	项目安全管理资料,包括项目安全管理执行情况资料及总结	

(续表)

类别	相关文件资料	获取方式
项目过程记录文档	项目成本资料,包括项目控制指标、阶段成本分析报告及控制资料等	
	项目财务资料	
	项目监理资料,包括监理季报/月报、日志、总结等	
	建设期间的项目协调会、例会及专题会议纪要	
	项目单位上报的项目进展月报/季报	
	项目建设期间编报的各专项分析报告	
	建设期间上级单位的检查结果、整改计划与整改落实报告	
竣工验收期间的记录文档	竣工验收资料,包括竣工验收报告、竣工阶段各单位的总结等	
	竣工验收阶段各专项的验收意见,包括环境保护、水土保持、质量、消防等	
	项目决算资料,包括竣工结算审核报告、竣工财务决算审计报告、变更、洽商资料、结算台账等	

4. 投资项目全生命周期绩效审计的主要内容

（1）在建设项目开工前阶段,绩效审计的主要内容包括：

① 检查建设项目的审批文件,包括项目建议书、可行性研究报告、环境影响评估报告、概算批复、建设用地批准、建设规划及施工许可、环保及消防批准、项目设计及设计图审核等文件是否齐全。

② 检查招投标程序及其结果是否合法、有效。

③ 检查与各建设项目相关单位签订的合同条款是否合规、公允,与招标文件和投标承诺是否一致。

④ 检查建设项目的资金来源是否落实到位、是否合理、是否专户存储,建设资金能否满足项目建设当年应完成工作量的需要;对于使用国债的建设项目,要严格规定资金审批程序和使用范围,并作为建设资金审计的重点。

⑤ 检查各种规费是否按规定及时缴纳,减、缓、免手续是否完善,是否符合有关规定。

⑥ 检查征地或拆迁补偿费是否符合有关规定,有关评估、计价是否合规、合理,有无擅自扩大拆迁范围、提高标准或者降低标准等问题。

（2）在建设项目施工阶段,绩效审计的主要内容包括：

① 检查合同履行情况。检查与建设项目有关的单位是否认真履行合同条款,有无违法分包、转包工程;若有变更、增补、转让或终止情况,则应检查其真实性、合法性。

② 检查项目概算执行情况。检查有无超出批准概算范围投资和不按概算批复的规定购置自用固定资产、挤占或者虚列工程成本等问题。

③ 检查内部控制制度建立、执行情况。检查建设单位是否建立、健全并执行各项内部控制制度,例如工程签证、验收制度,设备材料采购、价格控制、验收、领用、清点制度,费用支出报销制度等;督促、指导建立完善的管理制度,保证项目建设规范运行、建设资

金合法使用。

④ 检查工程设计变更、施工现场签证手续是否合理、合规、及时、完整、真实。

⑤ 检查工程成本核算及账务处理是否符合企业会计准则的要求,是否有利于建设项目的管理及竣工决算的需要。

⑥ 检查建设资金到位情况,是否与资金筹集计划或投资进度相衔接,有无大量资金闲置或因资金不到位而造成停工待料等损失浪费现象。

⑦ 检查建设资金是否专款专用,是否按照工程进度付款,有无挤占、挪用建设项目资金等问题。对往来资金数额较大且长时间不结转的预付工程款、预付备料款要查明原因,防止出现超付工程款现象。

⑧ 检查建设单位管理费的计提范围和标准是否符合有关规定,费用支出是否符合"必须、节约"的原则,有无超出概算控制金额的情况。

⑨ 加强设备、材料价格控制,尤其要对建设单位关联企业所供设备、材料的价格进行检查,防止它们从中加价。对已购设备、材料因故不能使用的,要分析原因、分清责任,并督促建设单位及时处理,避免造成更大的损失。

⑩ 检查国家、省、市优惠政策的落实情况。检查各级政府给予项目的优惠政策,相关部门是否贯彻执行;建设单位是否将优惠政策全部用于建设项目,有无以各种形式转移优惠政策从而加大建设项目成本的情况。

(3) 建设项目绩效审计应注意的事项包括:

① 在建设项目正式立项时即将其纳入审计视野,关注各项前期准备工作。正式进点时间可安排在即将正式开工前。

② 审计组应在项目现场设立办公场所,与被审计单位建立定期例会制度,参加被审计单位的重要例会,及时了解、掌握项目有关情况,提出审计意见,做好会议记录。

③ 要重视并做好审计宣传工作,使被审计单位了解跟踪审计的程序、内容及自身应配合的要求,自觉接受审计。

④ 审计组成员应经常深入施工现场,掌握工程进展、变更等真实情况,了解工程建设中涉及的有关技术问题,熟悉工程计量规则及有关费用的测算办法,做好相关记录工作。

⑤ 审计师应根据工程建设进度,定期(一般为每月一次,次月对上月)对各参建单位(包括建设项目相关单位)实际完成的工作内容、工作数量、工作质量进行核定,开具核定单。

⑥ 审计组应根据全生命周期审计实施方案,要求被审计单位按照审计组规定的时间和方法报送工程结算资料,并及时确定审计结果。采用"按实结算"方式的,必须要求施工企业按照已完成的进度,及时报送"分部、分项工程"的结算资料予以审计,在较短的时间内做到"工程施工完成,工程结算审计基本结束"。采用"中标价包干,设计变更、额外工作量签证按实调整结算"方式的,必须要求施工企业每月将已发生的设计变更、签证工作量编制"变更部分结算",经审计后作为工程竣工结算的组成部分;采用"单价包干、工程量按实结算"方式的,必须要求施工企业对已完成的进度上报"分部、分项工程"的结算

资料,经审计后作为工程竣工结算的组成部分;不论采用"按实结算""中标价包干,设计变更、额外工作量签证按实调整结算""单价包干、工程量按实结算"中的哪一种方式,对于设计变更及额外增加的分部、分项工程单价都必须先申报,经审计组审定后再作为工程竣工结算的依据;对于在建工程其他费用的审计,也应本着"及时、完整、准确"的原则进行审计,并按时做好审计工作底稿。

⑦ 审计组应建立《跟踪审计项目台账》,由主审人员负责及时登记审计时间、工作纪实(包括工作内容、审计事实、发现问题、审计意见、整改情况、审计成果)。台账要注重反映量化成果,成为反映跟踪审计全貌的工作日志。

(4) 除运用常规审计方法以外,投资项目绩效审计的分析方法还可以运用下列分析方法:

① 数量分析法是指对经营管理活动相关数据进行计算分析,并运用抽样技术对抽样结果进行评价的方法,包括线性规划法、网络分析法、回归分析法、经济批量法。

② 比较分析法是指分析、比较数据间的关系、趋势或比率以获取审计证据的方法。采用比较分析法要注意数据间的可比性,要求相比较的各种指标在含义、内容、计算口径、计算基础等方面具有一致性。

③ 因素分析法是指查找产生影响的因素,并分析各个因素的影响方向和影响程度的方法。因素分析法将综合指标分解为相互联系的若干因素,运用数学方法,依次用各个因素的标准值替代实际值,分析计算各个因素对综合指标的影响程度,从中找出最主要的影响因素。

④ 量本利分析法是指分析一定期间内的业务量、成本和利润之间变量关系的方法。通过对业务量、成本和利润三者关系的分析,揭示变动成本、固定成本、销售量、销售单价和利润等诸多变量之间的内在规律性联系,为利润预测和规划、会计决策和控制提供有价值的会计信息。

⑤ 专题讨论会是指召集组织相关管理人员,就经营管理活动特定项目或者业务的具体问题进行讨论的方法。专题讨论的目的是利用众人智慧,结构化地评价某一现象或问题,找到合理的应对方案。

⑥ 标杆法是指对经营管理活动状况进行观察和检查,与组织内外部相同或相似经营管理活动的最佳实践进行比较的方法。在评价前确定最佳实践或标准,对标分析评价被评价者的绩效水平。

⑦ 调查法是指凭借一定的手段和方式(如访谈、问卷),对某种或者某几种现象、事实进行考察,对收集到的各种资料进行分析处理,进而得出结论的方法。利用数据库进行数据挖掘,结合调查研究,可以提高审计绩效。

⑧ 成本效益(效果)分析法是指通过分析成本和效益(效果)的关系,以单位效益(效果)所消耗的成本评价项目效益(效果)的方法。

⑨ 数据包络分析法是指以相对效率概念为基础,以凸分析和线性规划为工具,运用数学规划模型计算、比较决策单元之间的相对效率,对评价对象做出评价的方法。

⑩ 目标成果法是指根据实际产出成果评价被审计单位或者项目的目标是否实现,将产出成果与事先确定的目标和需求进行对比,从而确定目标实现程度的方法。在使用目标成果法时,先要确定产出的具体目标,再根据实际需要收集有关数据资料进行处理和分析,将分析结果与目标进行比较,评价各个目标的实现或落实情况,同时分析造成目标与产出不符或目标未完成的可能原因,进而评估由此带来的影响。

⑪ 公众评价法是指通过专家评估、公众问卷及抽样调查等方式,获取具有重要参考价值的证据信息,评价目标实现程度的方法。

⑫ 逻辑框架分析法是指从确定待解决的核心问题入手,向上逐级展开得到其影响及后果,向下逐层推演找出其引起的原因,得到所谓的"问题树"和"目标树"的一种设计、计划和评价的方法。实务中常通过逻辑框架分析形成如表 9-7 所示的逻辑分析框架。

表 9-7 逻辑分析框架

项目描述	可客观验证的指标			原因分析		项目可持续能力
	原定指标	实现指标	差别或变化	内部原因	外部条件	
项目宏观目标						
项目直接目的						
产出/建设内容						
投入/活动						

(5) 投资项目绩效评价标准与内容。审计师所选择的适当的绩效审计评价标准应当具有可靠性、客观性和可比性。一般而言,绩效审计评价标准的来源主要包括:有关法律法规、方针、政策、规章制度等的规定;国家部门、行业组织公布的行业指标;组织制定的目标、计划、预算、定额等;同类指标的历史数据和国际数据;同行业的实践标准、经验和做法。

按照事先选定的评价标准对审计中获取的证据进行评价。投资项目绩效评价的主要内容有:

① 投资项目技术评价。主要评价工艺、技术和装备的先进性、适用性、经济性、安全性,建筑工程的质量及安全,特别要关注资源、能源是否得到合理利用

② 投资项目财务和经济性评价。主要评价项目总投资和负债状况;重新测算项目的财务评价指标、经济评价指标、偿债能力指标等。

③ 投资项目环境和社会影响审计。主要评价项目污染控制、地区环境生态影响、环境治理与保护,有助于增加就业机会、征地拆迁补偿和移民安置、带动区域经济社会发展、推动产业技术进步等。

④ 投资项目管理评价。主要评价项目实施相关管理、项目管理体制与机制、项目管理水平,以及企业项目管理、投资监管状况、体制机制创新等。

⑤ 投资项目目标实现程度评价。可以从以下四个方面进行评价：一是具备验收条件，即实物建成，试运行合格；二是达到标准，即设计能力与技术指标达成；三是产生效益，实现财务与经济的预期；四是产生影响，指项目对布局、技术进步、国民安全、社会发展的影响。

⑥ 投资项目持续能力的评价。主要从内外两个方面评价：一是内部因素评价，包括财务状况、技术水平、污染控制、企业管理体制与激励机制等，核心是产品竞争能力；二是外部条件评价，包括资源、环境、生态、物流条件、政策环境、市场变化及趋势等。

知识要点

国家审计　国家治理　国家审计核心价值　国家审计职能　立法型国家审计管理体系　司法型国家审计管理体制　行政型国家审计管理体制　国家审计报告　国家审计公告　政策落实跟踪审计　投资项目绩效审计

行动学习

美国绩效审计特征

从历年美国审计署公布的审计报告看，美国绩效审计制度及其实务表明，美国的这项审计工作具有以下特征：

一是审计领域的广泛性。绩效审计的范围包括联邦政府及其所属的各类机构（包括海外办事机构），政府投资兴办的公营企业以及接受联邦政府资助和补助的所有企业、单位和社会团体。随着政府支出的增加，绩效审计的领域也在不断扩大，其工作领域包括医疗卫生保健、社会保障、自然资源和环保、运输安全、国际利益、反恐怖活动能力等，范围非常广。近年来，美国审计署还日益重视对联邦政府有关政策（如教育、科技、能源、税收管理、防止犯罪等政策）的执行情况进行审计，以协助国会监督和改进政府工作；同时，对政府各机构和公营企业履行社会责任（如环境保护、平等就业、消费者权益保护等）的情况进行评估，以促使政府关注公众的生活和正当权益。

二是审计立项和计划的周密性。绩效审计计划在立项前必须经过严格的审查，以确定是否继续进行下一步的工作。采取的措施包括由美国审计署的最高行政官员提出一些问题，以避免工作偏差和技术上不可行的工作。这种提问和回答的过程，可以有效地防止浪费有限的审计资源，保证绩效审计目标的有效达成。美国审计署非常重视审计计划的编制工作，为了使不同时期的计划项目之间相互衔接，更好地满足国会未来的需要，美国审计署每两年更新一次 6 年期战略计划，并且在更新期间将充分听取国会对计划的反馈意见。

三是审计师专业的多样性。美国审计署的工作人员包括很多方面的专家，他们在各自的专业(如会计、法律、统计、工程、工商管理、经济学、计算机和物理学等)领域内发挥作用。目前,这些专业人才已占工作人员总数的75%左右。另外,在执行特殊类型的审计业务(如环境审计等)时,还会聘请社会审计师、咨询公司人员或者被审计单位的技术人员参与,以确保执行相关审计的能力和审计质量。在进行审计方案设计时,也会考虑有哪些人员可以提供帮助,这些协助人员(如总顾问办公室、从事类似审计领域工作的审计小组及专家小组等)可以临时组合,集中各个方面的力量开展审计工作。

四是审计手段的先进性。美国审计署非常注重发挥计算机在审计过程中的促进作用,不断提高利用计算机辅助审计的水平,还把一些科学理论(如信息论、系统论、控制论、数理统计)的知识应用到绩效审计的计划、分析、管理和数据库等方面,使得绩效审计管理逐步科学化、制度化、信息化,管理效率大大提高。

五是审计结果的公开性。每年,美国审计署都会向国会提供各种绩效审计报告,包括常规审计报告、审计建议、鉴证报告等。这些报告作为美国审计署审计的"产品",会通过公开出版或者直接在互联网上公开。社会公众可以从公开出版物或者直接从美国审计署的官方网站获得最新审计结果,有利于社会公众监督政府机构的绩效和改进情况。

质疑和讨论:

借鉴美国绩效审计的特征,讨论我国绩效审计面临的困难以及如何应对。

案例分析

用 5E 绩效审计的思维分析

针对下列不同的投资项目,请用 5E 绩效审计的思维分别分析相关投资是否有绩效。分析原因并提出改进建议。

1. 某市为解决民众买房问题,专门拨付专款拟建设 2 000 套经济适用房,希望能够解决部分刚毕业分配到该城市的一些无房的优秀年轻人,帮助他们减轻住房压力,使他们全心投入工作中。经过严密的招投标以及一家房地产公司半公益性的资助,建成了 5 000 套经济适用房。2 年后,这些经济适用房都已入住,但从户主情况调查来看,一半以上的户主是已经在北京有房子但面积不够补差而得的,他们有房子住,又把补差得到的房子租赁给刚毕业的无房的年轻人。

2. 某市的市长从国外访问回国,在市委会议上感慨道:国外市民人均休闲歇脚的绿地达 20 亩,我们市就一个小公园有绿地,这种情况一定要在我们这届任期内改善。于是,市政府专门申请财政资金建设人民广场。2 年后,广场建成了。广场很大,绿地也很好,但市民很少光顾,原因是广场建设在市区外围。

3. 菁华县是个风景优美的地方,百年来该县居民以长寿而闻名。张方出任县长,看到菁华县的经济欠发达,比较穷的原因是没有大的产业。在一次同学聚会上,张方了解到坐落在邻近一个大城市的化工厂在城市规划和产业调整中需要搬迁出城区,认为这是个好机会,在菁华县给该化工厂找了一块上风上水的地,以优惠条件吸引化工厂搬迁到菁华县。5年后,该化工厂上缴的利税以及大量当地人进工厂务工,彻底改变了菁华县贫穷的局面。但10年后,人们发现长寿的人越来越少,而且本县居民得癌症的人越来越多。

4. 某县中央财政拨款90万元兴建小型水库,主要是为了解决该县所属7个山区居民吃水问题,当地政府同比例配套90万元,水库建设地点有两个选择:如果建设在A地,那么需要建设资金200万元,但7个山区居民的吃水问题都可以兼顾;如果建设在B地,那么需要建设资金160多万元,只能解决6个山区居民的吃水问题,1个山区居民的吃水问题不能得到解决。最终,县政府为了节约资金支出也为了量力而行,选择把水库建设在B地。

补充阅读

AO应用实例丛书编写组:《AO专项资金审计应用实例》,北京:中国时代经济出版社,2013年版。

AO应用实例丛书编写组:《AO行政事业审计应用实例》,北京:中国时代经济出版社,2013年版。

AO应用实例丛书编写组:《AO财政审计应用实例》,北京:中国时代经济出版社,2013年版。

习近平:加强党对审计工作的领导,新华网,2018年5月23日。

董大胜:《审计本质:审计定义与审计定位》,《审计研究》,2015年第2期。

审计署审计科研所:《国家审计案例故事》,北京:中国时代经济出版社,2017年版。

李晓慧、蒋亚含:《政府审计对年报审计市场的影响——基于供需双方力量变化的视角》,《中央财经大学学报》,2019年第6期。

李晓慧、蒋亚含:《政府审计对注册会计师审计的影响:"顺风车"还是"威慑力"》,《会计研究》,2018年第3期。

李晓慧:《审计教学案例精选》,北京:北京大学出版社,2018年版。

李晓慧:《国家审计变革与审计学科建设》,《审计研究》,2017年第4期。

刘家义:《中国特色社会主义审计理论研究》,北京:中国时代经济出版社,2015年版。

王学龙:《经济效益审计》,大连:东北财经大学出版社,2012年版。

审计署审计科研所:《世界主要国家和国际组织审计概况》,北京:中国时代经济出版社,2014年版。

审计署审计科研所:《国外审计监督制度简介》,北京:中国时代经济出版社,2013年版。

审计署:《"十三五"国家审计工作发展规划》,2016 年 12 月 2 日

尹平、郑石桥:《国家治理与国家审计》,北京:中国时代经济出版社,2014 年版。

曲明:《政府绩效审计:沿革、框架与展望》,大连:东北财经大学出版社,2016 年版。

"GAO Performance and Accountability Report Fiscal Year 2017", www.gao.gov.

"International Peer Review of the Performance and Financial Audit Practices of the United States Government Accountability Office", September 2017, www.gao.gov.

第十章

内部审计的理论与实践

学习目的

1. 熟悉内部审计在公司治理中的定位与职能
2. 了解内部审计的基本流程
3. 掌握内部审计取证技巧
4. 掌握内部审计报告编制技巧
5. 了解现代内部审计的新特征
6. 熟悉适应新时代内部审计机制的创新

第一节 公司治理与内部审计

导读10-1

内部审计要动真格了

内部审计中发现业绩造假或业绩不达标,要"挨板子"已不再是说说而已。近日,某大型国有企业人力资源部根据内部审计结果,扣减了系统内四家单位主管领导的绩效年薪100万—200万元。"内部审计成了'长牙齿'的老虎"正成为国家机关、事业单位和国有企业工作人员的普遍共识。

内部审计是指对本单位及所属单位财政财务收支、经济活动、内部控制、风险管理实施独立、客观的监督、评价和建议,以促进单位完善治理、实现目标的活动。据了解,时隔15年,国家审计署出台新修订的《审计署关于内部审计工作的规定》(以下简称《规定》),并于2018年3月1日起正式实施。业内人士表示,《规定》的出台有利于充分发挥内部审计的作用,加大内部审计监督力度,通过独立、客观、真实的内部审计实现促进工作、查补漏洞、排查风险的目的。

地位提升,更重运用,消除单位内部审计顾虑

"撑腰、压责、引路",中国工商银行内部审计局副局长王景华用 6 个字概括了新修订的《规定》对于内部审计工作的意义。"撑腰"进一步凸显内部审计的地位作用;"压责"进一步提升内部审计履职的面、质、效;"引路"进一步规范内部审计在审计机关指导监督下的发展路径。

中国移动内部审计部副总经理曹迎春认为,《规定》有三个亮点:一是提高了内部审计的地位,将内部审计的目标定位为"促进单位完善治理、实现目标";二是增强了内部审计的独立性,明确了对内部审计人员开展审计工作过程中的保护制度;三是加强了内部审计结果的运用。

"内部审计反映出来的问题会不会被国家审计或上级监督机关采用并加大追责处理力度,内部审计揭示的问题会不会给单位的形象造成负面影响,这是导致内部审计工作畏首畏尾、患得患失的主要顾虑。"在国家能源投资集团于永平(原中国国电集团公司总审计师)看来,内部审计结果的应用以往是横亘在内部审计中的一大难题。

《规定》提出:"审计机关在审计中,特别是在国家机关、事业单位和国有企业三级以下单位审计中,应当有效利用内部审计力量和成果。对于内部审计发现且已经纠正的问题不再在审计报告中反映。""这条重要的政策调整,解除了企业内部审计的顾虑和束缚,调动了内部审计工作的积极性。"中国内部审计协会副会长兼秘书长鲍国明表示,《规定》还专设一章对如何运用内部审计结果做出明确规定,这对于提高内部审计的地位、充分发挥内部审计的作用具有十分重要的意义。

监督加码,威慑加大,内部审计带来"真金白银"

来自中国铁建的数据显示,通过加强内部审计,2017 年中国铁建全系统促进企业增收节支和挽回经济损失约 14 亿元。中国铁建股份有限公司总会计师王秀明介绍,2017 年中国铁建全系统累计完成审计项目 3 284 个,同比增长 16%,是历年来完成审计项目最多的一年。"看来,做好内部审计可以为企业带来真金白银。"他深有感触地说。

"内部审计是企业治理结构的重要组成部分,对企业防范风险、提质增效具有独立的、权威的监督威慑。"于永平表示,内部审计在企业内部具有了解情况、监督及时、覆盖面广、便于整改的优势,是实现审计监督全覆盖的基础力量,其监督作用不可替代。

"内部审计工作对我行稳健经营起到了极大的促进作用。"中国农业银行审计局副局长黄晓东提出,2017 年农业银行营业收入和净利润均实现大幅提升,不良贷款余额和不良率均较年初大幅下降。而内部审计在其中发挥了很大作用。比如,中国农业银行通过开展风险审计,揭示了一批突出问题和风险,摸清了全行家底,还促进相关部门和分行修订、完善了 500 多项管理制度。

中国联通审计部总经理郭小林也表示:"近年来,国家审计加大了对国务院重要政策在企业落实情况的监督检查,跟踪审计力度逐渐加强,内部审计工作在促进企业重大战略落地和创新改革中的作用越来越明显。"

机制不畅,难题仍存,确保内部审计的独立性和权威性

内部审计独立性、权威性在实践中难以得到体现及总审计师职责作用落实难,是于永平眼中内部审计工作的另外两个难点。"一些单位主要负责人直接领导内部审计工作,使得相关机制不能落实,内部审计的独立性、权威性难以得到发挥。"于永平说。总审计师在很多情况下也做不到"以上审下",履行职责的空间显得不足。

为此,《规定》明确内部审计机构或履行内部审计职责的机构应当在单位党组织、董事会(或者主要负责人)直接领导下开展内部审计工作。国有企业还应当按照有关规定建立总审计师制度,由总审计师协助党组织、董事会(或者主要负责人)管理内部审计工作。这进一步强化了企业内部审计的独立性。

"建立总审计师制度,非常及时、必要。此前,公司部分所属单位已经开展了积极的探索和尝试。"王秀明说。总审计师制度建立后,审计力量进一步壮大,内部审计规章制度进一步完善,审计资源优势得到充分发挥,审计事前监督作用进一步增强,审计层次和审计领域进一步拓宽,审计价值创造进一步提升,审计整改效果进一步彰显。

于永平建议,解决上述难题,一是各单位要坚决、全面落实新修订的《规定》要求,二是审计署、国资委等机关要通过监督检查大力推动新规落实。"可由审计署、国资委制定国有企业总审计师制度,明确总审计师的地位和职责范围。同时,总审计师职务可试行由企业党组织推荐报国资委任免,总审计师每年向国资委和审计署报告履职情况。"

资料来源:姚进:《内部审计要动真格了》,《经济日报》,2019年2月14日。

阅读《经济日报》的新闻报道"内部审计要动真格了",我们要从新闻字眼的冲击下回归到对内部审计职能的基础认知:内部审计在企业中究竟能够发挥什么作用?内部审计在公司治理中如何定位?什么样的制度安排或组织框架才能支持内部审计真正发挥功能?

一、内部审计职责范围的拓展

我们从历史沿革和规制变迁的视角分析内部审计职责范围的拓展。

(一)职责范围的拓展:近代内部审计沿革视角

19世纪末期,美国铁路网络开始形成,为美国经济的迅速发展架设了桥梁。为保证铁路站站长能够正确处理各种收入,检查现金收支业务记录的正确性,美国铁路公司最早实施广泛的内部审计程序。

但直至20世纪初期,美国的内部审计活动还仅限于检查会计记录和账簿,以防止贪污舞弊或其他不道德行为的发生。当时的内部审计在企业中尚无专门的组织机构,审计的程序和方法也很不规范,没有形成制度。这一时期的内部审计活动带有很大的局限性。

进入20世纪,尤其是在第一次世界大战之后,企业组织规模进一步扩大,管理层次和经营业务日趋复杂化、多元化,一些资本集中、规模宏大的跨国性集团公司相继诞生。

面对经济环境和经营条件的变化,企业最高管理当局已经无法像过去那样对经营管理状况进行经常性的直接监督检查,而不得不依靠各级管理人员所做的口头汇报或呈报的各种信息资料进行监督检查。但这些间接信息是否真实可靠、既定政策是否真正有效地贯彻执行,企业管理当局对诸如此类的问题显示出更大的疑虑和关注。最初,企业常雇用富有经验的外部审计师就其关心的事项进行专门的监督检查,提出深刻的分析和报告。但受职业特点所限,外部审计师不能像管理层所期望的那样对企业的经营管理和财务状况进行经常性的分析检查,且索取的费用较高。于是,一些企业开始设立专门的内部审计机构,配备有分析能力和客观公正的内部审计师。

这个阶段的内部审计的特点是:内部审计的主要目标在于保护资产的安全与完整,检查并揭示舞弊或者其他不规范行为;内部审计的工作范围主要是记录和反映经济活动的财务会计资料,也从事一些较低水平的会计和管理程序的遵循性防弊,但尚不具有对企业经营管理提出改进意见的功能;内部审计大多是监督以受托财务为重点的财务审计。这一时期的内部审计师经常受外部审计师的支配,内部审计尚无地位和威信可言,企业和社会也没有把内部审计看作一种独立的经济活动。

20世纪40年代之后,内部审计开始进入现代内部审计发展阶段。1941年成为美国内部审计发展史上最为灿烂的一年。维克托·布林克(Victor Brink)在哥伦比亚大学完成了包括内部审计性质和范围在内的博士研究课题。这是世界上第一次对内部审计有较为完整描述的学术研究,为内部审计领域首部著作《内部审计:性质、职能和程序方法》的问世奠定了基础。同年,北美公司的内部审计部门主任约翰·瑟斯顿(John Thurston)撰写了《内部审计原理和实务》的著作。1941年9月23日,依据纽约州的社团法,24名会员成立了创立委员会,成立了国际内部审计师协会(The Institute of Internal Auditors, IIA),阿瑟·E. 霍尔德(Arthur E. Hald)任主席。10月27日通过了协会章程。12月9日举行了第一次年会,选举约翰·瑟斯顿为第一任主席。美国内部审计师协会的成立标志着内部审计从此成为一种独立的职业。内部审计师协会面向全球,以"经验分离,共同前进"作为座右铭,成为当时世界上唯一致力于推动内部审计和内部审计师向前发展的国际性组织。进入20世纪90年代以来,内部审计师协会更把"在全世界范围内提高内部审计的形象"作为战略目标。

1941年以后,尤其是第二次世界大战之后的近二十年内,工商业企业、政府机构、慈善机构等组织的规模和复杂程度继续发展,尤其是工商业企业,其经营地点更加分散,管理层次日渐增多,业务也日趋多元化、复杂化和国际化。这种新的变化使企业管理当局和外部审计师更加关注内部审计,并从各自的角度进一步联合起来促进内部审计的扩展和升级,改变与内部审计执业发展要求不相适应的状况。企业管理当局希望内部审计师能够涉足更广泛的经营管理领域,能够满足组织的各种服务需求;与此同时,内部审计师也迅速从仅限于会计记录和账簿的传统财务审计的境遇中脱离出来,逐渐在财务审计的基础上将重点转移到企业的经营管理领域。审计也由单纯的防护性目的发展到促进企业改善经营管理的建设性目的,由事后审计发展到事前审计,并越来越重视对所审查的活动进行后续跟踪调查。这个阶段的内部审计目标不再局限于查错防弊和保护资产,更重要的是针对经营管理领域中存在的内部控制缺陷,提出富有建设性并符合成本效益原则的改进措施和方案,以协助各级管理层更好地管理企业。哈罗德·孔茨(Harold Koontz)与西里尔·奥唐奈(Cyril O'Donnell)提出了管理过程理论,在探讨控制手段时,将内部审计与预算、统计和损益并列为管理控制工具。孔茨还认为,作为管理控制有效方法的内部审计就是经营审计(业务审计)。1948年,内部审计师对梅迪希银行伦敦支行的管理当局及其从事的业务活动进行审计,出具了详细的业务审计报告。20世纪60年代,美国工业委员会及内部审计协会对内部审计实务的调查充分说明了内部审计师已大量从事业务审计,美国内部审计完成了由传统财务审计向现代管理导向的经营审计的过渡,标志着美国现代内部审计已经形成。

第二次世界大战之后,企业经营活动范围更加扩大,各国政府对社会经济活动的干预有所增强,复杂多变的外部环境给企业管理提出更多命题。同时,伴随着公司治理及其实践的成熟,尤其是审计委员会制度赋予内部审计更高的地位,从20世纪70年代开始,内部审计进入到管理导向阶段。一是审计必须充分考虑外部利益相关者的影响,甚至要考虑企业的社会责任;二是审计的关注点从低层次的业务和控制转向高层次的决策。

进入20世纪70年代以来,审计委员会制度得以迅速发展,监督是审计委员会的重要职责,而履行这些职责很大程度上需要依靠内部审计的辅助,审计委员会制度把内部审计的重点推向对管理决策和管理活动责任的评价上,并使管理审计朝向以管理效果为目的的方向发展。

20世纪末期,全球化和信息化的趋势给企业环境带来巨大的变化。为了适应全球化带来的动态竞争环境,管理当局不断完善质量和风险管理体系,重构组织结构和流程。2001年,安然事件的爆发拉开了一系列揭露会计丑闻的序幕。2002年,美国国会颁布了著名的《萨班斯-奥克斯利法案》(Sarbanes-Oxley Act),对建立良好的公司治理等进行了规范。随后,纽交所为回应《萨班斯-奥克斯利法案》,要求所有在纽交所挂牌的上市公司必须建立内部审计制度。至此,内部审计进入风险导向时代。风险导向内部审计关注企业风险,帮助企业识别、评价各种内外风险,为企业构建利用机会或减轻威胁的战略,使内部审计成为企业价值创造链条上的必要环节。

2002年,内部审计师协会组织世界上知名的内部审计专家在分享各自在专业领域中最新研究成果的基础上,出版了《内部审计思想》(Research Opportunities in Internal Auditing)一书,标志着内部审计步入新的发展阶段。

(二) 职责范围的拓展:内部审计师协会颁布内部审计准则变迁视角

自1941年以来,国际内部审计师协会颁布的内部审计准则框架和内容伴随着时代需要不断地变革完善,致使内部审计职责的范围扩大,内部审计由此扮演多种角色(见表10-1)。

表 10-1　内部审计师协会颁布的内部审计目的与范围

准则	内部审计主要范围	内部审计目的
1947 年内部审计职责说明书（SRIA No.1）	主要涉及会计和财务事项，也可适当涉及业务事项	帮助管理者进行有效的管理
1957 年内部审计职责说明书（SRIA No.2）	会计、财务及其他事项	帮助所有管理者履行职责
1971 年内部审计职责说明书（SRIA No.3、No.4）	各种业务活动	帮助所有管理者履行职责
1978 年内部审计实务标准	各种业务活动	帮助所有管理者履行职责
1981 年内部审计职责说明书（SRIA No.5）	本组织活动，包括经济性、效率型和项目结果的活动	帮助组织成员有效履行职责
1990 年内部审计职责说明书（SRIA No.5）	本组织内部控制系统的适当性和有效性，以及在完成指定责任过程中的工作效果	帮助组织成员有效履行职责
1993 年内部审计实务标准	本组织内部控制系统的适当性和有效性，以及在完成指定责任过程中的工作效果	帮助组织成员有效履行职责
1999 年内部审计实务标准	组织运营、风险管理、控制和治理工程	为组织增加价值，改善组织运营效果
2001 年内部审计专业实务框架	内部控制、风险评估和治理程序	帮助组织增加价值，改善组织运营效果
2009 年内部审计专业实务框架	内部控制、风险评估和治理程序	帮助组织增加价值，改善组织运营效果
2013 年内部审计专业实务框架	独立、客观的确认和咨询	帮助组织增加价值，改善组织运营效果
2017 年内部审计专业实务框架	以风险为基础，提供客观的确认、建议和洞见	增加和保护组织价值，帮助企业实现组织目标

资料来源：国际内部审计师协会网站（http://na.theiia.org）。

1947 年由内部审计师协会制定的《内部审计职责说明书》（The Statement of Responsibilities of Internal Audit，SRIA）认为："内部审计是建立在审查财务、会计和其他经营活动基础上的独立评价活动。它为管理提供保护性和建设性的服务，处理财务与会计问题，有时也涉及经营管理中的问题。"1957 年的 SRIA No.2 定义的内部审计在原来基础上增加了管理控制，认为内部审计的目标是"通过提供分析、评价、建议和对被审计单位组织的恰当评论来帮助所有管理人员有效率地履行职责"，体现了审计的监督作用。1971 年的 SRIA No.3 认为,内部审计既要强调对业务活动的审查,也不能忽视对管理控制的检查和评价。此时的内部审计已由财务审计向经营审计转变。1978 年,内部审计师协会制定和发布了被视为全球化的行业质量准绳——《内部审计实务标准》,其核心观念是内部审计应当向整个组织提供服务,并明确提出内部审计范围包括四部分内容,即信息系统、遵循性要求、经济有效地使用资源和保护资产、经营目标的适当性和结果的有效性。这说明内部审计范围已扩大到更高层面的经营目标——管理决策的效果。1990 年和 1993 年内部审计师协会定义的内部审计,体现了内部审计由"监督型"到"增值型"的初步转型。1999 年内部审计师协会对内部审计的最新定义为,"内部审计是一种独立、客观的保证和咨询活动,其目的是增加组织的价值和改善组织的经营,它通过系统化和规范化的方法,评价和改进风险管理、控制和治理过程的效果"。其中,价值增值(Value-added)是 1999 年修订内部审计定义时首次提出的,与 1990 年内部审计师协会发布的《内部审计职责说明书》相比,内部审计的目的由"监督和评价"变为"增值和改善",增值是核心。2001 年内部审计师协会发布的《内部审计实务标准》,提出了一个更广泛、全面、系统的实务规范框架,定义内部审计"是一种旨在增加组织价值和改善组织运营的独立的、客观的确认和咨询活动,它通过系统化、规范化的方法评价和改善风险管理、内部控制和治理程序的效果,以帮助实现组织目标"。该定义不仅用"独立、客观"取代了此前所有定义中的"独立",也明确要求内部审计参与风险管理和治理过程,改变了内部审计工作的重点。这不仅是合规审计,还要求审计师与高层管理者和董事会沟通,使内部审计进入一个更高的层面。同时,由于风险管理往往在事前进行,是制定策略的基础,由此改变了内部审计的性质,使其由事后审计发展为事前、事中审计。

2017 年内部审计师协会制定并发布的《国际内部审计专业实务框架》(IPPF)新增了"内部审计的使命"一章,强调内部审计以风险为基础,提供客观的确认、建议和洞见,增加和保护组织价值。新增加的内部审计实务的核心原则的主要内容包括:①彰显诚信;②彰显胜任能力和应有的职业审慎;③保持客观,并且免受不当行为的影响(独立);④适应组织的战略、目标和风险状况;⑤定位适当且资源配置充分;⑥彰显质量和持续改进;⑦有效沟通;⑧提供以风险为基础的确认;⑨富有见解、积极主动并具有前瞻性;⑩促进组织改善绩效。

(三)职责范围的拓展:中国内部审计相关规制变迁的视角

1983 年 8 月 23 日,国务院批转审计署关于开展审计工作几个问题的请示,标志着我国内部审计监督的开始。1985 年 8 月,国务院发布《内部审计暂行规定》,这是我国第一部关于内部审计的法律规范。2003 年,中国内部审计师协会发布《内部审计基本准则》等,形成了较为完善的内部审计准则体系。

2003 年 3 月 4 日,李金华审计长签署了《审计署关于内部审计工作的规定》(审计署令〔2003〕第 4 号,简称"4 号令"),结合我国经济发展和内部审计工作的新局面,在审计领域、审计内容、管理方式、职责权限、法律责任等方面做了一些新的规定。随着我国经济社会的快速发展,内部审计的内外部环境发生了很大变化,审计法及其实施条例先后做了重大修改,特别是党的十八大以来,《国务院关于加强审计工作的意见》《关于深化国有企业和国有资本审计监督的若干意见》等文件对新时代的审计监督工作提出了新的更高的要求,4号令已经不能完全适应新形势的需要。一是内部审计职责范围需要根据新时代、新要求进行相应的调整;二是内部审计的独立性需要进一步强化;三是内部审计结果的运用缺乏明确规范,内部审计的作用难以充分发挥;四是审计机关指导监督的职责范围和方式方法等缺乏明确规范,影响指导监督的力度。为进一步加强和规范依法属于审计机关审计监督对象的单位(被审计单位)的内部审计工作,充分发挥内部审计的作用,2018年1月12日胡泽君审计长签署并公布了新修订的《审计署关于内部审计工作的规定》(审计署令〔2018〕第11号,简称"11号令")。

《审计署关于内部审计工作的规定》的2018年版与2003年版相比,主要有以下变化:

(1)拓展内部审计职责范围。11号令定义内部审计为:对本单位及所属单位财政财务收支、经济活动、内部控制、风险管理实施独立、客观的监督、评价和建议,以促进单位完善治理、实现目标的活动。与原定义相比,增加了"建议"职能,将监督范围拓展至内部控制、风险管理领域,将目标定位为"促进单位完善治理、实现目标";同时,明确了内部审计职责范围共涉及财政财务收支审计、内部管理领导人员经济责任审计等12项职能,与原职责相比,增加了"贯彻落实国家重大政策措施情况审计,发展规划、战略决策、重大措施以及年度业务计划执行情况审计,自然资源资产管理和生态环境保护责任的履行情况审计,境外机构、境外资产和境外经济活动审计,协助督促落实审计发现问题的整改工作,指导监督所属单位内部审计工作"等职责。

(2)明确国有企业应该建立总审计师制度。国有企业应当按照有关规定建立总审计师制度,总审计师协助党组织、董事会(或主要负责人)管理内部审计工作。

(3)明确内部审计的地位。国家机关、事业单位、社会团体等的内部审计机构或者履行内部审计职责的内设机构,应当在单位党组织、董事会(或主要负责人)的直接领导下开展内部审计工作。单位党组织、董事会(或主要负责人)应当定期听取内部审计工作汇报,加强管理内部审计工作规划、年度审计计划、审计质量控制、问题整改和队伍建设等重要事项;明确下属单位、分支机构较多或者实行系统垂直管理的单位的内部审计机构对全系统内部审计工作负有指导和监督职责;明确在遭受打击、报复、陷害时,单位党组织、董事会(或主要负责人)应当及时采取保护措施,并处理相关责任人员;涉嫌犯罪的,移送司法机关依法追究刑事责任。

(4)明确内部审计结果应用范围。一方面,单位机关应加强内部审计结果的应用,建立内部审计发现问题整改机制、内部审计与其他内部监督力量协作配合机制、重大违纪违法问题线索移送机制等,并将内部审计结果及整改情况作为考核、任免、奖惩干部和相关决策的重要依据;另一方面,审计机关应加强内部审计结果的应用,在审计中,特别是在国家机关、事业单位和国有企业三级以下单位审计中,有效利用内部审计力量和成果。

(5) 释放了内部审计是国家重要的监督力量。11号令提出的"审计机关在审计中,特别是在国家机关、事业单位和国有企业三级以下单位审计中,应当有效利用内部审计力量和成果,对内部审计发现且已经纠正的问题不再在审计报告中反映"。这明确了内部审计是国家重要的监督力量,对消除企业内部审计的顾虑和束缚、调动内部审计工作积极性具有积极意义。

二、内部审计在公司治理中的定位

企业法人治理是指股东大会、董事会、监事会、高级管理层、股东及其他利益相关者之间的相互关系,包括组织架构、职责边界、履职要求等治理制衡机制,以及决策、执行、监督、激励约束等治理运行机制。该机制应当遵循各治理主体独立运作、有效制衡、相互合作、协调运转的原则,建立合理的激励、约束机制,科学、高效的决策、执行和监督机制。有效的企业法人治理是企业健康、可持续发展的基石和规范化运行的机制保证。内部审计是企业法人治理的重要组成部分,是国家监管体系在企业内部的延伸,对评价并改善企业经营活动、风险管理、内部控制合规和公司治理具有重要作用。

目前,我国企业内部审计的组织机构设置主要有五种情况:第一种是隶属于董事会或董事会下设审计委员会的领导;第二种是受本单位最高管理者直接领导;第三种是受本单位总会计师的领导;第四种是隶属于监事会的领导;第五种与纪检、监察合署办公。根据11号令,"国家机关、事业单位、社会团体等单位的内部审计机构或者履行内部审计职责的内设机构,应当在本单位党组织、主要负责人的直接领导下开展内部审计工作,向其负责并报告工作。国有企业内部审计机构或者履行内部审计职责的内设机构,应当在企业党组织、董事会(或主要负责人)直接领导下开展内部审计工作,向其负责并报告工作。国有企业应当按照有关规定建立总审计师制度。总审计师协助党组织、董事会(或主要负责人)管理内部审计工作"。11号令要求"内部审计机构在本单位主要负责任或者权力机构的领导下开展工作"。根据《内部审计准则第23号——内部审计机构与董事会或最高管理层的关系》,"内部审计机构与董事会或最高管理层的关系是指内部审计机构由于隶属于董事会或最高管理层,而形成的协助其工作并向其报告的组织关系"。前两种情况比较符合要求。

如图10-1所示,隶属于董事会或董事会下设的审计委员会领导的内部审计体制的独立性和权威性较高。企业内部审计机构从职能上讲应当隶属于审计委员会,从行政上讲应当隶属于公司最高管理层。为此,企业内部审计机构应当与董事会或最高管理层保持良好关系,协助董事会或最高管理层履行职责,实现董事会、最高管理层与内部审计在组织治理中的协同作用。审计机构和企业审计委员会、管理层、治理层的关系可以描述如下:

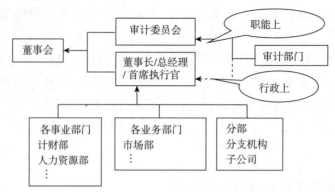

图 10-1 隶属于董事会或董事会下设的审计委员会领导的内部审计

(一)内部审计机构与董事会(或审计委员会)

内部审计本质上属于控制和监督的范畴,但其职责更属于内部组织机构权力制衡机制的有机组成部分,为此,内部审计与公司治理存在密切的关系。独立、有效的内部审计是公司治理良好运作的重要保证,完善的公司治理也为内部审计的有效开展提供了制度环境。

董事会对内部审计的独立性和有效性承担最终责任。董事会应根据企业业务规模和复杂程度配备充足、稳定的内部审计师,提供充足的经费并列入财务预算,负责批准内部审计章程、中长期审计规划和年度审计计划等,为独立、客观开展内部审计工作提供必要保障,对内部审计工作的独立性和有效性进行考核,并对内部审计质量进行评价。

在公司治理中,审计委员会是指负责监督机构的审计和控制工作的治理层,也可以指具有相同权力和职责的其他监督实体,例如托管会、立法机构、所有人经营实体的负责人、内部控制委员会或整个董事会。董事会下设审计委员会的成员不少于 3 人,多数成员应为独立董事。审计委员会成员应具备财务、审计和会计等专业知识和工作经验。审计委员会负责人原则上应由独立董事担任。

审计委员会对董事会负责,经董事会授权审核内部审计章程等重要制度和报告,审批中长期审计规划和年度审计计划,指导、考核和评价内部审计工作。

企业设立总审计师或首席审计官(以下统称"总审计师")一名。总审计师由董事会负责聘任和解聘。总审计师对董事会及审计委员会负责,定期向董事会及审计委员会和监事会报告工作,并通报高级管理层。总审计师负责组织制定并实施内部审计章程、审计工作流程、作业标准、职业道德规范等内部审计制度,组织实施中长期审计规划和年度审计计划,并对内部审计的整体质量负责。未设立总审计师的企业由内部审计部门负责人承担总审计师的职责。

企业设立独立的内部审计部门,审查评价报告并督促改善企业经营活动、风险管理、内部控制合规性和公司治理效果,编制并落实中长期审计规划和年度审计计划,开展后续审计,评价整改情况,对审计项目的质量负责。内部审计部门向总审计师负责并报告工作。

内部审计机构在审计活动中采取系统化、规范化的方法,帮助董事会(或审计委员会)实现既定目标。为了更好地领导内部审计部门履行职责,企业内部审计委员会应当在总审计师或内部审计部门负责人协助下开展以下活动:

(1) 至少每年评估一次审计委员会章程,审核章程是否充分体现董事会有关审计委员会职责的规定和相关条文。在内部审计章程中明确:及时向审计委员会报告与公司内部控制有重大关联的管理层或雇员的可疑舞弊行为是内部审计部门的职责;协助开展机构内部重大可疑舞弊活动调查,并将结果报告管理层和审计委员会。在章程中列入委员会审核任免决定的条款,包括任命、薪酬、评价、续任、解雇审计执行主管等;在章程中列入由审计委员会审核并批准外包内部审计活动提议的条款。

(2) 评估或保存一份详细列出所有规定所开展活动的审计委员会会议日程计划,帮助审计委员会每年向董事会报告已完成所有委派的任务。

(3) 定期与审计执行主管单独会谈,讨论敏感的事项。

(4) 评估内部审计的职能性和行政性报告的关系,保证机构现有的组织结构可以使内部审计师拥有充分的独立性。

(5) 评估内部审计预算的充分性,以及内部审计活动的范围和结果,确保不存在预算和范围方面的限制,以免阻碍内部审计师履行职能。

(6) 报告与其他监督部门(例如风险管理、合规性、安全性、业务连贯性、法律、道德、环境、外部审计等部门)的协调及监督情况。

(7) 报告与本机构和下属机构活动的控制过程相关的重大事项,包括对这些过程进行改进的可能性,报告相关事项的处理情况。

(8) 评估并批准内部审计部门运用适当的风险基础方法,制订灵活的年度审计计划,包括管理层关心的风险和控制事项。

(9) 报告所通过的年度审计计划的执行情况,包括管理层和审计委员会要求的特别任务或项目。

(10) 每五年开展一次内部审计活动的质量评估复核。

同时,内部审计部门应当积极与审计委员会交流沟通以下事宜:

(1) 针对与确定的审计任务和范围相关的审计活动的结果,每年提供总结性报告或评估情况。

(2) 定期向审计委员会和管理层提交报告,总结审计工作结果。

(3) 不断向审计委员会报告内部审计的新趋势和新的成功实务。

(4) 与外部审计师一起讨论审计委员会信息需求的满足情况。

(5) 复核提交给审计委员会的信息的完整性和准确性。

(6) 确认内部审计师和外部审计师的协调工作是否有效率和有效果,判断内部审计师和外部审计师的工作有无重复性并指出出现重复的原因。

(二) 内部审计机构与企业管理层

从行政上讲,内部审计机构作为企业的一个重要职能部门,接受企业管理层的领导。

但是，内部审计机构对企业管理层起到监督和咨询作用，作用发挥的途径主要包括：

（1）内部审计机构应当至少每年向高级管理层提交一次工作报告。工作报告应突出重要的审计发现和建议，应向高级管理层和董事会通报已批准的审计工作项目计划、人员配置计划、财务预算在执行中出现的任何重要偏离及其原因。

（2）内部审计机构应当向董事会、管理层报告重要的审计发现和建议。重要的审计发现是指那些根据审计执行主管的判断，可能对机构产生不利影响的情况。如果审计师发现存在包括处理违章、违法、差错、低效率、浪费、无效、利益冲突和控制系统薄弱环节等重要审计发现，内部审计机构就必须向董事会与管理层报告重要的审计发现和建议，不论它们是否已得到令人满意的解决。

（3）将高级管理层对所有重要发现和建议所做的决定通知董事会。管理层的职责是针对重大的审计发现和建议所应采取的适当改进措施做出决定。当考虑到成本费用和其他原因，高级管理层决定将不采取审计报告中指出的整改措施并承担由此引起的风险时，审计机构应当将高级管理层对所有重要发现和建议所做的决定通知董事会。

（4）当高级管理层和董事会决定不采取行动纠正审计报告中所指出的重要问题并承担由此产生的风险时，审计执行主管应考虑将原先已报告的重要审计发现和建议再向董事会报告是否恰当；当机构、董事会、高级管理层或其他方面有变动时，这一点尤其必要。

（三）内部审计机构与监事会

内部审计机构与监事会在工作上有交叉，内部审计机构应在授权范围内配合监事会的工作。监事会发挥其对企业生产经营的监督权，主要是依赖内部审计机构提供的审计结果。

（四）内部审计在公司治理中的主要职能

在现实经济生活中，设计公司内部治理结构容易，但运行难，这不仅要求董事会、高级管理层和所有者之间的沟通良好，更要求对公司内部治理进行独立的鉴证活动，以确保风险管理活动有效且沟通准确。这就需要引入内部审计制度，以保证公司内部治理高效运行。内部审计在公司治理中的具体职能有：

（1）评价与监督。内部审计是针对公司内部治理的关键环节（如识别风险、计量风险、风险排序和风险管理等）单独或整体予以评价，以明确风险预警信号、关键风险点以及风险管理和应对策略是否切实可行，企业整体风险管理流程设计是否合理、运行是否有效。

（2）鉴证。现在内部审计拓展了传统的财务审计仅仅鉴定和证明受托人履行财务责任情况，对受托人履行管理责任情况（即业务活动和管理业绩）也予以鉴定和证明。

（3）咨询。内部审计不仅要对企业风险管理活动予以评价，还要针对企业风险管理中存在的问题提出有针对性（Specific）、可测量（Measurable）、可实施（Actionable）、责任到人(Responsibility)、及时(Timely)[①]的评价意见和改善建议,协助管理层更有效地开展风险管理活动,减少或降低阻碍企业战略目标实现的障碍。

(4)报告或沟通。在公司治理中,向董事会报告的机制是保障企业有效、高效运行的政策、方法、程序和技术手段的总称。内部审计部门应每年至少向管理层和董事会提交一次审计工作报告,当企业出现重大风险事项时,内部审计部门应及时向董事会报告,并在风险管理审计中随时与管理层、风险承担者进行沟通。

正是依赖于内部审计的评价与监督、鉴证、咨询和报告的职能,公司内部治理才能在不断修正中形成向管理层提供全面的指导、权限和监督的动态循环,从而有利于公司治理效率的提高。

第二节 内部审计的规划、流程与技巧

导读10-2

内部审计如何规划和执行

华兴公司在构建完善的内部控制和风险管理机制时,发现亟须强化内部审计的职能和工作,于是选择年富力强的张华作为内部审计部经理,并配置了12名专业、能力都很好的专职审计师。张华及其团队踌躇满志,准备大展宏图。

很快,他们意识到虽然内部审计机构和力量得到了加强,但他们有些力不从心……2018年,华兴公司有如下一些重大事件:

(1)按照国资委的统一安排,公司要全面落实全员业绩考核制度,并把对每个子公司和业务、职能分部以及每个员工的业绩考核与激励约束机制相衔接。

(2)华兴公司20个子公司、12个业务部和7个职能部门的23名管理者因定期轮岗,需要做出调整。

(3)华兴公司根据战略调整规划,准备兼并重组一家药品生产销售公司,以此进军医药行业。

(4)华兴公司境外子公司的一个总经理被人举报存在舞弊行为。

(5)华兴公司为了把内部控制和风险管理机制内置在统一的信息系统内,正在购置和配置一整套信息系统。

阅读导读10-2并思考:在日益复杂的社会经济背景下,每个组织的活动日益复杂,内部审计如何跟进企业业务与经营管理活动而规划和执行内部审计?

---

① 参阅国际内部审计师协会2004年9月发布的《全面风险管理中内部审计的角色》中提出的SMART标准。

一、内部审计的实务流程

归纳、总结内部审计实务,可以得到内部审计的实务流程(见图10-2)。尽管人们人为地将审计划分为计划阶段、测试阶段和报告阶段,但在审计实务中,审计流程中所有的活动都是审计师按照内在逻辑首尾相连地从事的一环扣一环的业务闭环,涉及审计部门、被审计单位、审计委员会和董事会。

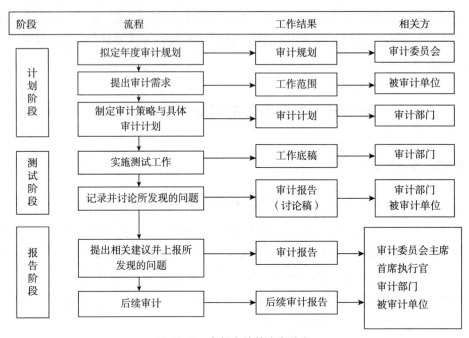

图10-2 内部审计的实务流程

二、规划内部审计工作

为了规范审计计划的编制与执行,保证有计划、有重点地开展审计业务,提高审计质量和效率,内部审计机构要跟进组织业务及其管理活动,制订审计计划以规划内部审计工作。审计计划是指内部审计机构和内部审计师为完成审计业务、达到预期的审计目的,对审计工作或者具体审计项目做出的安排。审计计划一般包括年度审计计划和项目审计方案。

年度审计计划是对年度预期要完成的审计任务所做的工作安排,是组织年度工作计划的重要组成部分。内部审计机构应当在本年度编制下年度审计计划,并报经组织董事会或者最高管理层批准。编制年度审计计划应当结合内部审计中长期规划,在对组织风险进行评估的基础上,根据组织的风险状况、管理需要和审计资源的配备情况,确定具体的审计项目及时间安排。内部审计机构应当根据批准后的审计计划组织开展内部审计活动。在执行审计计划的过程中,如果有必要,那么应当按照规定的程序对审计计划进行调整。

审计项目负责人应当在审计项目实施前编制项目审计方案,并报经内部审计机构负责人批准。项目审计方案是对实施具体审计项目所要求的审计内容、审计程序、人员分工、审计时间等做出的安排。

在实践中,人们常问:一个组织有那么多需要监督、需要鉴证的事情,为什么年度审计计划就规划那几件事项进行审计？为什么审计方案中就确定那几个领域为重点审计领域？这需要认真理解规划审计工作中的几个关键环节。

(一) 确定年度审计项目的方法

人们在实践中探索出许多确定年度审计项目的方法,下面在归纳、总结的基础上介绍几种常用方法。

1. 系统确认法

审计部门对组织进行风险分析或利用组织风险自我评估的结果,按照风险程度和重要性原则排出审计的优先顺序,根据审计力量决定审计项目数目,优先审计风险高的领域或项目。

2. 嘎吱车轮法

内部审计机构应当跟进企业治理层、管理层、监管机构、外部审计(政府审计或独立审计)等发现或要求、急需关注和处理的问题,把这些需求和问题转变为具体的审计项目。由于这种方法与车轮发出的异常嘎吱声的警告信息相似,因此被形象地称为嘎吱车轮法。在这种情况下安排审计,通常是按照利益相关者的特别指令确定被审计对象的数量、范围和内容,进而分配审计资源。

3. 根据正式组织结构确定

按照组织结构设计的部门和业务,结合相关法规规定,按照风险程度优先配置审计资源。

4. 应被审计者的要求

为了提高效率或降低摩擦成本,也为了利用他人智慧帮助寻找管理的盲点或价值增值的机会,聪明的管理者会主动提出审计要求,让内部审计帮助自己提升经营管理业绩。

(二) 编制年度审计计划

内部审计机构负责人负责年度审计计划的编制工作。年度审计计划应当包括年度审计工作目标、具体审计项目及实施时间、各审计项目需要的审计资源、后续审计安排等基本内容。在编制年度审计计划时,应当考虑以下因素:

(1) 上一次审计的日期和结果。一般审计间隔期越长,风险越大；上次审计发现问题越多,越应安排审计。

(2) 涉及的金额。在比较各业务活动以决定如何安排审计资源时,审计师应优先安排涉及资金金额大的项目。

(3) 潜在的损失和风险。潜在的损失和风险越大,越需要及时安排风险管理审计,以管理风险、降低损失。

（4）管理层的要求。根据管理层的风险偏好及要求，审计师应当及时通过风险管理审计为管理层找到有效的风险管理方案并提供服务。

（5）经营方案、制度和控制的重大变化。当企业经营方案、制度和控制发生重大变化时，会出现不稳定情况，难以保证相关控制系统有效运行，这时需要及时安排风险管理审计以不断改进系统功能。

（6）审计师的变动及能力。经验丰富且素质较高的审计师，更容易为企业管理层和员工所认可。

（三）拟定审计方案

1. 审计前的调查内容

在根据年度审计计划确定审计项目和时间安排、选派内部审计师开展审计工作时，审计项目负责人应当根据被审计单位的下列情况拟定项目审计方案：业务活动概况，内部控制、风险管理体系的设计及运行情况，财务、会计资料，重要的合同、协议及会议记录，上次审计结论、建议及后续审计情况，上次外部审计的审计意见，其他与项目审计方案有关的重要情况。

2. 项目审计方案的基本内容

项目审计方案应当包括下列基本内容：①被审计单位、项目的名称；②审计目标和范围；③审计内容和重点；④审计程序和方法；⑤审计组成员的组成及分工；⑥审计起止日期；⑦对专家和外部审计工作结果的利用；⑧其他有关内容。

3. 运用杜邦沸腾壶风险审计模型配置资源

杜邦沸腾壶风险审计模型是美国杜邦公司创建并使用的风险审计模型。该模型以风险管理为基础，在审计前将风险因素分为八大类，每一类划分不同的风险级别，分别为高风险、敏感风险、适中风险、低风险。审计主体对不同级别的风险因素进行不同程度的审计，一般来说风险级别越高所配置的审计资源越多。这种方法用图形描绘时呈壶状，人们称之为沸腾壶法。

在杜邦沸腾壶风险审计模型中，审计师是从影响企业目标实现的各种系统风险和非系统风险出发，就内部控制是否健全、关键控制点的执行是否有效控制，以及薄弱的环节、治理和改进措施的可行性进行认定，评价风险管理与控制对组织目标实现的影响程度。

在杜邦沸腾壶风险审计模型中，高风险因素占10%、敏感风险因素占30%、适中风险因素占40%、低风险因素占20%，对应这种风险结构，风险管理审计规划在配置审计资源时会做出如下安排：对于高风险层次的风险因素一般要实施详细的、全部的审计，对于敏感风险层次的风险因素一般抽样50%，对于适中风险层次的风险因素一般抽样25%，对于低风险层次的风险因素一般抽样10%进行审计，如图10-3所示。

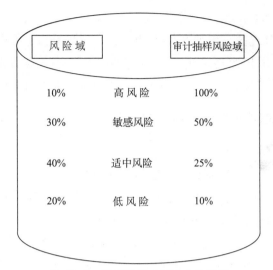

图 10-3 杜邦沸腾壶风险审计模型

(四)案例分析

根据导读 10-2 的信息,我们分情况说明内部审计可以介入的时机和主要审计工作。

针对第 1 种情况,实务中由人力资源部门牵头落实,审计部门可以在事前、事中、事后组织审计工作。事前是针对全员业绩考核制度的合理性,重要岗位、子公司的业绩考核体系进行评价,查看约束机制和考核制度设计是否合理;事中按风险和重要性抽取部门,跟进绩效评价,查看绩效考核落实情况及存在的问题,及时发现问题并予以纠正;事后可以对全员绩效进行评价,对下一步工作提出建议,使得自我评价机制更有效率。

针对第 2 种情况,该事项由董事会集体讨论通过,人力资源部门牵头实施。审计部门应根据组织结构的要求,对全部 23 名离任、轮岗的管理者进行离任审计。但在具体实施时,可以根据重要性决定哪些由集团审计部门执行,哪些由分公司或分支机构审计部门执行,哪些委托审计师执行。

针对第 3 种情况,该事项由董事会统一决议,战略部门牵头实施。审计部门可以在事前、事中、事后组织审计工作。事前,审计部门可以执行战略审计以避免盲目拓展,提出企业战略制定和实施的可行性建议;事中,应当委托审计师对被兼并方净资产进行审计,但内部审计师可全程跟进并进行有效沟通;事后,内部审计部门可以对兼并重组绩效进行审计,为兼并重组提升整合绩效提供建议。

针对第 4 种情况,该事项由纪检或监察部门或办公室负责,审计部门可考虑针对总经理的舞弊行为进行专项审计,或者在对境外企业或资产进行专项审计时关注和识别总经理的舞弊行为。

针对第 5 种情况,由信息技术部门提出需求,董事会开会论证,信息部门与采购部门联合招标。审计部门可以在事前、事中、事后组织审计工作。事前,审计部门应对信息系统是否有必要购置以及大额投资支出是否合理进行投资预算审计;事中(即购置时),审计部门应对招投标的合规性进行专项审计;事后,审计部门可以对信息系统执行审计,对信息系统的审计每年都要执行。

从以上针对每种情况的分析可以看出,审计工作可以介入企业经营管理的每个环节全覆盖发挥不同的作用,因此规划审计工作时应当根据企业经营管理需要以及重大事项风险评估来排序,然后根据审计部门的审计力量合理科学地规划审计工作。

三、内部审计取证方法与底稿举例

（一）内部审计取证方法

审计技术方法是指内部审计师在实施审计的过程中审查和分析审计对象,获取审计证据,并对照审计依据或标准进行评价,从而形成审计结论和建议的各种技术手段的总称。审计技术方法是从长期的审计实践中总结和积累起来的,并随着审计对象的日益扩展和社会经济发展对审计提出的广泛要求而不断改进与发展。在传统事后查账技术的基础上,现代审计发展到广泛运用审计调查、审计分析、内部控制审计、风险管理审计、统计抽样审计、计算机审计及现代化管理方法等技术手段,且日趋多样化、现代化,已经形成一个完整的审计技术方法体系。在审计实务中,除按照审计通用的审核、观察、监盘、访谈、调查、函证、计算和分析程序等取证方法外,还应当掌握和运用以下审计技术方法:

1. 数据化审计方法

随着数据技术从关系型数据库、数据仓库、数据湖演进到相关分析、数据挖掘和可视化,大数据的技术手段越来越丰富,审计技术大数据化是审计工作的发展趋势。跟进现代信息技术的发展,构建云审计平台,充分利用审计指挥中心、审计电子数据管理平台和互联网,利用审计业务数据、审计管理数据及其他辅助性数据进行关联分析,为审计决策提供数据支撑,探索数据联网与远程管理模式;搭建远程数据分析环境,开展数据分析测试,推广"总体分析、系统研究、发现疑点、分散核实、精确定位"的数字化审计方式。

审计师运用大数据思维、技术和方法获取大量的非结构化与半结构化数据,进行大数据的审计,大量减少采集各种数据的时间,将工作重点放在分析问题和发现问题上;通过审计平台,及时归类分析审计小组收集到的相关数据和资料,提高审计效率;利用审计管理模型,及时、完整地了解每个审计师的工作,有的放矢地进行指挥,确保审计工作质量。

2. 主题研讨会法

主题研讨会法是指由审计师组织或审计师监督指导组织,利用有风险单位召开研讨会的形式,帮助有风险单位识别风险和识别防范风险方面的不足,评议应对风险的解决方案,以促使有风险单位实现目标的一种审计方法。运用主题研讨会取证时应当注意以下方面:

（1）明确研讨主题。将识别的企业经营活动中的关键风险以及内部控制的薄弱环节提炼为研讨议题,并汇总为不同的研讨主题。

（2）确定参加研讨会的人员和会议时间，提前通知参与人员并提供讨论大纲。如果是风险自我评价，参与人员应当包括经办人员、管理经办人员的中层管理者、管理中层管理者的高层管理者等各个层次的人员，并得到管理层支持，以便提高风险评价的客观性。

（3）研讨会要使用独立的会议室，使用电子投票设备或其他匿名投票方式，以最大限度地保证与会人员的意见不受他人影响。

（4）每次研讨会，评价小组都指定一位会议主席负责主持研讨会，并安排书记员及时记录。提问和讨论应紧紧围绕高风险的内部控制薄弱环节。会议主席应激发所有与会人员充分发表意见、独立思考，并针对内部控制的缺失提出建设性的改进建议；会议主席还应控制会议进程，避免跑题和陷入互相指责、争吵的混乱局面。

（5）把讨论的问题归类整理、认真分析，并适时给出中肯的评论。

（二）审计工作底稿举例

内部审计工作底稿是指内部审计师在审计过程中形成的工作记录。审计工作底稿应当内容完整、记录清晰、结论明确、客观地反映项目审计方案的编制及实施情况，以及与形成审计结论、意见和建议有关的所有重要事项。

在审计实务中，尽管根据风险及审计取证情况形成的审计工作底稿不同，但一个完善的审计工作底稿一般包括：①被审计单位名称；②审计事项及其期间或者截止日期；③审计程序的执行过程及结果记录；④审计结论、意见及建议；⑤审计师姓名和审计日期；⑥复核人员姓名、复核日期和复核意见；⑦索引号及页次；⑧审计标识与其他符号及其说明等。

常见的审计工作底稿一般格式如表10-2、表10-3、表10-4所示。

表10-2 项目组讨论纪要

被审计单位：_____	索引号：_____
项目：项目组讨论纪要——风险评估	财务报表截止日/期间：_____
编制：_____	复核：_____
日期：_____	日期：_____

会议日期：
会议地点：
参加人员：
讨论内容记录：
讨论结果：

表10-3 内部控制缺陷及其整改汇总

被审计单位：_____	索引号：_____
项目：项目组讨论纪要——风险评估	财务报表截止日/期间：_____
编制：_____	复核：_____
日期：_____	日期：_____

(续表)

编号	缺陷描述	发生时间	产生原因	已造成或潜在影响	已采取的改进措施	目前改进情况	缺陷未完全消除的原因	下一步改进计划
重大缺陷：								
重要缺陷：								
尚未消除的一般性内部控制缺陷：								
已消除的一般性内部控制缺陷：								

表10-4 专业意见分歧解决

被审计单位：＿＿＿＿＿＿＿＿＿＿　　索引号：＿＿＿＿＿＿＿＿＿＿
项目：项目组讨论纪要——风险评估　　财务报表截止日/期间：＿＿＿＿＿＿
编制：＿＿＿＿＿＿＿＿＿＿　　　　　复核：＿＿＿＿＿＿＿＿＿＿
日期：＿＿＿＿＿＿＿＿＿＿　　　　　日期：＿＿＿＿＿＿＿＿＿＿

一、存在专业意见分歧的人员及其职位

姓名	职务

二、专业意见分歧
（简述存在专业意见分歧的会计或审计问题）
三、解决方式
（简述为解决意见分歧而采取的措施和获取的审计证据，包括查阅的专业文献和向专家咨询的意见等。如必要，记录与管理层或其他人员就该问题进行讨论的情况，包括讨论时间、讨论对象以及对方的回应等）
四、解决过程
（记录最后形成结论的过程。记录对相互矛盾的审计证据或相互矛盾的观点的考虑以及解决过程）
五、结论
（记录最后形成的结论以及形成结论的基础）

最终结论批准人：　　　　　　　　　　批准日期：
下列人员不同意最终形成的结论：

姓名	日期

四、内部审计报告编制技巧

审计报告是指内部审计师根据审计计划对被审计单位实施必要的审计程序后，就被审计事项做出审计结论、提出审计意见和审计建议的书面文件。

(一) 高质量审计报告

尽管不同内部审计报告的特征和需求者的不同,审计报告的内容可能是千差万别的,但在撰写一份有价值的审计报告时,应当注意:①增加审计摘要/审计要点;②以提炼的重要结论作为开头;③将重要的项目放在前面;④辨识治理层、管理层/当局者所关心的问题,重点陈述他们所关心的问题及其改善机会;⑤直接陈述结论及相关建议;⑥辨明问题的原因,以便有效地加以解决;⑦建议的行动方案应与原因直接关联,并落实到具体人或部门;⑧提出必要的证据佐证论点;⑨去除不必要的信息或程序描述,强调问题的解决及结果而非详细的程序;⑩附表格说明明细或详细情况。

表 10-5 列出内部审计报告的一般框架结构。

表 10-5　内部审计报告的一般框架结构

1. 内容摘要
2. 被审计事项的背景
3. 审计项目实施情况(审计依据、审计目标、审计方式、审计方法、审计起止时间、审计准则的遵循情况、明确审计方和被审计方的责任)
4. 审计评价意见或结论(总括并发表审计结论或意见)
5. 审计发现的情况(审计发现的事实、成因、产生的影响)
6. 发现的违法、违规问题及处理惩罚意见
7. 建议(应有针对性和可操作性,便于检查和衡量)
8. 被审计单位的反馈意见(被审计单位对审计报告的看法;针对被审计单位意见,审计报告的修改情况;审计单位不同意被审计单位意见的理由等)

(二) 如何提升审计报告的应用价值

(1) 审计师要注重培养洞察力,通过审计程序帮助被审计单位发现管理漏洞、环节,准确地揭示被审计单位存在的问题,正确进行定性处理,深刻分析原因,结合被审计单位实际情况提出合理化、可行性的审计建议。审计报告揭示的问题以及提出的建议要具体且有建设性,以审计的视角揭示被审计单位存在的"病症",同时给出治疗病症的"处方"。

(2) 在编写审计报告时,审计师要善于归纳总结与提炼,整合审计情况,汇总发现苗头性、普遍性的问题,及时进行专项汇报,当好被审计单位的"咨询专家",在日常工作中对被审计单位实施"帮促建",及时进行"解疑释惑",从源头上规避违规问题的发生,同时帮助企业建立健全财经领域的规章制度,从而实现"发现一个问题、形成一项制度、规范一项管理"的目的。

(3) 建立审计整改"倒逼机制",通过跟踪审计整改回访、配合企业专题调研、协同督查整改等方式,激发被审计单位重视审计报告,强化审计所发现问题的整改纠正,促进审计建议得到采纳落实。

(4) 提升审计报告的附加值。一是提出审计报告时,采用建设性用语,重点分析问题产生的原因和可能造成的影响，提出可行的改进措施，并指出管理部门计划采取的改正措施和值得推广的良好惯例。二是针对不同层次管理人员的不同需要，提出不同类型的审计报告。例如，反映重大问题的审计报告以简捷、明了的形式呈送最高管理层，为其决策提供依据；建议性质的审计报告应当尽可能详细并运用数据、图表、图像等形式，直接送达部门经理或第一线管理人员，以便及时采取改进措施。三是深入挖掘每一份审计报告，形成价值最大化的审计报告附属产品，如根据审计报告分析撰写审计信息宣传稿件、编写审计要情、总结审计教学案例等，提高审计报告的综合附加值。

（5）审计报告在送达被审计单位的同时，也抄送其他相关单位，提供案件线索或参考价值资料等，有效发挥审计在党风廉政建设、治理贪污腐败、维护财经秩序等方面的作用。审计结果可以"一审多用"，既作为被审计单位"建章转制"的契机，也作为企业管理决策的依据，又为反腐倡廉、严惩违法乱纪行为提供案件线索。

第三节　价值增值型内部审计机制创新

导读10-3

国际内部审计师协会研究基金会针对"内部审计应更多地向公司利益相关者进行合理的价值输送"的调查报告

2011年的调查结果发现：
① 60%的管理者表示内部审计师曾经向他们表达过认知和看法；
② 38%的管理者认为内部审计常常或周期性地向他们表达过认知和看法。

2015年的调查结果发现：
① 57%的内部审计师认为他们的计划完全与大部分组织的战略目标一致；
② 50%的内部审计师曾经参加与组织相关的商业理念和业务知识的培训；
③ 32%的审计师表示他们曾经相互衡量与比较自己的审计理念和利益相关这一具体目标；
④ 27%的审计师认为商业头脑是他们较为看重的技能之一。

为此，调查报告提出，内部审计师应当向利益相关者展示自身基础深厚的专业知识和观点背后的依据，以知识和内涵打动他人。首席审计官应当改善与董事会及其他管理者之间的对话和沟通。

上述调查报告立足于国际视角，而我国内部审计除调查报告所揭示的内部审计沟通制度不完善、内部审计师缺乏商业理念和实务技巧等问题外，还存在一些特殊问题。例如，企业管理者出问题时拿内部审计结果说事，不出问题时把内部审计报告当作一个程序过程，不予理睬等。面对这些问题，顺应时代发展，内部审计必须不断创新完善。

一、内部审计的创新和变化

跟进时代变迁,传统的内部审计模式已转变为风险导向的价值增值型内部审计,呈现出以下特征:

(一)内部审计重心的变化

内部审计由注重财务(Financial Focus)转向注重业务风险(Business Risk)。从传统的财务审计、经济责任审计、经营审计,转变为以风险为导向的管理审计,在制订审计计划时按业务风险高低确定审计的优先次序和审计频率,在审计过程中重点关注具有风险特征的事项,实行风险导向审计,将"风险意识"贯穿于审计工作全过程,凸显内部审计的"咨询"特点和"增值、改进组织风险管理和公司治理"功能。

(二)审计方法的变化

审计测试由以测试为基础转向以风险自我评价为主,审计方法由以独立的技术方法为主转变为以更多的交互知识分享为主,审计师更多地利用信息技术并综合运用各种手段,交互分享知识,提高专业判断能力和审计质量。

(三)内部审计组织管理的变化

审计组织由分散化管理向集中化管理转变。内部审计组织管理的集中不仅有利于内部审计资源的调动,也增加了内部审计在企业内的独立性以及公司董事会对内部审计的管控。

(四)内部审计报告的变化

审计发现由不可测的(Unmeasured)内容转变为关键业绩的指示器(Key Performance);审计结果由以提出发现和建议为主转向以增强业务洞察力、提出业务解决方案为主。

(五)对内部审计认知的变化

人们对内部审计的认知由路障(Road Block)转变为能动的关键业务发起者(Enable Key Business Initatives),也就是帮助企业提升价值。在人们的观念中,内部审计师由所谓的"公司的看门狗"转变为受尊敬的业务顾问。内部审计部门由成本部门转变为价值增值部门,内部审计虽然不参加生产和销售活动,但它可以通过以下两种途径增加组织价值:一是审核检查组织财务活动以挽回资金损失,间接增加组织价值,但由于内部控制制度日益健全并得到有效执行,通过审核检查挽回资金的数额越来越少;二是审查评价组织的风险管理、内部控制和治理程序,提出有价值的审计建议,增加组织获利机会,从而为企业增加价值。

(六)对内部审计师素质要求的变化

对审计师的要求由仅仅精通审计(Audit Generalist)转变为成为某一领域或事务的专家(Subject Matter Expert),审计执业经历对于每个审计师来讲,是由职业审计师(Career Auditors)转变为领导者的先决条件(Prerequisite for Leadership)。这要求企业从人员招聘、绩效评估、资格培训和岗位安置四个维度重新部署,将审计师从纯审计师和即将退休行政人员的"收容所"模式转变为系统地招聘高潜力人才,并最终将内部审计人员培养成为企业经理的战略模式。

为了适应这些新变化和内部审计新思维,下面将分析如何创新增值性内部审计机制。

二、创新内部审计沟通机制

为了减少业务部门、职能部门、监管者对内部审计的不理解甚至误解,创新的内部审计沟通机制主要包括:

(1)事前沟通机制,主要是指在规划内部审计时,不仅要根据惯例或政策要求安排审计,在政策发布实施前、业务正在筹划时,内部审计还应真正站在客观、独立的角度了解被审计单位所需。一方面,指导被审计单位更好地贯彻执行新政策,更加规范地运行新业务;另一方面,重点关注被审计单位最关注的问题,真正站在帮助被审计单位更好地开展工作和规避风险而提出审计规划。

(2)事中沟通机制,也就是利用计算机信息技术,做到跟进业务发生和管理执行时时审计,并及时发出预警信号,帮助被审计单位有效地落地工作方案和实施措施,做到审计部门与业务部门或职能部门一起识别和应对风险。

(3)事后沟通机制,主要是通过每月汇总"审计要情摘要"并发给企业董监高,不仅让企业的治理层、管理层了解审计中发现的问题,也时刻提醒、警醒企业董监高防范风险、实行精细化管理;每季度召开审计监督联席会议,讨论审计发现,并根据审计结论形成相关建议或提案,直接影响企业下一步发展的管理决策;通过"审计问题清单"与被审计单位进行书面沟通,不仅补充获取证据,也与被审计讨论风险及风险管理,真正帮助每个环节的当事人通过研讨把工作做得更好,进而提高工作绩效。

三、创新业务、财务和审计一体化机制

运用大数据分析、云计算和云平台,把业务、财务和审计融合为一体。

第一,利用信息化手段,实现各个业务模块的纵横对接、互通互联、资源共享,以提升管理效益和管理柔性。

这要求在会计核算领域,积极尝试自动化、智能化管理系统,将标准业务场景的会计核算工作交给机器完成;在财务分析领域,深度挖掘业财勾稽的大数据库,发现规律或异常情况,提高财务引导和预警业务发展的能力;在内部控制领域,把所有业务流程的关键控制点内置在计算机信息系统中,风险在哪里,内部控制就在哪里;设置密钥通道,按管理权限为各级管理者提供有数据、有分析的表单,风险预警和信息以及可供选择的解决方案;保障总部的风险管理信息系统和二级企业子系统互联互通,并配置系统展示门户、系统应用、系统支撑和相应的基础设施。

第二,把各个业务端、客户端、市场段、管理端的离散数据,通过区块链分布式账本形

成个性化、灵活性、组合化的管理会计系统,为管理决策提供数据支持,提升决策的科学性。

第三,利用雷达审计系统跟进业务创新及风险变化,将审计评价和监督内置于信息系统中进行系统的查雷、排雷,并时时预警,解决审计的时滞性、不完整性等所带来的低效率或不作为。具体来讲,构建并利用审计信息集成管理系统(见图10-4所示)。

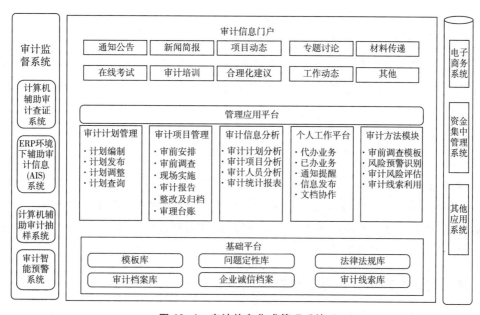

图 10-4　审计信息集成管理系统

1. 继续加强计算机辅助审计方面的人员培训。

随着人工智能技术、网络技术和数据库技术的广泛应用,人工智能化审计可能会成为常规项目,缺乏信息技术审计能力将严重制约内部审计人员的发展,内部审计部门应当增强紧迫感,转换审计理念,进一步加强计算机辅助审计方面的人员培训,提高内部审计人员的计算机辅助审计技能,进一步推进内部审计工作向智能化领域深化转型。

2. 逐步建立智能审计系统。

运用嵌入式审计模式,在各类信息系统中预留接口,实现日间或日终将信息系统处理的业务数据信息传送至审计部门人工智能数据库。智能审计系统包括自动预警、查询分析、闭环管理、预警结果分析等功能。其中,自动预警是对企业生产经营管理的合法性、合规性进行监控,为审计工作关注的正确性提供线索疑点和预警预报,借助闭环管理功能实现预警结果的后续监控、发布、处理、核实、登记等工作;自助预警是在合法性、合规性预警的基础上对企业经营管理的合理性提供趋势分析对比,为审计工作提供依据,衡量标准一般为预算指标、板块先进指标等,主要服务于审计项目组的审前调查和现场查证,从多角度查找问题线索;查询分析是审计师根据系统提供的选择条件,自行对审计对象进行查询分析(不提供与标准进行对比的功能),主要满足审计师进行分析性复核和实质性审计的需要;预警结果的查询分析则主要通过对以往自动预警结果数据的多角度查询分析,确定问题高发区、出现问题的重点企业和重点业务,为审计开展审前调查、确定审计重点和范围、编制审计实施方案提供帮助。这样,智能审计系统自动对相关信息进行审计分析,筛选审计线索,以审计初稿的形式向审计师列示,从而实现智能化审计。

3. 切实推广计算机辅助审计系统的应用。

要建立、健全辅助审计数据采集、存储管理机制,为系统应用奠定数据基础;不断拓展辅助审计应用领域,完善审计模型脚本构建,力争在较短时间内实现对所有业务领域的全覆盖。

4. 加速跟进数据分析领域

数据分析是智能化审计的有力支撑,如何在繁杂的数据中提取有效信息并展开深入分析,是目前内部审计工作进军智能化领域的关键。引入适应大数据要求的数据分析工具,利用聚类、关联分析等新方法,找出被审计部门在工作流程、项目管理等方面可能存在的问题,在此基础上判断业务属性和风险特征,提供审计依据参考,进一步提高非现场审计工作质效,为审计智能化奠定基础。

四、创新内部审计结果多维度运用机制

为了扭转人们仅仅把审计报告当作必备文件,让内部审计报告真正发挥作用,根据《审计署关于内部审计工作的规定》(2018)的规定,"内部审计机构应当加强与内部纪检监察、巡视巡察、组织人事等其他内部监督力量的协作配合,建立信息共享、结果共用、重要事项共同实施、问题整改问责共同落实等工作机制。内部审计结果及整改情况应当作为考核、任免、奖惩干部和相关决策的重要依据。"创新内部审计结果多维度运用机制主要包括以下几方面:

(1) 针对分类梳理的审计问题的根源,提出有层次、有梯度治理的方案。定期分类梳理审计报告所揭示的问题,分析原因,分类治理。对于屡查屡犯的问题,究其屡查屡犯的原因:是执行层面的问题,提出深化管理提出建议;是制度政策层面的问题,提出建章立制的建议;是新出现的问题,研究形势、政策变化后原来的内部控制政策和程序否有效,给再造业务流程和动态完善内部控制提建议。

(2) 建立"审计问题清单"和"审计整改落实清单"的落实和检查制度。根据每一份审计报告形成"审计问题清单"和"审计整改落实清单"(基本格式见表10-6和表10-7),定期召开协调会,把"审计问题清单"所涉及的部门和人员召集起来,讨论如何根据查证的问题精细化地完善相关部门的工作流程,并协调不同部门配合整改,形成综合的整改方案。定期对"审计整改落实清单"的每项整改落实情况进行跟踪审计,促进提升整改落实的短期效应和长期效应。

表 10-6 审计问题清单范式

序号	问题	根源	影响		责任部门/人
			短期影响（财务/非财务）	长期影响（财务/非财务）	

表 10-7 审计整改落实清单范式

序号	问题	责任人	短期措施	长期措施	协调方案	落实情况	成效或原因

（3）建立审计风险案例库，定期分析寻找预警点以警醒他人。把每次审计中发现的风险案件整理入库（入库案例范式如表 10-8 所示），定期召集专家分析审计风险案例，从中找出风险因子及其临界值，据此建立各个业务的风险预警指标体系，内置在计算机信息系统，时时预警以帮助管理者提高风险管理水平。同时，从审计风险库中选择相关案例，对应于新员工入职，员工晋升、董监管新任的相关培训，让大家讨论并从中获得警醒。

表 10-8 入库案例范式

风险	名称	
	编号	
具体表现		
涉及规定		
案例发生	时间	
	哪个环节/流程	
	责任人/部门	
原因	外部	
	内部	
影响	财务	
	非财务	
整改情况		
追责情况		

（4）建立综合追责的机制。根据审计中发现的或审计报告中揭示的问题的属性及其影响，需要移交检察院、法院的，应及时移交处理；需要披露公示的，应及时公告，接受

媒体和社会公众的监督;需要按组织内部制度规定酌情扣减风险基金、扣减绩效工资等的,应严格按章处理,体现激励约束机制。

知识要点

内部审计职责拓展　内部审计与审计委员会的关系　内部审计与管理层的关系　内部审计在公司治理中的作用　内部审计实务流程　年度审计计划　审计方案　杜邦沸腾壶风险审计模型　数据化审计方法　主题研讨会法　审计报告基本框架　增值性内部审计机制创新

行动学习

华兴公司内部审计的总结与创新

2019年1月,华兴公司总结近两年内部审计工作成效(详见下表)后,提出以下创新的方案:

2017—2018年内部审计项目情况	项目个数(个)	促进节约或避免经济损失(万元)
财务收支审计	420	279.20
经济责任审计	300	9 769.56
基建审计	1 885	44 354.38
内部控制审计	812	279.10
绩效审计	378	3 281.79
合规审计	532	8 663.64
业务(经营)审计	426	4 320.30

1. 经济责任审计从以离任审计为主转向任期期中和离任审计并重;对象从对一把手审计转向一把手、关键岗位和关键人员审计并重;内容从以财务收支审计为主转向以内部控制和风险管理审计为主,更加注重战略贯彻执行情况、重大决策审批和风险管理绩效等问题。审计报告不再罗列领导人员的工作业绩,而是直接指出问题、界定责任、提出整改要求。

2. 跟进公司战略发展,对新业务、新领域、新规定等绩效进行专项评价,强调在事前、事中为公司发展提供绩效改善和机制构建的建议。

3. 内部审计工作的重心转向持续加强风险关注,发挥审计预警作用,具体措施有:

(1)注重数据分析。注重应用非现场审计系统中预警数据的排查,通过预警信息排查、发现相关线索,开展专项审计调研,及时提出审计建议,推动相关部门提高质量、防范风险。

（2）加强风险关注。按季对各分部财务报表、收入等相关数据进行分析，整体评价业务结构、业务规模及业务创新等情况。结合国家经济调控政策、地域性经济特点，评估业务发展可能面临的风险，及时做出相应提示；对比财务报表相关科目数据的变化，分析业务变动的合理性，并结合监管要求及本组织规定，评价业务开展的合规性。

（3）做好风险提示。每季度审计部门以"审计要情简报"的形式把审计提炼出来的"问题、改善与行动"及时报送高管层及各经营机构，对相关业务、行为背后存在的风险隐患进行全面剖析，并对如何防范相关风险提出建议；通过"审计要情简报"第一时间进行风险提示，进一步发挥内部审计警示、提醒、信息沟通和咨询的作用。

每5年，审计部门利用大数据挖掘，分类分析前5年审计中发现的问题，撰写报告，为企业风险预警管理的完善提供依据，并据此完善审计工作模板。

4. 华兴公司重视对审计结果的应用，从风险角度全面审视全集团的经营管理情况，及时发现管理层面、制度层面、系统层面存在的问题和薄弱环节。

针对审计出的问题，既要追究责任人的责任，也要从制度和机制层面找对策。涉及相关责任人的问题，要逐条、逐部门、逐人抓落实，董事会办公室、法律事务部（公司律师事务部）、人力资源部、监察部（纪委）、工会（监事会办公室）等协调联动，促使问题得以处置或解决，审计部门对此要实施后续审计；涉及制度和机制层面的问题，对照已有的制度和机制，提出完善和改进建议，形成流程再造和机制创新的推动力；涉及政策、法规层面的问题，向相关职能部门和法规制定者提出建议，促使相关政策和法规的进一步完善。

质疑和讨论：

根据内部审计最前沿的理论和实务，结合华兴公司内部审计工作成效及其创新做法，评价华兴公司内部审计的成效和创新方案。为更好地促进企业健康运用内部审计和实现企业不断增值，华兴公司的内部审计创新方案应当如何进一步完善和提升？

案例分析

万达执行力很牛背后的审计

人们从万达广场、万达影城、万达酒店、万达文化旅游城等熟知的品牌知道万达很牛，万达的执行力很牛。那么，背后的审计师如何呢？我们从万达集团官网上收集归纳万达的审计工作如下：

1. 万达审计全覆盖，总裁王健林直管审计部门

万达每年要审计一两百次，涉及上千家公司，业务领域全覆盖。

在组织架构上，万达审计部门由王健林直管。在万达，审计计划、审计问题、审计结论、审计建议都要直接向王健林本人汇报，审计相对独立，审计自身没有业务往来，没有利益相关者，不受任何人干扰。审计前，审计师会得到王健林签字签名的审计指令（见下图）。

大连万达集团股份有限公司
审计指令

(2013年) 第012号

██ 万达广场有限公司：

　　经董事长办公会研究决定，对你公司的管理情况进行例行审计。现委派集团审计部██、██、██等前去你公司执行上述审计任务，望予提供各种工作便利。

　　此令。

签发人：（签名）

2013年7月1日

　　2. 万达的审计集中在有权力的人，以及存在寻租空间和舞弊可能的业务环节。

　　3. 万达的审计可不仅仅是为了查处大案要案，万达审计最主要的目的是企业经营、改善经营、防范风险，促进企业资产的保值增值，以实现企业价值最大化；还要通过审计预防并力求在企业内部杜绝腐败，以促进制度与体制的健全和完善。

　　4. 万达内部审计基于信息化和新媒体的应用，帮助企业从蛛丝马迹中挖出大案。

　　2011年8月，审计中心一个副总查阅问答OA发现，某项目的售楼广告在北京电视台娱乐频道每晚11:54连播了8个月，每个月费用都是29.8万元，而万达的制度规定如果一笔预算超过30万元，就必须上报集团审批，从中可知当事人研究透了公司制度，钻空子。审计时，审计师重点关注该广告，发现11:54根本没有任何广告播出，而且签约广告公司的工商注册法人代表姓名被篡改，尽管当事人加盖了公章来掩人耳目，但还是被审计师发现，即当事人将广告业务发包给当事人自己注册的公司。在后续处理中，万达对所有涉及审批的当事人（包括项目公司前后两任总经理、营销副总、财务副总等）进行了处罚，以此告诫大家，在利用权力审批时，一定要充分关注业务实质而非仅仅走形式。

　　5. 万达内部审计明察秋毫，严格按问题性质区分"好人办错事，还是坏人办坏事"。

　　在公司经营管理中，很多问题是由于大家对制度不熟悉、吃得不透、把握不准或执行不到位造成的，对于这样的问题，审计部门主张与被审计单位多沟通，通过沟通极大地提高了工作效率，各个系统的整改力度可能比审计要求的还高。但对占小便宜、贪污腐败、舞弊行为零容忍，"一查到底、绝不手软"。

　　2014年10月13—19日，历经一周时间，审计中发现某区域总经理多次免费将外广场、内广场点位及金街区域免费提供给场内、场外商户开展多种经营活动。审计师发现该总经理胆子大、强势,在对员工访谈的过程中,他们的支支吾吾实际上是"有话要说,但不敢说"。审计部门用了连续三周的时间对该区域的万达广场开始有针对性的审计。随着调查的深入,审计师发现,除了区域总经理无视制度,该区域内其他公司对上蒙蔽总部、对内规避监管、对外坑害商户,他们的不良做法蔓延到整个区域,以致管理混乱,营运、企划、工程、租赁服务等多部门违规频发,已发现经济损失超百万元,并严重影响万达集团品牌形象。通过对商户一家家的约访,还发现商管公司招商营运副总经理利用职权向多家商户索贿受贿。审计部门与该副总经理多次沟通,并给予他充足的时间和多次机会,希望他交出赃款但迟迟无果,遂将其移交司法机关。

要求:

1. 结合万达公司内部审计工作,讨论如何提高内部审计的执行力?

2. 为什么万达公司内部审计集中于有权力的人以及存在寻租空间和舞弊可能的业务环节?针对不同特色的行业或公司,列举形成这些内部审计项目的名字,并简要说明原因。

3. 结合万达公司内部审计,讨论如何创新内部审计新理念。

4. 结合万达公司内部审计,讨论内部审计如何做才能真正发挥防范风险、治理舞弊的职责。

补充阅读

陈汉文:《审计理论》,北京:机械工业出版社,2011年版。

国际内部审计师协会:《国际内部审计专业实务框架》,中国内部审计协会译,北京:中国财政经济出版社,2017年版。

〔美〕安德鲁·贝利、奥德丽·格拉姆林、斯瑞达·拉姆蒂:《内部审计思想》,王光远等译,北京:中国时代经济出版社,2006年版。

〔美〕罗伯特·莫勒尔:《布林克现代内部审计学》(第六版),李海风等译,北京:中国时代经济出版社,2006年版。

李晓慧:《风险管理框架下审计理论与流程研究》,大连:东北财经大学出版社,2009年版。

李晓慧:《如何提升内部审计在企业中的定位和价值》,《中国内部审计》,2012年第11期。

谭丽丽、罗志国:《内部审计工作法》,北京:机械工业出版社,2017年版。

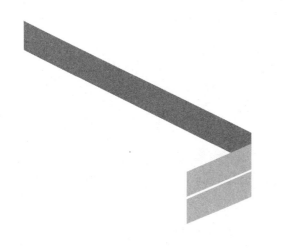

模块五

其他审计专题

第十一章

经济责任审计理论与实践

学习目的

1. 熟悉经济责任审计的本质
2. 了解经济责任审计的发展变化
3. 熟悉经济责任审计联席会议制度
4. 掌握经济责任审计业务流程
5. 掌握经济责任认定的原则与技巧
6. 熟悉离任审计与期中经济责任审计的不同及各自的审计重点
7. 掌握经济责任审计报告与审计结果报告
8. 了解经济责任审计报告的多层次综合运用

第一节 经济责任审计与审计联席会议制度

导读 11-1

蒋洁敏离任审计牵发中石油窝案

2013年3月18日,蒋洁敏辞去中石油集团董事长之职,一周后正式以国资委主任、党委副书记身份亮相。依据有关规定,央企领导人离任后,应对其任内工作进行离任审计。离任审计采用联席会议制度,由纪检、组织、审计、监察、人力资源和社会保障、国有资产监督管理等部门组成,如在审计中发现问题,可移交纪检部门处理。蒋洁敏1972年进入山东胜利油田,一直在石油系统工作。1994年,蒋洁敏担任青海石油管理局局长;2000年,他首次离开石油系统,担任青海省省委常委、副省长;2006年11月,他出任中国石油天然气股份有限公司总经理,2007年起兼任董事长。依惯例,蒋洁敏离任审计的时间是2006—2013年,但这次离任审计跨期却延长至10年,审计范围很广,还涉及一些敏感问题,例如中石油临时资金拆借方面的情况、石化项目建设中总承包商的利益关系等。

审计中发现了王永春(时任中国石油天然气集团公司副总经理兼大庆油田有限责任公司总经理)、李华林(时任中国石油天然气集团公司副总经理)、冉新权(时任中国石油天然气股份有限公司副总裁兼大庆油田分公司总经理)、王道富(时任中国石油天然气股份有限公司总地质师兼勘探开发研究院院长)四名中石油集团和股份公司副总级高管的违纪问题。2013年8月27日,王永春、李华林、冉新权、王道富"涉嫌严重违纪被调查,免去党政领导职务"。2013年9月1日,蒋洁敏涉嫌严重违纪接受组织调查,9月3日,中组部免去蒋洁敏国资委主任一职。统计中纪委网站上先后的通报资料,在此次反腐风暴中,中石油从高管到中层管理者落马近50人。

资料来源:根据人民网、凤凰财经、法治中国等信息整理。

阅读导读11-1相关资料,可知查处蒋洁敏及中石油窝案是必然的,但新闻报道强调这是离任审计牵发出来的反腐大案,从而引发思考有关经济责任审计的本质及发展特征。

一、经济责任审计的实质与分类

根据2014年7月2日中纪委等部门发布实施的《党政主要领导干部和国有企业领导人员经济责任审计规定实施细则》的规定:"经济责任审计,是指审计机关依法依规对党政主要领导干部和国有企业领导人员经济责任履行情况进行监督、评价和鉴证的行为。"经济责任,是指领导干部在任职期间,对其管辖范围内贯彻、执行党和国家经济方针政策、决策部署,推动经济和社会事业发展,管理公共资金、国有资产、国有资源,防控重大经济风险等有关经济活动应当履行的职责。

在我国,经济责任审计制度是评价领导干部任期内经济责任界定和政绩的一项基本制度,是加强监督党政领导干部,促进领导干部勤政廉政、全面履行职责,以及正确使用干部、促进干部队伍建设的一种有效监督机制。经济责任审计应当以促进领导干部推动本地区、本部门(系统)、本单位科学发展为目标,以领导干部任职期间本地区、本部门(系统)、本单位财政收支、财务收支以及有关经济活动的真实、合法和效益为基础,重点检查领导干部守法、守纪、守规、尽责情况,加强对领导干部行使权力的制约和监督,推进党风廉政建设和反腐败工作,推进国家治理体系和治理能力现代化。

由此可见,经济责任审计是在传统财务收支审计基础上发展起来的,是财务收支审计的深化和提高。经济责任审计从"事"入手,是审计结果的人格化,又通过对"人"履职责任的认定,实现对"事"的监督,是审计技术属性和社会属性的集中体现。经济责任审计与西方3E(Economy,经济性;Efficiency,效率性;Effectiveness,效果性)审计相比,还包括真实性和合规性的审计,是一种综合性更强的审计。

在实践中,经济责任审计框架如图11-1所示。经济责任审计应当有计划地进行,根据干部管理监督需要和审计资源等实际情况,对审计对象实行分类管理,科学制订经济责任审计中长期规划和年度审计项目计划,推进领导干部履行经济责任情况审计全覆盖。经济责任审计包括离任经济责任审计、任中经济责任审计和专项经济责任审计。

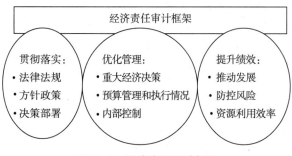

图 11-1 经济责任审计框架

(1)离任经济责任审计,是指对组织内管干部任期届满,或者任期内办理调任、免职、辞职、退休、轮岗等事项前进行的经济责任审计。

(2)任中经济责任审计,是指对组织内管干部任职期间进行的经济责任审计,包括实行年薪制及股权激励机制的组织兑现任期内奖励前的审计、任期届满连任时的审计,强制休假期间的经济责任审计,以及任职时间较长、上级部门根据规定和需要安排的审计。

(3)专项经济责任审计,是指对组织内管干部存在违反廉洁从业规定和其他违法违纪行为,或其任职企业发生债务危机、长期经营亏损、资产质量较差等重大财务异常状况,以及发生合并分立、破产关闭、重组改制等重大经济事项情况下进行的经济责任审计。

二、经济责任审计的拓展与变化

我们从经济责任审计规制的历史演变,观察经济责任审计的拓展与变化(见表11-1)。

表 11-1 经济责任审计相关规定

	时间	法规、政策	发布单位	备注
1	1986.9	《全民所有制工业企业厂长工作条例》	国务院	厂长离任前,企业主管机关提请审计机关对厂长进行离任审计
2	1988.2	《全民所有制工业企业承包经营责任制暂行条例》	国务院	实行承包经营责任制,由国家审计机关及其委托的其他审计组织对合同双方及经营者进行审计

（续表）

	时间	法规、政策	发布单位	备注
3	1996.1	《关于干部管理工作的六条试行意见》（山东菏泽）	山东菏泽	试运行干部审计制度
4	1999.5	《县级以下党政领导干部任期经济责任审计暂行规定》和《国有企业及国有控股企业领导人员任期经济责任审计暂行规定》	中共中央办公厅国务院办公厅	正式实行领导干部任期经济责任审计制度
5	2000.12	《县级以下党政领导干部任期经济责任审计暂行规定实施细则》和《国有企业及国有控股企业领导人员任期经济责任审计暂行规定实施细则》	审计署	
6	2001.1	《关于进一步做好经济责任审计工作的意见》	中央纪委、中央组织部、监察部、人事部、审计署	明确提出要逐步开展县级以上党政领导干部任期经济责任审计
7	2003.7	《关于党政领导干部任期经济责任审计若干问题的指导意见》	中央纪委、中央组织部、监察部、人事部、审计署	
8	2006.2	全国人民代表大会常务委员会关于修改《中华人民共和国审计法》的决定	第十届全国人民代表大会常务委员会第二十次会议通过	第一次明确经济责任审计的法律地位
9	2010.12	《党政主要领导干部和国有企业领导人员经济责任审计规定》	中共中央办公厅国务院办公厅	标志着经济责任审计在制度层面已走向成熟
10	2014.7	《党政主要领导干部和国有企业领导人员经济责任审计规定实施细则》	中央纪委机关、中央组织部、中央编办、监察部、人社部、审计署、国资委	经济责任审计时空和领域全覆盖
11	2004年党的十六届四中全会	将经济责任审计作为长期制度写入《关于加强党的执政能力的决定》	党的十六届四中全会	从政治高度和法律层面确立经济责任审计的地位与作用

（续表）

	时间	法规、政策	发布单位	备注
12	2017.11	《领导干部自然资源资产离任审计规定(试行)》	中共中央办公厅、国务院办公厅	领导干部自然资源资产离任审计由试点阶段进入全面推开阶段
13	2019.7	《党政主要领导干部和国有企业领导人员经济责任审计规定》	中共中央办公厅、国务院办公厅	

伴随着经济责任审计规制的逐步完善，全国各级审计机关对各级次、各类别领导干部的经济责任审计已经全面展开，形成以任中审计为主、任中审计与离任审计相结合的审计模式，逐步建立起重要领导干部任期内的轮审制度，具体的拓展和变化为：①由以审财务为主转向以审机制、审控制、审风险为主；②由审结果为主转向以审过程、审责任人的动机为主；③由审计部门实施转向以审计部门为主，辅以纪检监察、监事会和组织人事等多部门的支持与协作；④由常用审计方法转向综合、系统、数字化的审计方法；⑤由离任审计转向任前审计、任中审计与任后审计并重的离任审计；⑥由"一把手"审计转向多层次经营者审计和多方面专项责任审计；⑦由财务指标评价转向财务指标与经济指标、生态指标、社会指标并重的评价；⑧由评价会计责任转向评价受托责任、社会责任和角色责任并重；⑨由审后报告转向审前公示、审后报告和审后（一定范围内）公告并重；⑩由干部监管部门运用审计结果转向干部监管与经营管理、考核评价等部门运用并重；⑪由个人问责转向个人问责与企业整改并重。

三、经济责任审计联席会议制度

各级党委和政府应当加强对经济责任审计工作的领导，建立健全经济责任审计工作联席会议（以下简称"联席会议"）制度。联席会议由纪检监察机关和组织、审计、财政、人力资源和社会保障、国有资产监督管理、金融监督管理等部门组成，召集人由审计委员会办公室主任担任。联席会议在同级审计委员会的领导下开展工作。联席会议下设办公室，与同级审计机关内设的经济责任审计机构合署办公。办公室主任由同级审计机关的副职领导或者相当职务层次领导担任。

联席会议主要负责研究拟定有关经济责任审计的制度文件，监督检查经济责任审计工作情况，协调解决经济责任审计工作中发现的问题，推进经济责任审计结果运用，指导下级联席会议的工作，指导和监督部门、单位内部领导干部经济责任审计工作，完成审计委员会交办的其他工作。联席会议办公室负责联席会议的日常工作。

（一）审计联席会议与审计计划制订

年度经济责任审计项目计划按照下列程序制订：

（1）审计委员会办公室商同级组织部门提出审计计划安排，组织部门提出领导干部年度审计建议名单。

（2）审计委员会办公室征求同级纪检监察机关等有关单位的意见后，纳入审计机关年度审计项目计划。

（3）审计委员会办公室提交同级审计委员会审议决定。

属于对有关主管部门管理的领导干部进行审计的，审计委员会办公室商有关主管部门提出年度审计建议名单，纳入审计机关年度审计项目计划，提交审计委员会审议决定。

年度经济责任审计项目计划一经确定，不得随意变更；确需调减或者追加的，应当按照原制定程序，报审计委员会批准后实施。

被审计领导干部遇有被有关部门采取强制措施、纪律审查、监察调查或者死亡等特殊情况，以及存在其他不宜继续进行经济责任审计情形的，审计委员会办公室商同级纪检监察机关、组织部门等有关单位提出意见，报审计委员会批准后终止审计。

（二）审计联席会议与审计结果运用

审计委员会办公室、审计机关应当听取联席会议有关成员单位的意见，及时了解与被审计领导干部履行经济责任有关的考察考核、群众反映、巡视巡察反馈、组织约谈、函询调查、案件查处结果等情况。

审计委员会办公室、审计机关应当按照规定，以适当方式通报或者公告经济责任审计结果，对审计中发现问题的整改情况进行监督检查。

第二节 经济责任审计实务流程及审计重点

导读 11-2

经济责任审计：精确制导"武器"

请扫二维码观看 2014 年 8 月 4 日《晚间新闻》的报道"经济责任审计：精确制导'武器'"。

我们应从记者新闻字眼的冲击中回归到实务并思考，如何执行经济责任审计？经济责任审计中如何取证及形成审计工作底稿？离任审计与经济责任审计有什么不同？

一、经济责任审计实务流程及关键环节

不同经济责任审计的重点不同，但实务流程一般如图 11-2 所示。

经济责任审计实务流程中的关键环节说明如下：

（一）送达审计通知书

审计通知书的内容主要包括被审计单位名称、审计依据、审计范围、审计起始时间、审计组组长及其他成员由名单、被审计单位配合审计工作的要求。同时，还应当向被审计单位告知审计组的审计纪律要求。

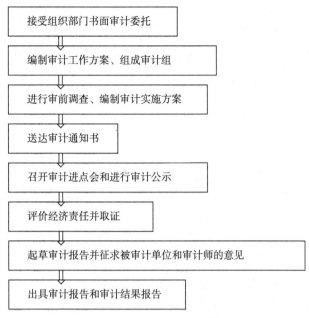

图 11-2　经济责任审计实务流程

经济责任审计中送达审计通知书时,应当注意以下情况:

(1) 在正常情况下,在实施经济责任审计 3 日前送达审计通知书。

(2) 在紧急、重大违法违规等特殊情况下,审计机关可以直接持审计通知书实施审计,但必须经过本级政府的批准。

(3) 明确审计通知书的送达对象。审计通知书首先应送达被审计领导干部本人。考虑到经济责任审计涉及被审计领导干部所在单位或者原任职单位的财政财务收支及有关经济活动,审计通知书在送达被审计领导干部本人的同时,也应送达其所在单位或者原任职单位。

(二) 召开审计进点会和进行审计公示

召开审计进点会前必须明确召开进点会的目的、时间及参会人员,审计组可以根据具体情况,选择不同的方式进行公示。

召开审计进点会时要对被审计单位应当提供的资料达成共识,被审计领导干部及其所在单位和其他有关单位应当及时、准确、完整地提供与被审计领导干部履行经济责任有关的下列资料。

(1) 被审计领导干部经济责任履行情况报告。

(2) 工作计划、工作总结、工作报告、会议记录、会议纪要、决议决定、请示、批示、目标责任书、经济合同、考核检查结果、业务档案、机构编制、规章制度、以往审计发现问题整改情况等资料。

(3) 财政收支、财务收支相关资料。

(4) 与履行职责相关的电子数据和必要的技术文档。

(5) 审计所需的其他资料。

被审计领导干部及其所在单位应当对所提供资料的真实性、完整性负责,并做出书面承诺。书面承诺具体分为以下两种情形:

(1) 审计时被审计领导干部仍然担任所任职务的,被审计领导干部及其所在单位应当做出书面承诺。

(2) 审计时被审计领导干部已不再担任所任职务,被审计领导干部及其原任职单位应当做出书面承诺。

(三) 评价经济责任并取证

(1) 对地方各级党委和政府主要领导干部经济责任的评价和取证应当关注以下几个方面:①贯彻执行党和国家经济方针政策、决策部署情况;②本地区经济社会发展规划和政策措施的制定、执行和效果情况;③重大经济事项的决策、执行和效果情况;④财政财务管理和经济风险防范情况,民生保障和改善情况,生态文明建设项目、资金等管理使用和效益情况,以及在预算管理中执行机构编制管理规定情况;⑤在经济活动中落实有关党风廉政建设责任和遵守廉洁从政规定情况;⑥以往审计发现问题的整改情况;⑦其他需要审计的内容。

(2) 对党政工作部门、审判机关、检察机关、事业单位和人民团体等单位主要领导干部经济责任的评价和取证应当关注以下几个方面:①贯彻执行党和国家经济方针政策、决策部署情况;②本部门本单位重要发展规划和政策措施的制定、执行和效果情况;③重大经济事项的决策、执行和效果情况;④财政财务管理和经济风险防范情况,生态文明建设项目、资金等管理使用和效益情况,以及在预算管理中执行机构编制管理规定情况;⑤在经济活动中落实有关党风廉政建设责任和遵守廉洁从政规定情况;⑥以往审计发现问题的整改情况;⑦其他需要审计的内容。

(3) 对国有企业领导人员经济责任的评价和取证应当关注以下几个方面:①贯彻执行党和国家经济方针政策、决策部署情况;②企业发展战略规划的制定、执行和效果情况;③重大经济事项的决策、执行和效果情况;④企业法人治理结构的建立、健全和运行情况,内部控制制度的制定和执行情况;⑤企业财务的真实、合法、效益情况,风险管控情况,境外资产管理情况,生态环境保护情况;⑥在经济活动中落实有关党风廉政建设责任和遵守廉洁从业规定情况;⑦以往审计发现问题的整改情况;⑧其他需要审计的内容。

二、离任审计重点及审计风险控制

按照审计的内容,可以将离任审计分为任期离任审计和破产离任审计。

任期离任审计,是指对经济责任人完成所承担的任期目标等目标责任情况进行的审计。任期离任审计主要根据经济责任人与上级主管部门、发包(或出租)单位或者本级政府部门所签订的承包、租赁合同或目标责任开展审计工作,审计内容在合同中有明确规定,审计目标和审计范围明确,审计重点突出。

破产离任审计主要审查和确认企业破产的原因;确定对企业破产应当承担责任的主

要责任人;监督破产企业的财产物资,包括破产清算时资产、负债项目的确认,资产价值的评估,破产资财的变卖和分配等。破产离任审计可以全面地对企业整个破产过程进行审计,确认责任人应当承担的经济责任,保证破产清算的顺利进行。企业离任审计的逻辑思路和审计依据如表 11-2 所示。

表 11-2 企业离任审计的逻辑思路和审计依据

序号	逻辑思路	审计依据
1	以最近一期会计报表的净资产审计为主,追溯任期内各期的报表确认,核实企业的资产、负债、损益和权益	根据企业会计准则规定的合法、公允的会计政策
2	在报表各项目确认的基础上,重新计算各项指标,评价离任者经济效益及其履职目标的完成情况,提出提高绩效的建议	适用于企业的相关法律法规和政策要求,以及企业内部的规章制度、产权管理者或监管者下达的任务目标
3	实施内部控制测试与评价,汇总离任者任期期间内部控制的变化和存在的缺陷,评价内部控制的有效性,提出整改建议	根据五部委颁布的内部控制基本规范及其配套指引和监管者对内部控制的要求,编制适应企业的内部控制手册
4	汇总所有执行审计程序中关注到的离任者任期内重大的经济责任活动,评价重大经济活动决策是否科学,评价重大政策落实情况,判断违规违法事项是否应当归责,并明确其承担的是直接责任、主管责任还是领导责任	适用于企业的相关法律法规、国家经济政策、财经法规以及企业内部的规章制度、三重一大制度及其决策程序
5	汇总离任者遵守廉洁从业规定情况以及年薪执行情况	依据《国有企业领导人员廉洁从业若干规定》、国资委及被审计企业产权单位核定的年薪及激励约束政策

下面基于企业离任审计讲解离任审计的实务操作重点。

(一) 企业财务状况审计

检查企业资产、负债、损益的真实、合法、效益,主要包括损益审计、资产审计、负债审计、所有者权益审计、财政资金收支执行情况审计、税收缴纳情况审计。

1. 损益审计

检查企业营业收入、其他业务收入、投资收益等的确认是否准确,成本、费用的核算是否真实,合并会计报表的合并范围是否真实准确完整、政策运用是否恰当、内部关联交易抵消是否充分,是否存在为达成考核指标而粉饰业绩等调节利润的问题,有无以假发票套取资金、截留收入或虚列成本费用设立账外账、"小金库"等违法违规行为。

2. 资产审计

检查企业资产的真实性和完整性及计价的准确性,资产结构的合理性和资产质量的优劣性,不良资产及潜亏挂账的总额、构成情况及损失浪费,分析不良资产和潜亏挂账形成的原因。

（1）检查货币资金的存在性、记录的完整及余额的准确性。

（2）检查应收账款、其他应收款、预付账款等债权类科目挂账的真实性、合理性，是否存在为掩盖损失浪费或调节损益而挂账等问题。

（3）检查存货的存在性和完整性及计价的准确性。

（4）检查固定资产和在建工程记录的完整性及计价的准确性。

（5）检查长期投资的真实性及核算方法的正确性。

3. 负债审计

检查企业负债的真实性和完整性，是否存在多计、少计负债，收益挂负债、财政补助专项资金未及时结转等问题；结合企业负债结构和现金流量情况，分析企业现金流量偿债率、资产负债率等企业偿债能力情况。

4. 所有者权益审计

检查企业所有者权益各组成部分的形成、增减变动及会计处理的真实性、合法性、准确性。

5. 财政资金收支执行情况审计

检查企业上缴国有资本收益是否及时、足额，拨付企业财政资金的使用是否按照国有资本经营预算、公共财政预算安排执行，资金的使用是否符合企业财务管理的规定，关注财政资金的使用效益。

6. 税收缴纳情况审计

检查企业各项税收的计提缴纳情况，分析多缴、欠缴税的原因。

在以上的企业财务状况审计中，最容易出现风险的领域有：

（1）存量资产的清查确认风险。一是数量上的差错。在离任审计中，仅查清长短数量并不很难，难的是因管理制度不完善，不易确认是谁的责任，离任者应负什么责任。二是存量资产报废的确认。在离任审计中，经全面的清查核效，往往提出相当数量的固定资产和存货需要作报废处理，审计师既不具备对需要作报废处理资产做出质量鉴定的知识和技能，也没有批准作报废处理的职权，而接任者又常常纠缠于这个问题，不作报废处理就不签字认可。三是存量资产价值的确定。这主要表现在企业离任审计中，对存储时间较长的存货或因质量问题、技术更新而造成的无形损耗，或因市场变化等致交接双方为存货的实际价值争议不休，而审计师只能审查库存成本是否准确，在存货未实现销售之前难以确定其实际销售价格、是否需降价及降价幅度以及能造成多大损失等。

（2）债权债务的清理确认风险。在离任审计中，由于企业交接双方所处的位置不同，对债权债务的态度也各异，离任者希望各种应收款项一笔也不作坏账处理且信誓旦旦"如自己还在任，一定能够收回"；接任者往往提出对超过3年或其他特殊因素的应收款项作坏账处理，这样对于大量有争议的应收款项清理应确认为风险大，需要审计师逐笔清查核对，并根据具体情况进行专业判断处理。

(3) 未决诉讼风险。审计师应当查看被审计单位提供的所有未决诉讼的明细清单，并追踪溯源查证未决诉讼是应当作"或有负债"确认或充分适当披露该事项。

(4) 没有及时入账的资产、负债、费用和支出的确认风险。没有及时入账本身即表明内部控制存在缺陷，为此，审计师在审计时应当关注没有及时入账的资产、负债、费用和支出，查证该项资产、负债、费用和支出是否与被审计单位相关，且按会计准则正确表达和披露。

(5) 会计估计、会计政策变更风险。随着环境变化和科技创新，会计估计、会计政策变更等会计事项在经济活动中经常发生，建议利用大数据即时评估会计估计、会计政策变更等会计事项，及时发现问题，以便有针对性地解决问题。

（二）经营管理责任审计

1. 审计领导干部政策落实和推动企业发展情况

主要检查企业是否积极主动地贯彻落实国家和当地政府颁布的重大经济政策；检查领导干部任职期间开展的主要工作，制定的企业发展战略和采取的主要措施，以及企业全面经营预算和工作计划完成情况；检查企业可持续发展情况，了解企业发展中面临的重大风险，关注企业自主创新能力、经营安全情况，分析影响企业可持续发展的因素；通过对比领导干部任职前后企业经营发展的有关财务指标变化情况，全面、客观、准确地评价经营业绩；比较研发投入比例、创新技术对收入的贡献度等指标变化趋势，评价企业自主创新能力；关注投资与战略的关系、高风险业务占比例、低毛利率产品占比、落后产能贡献度等影响企业经营风险的指标变化趋势，评价企业经营安全情况。

2. 审计企业治理和监管控制情况

主要检查企业法人治理结构和内部控制制度是否建立、健全、有效，信息系统是否安全、有效地正常运行，集团对所属单位的监管控制是否到位，所属单位管理中是否存在体制障碍或制度漏洞。

(1) 检查企业法人治理结构及内部控制制度的建立和运行情况。关注决策机构、监督机构和经营管理者之间制衡机制的实际运行效果；内部控制制度是否建立、健全和有效执行，是否存在重大缺陷；内部审计机构是否建立、健全并有效发挥作用。

(2) 检查企业信息治理及信息系统的建设和实际运行情况。重点关注信息治理架构的健全性和有效性；关注企业信息系统的安全性、可靠性、经济性及效益性，重点关注企业信息系统一般控制和应用控制的完整性和有效性，检查信息系统固有漏洞或人为因素造成的数据不真实、不完整等问题。

(3) 检查集团本部对所属单位的监管控制能力。关注企业是否因管理层级过多、链条过长、管理手段落后而导致对所属单位管理失控，或者因管理不善而造成国有资产重大损失和流失问题。

(4) 检查企业非生产性支出情况。关注企业因公出国(境)费用、公务用车购置及运行费用、公务接待费用的管理制度和使用情况，重点关注其合理性、合规性，有无挥霍浪费、损公肥私等问题。

(三) 有关重大事项决策情况审计

主要检查企业重大经济决策规则和程序是否明确、决策机制是否完善、决策程序是否规范、决策目标是否实现;重点把握企业经济决策事项的总体情况,检查企业"三重一大"(重大事项决策、重要干部任免、重大项目投资决策、大额资金使用)制度的制定和执行情况,深入分析决策失败的原因并界定责任,结合当前和长远情况全面、客观地评价经济决策的效益性;明确企业重大经济决策事项的总数及金额、抽查项目的数量及金额、存在问题项目的数量及金额、造成损失及潜在损失项目的数量及金额。

1. 重大投资和工程建设项目

检查决策机制是否健全、决策程序是否规范、决策内容是否合法合规、决策执行是否到位、决策目标是否实现;分析投资项目是否符合企业发展战略、是否围绕主业布局,投资结构是否合理。投资项目是否有利于企业转型升级以提高核心竞争力。

2. 重大资本运作事项

检查企业改制、收购兼并、重组上市、与外单位的合资合作、大额度资金筹措等重大资本运作事项是否履行规定的决策和审批程序,大额度资金调度权限是否合规,资金投向是否真实合规,有无造成国有资产流失(损失)。

3. 重大资产处置事项

检查处置事项是否履行规定的决策和审批程序,是否按规定进行评估,是否存在违规低价处置而造成国有资产流失(损失);检查资产损失核销的真实性及程序的合规性,有无虚假核销资产损失以转移经营损失等问题。

4. 重大采购事项

检查重要设备购置、关键技术引进及其他大宗物资采购是否履行规定的决策和审批程序,是否按规定进行招标和订立合同。

5. 重大担保借款事项

检查企业经济担保行为是否履行规定的决策和审批程序,是否按规定进行保证、抵押和质押,有无违规担保或出借资金而造成损失等问题。

(四) 违法违规责任审计

聚焦以下领域,查证是否存在违法违规行为:①各级党委政府决策部署和重大政策措施贯彻执行;②领导干部守纪、守规和尽责情况;③严格贯彻落实中央八项规定及其实施细则的精神;④权力集中、资金密集、资源富集、资产聚集的重要岗位、重点事项和重点环节;⑤推动权力规范运行、党风廉政建设和责任落实中。

对于严重违反财经纪律的领导干部,应明确违反财经纪律问题的性质及数额,明确违纪责任的轻重情节。对于截留收入、挤列成本、套取现金、私设"小金库"、私分国家和企业资财的领导干部,应从重处罚和提出移交有关部门处理的建议。

三、任期经济责任审计重点及相关工作底稿

与离任审计相比,任期经济责任审计更加侧重于咨询职责,即发现问题、提出综合整改方案、促使在岗在位的领导干部更加有效率地履职。下面基于行政事业单位任期经济责任审计讲解任期经济责任审计的实务操作重点及相关工作底稿。

(一)实施贯彻执行有关经济法律法规、方针政策和决策部署情况审计

结合审计现场调查,实施领导者任职期间贯彻执行党和国家有关经济法规方针政策,贯彻执行系统内上级单位的重要决策和领导批示;执行部门有关经济规章制度和决策部署情况审计

(二)实施重要经济决策制定和执行情况审计

主要结合对领导者所在部门、单位的决策调研、咨询论证、征求意见、决策合法性、会议决定、决策纠错以及决策责任追究机制的了解,检查决策机制的建立健全情况;检查重要经济决策依据的合法性和合规性;检查重要经济决策程序的规范性,编制任期内重大事项决策情况(见表11-3)。

表11-3 任期内重大事项决策情况

被审计单位名称(盖章): 被审计者:

决策项目	决策日期	决策程序	决策实施时间	决策项目投入金额	资金来源	是否办妥招投标	决策效果	说明

被审计单位负责人: 填表人: 填表日期:

填表说明:本表所指的"决策"均为"重大事项决策"。"重大事项决策"是指对组织的经营发展有重大影响的决策行为,如对外投资、重大资产的购置和处置等。

一般包括重要预算分配管理决策执行情况审计、重要基础建设项目决策执行情况审计、重要对外投资项目决策执行情况审计、重要国有资产处置决策执行情况审计。

(三)实施预算执行和其他财政收支真实性、合法性审计

1. 对会计报表准确性和编报技术的审核

在审核会计报表的编报技术时,最基本的是审核报表的平衡性和相关报表中具有勾稽关系的数据是否一致,还要审核按月报、季报和年报中规定的应报送报表是否齐全、及时。具体有以下几个主要方面:①应报的会计报表是否编报齐全,手续是否完备;②有关报表各自的数据是否平衡,是否加计正确;③本年度有关报表的年初数与上年度相关报表的年末数是否一致;④其他有关报表与资产负债表中的相关数据是否一致;⑤上下级之间的经费缴拨、专项资金的收支是否一致。

2. 会计报表合规性审计

审核会计报表的合规性是指有关收支是否符合国家的有关政策、法令、财政经济政令及财经纪律等,具体为:①是否按预算计划执行。预算计划是保证行政业务计划得以实现的经济条件。预算执行的好坏,大体表明行政任务完成的好坏。②各项经费的来源是否真实、正当。行政单位的经费来自财政或上级主管单位或其他方面。对于资金,我们必须查明其来源是否正当、数额是否真实。③费用去向是否明确,有无截留行为,有无资金流失现象。④有无违反财经纪律、政策、法规的现象。⑤专项资金的使用是否专款专用,特别是专项资金从拨入到使用直至专项工程或专项任务的完成,是否单独核算等。

3. 行政事业单位财务报表分析

在财务收支审计中,审计师应运用分析程序(确立分析对象、期望值、对比分析、差异及原因分析)分析财务报表,以明确任期内目标完成情况及预算执行情况(形成工作底稿如表11-4和表11-5所示),以找出提高绩效的方案。具体分析的内容包括预算收入执行情况分析、预算支出分析(主要分析行政单位各项支出是否按规定用途使用、是否符合费用开支标准、是否符合费用开支定额、有无超标准开支、有无铺张浪费、有无乱开支和乱摊销)、固定资产增减变动情况分析等。

表 11-4　任期内目标完成情况

被审计单位名称(盖章):　　　　被审计者:　　　　　　　任期:

序号	任务目标明细	自评完成情况	审定完成情况	备注

负责人:　　　　　　填表人:　　　　　　　　　　填表日期:

表 11-5　任期内预算执行情况

被审计单位名称(盖章):　　　　被审计者:　　　　　　　任期:

序号	预算项目	预算数	实际数	超支或节约

负责人:　　　　　　填表人:　　　　　　　　　　填表日期:

四、经济责任审计评价方法及技巧

2010年版《党政主要领导干部和国有企业领导人员经济责任审计规定》第四条指出:经济责任是指领导干部在任职期间因所任职务,依法对本地区、本部门(系统)、本单位的财政收支、财务收支以及有关经济活动应当履行的职责、义务。2014年印发的《党政主要领导干部和国有企业领导人员经济责任审计规定实施细则》对经济责任进行了扩展并指出：经济责任审计应当以促进领导干部推动本地区、本部门（系统）、本单位科学发展为目标，以领导干部任职期间本地区、本部门（系统）、本单位财政收支、财务收支以及有关经济活动的真实、合法和效益为基础，重点检查领导干部守法、守纪、守规、尽责情况，加强对领导干部行使权力的制约和监督，推进党风廉政建设和反腐败工作，推进国家治理体系和治理能力现代化。

在经济责任审计实践中，领导干部经济责任审计的主要内容已经远远超出财政财务收支的范畴，扩大到政策落实、遵纪守法、统筹规划、重大决策等方面。为此，需要对领导干部经济责任做出总体评价。在进行总体评价的过程中，应根据国家经济社会发展形势的要求，抓住领导干部履行经济责任中更具重要性的内容和事项，把握领导干部履行经济责任的主线，坚持审评一致原则，突出对领导干部经济行为和经济责任的评价，突出对履行经济责任有重要影响的经济事项的评价，突出对重大决策过程和效果的评价，对于某些重大事项可以考虑实行"一票否决"；同时，应当根据审计对象和行业特点的不同、职责分工和所履行经济责任的不同有所侧重，选取不同的评价指标，并根据重要性分别设置不同权重，以使评价结果更具有针对性、参照性和可用性。

（一）经济责任评价的基础及内容

经济责任审计都是基于以下三个方面展开的：①基于被审计领导干部所任的本地区、本部门（系统）、本单位的领导职务；②被审计领导干部因所任职务而应当履行的职责和义务；③与财政财务收支以及有关经济活动相关联的职责和义务。

基于此，经济责任审计应当围绕资源管理评价单位负责人履行四种经济责任。

1. 财产责任

财产责任是指企业负责人在经营活动中应维护企业财产的安全，保障企业资产安全完整，并保持资产的有效运转等方面应尽的责任。例如，任期内是否产生不良资产、企业资产是否得到保值增值等。

2. 经营责任

经营责任是指企业负责人在行使经营管理职权时，如何科学、合理、有效地组织和利用企业人力、物力、财力等资源，积极开展各项经营管理活动，防范风险取得绩效等方面应尽的责任。例如，任期内是否贯彻执行党和国家经济方针政策、决策部署，企业的经营战略规划是否科学、合理、可行，内部控制制度是否健全、有效，经营决策程序是否科学、合法、合理，是否建立、健全内部控制和风险管理制度，有无违法违纪行为，有无造成国有资产重大损失事件等。

3. 法律责任

法律责任是指企业负责人在经营管理活动中，是否严格遵守国家有关财经法纪等方面应尽的责任。例如，企业生产经营活动是否合法；有无偷、逃、拖欠国家税款的行为；有无违规转让国家资产，造成损失（浪费）等问题；有无以权谋私、损公肥私、行贿受贿、虚报经营成果、骗取荣誉等问题。

4. 会计责任

会计责任是指企业负责人在任期内是否严格遵守国家财务会计法规的有关规定,准确核算和真实反映企业的经营成果和财务状况,并有效保证企业财务会计信息质量等方面应尽的责任。例如,企业资产、负债、损益的真实性和完整性;财务收支是否真实;资金管理是否安全、高效;是否充分降低成本费用;会计核算工作是否依照国家有关法律、法规进行;内部会计控制制度是否建立、健全,是否存在弄虚作假、资产不实、账实不符等问题。

(二) 经济责任综合评价方法

具体的评价方法有以下六种：

1. 目标责任法

目标责任法是以党中央、国务院下达的责任总目标或者行业考评目标为标准,比较指标计算结果与目标标准值后进行评价。

2. 历史参照法

历史参照法是指以前任水平或者评价期前一年度或期间水平值为标准,比较指标计算结果与标准值后进行评价。

3. 业绩比较法

业绩比较法包括纵向比较法和横向比较法。前者指领导干部任职期初与离任、届中业绩相比较的方法;后者指将相关业绩与同区域或同类单位同期平均水平进行比较的方法,在计算口径、计算基础、时间单位等方面保持一致。

4. 层次分析法

层次分析法(Analytic Hierarchy Process,AHP)是美国著名的运筹学家 Satty 等人在20世纪70年代提出的一种定性与定量分析相结合的多准则决策方法。先根据问题的性质和要达到的总目标,将多目标、多准则的复杂决策问题分解为不同组成因素,形成一个多层次的分析结构模型,最终把系统分析归结为对最底层的分析及其相对于总目标的重要性权值和排序,即构建多层结构的评价指标体系,合理设置各个指标的权重和计算方法,得出评价结果。

5. 环境分析法

环境分析法是指把经济责任放在社会、政治、经济环境中加以分析,得出实事求是的结论的一种方法。

6. 责任区分法

责任区分法是正确区分现任责任和前任责任、主观责任和客观责任、个人责任和集体责任,以及直接责任、主管责任和领导责任的一种方法。

(三) 经济责任审计评价指标

在进行经济责任总体评价的过程中,审计师应当根据审计对象和行业特点的不同、职责分工和所履行经济责任的不同有所侧重,选取不同的评价指标,并根据重要性分别设置不同的权重,以使评价结果更具有针对性、参照性和可用性。常用的评价指标列示如下:

1. 党政领导干部经济责任评价指标

评价党政领导干部经济责任常用的指标有资产负债率、人均开支比率、招待费用率、财产损失比率、违规违纪金额比率等。

2. 事业单位领导干部经济责任评价指标

(1) 财务收支真实性的评价指标主要有审计调整比率。审计调整比率反映审计调整金额占审计资金总额的比例。

(2) 财务收支合法性的评价指标主要有违规金额比率。违规金额比率反映审计出的违规金额占审计资金总额的比例。

(3) 资产负债类评价指标,主要反映被审计领导干部任职期间所在单位的资产负债状况,如资产保值增值状况、资产增长状况、负债增减状况等,主要有:①资产保值增值率,反映单位净资产的变动状况,是单位发展能力的集中体现。②资产增长率,从单位资产总量扩张方面衡量单位的发展能力。③不良资产比率,反映单位不良资产总额占资产总额的比例,主要从三年以上应收账款、待处置固定资产和不良投资三个方面反映单位资产的质量,揭示单位在资产管理和使用上存在的问题。④资产负债率,主要衡量单位利用债权人提供资金并开展业务活动的能力,以及反映债权人提供资金的安全保障程度。该项指标我国的标准值为小于或等于60%。⑤负债增减率,主要衡量单位负债增减情况。⑥流动比率,反映单位流动资产与流动负债的比值,用于衡量单位的短期债务偿债能力,评价单位偿债能力的强弱。我国该项指标的较好数值为150%左右。⑦速动比率,反映单位速动资产与流动负债的比值,用于衡量单位的短期偿债能力,评价单位流动资产变现能力的强弱。我国该项指标的较好数值为90%左右。

(4) 经费支出类评价指标,主要反映被审计领导干部任职期间所在单位各种支出在事业支出中所占的比例,主要有:①人员支出比率,反映单位人员支出占事业支出的比例;②公用支出比率,主要反映单位公用支出占事业支出的比例;③业务支出比率,主要反映单位业务支出占事业支出的比例;④人均费用比率,主要反映单位人均费用支出情况。

(5) 收入基金类评价指标,主要反映被审计领导干部任职期间所在单位收入基金状况,如收入增长情况、资产创收情况、专用基金增长情况等,主要有:①收入增长率,主要反映单位总收入增长水平以及表现经济实力和经营能力;②专用基金增长率,主要反映单位基金积累能力;③资产创收率,主要反映单位领导的工作业绩;④收入计划完成率,主要反映单位领导的工作业绩。

（6）经营创收情况评价指标，主要有经费自给率。经费自给率衡量单位组织收入的能力和满足本单位各项支出的程度。在计算时，应扣除那些使经费自给率波动较大的临时性和一次性的特殊支出等不可比因素。

（7）其他类指标，主要有：①职工人均收入增长率，主要反映单位职工的收入水平；②对外投资收益率，主要反映单位对外投资的收益水平；③招待费支出比率，主要反映单位招待费支出占公用支出的比例；④预算执行率，主要反映单位实际支出数与批复预算数的比率，衡量单位预算管理水平的程度。

3. 国有企业领导人员经济责任考核指标

（1）企业主要负责人（委派经理、董事、监事、财务总监）离任的经济责任审计评价指标包括财务指标和非财务指标，其中财务指标如表11-6所示。

表11-6　企业主要负责人经济责任审计评价指标（财务指标）

项目	评价指标	具体指标
1	资产营运能力指标	（1）资产增长率=（离任时总资产增长额/任职初期资产总额）×100% （2）集团投入资产保值增值率=（离任时集团所有者权益/任职初期集团所有者权益）×100% （3）总资产周转率=营业收入/平均总资产（注意营业收入的取值期间） （4）固定资产周转率=营业收入/平均固定资产 （5）流动资产周转率=营业收入/平均流动资产 （6）资产损失比率=离任时待处理资产损失净额/平均总资产×100% （7）应收账款周转率=营业收入（尽量选用含税赊销收入）/平均应收账款 （8）存货周转率=营业成本/平均存货
2	偿债能力指标	（1）资产负债率=期末负债总额/期末资产总额×100% （2）流动资产构成比率=每项流动资产/流动资产总额×100% （3）产权比率=所有者权益/总资产净额×100% （4）利息保障倍数=（利息费用+税前盈余）/利息费用 （5）现金流动负债比率=经营性现金净流入/流动负债 （注意：过低则偿债能力受损，过高则负债不足或资金利用率不高）
3	利润完成情况指标	（1）资产收益率=（税前利润+利息支出）/平均总资产×100% （2）资本收益率=净利润/实收资本×100% （3）任职期间平均利润增长率 （4）销售收入年均增长率 （5）营运资金利润率=年实现利润/年营运资金平均占用额×100% （6）销售利润率=营业利润（利润总额）/销售收入净额×100% （7）三项费用比例=（营业费用+管理费用+财务费用）/销售收入×100%

(续表)

项目	评价指标	具体指标
4	资本、资金利用效率指标	(1) 资本周转率＝销售收入净额/平均净资产×100% (2) 资本积累率＝任期内净资产增加额/任职初期净资产余额×100% (3) 流动比率＝流动资产/流动负债×100% (4) 速动比率＝速动资产/流动负债×100%
5	现金流量指标	(1) 销售收入现金比＝销售商品、提供劳务收到的现金/销售收入×100% (2) 现金总资产比＝经营活动产生的现金流量净额/资产总额×100% (3) 现金总负债比＝经营活动产生的现金流量净额/负债总额×100% (4) 现金主营收入比＝经营活动产生的现金流量净额/销售收入×100% (5) 现金流动负债比＝经营活动产生的现金流量净额/流动负债×100% (6) 现金净利润比＝经营活动产生的现金流量净额/净利润×100% (7) 每股经营活动现金流量净额＝经营活动产生的现金流量净额/总股本
6	集团贡献情况	(1) 期内集团年权益增加额 (2) 期内集团实际分回现金股利 (3) 期内集团年合并销售收入

非财务指标主要包括客户满意度、产品和服务的质量、战略目标、员工满意度、研发投资及结果、新产品开发能力、技术目标和市场份额。

(2) 被审计对象为企业董事长的评价指标包括岗位业绩指标和综合能力指标。

岗位业绩指标有资本保值增值率、总资产周转率、流动资产周转率、资产负债率、已获利息倍数、流动比率、销售增长率、成本费用利润率等。

综合能力指标有领导能力、调动职工积极性、知识背景、工作努力程度、遵纪守法、职工信任度、贯彻执行董事会决议力度、支持配合监事会工作等。

(3) 被审计对象为企业总经理的评价指标包括岗位业绩指标和综合能力指标。

岗位业绩指标有资产收益率、净资产收益率、资本保值增值率、资产负债率、销售增长率、任期期间平均利润增长率、任期期间平均资本增长率。

综合能力指标有领导能力、知识背景、工作努力程度、遵纪守法、职工信任度、支持总经理工作、支持配合监事会工作。

第三节 经济责任认定与审计报告

导读11-3

如何认定单位负责人应承担的经济责任

在针对不同人员的经济责任审计中,遇到以下需要归责的事项,请讨论如何认定单位负责人应承担的经济责任(直接责任和领导责任)。

1. A公司董事长介绍张明与公司供销科科长认识,供销科科长接受张明的贿赂后,常年以固定的高价从张明所在工厂买入高价原材料,侵占公司利润。

2. 由于金融危机影响到B公司的产品出口,引发B公司的营业收入和利润急剧下滑,为了稳定股价,B公司策划利用债务重组以及投资性房地产按公允价值计量等方式操纵报表利润。

3. C公司董事长在劝说其他董事赞同后,董事会集体决议进行战略转移,投资文化产业,3年后该投资项目惨败,连累主业资金流短缺,公司发生财务危机。

4. D公司董事长在董事会不知情的情况下,为F公司贷款作抵押担保。2年后,D公司被银行追诉承担连带赔偿责任。

5. 某局拟进行培训中心实验室改建项目,虽有局长办公会集体讨论,但多数局长不同意进行这一改建项目,项目经讨论未通过。2016年年末,李局长以年末财政拨款结余较大为由,独自决定支出120万元启动改建项目,2017年又追加工程支出230万元。对此,局内对此反应较大。经审计认定,该项目以高价材料、虚报明细项目等方式多支出90多万元,给国家带来重大经济损失。

6. 某局有一项修缮业务,符合公开招标条件,该局召开局长办公会集体讨论,同意采用公开招投标方式将此项目交给一家有资质条件的建设公司。施工时,该公司又将此项目进行了转包。该项目共计支出115万元。事后,使用部门对修缮工程质量极为不满。

在讨论以上事项的基础上,我们从理论和实践的视角深度思考在经济责任审计中,对于查证出来的事项如何认定单位负责人应承担的经济责任?审计部门对这些事项有什么处置权?这些事项如何体现在审计报告中?审计报告的编写技巧有哪些?如何综合运用审计报告?

一、经济责任审计的综合评价

在针对各个方面经济责任查证和评价的基础上,最终需要对被审计者进行综合的总体等次评价,即根据审计结果对被审计领导干部履行经济责任情况做出明确的最终综合的总体等次评价。经济责任综合的总体等次评价可以采用量化分等、先分项定性评价再综合总体评价、根据审计结果由评议机构做出综合总体评价三种具体形式。

(一) 量化分等

量化分等是由审计机关在规范经济责任审计评价内容、评价指标和评价标准的基础上,建立评价指标体系,运用评价指标体系,并根据审计情况、设定的公式进行评分,再按照评分结果对领导干部履行经济责任情况进行综合总体评价。

以地方党委和政府主要领导干部经济责任审计为例,评价指标包括经济政策执行权、经济决策权、经济管理权、经济监督权和个人廉洁自律5个一级指标、16个二级指标和29个三级指标。审计组选取适当的指标组成评价指标体系,并设置指标的权重和分值,形成评分表;根据审计情况并结合地区发展实际状况和特点,选择适当的评价标准对各指标进行评分,其中定量指标基于完成值与标准值的比较计算出该指标的评价系数,定性指标由评价小组成员以相关法律法规为依据,运用审计职业判断进行评分;评分时先算出三级指标的分值,然后计算出二级指标的分值,再汇总得到一级指标的分值,履行经济责任综合得分 = $\sum$ 一级评价指标的实际得分×该项评价指标的权重系数。根据综合得分确定评价结果,例如 90 分以上(含)为很好地履行经济责任、60 分以下(不含)为未有效地履行经济责任。

(二) 先分项定性评价再综合总体评价

先分项定性评价再综合总体评价通常以领导干部经济责任审计内容为基础,结合领导干部任职的具体岗位等情况,确定经济责任审计评价的内容和标准,采取分类(项)评价与综合评价相结合的方式,先进行分类(项)评价,再根据分类(项)评价情况,结合领导干部所在地区(部门或单位)实际情况以及相关问题的性质、情节及产生的原因等,对领导干部履行经济责任情况进行综合评价。

一般而言,要制定和发布党政主要领导干部和国有企业领导人员经济责任审计评价办法,规定先根据审计内容进行审计单项结果评价,再以审计单项结果评价为基础,对被审计领导干部履行经济责任的总体情况做出综合评价(分为"好""良好""一般""较差"四个等次)。综合评价意见必须经审计机关重要审计业务会议审定,综合评价意见和综合评价等次在审计结果报告中予以反映。评价中选取财政财务收支真实性、财政财务收支合法性、财政财务收支效益性、执行国家经济法律法规和国家及相关经济政策、重大经济及经营决策规范性、内部控制制度健全性、内部控制制度有效性、个人廉洁情况等 8 个审计单项结果评价标准,对前 7 个评价标准进行等次评价,每个评价标准均分为 3 个等次,如对财政财务收支合法性评价分为合法合规、基本合法合规、不合法合规 3 个等次;对个人廉洁情况的评价采取客观表述的形式反映在审计报告和审计结果报告中。综合评价等次主要依据审计单项结果评价的情况,明确相应的条件而得出。例如综合评价为"好",那么应当同时具备的条件包括:7 个审计单项结果评价全部在第 2 等次以上,并且第 1 等次数量必须达到 70%(含)以上;单项审计未发现有严重经济违法违纪情况和被审计领导干部没有违法违纪行为;审计整改到位。

(三) 根据审计结果由评议机构做出综合总体评价

根据审计结果由评议机构做出综合总体评价是指审计机关完成审计工作之后,由评议机构根据审计结果进行综合评定,给出总体评价等次。评议机构由各相关单位组成,通常是经济责任审计领导小组各成员单位及其他相关单位。

实施综合评价的具体做法是:在审计机关出具审计结果报告后,召开经济责任审计工作联席会议,四分之三以上组成人员参加,以票决形式确定综合评价等次的意见建议,报经济责任审计工作领导小组组长审定。等次评定要在核实个人政绩的基础上,对照存在的问题及责任,依据现行法律法规,遵循客观公正、事实求是、权责一致、定量与定性分析相结合的原则。

组织部门结合综合评价等次,研究提出干部任用意见建议:综合评价为"好"等次的,正常任用,给予通报表扬;综合评价为"较好"等次的,正常任用;综合评价为"一般"等次的,不影响任用,但一律予以谈话;综合评价为"较差"等次的,根据有关规定给予谈话诫勉、延长试用期等组织处理;综合评价为"差"等次的,不得提拔重用,根据问题严重程度,给予降免职的组织处理,对于已经交流任职和因任职年龄到限退出领导岗位的,也要按照有关规定追究责任。

二、经济责任审计中责任界定的技巧

在经济责任审计中,审计师不仅要就审计发现的问题界定责任归属,还要对领导干部履行经济责任做出总体评价。但在实践中,界定责任归属仍是一个难题。

（一）应纳入定责范围的问题

一般来讲,应纳入定责范围的问题包括以下几种情形:

（1）违反有关法律法规、国家有关规定、单位内部管理规定的。

（2）造成国家利益损失、公共资金或国有资产（资源）损失浪费、生态环境破坏及损害公共利益等后果的。

（3）所管辖地区、分管部门和单位发生重大违纪违法问题或者造成重大损失浪费等后果的。

（4）其他失职、渎职和职责范围内不履行或者不正确履行经济责任的行为。

对于不是领导干部职责范围内的问题、违规情节轻微且没有明显不良后果的问题、下属具体操作中产生的且没有明显不良后果的问题等,一般不纳入定责范围。

（二）经济责任归责的原则

1. 权责一致性原则

在评价领导者的责任时,应当根据领导干部的职责分工,综合考虑相关问题的历史背景、决策过程、性质、后果和领导干部实际所起的作用等情况,界定其应当承担的直接责任或者领导责任。

2. 客观性原则

审计机关应当根据不同领导职务的职责要求,在审计查证或者认定事实的基础上,综合运用多种方法,坚持定性评价与定量评价相结合,依照有关党内法规、法律法规、政策规定、责任制考核目标等,在审计范围内,对被审计领导干部履行经济责任情况,包括公共资金、国有资产、国有资源的管理、分配和使用中个人遵守廉洁从政（从业）规定等情况,做出客观公正、实事求是的评价。

评价的客观性还体现在:审计评价应当有充分的审计证据支持,对审计中未涉及的事项不做评价。

3. 实质性原则

评价领导干部的责任一定要从实际出发,既要看其职责,又要看其实际作为,建立容错纠错机制,宽容干部在工作中特别是改革创新中的失误。对于领导干部在改革创新中的失误和错误,应当正确把握事业为上、实事求是、依纪依法、容纠并举等原则,经综合分析研判,可以免责或者从轻定责;鼓励探索创新,支持担当作为,保护领导干部干事创业的积极性、主动性、创造性。这要求坚持"三分开":

(1)把干部在推进改革中因缺乏经验、先行先试出现的失误和错误,与明知故犯的违纪违法行为区分开。

(2)把上级尚无明确限制的探索性试验中的失误和错误,与上级明令禁止后依然我行我素的违纪违法行为区分开。

(3)把为推动发展的无意过失,与为谋取私利的违纪违法行为区分开。

人们应理解"三分开"的精神实质,围绕以下三点实质地评价经济责任:

(1)是否符合改革发展方向。只有符合国家改革发展方向的改革及举措,出现失误错误才可能容错;对不符合改革发展方向的,出现失误错误就很难容错。

(2)是否造成严重后果。改革创新事项或推动发展举措造成了一定的后果。如果后果轻微、不严重,领导干部积极采取措施阻止,可以考虑容错免责;如果后果严重,就应当考虑让领导干部承担相应责任。

(3)是否触碰纪律法律红线。如果改革创新事项、推动发展举措触碰了法律和上级文件禁止性规定的,应当考虑让领导干部承担责任。如果地方、部门在推动发展过程中突破了现有的一般性制度,没有触碰法律和上级文件禁止性规定且符合改革发展方向的,可以考虑容错。领导干部在推动改革发展过程中有违反组织纪律、廉洁纪律、工作纪律等行为,应当考虑追究责任。

(三)区分不同责任的技巧

1. 区分直接责任和领导责任

当审计机关查证出的问题属于应纳入定责范围时,对于领导干部履行经济责任过程中存在的问题,审计机关应当按照权责一致原则,根据领导干部的职责分工,充分考虑相关事项的历史背景、决策程序等要求和实际决策过程,以及是否签批文件、是否分管、是否参与特定事项的管理等情况,依法依规认定其应当承担的直接责任和领导责任。

(1)直接责任是指领导干部对履行经济责任过程中的下列行为应当承担的责任:直接违反有关党内法规、法律法规、政策规定的;授意、指使、强令、纵容、包庇下属人员违反有关党内法规、法律法规、政策规定的;贯彻党和国家经济方针政策、决策部署不坚决、不全面、不到位,造成公共资金、国有资产、国有资源损失浪费,生态环境破坏,公共利益损害等后果的;未完成有关法律法规规章、政策措施、目标责任书等规定的领导干部作为第一责任人(负总责)的事项,造成公共资金、国有资产、国有资源损失浪费,生态环境破坏,公共利益损害等后果的;未经民主决策程序或者民主决策处于多数人不同意的情形,直接决定、批准、组织实施重大经济事项,造成公共资金、国有资产、国有资源损失浪费,生态环境破坏,公共利益损害等后果的;不履行或者不正确履行职责,对造成的后果起决定性作用的其他行为。

(2)领导责任是指领导干部对履行经济责任过程中的下列行为应当承担的责任:民主决策时,在多数人同意的情况下,决定、批准、组织实施重大经济事项,由于决策不当或者决策失误,造成公共资金、国有资产、国有资源损失浪费,生态环境破坏,公共利益损害等后果的;违反部门、单位内部管理规定,造成公共资金、国有资产、国有资源损失浪费,生态环境破坏,公共利益损害等后果的;参与相关决策和工作时,没有发表明确的反对意见,相关决策和工作违反有关党内法规、法律法规、政策规定,或者造成公共资金、国有资产、国有资源损失浪费,生态环境破坏,公共利益损害等后果的;疏于监管,未及时发现和处理所管辖范围内本级或者下一级地区(部门、单位)违反有关党内法规、法律法规、政策规定的问题,造成公共资金、国有资产、国有资源损失浪费,生态环境破坏,公共利益损害等后果的;除直接责任外,不履行或者不正确履行职责,对造成的后果应当承担责任的其他行为。

在界定以上两种责任时,要对照审计中查出的问题,查阅能进一步认定责任的相关会议纪要、记录、批示、文件、合同和协议等书面证据;对没有书面论据和书面证明难以认定责任的,应向被审计领导干部本人及其他当事人进行调查取证,做好调查笔录以作为认定责任的依据;在认定责任时,还要充分考虑问题产生的历史背景、客观环境及领导干部所起的作用,做到实事求是、客观公正。一般而言,直接责任与领导责任的主要区别是:对造成损失的后果是否起决定性作用。

2. 区分现任责任与历史责任

经济活动及管理是连续的,有些前任领导人遗留下来的问题会对现任领导人的工作产生很大和长期的影响。例如,审计师在对投资项目进行任期经济责任审计时,一般从项目的投资决策开始审计,而投资决策时的可行性报告受经济环境、市场情况、调研人员、相关领导等多种因素影响,审计难度比较大,当审计发现投资项目有问题而需要分清责任时,前后任领导人往往会出现意见分歧,前任领导人会推脱说"当时的投资调研是很好的,经营不好主要是管理问题",而后任领导人则言"这是投资决策问题"。

3. 区分集体责任与个人责任

审计师在审计执业中经常发现:有的经济责任属于集体行为,要把责任分解到人并具体到应由主要领导人承担的份额,那是很难划分的;许多违规行为打着集体讨论、集体研究的幌子,审计中查出的问题常被解释为领导班子会议通过的决定,难以分清是个人责任还是集体责任,也就无法确定承担者;有些领导人会将自己的违规行为纳入集体行为之列,即使查出问题,也无法界定应由谁承担责任。在实际操作中,对于集体责任与个人责任的评价与认定,应把握好以下两项原则:

(1)对于由领导班子集体决策造成的失误,主要应由主要领导人负主要责任;

(2) 对于领导干部个人不听取意见和建议、违反决策程序、独断专行造成决策失误的,坚决认定其个人责任。

4. 区分主观责任与客观责任

在审计实务中,对于主观责任与客观责任的评价和界定,可从以下三个方面进行综合评定:

(1) 经营业绩与国家宏观经济政策的界定。经营业绩一方面是内部努力、挖潜的结果,另一方面受宏观经济政策的影响,究竟是受主观因素还是国家宏观经济政策的影响,要进行比较分析、客观界定。例如,企业领导干部在任期内,按照规定进行资产评估或清产核资,以致企业资产很可能有较大升值,其在离任时国有资产增值率得到提高。这就不应视为离任人直接创造的经营业绩。

(2) 失职、渎职与改革失误的界定。对于受不可预测的经济环境变化、国家政策调整或突发性自然灾害因素的影响,以致决策未能达到预期目标的,应视为探索性失误,属于客观责任;对于未经过调查研究、专家论证咨询而盲目决策,造成重大经济损失的,应视为失职渎职行为,属于主观责任。

(3) 主观有意违规与政策界限不清的界定。在评价财政财务收支的合法性时,无论是主观上故意违规违纪,还是因政策法规界限不清或改革过程中法规滞后所致,都有可能导致定性不准确。要界定清楚主观有意违规与政策界限不清,前者属于主观责任,后者属于客观责任,应特别关注主观责任。

三、经济责任审计处理权

(一) 直接处理权

被审计领导干部所在单位存在违反国家规定的财政收支、财务收支行为,应当依法给予处理、处罚的,由审计机关在法定职权范围内做出审计决定。这主要包括:

(1) 责令限期缴纳应当上缴的款项。
(2) 责令限期退还被侵占的国有资产。
(3) 责令限期退还违法所得。
(4) 责令按照国家统一的会计制度的有关规定进行处理。
(5) 其他处理措施。

(二) 依法移送处理

审计机关在经济责任审计中发现的应当由其他部门处理的问题,应当依法移送有关部门处理。这主要包括:

(1) 涉嫌违法犯罪的,根据案件管辖范围分别移送公安机关或人民检察院,依法追究其刑事责任。
(2) 发现违反党纪、政纪的行为,根据纪检、监察机关的管辖范围,分别移送有关纪检、监察机关,追究其行政或者党纪责任。

(3)需要由被审计单位的主管或者监管部门纠正或处理、处罚的,分别移送被审计主管或者监管部门进行纠正或者处理处罚。

四、经济责任审计报告与审计结果报告

(一)审计报告及报告范式

审计报告是指审计组具体实施经济责任审计后,向派出审计组的审计机关或审计委员会办公室提交的审计报告。

审计组的审计报告按照规定程序审批后,应当以审计机关的名义书面征求被审计领导干部及其所在单位的意见。根据工作需要可以征求本级党委、政府有关领导干部以及本级经济责任审计工作领导小组(以下简称"领导小组")或者经济责任审计工作"联席会议"(以下简称联席会议)有关成员单位的意见。审计报告中涉及的重大经济案件调查等特殊事项,经审计机关主要负责人批准,可以不征求被审计领导干部及其所在单位的意见。

一份完整的经济责任审计报告书由报告和附件两大部分组成。报告必须有标题、主送单位、正文、报告单位、报告日期、审计组长签名等基本要素,其中正文是报告的主要组成部分,也是报告的基本内容。经济责任审计报告正文包括的主要内容如表11-7所示。

表11-7 经济责任审计报告正文主要内容及要求

项目	要素	主要内容及要求
1	导言	该部分应当简明扼要,主要内容包括:审计的法律依据和委托依据,审计实施机关,审计起讫时间、被审计对象、审计期间、总括审计内容、审计延伸和追溯情况,被审计单位对所提供资料真实性、完整性的承诺情况,审计工作开展的总体情况
2	基本情况	该部分应当高度概括,主要内容包括:审计依据、实施审计的基本情况,包括审计范围、内容、方式和实施的起止时间;被审计师所任职行政区域(部门、企业)的基本情况;被审计师的主要情况,包括职务、任职期间和职责分工等
3	审计结果及发现的问题	(1)简明扼要叙述事实并指明问题产生的原因,准确进行审计定性并提出审计处理、处罚的初步意见(注意:分别列示与被审计师履行经济责任直接相关联的重要问题、问题定性和处理意见); (2)对所列示的问题进行责任界定,划分被审计师应当承担的责任,包括直接责任和领导责任,并简要说明理由; (3)问题表述应当包括问题的事实、定性,引用法规时应当包括所违反法律法规和政策规定的名称、条款序号和具体内容;问题应当按性质归类,按重要性程度排序; (4)同一类问题中,应负主要责任的问题在前,应负次要责任的问题在后;本级的问题在前,所属部门、单位和下属企业的问题在后;经济类问题在前,其他类问题在后

（续表）

项目	要素	主要内容及要求
4	审计评价	评价的主要内容包括： （1）会计信息的真实性（净资产审计）； （2）重大政策及其战略落实情况（政策或战略审计）； （3）经营业绩情况（绩效审计）； （4）内部控制及重大投资决策情况（管理审计）； （5）遵守国家法律法规情况（合规性审计）
5	审计建议	建议主要有以下三类： （1）针对审计中发现的被审计企业内部控制以及生产经营、财务管理等方面的问题提出加强和改进管理的建议，必须具体、有针对性、切实可行； （2）被审计企业所执行的规定与法律、行政法规相抵触，有关主管部门侵害被审计企业经营自主权和合法权益，应当由有关部门处理、处罚的，提出要求有关主管部门纠正或者对责任人处理、处罚的建议； （3）对于被审计企业违反国家规定的财务收支行为负有直接责任的主管人员和其他直接责任人员，认为应当给予行政处分的，向被审计企业或者其上级机关、监察机关提出给予行政处分的建议，认为已经触犯刑律、构成犯罪的，提出移送有关司法机关追究刑事责任的建议

（二）审计结果报告及其报送

经济责任审计是为干部管理和监督服务的，审计结束之后，审计机关应当向组织部门提交审计结果报告。经济责任审计结果报告是指审计机关在审定审计组提交的审计报告的基础上，精简提炼形成的审计意见和审计决定等结论性文书，以反映审计结果。审计结果报告报送区分两种情形：一是必须送达的对象，即本级政府行政首长；二是根据工作需要送达的对象，包括必要时报送本级党委主要负责同志和提交委托审计的组织部门，以及抄送联席会议有关成员单位。

（三）审计决定

对于经济责任审计中发现的重大问题线索，由审计委员会办公室按规定向审计委员会报告；应当由纪检监察机关或者有关主管部门处理的问题线索，由审计机关依规依纪依法移送处理。

被审计领导干部所在单位存在的违反国家规定的财政收支、财务收支行为，依法应当给予处理处罚的，由审计机关在法定职权范围内做出审计决定。

（四）编写经济责任审计报告的技巧

经济责任审计报告和经济责任审计结果报告应当事实清楚、评价客观、责任明确、用词恰当、文字精练、通俗易懂。为此，在编写经济责任审计报告时应当注意两项原则。

1. 突出问题导向

（1）紧扣政策落实，关注落实效果。审计要紧跟国家经济政策、决策部署的落实情况,反映经济改革的进程、效果和问题,突出重点和轻重缓急。

(2)紧跟权力行使,关注尽职履责。经济责任审计要以企业领导干部行使领导权力情况为中心,以企业领导干部任职期间在经济决策等方面的职责履行为重点,抓住人、财、物等方面的决策过程和内容,对经济责任履行情况进行客观评价,促进被审计单位及其领导干部守法、守纪、守规、尽责。

(3)着力查错纠弊,关注整改落实。查错纠弊是审计工作的基本职责,经济责任审计应围绕被审计对象的经济责任履行情况开展,并从中揭示错弊问题。审计报告应反映典型性问题,通过发现、揭示和分析问题,提出意见建议。审计建议必须植根于问题并切中要害,必须着眼于整改并切实可行,最终实现由问题建议,到整改的闭环。

2. 注重成果提炼

(1)保持政策敏感。开展经济责任审计要依托项目为政策"把脉",一方面集中反映政策落实情况,另一方面全面分析政策效果,提出完善政策的意见建议。

(2)突出问题"个性"。开展经济责任审计应立足于业务领域、行业特点及企业特点,因"企"而异、对症下药,使审计方向和重点尤其是最终形成的审计成果具有行业、领域和企业的特色。

(3)适应新常态。审计应坚持以是否符合改革方向作为分析判断的标准,在经济责任审计中既揭示问题又促进解决问题,既要用是否符合政策的思维看待问题又要用是否属于创新的视角分析问题,目的在于鼓励改革、支持创新、肯定探索,做改革的促进者和创新的推动者。

五、审计报告多层次的综合运用

经济责任审计结果运用的主体是纪检监察机关和组织、审计、财政、人力资源社会保障、国有资产监督管理、金融监督管理等部门和社会公众。他们多层次地运用经济责任审计报告的传递过程和综合运用情况如图11-3所示。

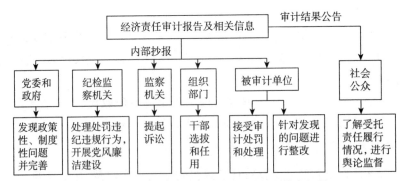

图11-3 经济责任审计报告传递过程和综合运用

(一)各级党委和政府的运用

各级党委和政府应当建立健全经济责任审计情况通报、责任追究、整改落实、结果公告等结果运用制度,将经济责任审计结果及整改情况作为考核、任免、奖惩被审计领导干部的重要参考。审计委员会办公室、审计机关应当按照规定,以适当方式通报或者公告经济责任审计结果,监督检查审计发现问题的整改情况。

经济责任审计结果报告和审计整改报告应当归入被审计领导干部本人档案。

（二）纪检监察机关的运用

（1）依纪依法受理审计机关移送的案件线索。

（2）依纪依法查处经济责任审计中发现的违纪违法行为。

（3）对审计结果反映的典型性、普遍性、倾向性问题适时进行研究。

（4）以适当方式将审计结果运用情况反馈审计机关。

（三）组织部门的运用

（1）根据干部管理工作的有关要求,将经济责任审计纳入干部管理监督体系。

（2）根据审计结果和有关规定对被审计领导干部及其他有关人员做出处理。

（3）根据《党政领导干部选拔任用工作条例》及《干部人事档案材料收集归档规定》等干部管理和监督规定的相关要求,将经济责任审计结果报告存入被审计领导干部本人档案,作为考核、任免、奖惩被审计领导干部的重要依据,并以适当方式将审计结果运用情况反馈审计机关。

（4）要求被审计领导干部将经济责任履行情况及审计发现问题的整改情况作为所在单位领导班子民主生活会和述职述廉的重要内容。

（5）及时研究审计结果反映的典型性、普遍性、倾向性问题,并将其作为采取有关措施、完善有关制度规定的参考依据。

（6）以适当方式及时将审计结果运用情况反馈审计机关。

（四）审计机关的运用

（1）对审计中发现的相关单位违反国家规定的财政收支、财务收支行为,依法依规做出处理处罚;对审计中发现的需要移送处理的事项,应当区分情况依法依规移送有关部门处理处罚。

（2）根据干部管理监督部门、巡视机构等的要求,以适当方式向其提供审计结果以及与审计项目有关的其他情况。

（3）协助、配合干部管理监督等部门落实、查处与审计项目有关的问题和事项。

（4）按照有关规定,在一定范围内通报审计结果,或者以适当方式向社会公告审计结果。

（5）对审计发现问题的整改情况进行监督检查。

（6）对审计发现的典型性、普遍性、倾向性问题和有关建议,以综合报告、专题报告等形式报送本级党委、政府和上级审计机关,并提交有关部门。

（五）国有资产监督管理部门的运用

（1）根据国有企业领导人员管理的有关要求,将经济责任审计纳入国有企业领导人员管理监督体系。

（2）将审计结果作为企业经营业绩考评和被审计领导人员考核、奖惩、任免的重要依据。

（3）在管理监督国有企业、改革国有企业和处置国有资产的过程中，有效运用审计结果。

（4）督促有关企业落实审计决定和整改要求。

（5）及时研究审计发现的典型性、普遍性、倾向性问题，并将其作为采取有关措施、完善有关制度规定的参考依据。

（6）以适当方式及时将审计结果运用情况反馈审计机关。

（六）有关主管部门的运用

有关主管部门应当在各自职责范围内运用审计结果：

（1）根据干部管理权限，将审计结果及整改情况作为考核、任免、奖惩被审计领导干部的重要参考。

（2）对审计移送事项，依规依纪依法做出处理处罚。

（3）督促有关部门、单位落实审计决定和整改要求，在管理和监督相关行业、单位的过程中有效运用审计结果。

（4）及时研究对审计发现的典型性、普遍性、倾向性问题和提出的审计建议，并将其作为采取有关措施、完善有关制度规定的重要参考。

（5）有关主管部门应当以适当方式及时将审计结果运用情况反馈审计委员会办公室、审计机关。

（七）被审计单位的运用

被审计领导干部及其所在单位应当根据审计结果，采取以下整改措施：

（1）对于审计发现的问题，应当在规定期限内进行整改，并将整改结果书面报告审计委员会办公室、审计机关以及组织部门或者主管部门。

（2）对于审计决定，应当在规定期限内执行完毕，将执行情况书面报告审计委员会办公室、审计机关。

（3）根据审计发现的问题，应当落实有关责任人员的责任，并采取相应的处理措施。

（4）根据审计建议，应当采取措施，健全制度，加强管理。

（5）将审计结果及整改情况纳入所在单位领导班子党风廉政建设责任制检查考核的内容，作为领导班子民主生活会及领导班子成员述责述廉的重要内容。

知识要点

经济责任审计特征　经济责任审计职责拓展　离任审计　任期经济责任审计　经济责任审计报告　经济责任审计公告　审计结果　综合运用

行动学习

离任审计中疑难问题的处理

作为一名审计师,在承办离任审计中遇到以下事项时,请分析指出你应当如何处理。为什么?

1. 离任者张明拿出13张餐费发票,共计200万元,说明该餐费属于为华兴公司开拓业务而发生的业务招待费但没有及时入账,要求审计师确认;接任者李丽认为这些费用与华兴公司的业务无关。

2. 离任者张华签字批准替金明公司贷款5 000万元提供的担保尚未逾期;接任者赵芳认为离任者让本公司为金明公司贷款担保掺有更多的个人因素,一旦张华离任,本公司承担连带责任的可能性增大,要求审计师对此或有损失予以确认。

3. 厂长王红离任时仓库里储存了许多生产主打产品的原材料A;接任者王明认为由于技术创新该主打产品的原材料可以采用更加优质且低廉的原材料B替代,要求确认原材料A为存货损失。

4. 企业3年以上的应收账款共计3 000万元,占总应收账款的23%,离任者张鼎希望各种应收款项都不作坏账处理且信誓旦旦,"只要自己还在任就一定能够收回来";接任者赵金提出对超过3年或其他特殊因素的应收款项都作坏账处理。

5. 企业账上有2 000万元固定资产在车间闲置多年,但仍以原值入账;接任者赵东要求审计师核销该固定资产。

质疑和讨论:

分组用头脑风暴法讨论,通过众人智慧来提升自己的认知,推荐代表陈述观点。

案例分析

审计中纠结:扶贫资金使用问题由谁承担责任

扫二维码获取详细资料:审计中纠结:扶贫资金使用问题由谁承担责任

要求:

1. 审计厅通过公开的招投标,把党政一把手同步经济责任审计外包给会计师事务所时应当注意什么?

2. 会计师事务所承办审计机关外包的经济责任审计时应当注意什么?

3. 在党政一把手同步经济责任审计外勤现场,审计师应当如何进行捆绑式取证?为什么?

4. 结合本案例分析,2015年方城县扶贫资金缺乏统筹使用的责任能否打到"被双规"的原县委书记李明身上？为什么？

5. 在原县委书记被移送司法机关、原县长升迁为县委书记的背景下，审计取证和专业判断应当注意什么？为什么？

6. 在现场取证中获取的2013年挪用扶贫资金和2015年缺乏统筹使用扶贫资金的证据均指向要归责于原县委书记李明，外勤负责人李莉采取了哪些积极的应对措施？

7. 结合本案例讨论在法规政策与时俱进地改变时，尤其是变化前后的法规政策相悖时，审计师应当依据什么法规政策判断事件发生时离任者的经济责任？为什么？

8. 审计小组在针对重要事项并利用头脑风暴法进行风险讨论时应当注意什么？

9. 结合本案例，讨论和思考审计真能做到"消灭易学习的顶雷事件"吗。

补充阅读

AO应用实例丛书编写组：《AO经济责任审计应用实例》，北京：中国时代经济出版社，2013年版。

潘博：《关于企业经济责任审计评价的几个问题的理解》，《审计研究简报》，2012年第6期。

李晓慧、金彪：《中央企业领导人员经济责任审计的现状及其特征研究》，《审计研究》，2013年第6期。

中央经济责任审计工作部际联席会议办公室：《党政主要领导干部和国有企业领导人员经济责任审计规定实施细则解读》，北京：中国时代经济出版社，2014年版。

郑石桥：《领导干部经济责任审计本质：理论框架和例证分析》，《财会月刊》，2018年第14期。

郑石桥：《领导干部经济责任审计界定：理论框架和例证分析》，《财会月刊》，2018年第20期。

郑石桥：《领导干部经济责任审计运用：理论框架和例证分析》，《财会月刊》，2018年第22期。

第十二章

信息治理与审计信息化

学习目的

1. 熟悉信息治理的要素
2. 熟悉信息治理的关键指标
3. 了解信息治理模式
4. 掌握信息系统审计的目标和主要内容
5. 熟悉信息系统审计的流程
6. 了解数据审计的风险与特征
7. 熟悉数据审计操作的流程与实务

第一节 信息治理与信息系统

导读12-1

信息治理——一种长期成功战略

几周前,我有幸在 Think 2018 会议上遇到了我们的一些客户并进行了交流。他们谈到各自企业目前在数据管理过程中所处的阶段以及想要达到的阶段。许多客户面临一个主要挑战,那就是无法适应现有数据源和新数据源的数据增长速度。我将分享一些最佳实践,您可以参考这些实践有效地管理您的数据。

1. 信息治理

信息治理不仅涉及数据或用于管理数据的技术,还涉及组织内的整个生态系统——人员、流程、策略、数据和技术。因此,制定并实施有效的信息治理战略是一种共同责任。

数据不再被视为业务活动的副产品。当今,企业依据数据分析和报告辅助业务决策。在大多数情况下，业务活动和流程受数据驱动。因此，企业需要思考如何将数据定位为一种企业资产，从而降低责任风险；与此同时，企业还要思考如何利用数据的价值来获取洞察。我始终认为，只要使用得当，数据就是一种资产。

2. 对数据充满信心

信息治理成熟度模型定义了一种途径，作为改善组织存储和管理数据的方式。信息治理成熟度模型的5个阶段如图12-1所示。成熟度级别的范围通常是从不确定如何管理数据到对管理数据充满信心。通过识别差距并规划实现最终目标所涉及的工作、优先级和小目标，可以使用信息治理成熟度模型来评估和实现合规性。许多组织仍处在第一阶段（不确定）和第二阶段（不知所措），数据可能被视为重担而非资产。

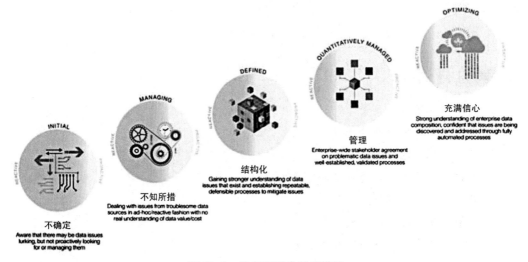

图 12-1　信息治理成熟度模型

因此，任何组织要从不确定发展到对数据充满信心，都应遵循以下四个步骤：

（1）找到并分析数据。每个组织的基础架构组合中都包含数据存储，这是帮助组织经营业务的一项基本要求。大部分组织都拥有先进的方法以确定和规划有关数据存储的购买，但通常没有规划如何有效地管理已存储的数据。组织最初的基础架构计划通常不包含潜在的 ROT 数据，比如图像、音频文件、视频、重复数据等。

面对严格的数据隐私法规，现在比以往更需要了解您拥有哪些数据源，它们包含什么信息，以及保留数据有何价值。因此，实现有效的信息治理战略的第一步是分析您的数据源，找到具有业务价值的数据，并去除闲置的数据。

（2）分类并关联。许多组织已经认识到，如果数据没有得到恰当存储，在运行分析、电子查询、记录和其他合规性程序时就很难找到数据。由于存储数据的方式各不相同，组织应该定义自己的数据类别。组织应该对现有数据进行分类，同时对任何新创建的数据进行自动分类。

（3）业务流程优化。组织需要定义新的业务流程，围绕数据的分布和使用来优化现有业务流程。业务流程与信息治理战略保持一致很重要，这可以确保技术投资为组织提供必要的洞察,帮助组织在恰当的时刻做出正确的决策。

(4)企业策略的执行。任何有效的信息治理战略都必须以策略为中心。这首先要求有明确定义的术语和业务策略,并在组织内形成执行业务策略的认知。信息治理策略不会限制数据访问,但会管理数据使用,确保依据相关的业务策略对不同数据采用不同的处理方式。因此,治理就像组织的加速器,而不是拦路石。一些组织已制定并实施了保留策略和日常处理数据的进度管理,节省了大量开支。

3. 有效的信息治理模型

有效的信息治理模型能让您做到:减少数据量,降低相关的成本和风险;快速响应即将发生或不断变化的合规性需求;降低实施数据策略的成本;减少执行电子查询所需的时间和数据量;提供可持续的竞争优势。

各行各业的组织都在使用数据帮助实现目标。信息治理战略的最终目标是,采用各种方式使用数据,以更快地制定更好的决策。

资料来源:《信息治理:一种长期成功战略》,IBM Developer 中国(developer.ibm.com),2020 年 1 月访问。

阅读导读 12-1 可知,以数据为代表的信息资产正对企业产生重要的意义和挑战。那么,我们需要理解什么是信息治理?

一、信息治理及其五要素

(一)信息治理

国际内部审计实务框架(IPPF,2017)认为,"信息治理包括领导、组织结构和进程,它们确保企业的信息系统支持组织的战略和目标"。信息治理包括管理信息技术活动和信息技术项目,确保这些活动与战略计划信息技术定义的组织需求协调一致,适当的协调包括:①组织、管理信息技术的潜力和信息技术的限制;②信息系统理解组织的目标和相应的需求;③这些理解通过适当的治理结构和问责制在组织内得到应用和起监督作用;④理解信息的价值和成本对董事会和高级信息技术管理层来说是重要的。组织和信息系统的协调发生在组织目标与组织需求相协调的情境,信息系统能够在管理层的支持下满足组织需求。

国际内部审计师协会(Institute of Internal Auditors,IIA)指出,审计活动必须评估并为提高治理程序给出合适的建议实现以下目标:①在组织内促进合适的道德和价值;②确保有效地组织行为管理及问责制;③与组织内的适当领域沟通风险和控制信息;④在董事会、外部和内部的审计师及管理层之间协调和沟通信息。虽然 IIA 的标准内含审计师在信息技术职责的内容,要求"审计活动必须评估组织的信息治理是否支持组织的战略和目标"。

信息治理包括程序和控制的组合。控制帮助组织更好地管理其信息环境,在风险偏好和容忍程度内平衡总体风险预测与组织目标。信息治理帮助组织提高能力以实现总体目标。审计活动应当评估信息治理结构和能力,为组织传递结果并为提高信息运作效率提出建议。

信息治理结构与流程的有效性直接取决于董事会和高管层的参与程度,如图12-2所示,董事会和高级管理人员应发挥关键作用,以指导、评估和监控信息系统。

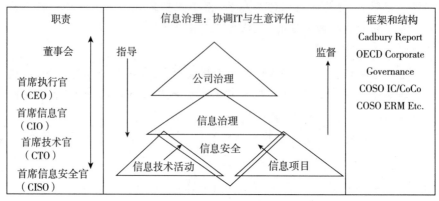

图12-2　信息治理角色、标准和框架

(二) 信息治理五要素

信息治理包括组织结构、领导及程序等,它们确保信息支持组织的战略和目标。如图12-3所示,信息治理五要素分别为组织和治理结构、行政领导和支持、战略和业务计划、服务实施和测度、信息系统组织和风险管理。

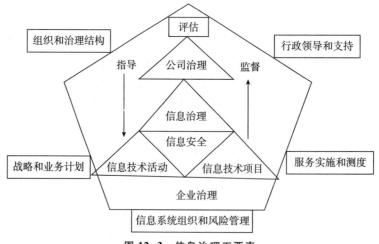

图12-3　信息治理五要素

1. 组织和治理结构

明晰的组织结构,各组成部分的运作实质及其相互交流、责任协定,推动信息系统功能得以发挥,最终促进达成企业目标。以下问题帮助内部审计师理解信息治理程度:

(1) 是否存在一名首席信息官(Chief Information Officer, CIO)? 他是否属于高管层?

(2) 组织的结构和运行是否清晰,从而使信息技术部门能够高效地实现组织目标?

(3)什么决策机构能使组织需求与信息服务形成一致？这些机构是否有足够的权力及责任？

(4)组织需求和信息服务需求是否在战略与战术计划中被定位、被监控？CIO 和高管是否会定期会谈并讨论计划进度？

(5)角色和职责是否明确划分和沟通？组织领导者是否拥有权力？领导者是否会对结果承担责任？

2. 行政领导和支持

要求维持信息系统与组织目标间的协调是顶层领导和行政领导的方针。董事会、CEO、CIO 和其他高管团队应当设置清晰的愿景，为组织了解和交流信息如何使得企业达成目标，反过来使得信息化有一个更高效的投资回报率。明确地使信息系统与组织战略对口，行政领导将把信息系统当作战略的促进者而不是组织的一项成本。愿景应当体现为战略计划的形式，战略计划应当明确信息依赖，且战略计划由董事会和顶层管理者所驱动。

决定顶层格调的有效性，以及这种格调是如何传递到公司内所有的层次，这对信息功能的影响是重要的。以下的问题能帮助内部审计人员对信息功能与组织的整合程度有所了解：

(1)高管层就组织战略战术与目标的达成是否明确定义和交流了信息功能的角色与职责？

(2)是否明确定义和交流了 CIO 的角色与职责？

(3)组织认识到信息功能在战略中对促进目标的达成以及持续地支持组织是非常重要的。

(4)CIO 属于高管层吗？CIO 是否与董事会和高管层经常会面并商讨与战略和战术计划相关的信息服务吗？

(5)有充足的资金满足组织需求吗？

3. 战略和业务计划

有效的信息治理的重要组成因素应当反映在战略计划中。战略计划应当定义组织对于信息的依赖以及信息功能在实现计划所设定目标的角色和职责。相应地，CIO 应当制订和组织与战略计划相一致的战术（业务）计划。业务计划对于信息功能在支持和促使目标的达成方面提供了度量方法，目标是在战略计划中定义的。战略计划中缺失信息目标的定义和识别特征预示着组织目标与信息目标间的不协调，这种疏忽可能增大风险，而风险使得组织不能以高效和节约的方式实现目标。高管可以使用平衡计分卡和相关管理工具来监督信息对于实现战略计划中目标的作用。

战略表现管理是有效的信息治理中不可或缺的一部分，它使有效的机制来管理组织的需求及信息服务的实施成为可能。审计师应当了解从问题认识到战略表现管理被实施的程度。

（1）董事会和高管把信息当作战略合作伙伴吗？
（2）组织战略计划是否包括信息及其如何支撑企业和创造价值？
（3）组织战略计划是否考虑到信息需求及其对个人业务计划的支持？
（4）KPI（关键绩效指标）是否被高管用来测度并监测信息技术部门的效率？
（5）战略性的信息投资决策是否基于精确的成本效益分析？实施后是否经过评估投资结果？预期的投资回报率是否实现？学到的教训是否成为今后信息投资决策的影响因素？
（6）信息系统组织相对于组织的大小及组成结构是否有效？
（7）CIO和信息系统领导层是否具备资格与经验？

4. 服务实施和测度

积极管理信息系统的支出并测度其产生的价值可能会提升信息投资产生更高的投资回报率的可能性。经济模型构成组织绩效管理的一部分，包括信息度量。绩效管理的一个重要方面是提取和测度经济数据，而经济数据的测度要求适度的、正确的细节信息。有效的绩效管理框架进一步保证了信息治理作用的有效。这些框架在获取了正确的定性和定量的信息以后，积极的测度、分析和披露就成为可能，包括提供给使用者和顾客的服务、技术以及满意度的测度。

与信息相关的经济测度在监测战略、业务和技术的结果上扮演着重要角色。信息促成的结果测度用于显示战略和战术层面的价值贡献。这些测度能使信息管理者了解信息系统相对于战略计划如何运行，了解如何更有效地管理信息服务成本。

服务实施测度包括财务管理，这是控制和监控信息成本效益的重要组成部分。以下问题的答案可以指示信息化管理的有效性：

（1）董事会和高管对信息成本及其对实现组织战略目标如何起作用有清晰的了解吗？
（2）高管是否会衡量信息的价值和成果？他们是如何做的？
（3）如何与其他类似组织比较信息成本的？
（4）CIO的绩效是否使用财务和非财务数据进行衡量？
（5）组织的信息来源如何安排？它们是如何被衡量和监测的？

5. 信息系统组织和风险管理

信息系统的风险和资源（包括人员和技术）是如何被管理的？信息系统的成功取决于董事会、CEO及其他高管成员的引导和支持。这种引导通过组织的战略计划和组织结构的建立在内部进行交流。

尽管信息系统的组成是技术性的，但是信息管理测度的技术性却稍弱。审计师可以询问以下问题以更好地理解信息治理环境：

（1）组织流程自动化达到了什么程度？
（2）信息系统的基础设施有多复杂？有多少应用模块正在被使用？

(3) 数据是否标准化以方便共享?
(4) 是否有标准的硬件、软件和服务的采购政策、程序与和控制措施?
(5) 信息管理流程和正在使用的信息识别框架有多成熟?
(6) 风险管理是如何运行以满足组织需求、安全需求以及合规需求的?
(7) 信息的战略意义是什么?

针对上述关键问题的回答是审计师建立和理解如何更好地了解与执行信息管理审计的基础。

二、信息治理关键指标

(一) 关键成功因素

关键成功因素为管理部门控制信息技术及信息处理过程提供了实施指南。它们是信息技术处理过程中最为关键的要素,是战略性的、技术性的过程或活动,勾画出信息系统控制的轮廓。关键成功因素可以从标准控制模型和信息管理框架的目标与审计指南中获取。这些标准要求信息技术要与企业的运营情况相符。信息技术使运营业务可行并使运营效益最大化,合理使用信息技术资源,适当管理与信息有关的风险。关键成功因素平衡所有的信息资源,它由关键绩效指标评价。

表12-1列示了从标准控制模型与管理构架中归纳出的、用于多数信息处理过程的关键成功因素,以供参考。

表 12-1 关键成功因素

- 信息治理活动与公司治理过程相结合,并有公司领导的参与
- 信息治理专注于公司目标和战略,运用技术提高业务水平,以满足业务所需的充分可用的资源和能力
- 信息治理活动应该目标明确、制度规范和实施有效,应根据公司需要并责任到人
- 实施最佳管理实践以提高资源的有效使用,提高信息化程度的效率
- 建立组织准则以充分监督,形成一种控制的环境/文化,根据标准程序评估风险,加强执行已建立的标准,监督及追责控制缺陷和风险
- 建立控制准则以避免内部控制和监管失灵
- 许多信息业务流程(如问题管理、变革管理和配置管理)是集成和互相关联的
- 成立审计委员会,审计委员会任命和监督独立审计员,独立审计员的任务是推行与信息相关的审计计划、评价审计结果和第三方审计结果

关键成功因素是为提高处理过程的成功率所做的最重要的事,通常与组织目标保持一致,是组织和处理过程的可观察、可测量的特征,分布于组织的战略层、战术层、应用层及各个方面,可以采用目标分解与识别的方法选择关键成功因素。

(二) 关键目标指标

关键目标指标是指通过创建和维护一套处理与控制适当的业务绩效的系统,以指导并监督信息传递的商业价值。关键目标指标通过识别与测定处理结果,运营过程的输

出,使用平衡计分卡进行测定。

关键目标指标体现的是处理过程的目标,指出哪些是必须做的,是处理过程所达成目标的可测指标,通常定义为需要实现的目标。平衡计分卡主要关注以下几个方面的经营情况:①财务,包括预算与超支等状况,反映股东的利益;②客户,包括客户满意度、交货是否及时、服务价值等,反映客户的利益;③内部处理过程,包括处理的质量与效果等,反映内部人员的利益;④学习与创新,包括员工受教育程度及技能等,反映企业的发展潜力。

表 12-2 为普遍适用的关键目标指标。

表 12-2 关键目标指标

- 加强绩效和成本管理
- 提高重要信息投资的回报
- 提高响应市场速度
- 加强质量、创新和风险管理
- 适当集成和标准化业务流程
- 拓展新客户,满足现有客户的需求
- 适用的带宽、计算能力和信息实施机制
- 在预算范围内及时满足客户的需求和期望

（三）关键绩效指标

利用关键绩效指标对关键成功因素进行评价,监测信息处理过程的执行情况,告诉管理层该处理是否满足经营需求。关键绩效指标是信息处理过程的性能指标,表现为信息系统的实际业绩。通过有效性、保密性、完整性、可用性、一致性、可靠性等指标测定信息系统的绩效。

表 12-3 列示对企业具有普遍意义的关键绩效指标。

表 12-3 关键绩效指标

- 提高信息系统流程的成效(成本 VS.执行能力)
- 增加用于改善流程的信息计划
- 提高信息基础设施的利用率
- 提高客户满意度(调查和投诉数量)
- 提高员工工作效率(可传递的数量)和士气(调查)
- 提高用于管理公司的知识和信息的可用性
- 增强信息治理和公司治理的联系
- 使用信息平衡计分卡进行测量,绩效得到提高

关键绩效指标是指信息处理过程执行程度的测定,预期将来成败的可能性,是先导性的目标,面向处理过程,由信息技术所驱动,关注信息处理过程和使用平衡计分卡的单位,关注对处理过程至关重要的资源。

三、信息治理模式

信息治理不仅仅是理论上的探讨,更重要的是应用于实践。那些经过实践证明,描述如何具体实施信息治理的框架被称为信息治理模式,或者叫作信息治理模式、信息治理支持工具等。信息治理的兴起,使得很多以前的管理模式纷纷加入信息治理的行列,形成 COBIT、ITIL、Weill & Ross、PRINCE2、GTAG、TOGAF、PMBOK、COSO 和 ISO 等多种模式。

(一) COBIT 模式

信息及相关技术控制目标(Control Objectives for Information and Related Technology,COBIT)是由信息系统审计与控制协会(Information System Audit and Control Association,ISACA)提出的面向处理过程的信息系统审计和评价标准。这是一个国际公认的、权威的安全与信息技术管理和控制的标准,自 1996 年推出 1.0 版,目前已经更新至 5.0 版(COBIT 5.0)。

COBIT 5.0 提供一个综合的框架,帮助企业实现治理和管理企业信息系统的目标。简单地说,COBIT 5.0 力图保持实现效益与优化风险水平和资源使用的平衡,帮助企业创造来自信息的最佳价值。COBIT 5.0 能够使信息对整个企业(包括所有端到端业务以及信息系统相关的功能区)以一种整体的方式施以管理和控制,并考虑内外部利益相关者的有关信息的利益。COBIT 5.0 是通用的,对各种类型的组织,无论是商业化的、非营利性的还是公共部门均适用。

1. COBIT 5.0 框架体系

从 COBIT 衍生 5.0 准则体系可以总结出 COBIT 5.0 有一个宏观的框架体系,并且这个框架体系可以衍生出产品家族体系,如图 12-4 和图 12-5 所示。

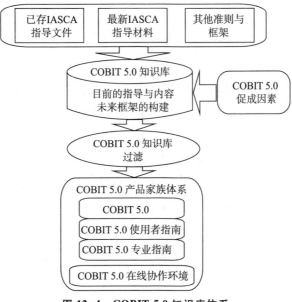

图 12-4　COBIT 5.0 知识库体系

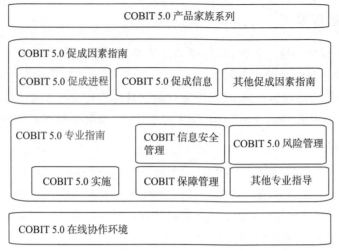

图 12-5 COBIT 5.0 产品家族系列

从图 12-3 和图 12-4 可以看出 COBIT 5.0 是基于现有的框架体系,综合最新的框架体系包含的元素,并且整合其他框架体系而形成的。COBIT 5.0 在这些体系的基础上形成了 COBIT 5.0 知识库,并且融入了 COBIT 5.0 原则导向体系进行精炼整合,最终形成了 COBIT 5.0 的产品家族体系。

就 COBIT 5.0 的具体的产品家族体系来说,包括使用者指南、专业指南及在线协作环境三个方面。使用者指南致力于具体的信息体系的构建,主要用于构建流程、采集信息、建立信息治理体系并服务于企业整体。就使用者来说,COBIT 的使用者并不仅限于企业,公共部门与非营利性组织同样适用;但是 COBIT 准则体系更适用于企业,最新的GEIT(Governance of Enterprise IT)也是专门为企业构建的管理层指导体系。

专业指南更关注一些比较专业的领域,如信息安全、风险管理等方面。这些专业领域体系的建设,有助于企业信息治理体系与企业整体治理体系更好地结合在一起。

2. COBIT 5.0 的五项原则

COBIT 5.0 基于五项关键原则治理和管理企业的信息系统。这五项原则使企业能够建立一个有效的治理与管理框架,为了利益相关者的利益,优化信息与技术投资和应用(见图 12-6)。

原则 1:满足利益相关者的需求

企业存在的目的是为利益相关者创造价值,而价值创造须通过保持效益实现与风险和资源使用优化之间的平衡来实现,而 COBIT 5.0 通过信息系统提供所有的必要的程序和促成因素来支持价值创造。不同企业有不同的目标,企业可以通过目标层级,自定义 COBIT 5.0 以适合自身的情况,将高级别的企业目标转化成易管理、特定的、与信息相关的目标,并将它们映射到具体的流程和实践中。

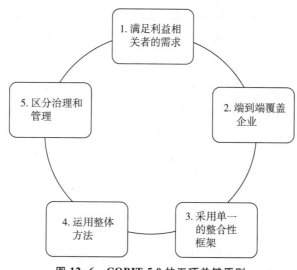

图 12-6　COBIT 5.0 的五项关键原则

原则 2：端到端覆盖企业

COBIT 5.0 将企业信息治理融合到企业治理中，包含企业内所有的职能部门与流程。COBIT 5.0 不仅关注"信息部门"，而且把信息与相关技术当作资产，就像公司中每个人拥有的其他资产一样。它考虑到所有端到端的、企业范围的、与信息相关的治理和管理促成因素，包括企业内部和外部的，与企业信息和涉及信息治理与管理的每种事物和每个人。

原则 3：采用单一的整合性框架

已有许多与信息相关的标准和最佳实践，每一个均提供部分信息活动指导，COBIT 5.0 与其他相关标准与框架保持高度一致，并由此能够成为企业信息治理和管理的总体框架。

原则 4：运用整体方法

有效的企业信息治理和管理需要一种考虑多个相互影响的组件的整体方法。COBIT 5.0 定义一系列促成因素来支持企业信息综合的信息治理和管理系统的实施。宽泛的促成因素定义指任何能够实现企业目标的事项，COBIT 5.0 框架定义了七类促成因素：原则、政策和框架；流程；组织结构；文化、伦理道德和行为；信息；服务、基础设施和应用；人、技能和竞争力。

原则 5：区分管理和治理

COBIT 5.0 框架明确区分管理与治理，这两个概念包括不同种类的活动，需要不同的组织结构以及为不同的目的服务。

COBIT 5.0 的目标是在信息与经营目标之间建立连接，使信息与企业的经营目标一致。定义这些目标可以帮助企业维护对信息系统的有效控制。COBIT 5.0 使信息与企业经营目标一致，使得经营目标即信息目标，原因在于企业经营有需求，而这种需求要依靠信息资源通过信息流程来实现。为了实现这一目标，COBIT 5.0 制定了相应的信息标准：

效果、效率、保密、完整、实用、合规和可靠。用信息支持企业经营目标的制定,是确定经营需求的一种信息标准。信息战略是企业经营战略的组成部分,服务且服从于企业的经营战略,信息目标介于企业战略目标和企业信息基础之间。

COBIT 5.0 的作用在于:使信息治理活动成为一般化的过程模型,信息风险能够得到常规化管理;识别主要信息资源的作用和功能,最大化实现信息的价值;定义管理控制的目标,有效控制风险,信息能够正常和正确地被使用。COBIT 5.0 应用成熟度模型,使信息能力的改善可度量;用平衡计分卡衡量信息流程与企业目标的匹配程度和一致性程度。从内容上看,COBIT 5.0 覆盖了从分析设计开发、实施运营到维护的整个过程。需要指出的是,COBIT 5.0 可具体应用到几乎所有的企业信息系统中。

COBIT 5.0 是使用最广泛的体系,目前,已在世界 100 多个国家的重要组织与企业中成功应用,指导这些组织有效地利用信息资源,有效地管理与信息相关的风险。信息业务流程是 COBIT 5.0 关注的焦点,针对每一个信息业务流程,COBIT 5.0 提出了一系列的控制目标、相应的实现这些控制目标的控制程序,评价这些控制程序是否存在,并有效地执行一系列审计程序。

(二) ITIL 模式

信息技术基础架构库(Information Technology Infrastructure Library,ITIL)最初由英国国家计算机和电信局于 20 世纪 80 年代发布,后来并入英国商务部。

截至目前,ITIL 共经历了 4 个版本,1986—1999 年为第 1 版,1999—2006 年为第 2 版,2004—2007 年为第 3 版,2019 年将发布了第 4 版。ITIL 最初只是政府信息部门的最佳实践指南,目标是利用信息以提升政府工作效率,改善不同信息职能之间缺乏沟通的状况。ITIL 问世后不久便被推广到英国的私营企业,传遍欧洲,随后在美国兴起。

ITIL 以一系列出版物的方式发布,其中第 3 版的核心部分由服务战略、服务设计、服务转换、服务运营和服务改进五部分组成。ITIL 第 3 版的核心架构基于服务生命周期,服务战略是服务生命周期运转的轴心,服务设计、服务转换和服务运营是实施阶段,服务改进则基于战略目标对服务定位和有关的进程、项目进行优化与改进。

"服务战略"在设计、开发和实施服务管理阶段,从组织能力和战略资产两个角度提供指导,提出有关整个 ITIL 服务生命周期的政策、指南和流程。"服务设计"描述了设计和开发服务及服务管理流程的指导,包括将战略目标转变为服务投资组合和服务资产的原则与方法。"服务转换"描述了将新的或变更的服务转换到运营过程的指导,以及在革新的过程中避免出现不良结果的措施。"服务运营"描述了如何达到服务支持和交付的效果与效率,为确保客户与供应商的价值提供指导。"服务改进"结合了质量管理、变革管理和能力改进方面的原则、实践与方法,为创造和保持客户价值、优化服务提供指导。

ITIL 组件包括核心组件和补充指导,还提供一些网络资源(见图 12-7)。

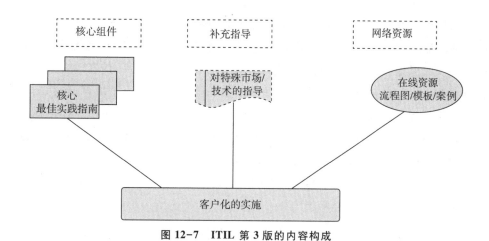

图 12-7　ITIL 第 3 版的内容构成

ITIL 为企业的信息服务管理实践提供了客观、严谨、可量化的标准和规范，企业的信息部门和最终用户可以根据自己的能力与需求定义所要求的不同服务水平，参考 ITIL 规划和制定自身的信息基础架构及服务管理，从而确保信息服务管理能为企业的业务运作提供更好的支持。ITIL 是基于流程的方法论，这些流程可用于检查是否用一种可控的和可训练有素的方法为最终用户交付所需的信息服务。ITIL 合并了一套最佳的实践惯例，可适用于几乎所有信息组织，无论其规模大小或采取何种技术。ITIL 已经成为信息行业服务管理的理论基础，在全球信息服务管理领域得到广泛的认同和支持。

（三）Weill & Ross 模式

Weill & Ross 模式是麻省理工学院斯隆管理学院信息系统研究中心（CISR）的学者 Peter Weill 和 Jeanne Ross 历时 5 年，在对超过 20 个国家的 300 家企业的研究的基础上提出，当时未予以命名，国内的李维安和王德禄等称之为 CISR 研究模型，国外文献更多地称之为 Weill & Ross 模式或治理安排矩阵（Governance Arrangements Matrix，GAM）模式等。

Weill & Ross 模式强调信息权力的分配，其目的是实现授权与控制之间的平衡，认为信息治理通过对五项关键信息决策的控制来实现。这五项关键决策分别是信息原则决策、信息架构决策、信息基础设施决策、业务应用需求决策、信息投资与优先权决策。信息原则阐明企业的信息目标，指明所有决策的方向，如果原则不清楚，那么其他决策是不可能有意义的。信息架构是将信息原则转化为集成化和标准化方面的要求，进而描绘出提供所需信息能力的技术路线图。信息投资与优先权决策分配资源，将信息原则转化为系统构件。信息基础设施和应用决策随着原则、架构、投资标准而变动，业务应用需要产生新的基础设施需求。最终，投资决策筛选项目并为基础设施和应用创新提供资金，基础设施和应用完成了体现信息原则的信息架构设计。

五项关键信息决策不能被割裂，如果信息治理安排设计得当，这些决策就会彼此强化并确保战略目标得以正确实现。有效的信息治理就是围绕这五项信息决策，通过一系列的流程、机制和方法确定由谁制定这些决策、如何制定并监控这些决策。

信息决策方式可以总结为，业务君主制（Business Monarchy）、信息君主制（IT Monarch）、封建制（Feudal）、联邦制（Federal）、信息双寡头制（IT Duopoly）和无政府制（Anarchy）六种决策原型。业务君主制是由高级业务主管做出信息决策；信息君主制是由专业的信息团队做出信息决策；封建制是由每个业务部门独立做出信息决策；联邦制是公司的最高决策层和业务部门联合决策；信息双寡头制是由信息团队和另一个团队做出信息决策，另一方可以是最高决策层或者业务部门的领导等；无政府制由孤立的个体或者小团体做出决策。每个信息决策分为输入和决策两部分，将不同决策的不同部分安排给不同的组织和人员，可以实现授权与控制之间的平衡。

（四）ISO 模式

ISO/IEC 17799 标准（BS 7799 标准）是由英国标准协会制定的信息安全管理标准，是国际上具有代表性的信息安全管理标准体系，包括两个部分，即 BS 7799-1《1999 信息安全管理实施细则》和 BS 7799-2《1999 信息安全管理体系规范》。BS 7799-1 标准已转换为 ISO 国际标准，即 ISO/IEC 17799《2005 信息安全管理实施指南》。ISO/IEC 17799 是非常详尽、文件化且易操作的信息安全管理标准，提供了一套综合的、由信息安全最佳惯例组成的实施规则。ISO/IEC 17799 自发布以来，得到国际上的广泛认可与支持。

1. ISO 17799 框架

ISO 17799 信息安全管理标准要求建立一个完整的信息安全管理体系，借此在组织中建立一个完整的切入、实施、维护和文件化的管理框架。该管理标准为组织提供了信息安全管理的最佳实践指导。ISO/IEC 17799（BS 7799）是一个关键的组织管理工具，可以用来识别管理效率以及减小对组织信息安全的威胁。

ISO 17799 是从 BS 7799 转换而来，包含 133 个安全控制措施，帮助组织识别在运作过程中对信息安全有影响的元素。这 133 个控制措施被分成 11 个方面，构成组织实施信息安全管理的使用指南。这 11 个方面分别是：

（1）安全方针（Security Policy）。为信息安全提供管理方向和支持。

（2）信息安全组织（Security Organization）。其目的是：管理组织内的信息安全，保障组织信息处理设施和信息资产被第三方访问时的安全性；保障信息被外泄给其他组织时的安全性。

（3）资产管理（Asset Management）。其目的是：对所有资产进行适当保护，确保信息资产获得适当级别的保护。

（4）人员安全（Personnel Security）。其目的是：减少人为差错、盗窃、欺诈或误用设备的风险，确保使用者意识到信息安全威胁和应关注事项，使其在日常工作中遵守信息安全方面的要求，减少因信息安全事件和故障而导致的损坏并从中吸取经验教训。

（5）物理与环境安全（Physical and Environmental Security）。其目的是：防止非授权访问、损坏和干扰商务场所与信息的，防止资产的损失、损坏或危其安全，防止商务活动的中断，防止威胁或盗窃信息和信息处理实施。

(6) 通信与运营管理(Communications and Operations Management)。其目的是：确保正确和安全操作信息处理设施；最小化系统失效的风险；保护软件和信息的完整性；保持信息处理和通信的完整、可用；确保网络信息的安全，保护信息支持设施；防止资产损坏和商务活动中断；防止组织间信息交换时丢失、修改和误用信息。

(7) 访问控制(Access Control)。其目的是：控制对信息的访问、防止对信息系统的非授权访问、保护网络服务、防止非授权的计算机访问、侦测非授权的活动、确保使用移动式计算机和远程工作时的信息安全。

(8) 系统开发与维护(Systems Development and Maintenance)。其目的是：确保在操作系统中建立安全机制，防止应用系统用户数据丢失、修改或误用，维护信息的保密性、真实性和完整性，确保信息系统项目及信息支持活动以安全的状态运行，保持应用系统软件和数据的安全。

(9) 信息安全事故管理(Information Incident Management)。

(10) 业务持续性管理(Business Continuity Management)。防止因重大失效或灾难而导致商务活动过程中断。

(11) 法律符合性(Compliance)。其目的是：避免违反有关刑事或民事法律、法规、规章或合同要求及其他安全要求，确保信息系统符合组织安全方针和标准的要求，通过信息系统审核过程使效果最大化和影响最小化。

2. ISO 27001 框架

ISO 27001 来自英国标准 BS 7799 的第二部分，即 BS 7799-2《信息安全管理体系规范》。1998 年英国发布《信息安全管理体系规范》，规定信息安全管理体系要求与信息安全控制要求，它是一个组织的全面或部分信息安全管理体系评估的基础，可以作为正式认证方案的根据。BS 7799-1 与 BS 7799-2 经修订于 1999 年重新予以发布，1999 版考虑了信息处理技术，尤其是在网络和通信领域应用的近期发展，同时还强调商务涉及的信息安全及信息安全责任。

ISO 27001 是根据 ISO 17799 制定的 ISMS(信息安全管理体系)实施规范。ISO 17799 (BS 7799-1)是一个内容相当详细的信息安全标准，并可使用该规范对组织的信息安全管理体系进行审核与认证。使用该规范有助于组织建立信息安全管理体系，具体包括以下几个步骤：

(1) 需求分析和计划。根据组织的具体情况，识别和确定信息安全需求是建立和实施 ISMS 的前提，主要包括三个方面：一是法律法规与合同要求；二是风险分析的结果；三是组织已有的原则、目标和要求。信息安全需求是组织建立 ISMS 的依据。

(2) 确定 ISMS 适用范围。确定信息资产中需要保护的对象，明确保护信息资产的管理对策的范围和边界，如计算机软硬件、网络中的相关信息、企业文件、专利、配方、报价、规章制度、财务数据、计划、关键人员等，这些资产都应该列入信息保护对象并妥善保护。

(3) 风险评估。风险评估是组织确定信息安全需求的重要途径，属于规划组织信息安全管理体系的重要过程。足以成为风险的事件有三个组成部分，即威胁、系统的脆弱性、事件造成的影响。一般而言，这三个因素必须同时存在才构成安全风险。风险评估的过程如下：

第一步是资产识别与估价。在现状调查的基础上识别需要保护的信息资产，其中可能包括硬件、软件、数据、文档、服务等，并评估各个资产的价值。采用精确的财务方法对资产进行估价有时比较困难，一般按照事先确定的价值尺度将资产价值划分为不同的等级，如可以分为价值非常关键、价值较高、价值中等、价值较低、价值可忽略五个等级，并为不同的等级赋值。

第二步是脆弱点识别与评价。脆弱点是指资产中被威胁利用的弱点，脆弱点和资产紧密相关联，它可能被威胁利用、引起资产损失或破坏。在确定了系统脆弱点之后，就要针对每个脆弱点分析由此产生的安全威胁，并评价脆弱点的严重性，即评价脆弱点被威胁利用的可能性。脆弱点被威胁利用的可能性还与已有的控制手段有关，采取有效的安全控制可以降低脆弱点被威胁利用的可能性、减少脆弱点。

第三步是安全威胁识别与评价。安全威胁是一种对系统、组织及其资产构成潜在破坏力的可能性因素或者事件。威胁识别可根据资产所处的环境条件和资产以前遭受的威胁损坏情况来判断。安全威胁和脆弱点相关，安全威胁的发生正是利用了系统的脆弱点。对威胁的评价包括威胁发生的可能性和威胁的潜在影响。

（4）信息安全管理体系文件的编制。与质量管理体系类似，BS 7799 要求建立文件化的管理体系，ISMS 文件包括信息安全方针和适用性声明、安全管理手册、程序文件、作业指导性文件和记录。还要对 ISMS 文件进行管理和控制，文件本身也属于信息资产，其中含有敏感信息，应确定其密级并进行保护。文件化应贯穿信息安全管理过程的始终。它一方面使组织在实现信息安全的过程中有据可查；另一方面也便于组织员工之间的沟通，为学习和培训提供依据。

（5）运行、审核和改进。ISMS 文件编制完成以后，信息安全组织应该按照文件中的控制要求组织实施 ISMS。在体系运行初期，组织应该进行有关方针、程序、标准和法律法规的符合性检查，针对存在的问题，（如体系设计不周、项目不全等）进行协调，改进。信息安全是动态的，实现信息安全的目标是一个不断循环的过程。组织内部成功实施信息安全管理的关键因素包括：适宜的信息安全方针、目标、活动和安全管理方法，管理层的支持和员工的安全意识以及适当的教育培训，对安全需求、风险评估和风险管理的良好理解，建立评价信息安全管理绩效及反馈改进建议的体系。

根据 ISO 17799 确定的内容，通过 ISO 27001 实施和认证 ISMS，并不一定能保证组织能完全摆脱信息安全遭破坏，但实施该标准使信息安全被破坏的可能性降低，由此降低投资和信息安全事故发生后的被破坏程度。

3. ISO 31000 框架

ISO 31000 风险管理标准规定了风险管理的原则与通用的实施指导准则，它是通用的，不局限于特定行业或部门。该标准应用于组织的整个生命过程，以及一系列广泛的活动、流程、职能、项目、产品、服务、资产、业务和决策。虽然 ISO 31000 风险管理标准提供了通用的指导准则,但并不建议所有组织实行统一的风险管理。风险管理的设计和实施取决于特定组织的不同需要、组织特定的目标和范围、组织结构、产品、服务项目、业务流程和具体操作。

风险管理 ISO 31000 标准有如下特征:

(1) ISO 31000 基于简单原则,为风险管理提供了相应的框架,描述了风险管理流程的最佳实践以及流程所体现的特性,具有灵活性。

(2) ISO 31000 认为,一个组织进行风险管理的最佳方式是对风险应保持结构化和持续性的内部沟通,在内部环境和外部环境中识别风险,考虑政治、社会的变化以及商业道德和战略等。

(3) ISO 31000 提出,应该通过规范的、结构化的流程识别风险;应该采用适当的技术,对每一种风险的可能性和后果进行分析;必须有一种方法,按重要性对风险进行排序,划分出风险管理的优先次序,做出比较合理的风险处置决策。同时,整个风险管理流程应得到复核和监控,包括对已识别风险所采取的行动跟进。风险管理流程是风险管理框架的组成部分,为设计、实施、监督、复核和持续性改进整个组织的风险管理提供基础与组织安排。组织安排是指计划、各种责任关系、资源和活动。

(4) ISO 31000 概述的风险管理最佳实践特性包括:能够明确不确定性;是业务流程和决策的组成部分;依赖最有效并适合组织的信息;充分考虑人类和文化因素,使人们能够在现实世界中加以实施;是动态的、反复的、适应变化的,并具有透明性和包容性,随着组织在风险管理方面的不断改进而进一步加强,能创造和保护价值。

ISO 31000 风险管理原则为:①风险管理创造价值;②风险管理是组织进程中不可分割的组成部分;③风险管理是决策的一部分;④风险管理明确地将不确定性表达出来;⑤风险管理应系统化、结构化、及时化;⑥风险管理依赖于信息的有效程度;⑦风险管理应适应组织;⑧风险管理应考虑人力资源和文化因素;⑨风险管理是透明的、包容的;⑩风险管理是动态的、反复的、适应变化的;⑪风险管理应不断改善和加强。

风险管理框架的设计步骤包含:

(1) 了解组织及其背景。在开始设计、实施风险管理框架之前,了解组织内外部环境至关重要,因为它对风险管理框架设计的影响非常显著。

组织外部环境包括如下几个方面但并不局限于此:①文化、政治、法律、规章、金融、技术、经济、自然环境以及竞争环境,无论是国际、国内还是区域或地方;②影响组织目标的主要驱动因素和发展趋势;③外部利益相关者的观点和价值观。

组织内部环境包括如下几个方面但并不局限于此:①资源与知识的理解能力,如资本、时间、人力、流程、系统和技术;②信息系统、信息流动以及决策过程(包括正式和非正式的决策过程);③内部利益相关者;④为实现目标及战略而制定的政策;⑤观念、价值观、文化;⑥组织通过的标准及参考模型;⑦组织结构,如治理、角色、责任。

(2) 风险管理政策。风险管理政策应明确地表达组织的目标以及对风险管理的承诺,具体包括:①风险管理政策、组织目标及其与其他政策之间的联系;②组织风险管理的理由;③风险管理的职责;④处置利益冲突的方式;⑤组织的风险偏好或风险规避;⑥风险管理的流程、工具和方法;⑦支持风险管理的资源;⑧衡量和报告风险管理结果的形式;⑨承诺定期审查与核实风险管理的政策和框架,并不断改善;⑩适当地沟通交流风险管理政策。

（3）整合组织流程。组织应有一个涉及整个组织的风险管理计划,以确保风险管理政策的实施和风险管理融入组织的活动和业务流程中,使风险管理保持相关、有效且高效率。风险管理过程应成为组织过程中的一部分,而不是相互脱离。特别是,风险管理应融入政策制定、商业和战略规划以及管理流程的变革中。

（4）明确职责。组织应确保风险管理的职责与权利,包括风险管理的实施与维护,并确保足够的风险控制及其有效性。以下措施将有助于此:①指定风险管理框架的制定、实施和维护的责任人;②指定风险应对、风险控制和风险信息报告的责任人;③建立绩效评估、内部和外部报告体系,并对流程进行升级;④确保适当的认可、奖励、考核和制裁。

（5）分配资源。组织应制定切实可行的方法,为风险管理调配适当的资源。组织在分配资源时应考虑以下内容:①人力、技能、经验和能力;②风险管理过程中每个步骤需要的资源;③记录在案的风险管理过程和程序;④信息和知识管理系统。

（6）建立内部沟通与报告机制。组织应建立内部沟通与报告机制,确定以下内容:①对风险管理框架的关键组成部分以及其后的任何修改进行适当的沟通;②确保足够的内部报告,并确保有效和富有成果;③来自风险管理过程中的相关信息在一定程度上是有效的;④向内部利益相关者咨询。这一机制应包括巩固组织内部风险信息的各种来源,并保持对风险信息的敏感性。

（7）建立外部沟通与报告机制。组织应制定并实施如何与外部利益相关者进行沟通的计划,包括:①适当联络外部利益相关者,并确保进行有效的信息交流;②外部报告应遵守法律法规、监管和公司治理的要求,按法律规定披露信息;③提供沟通和咨询的反馈和报告;④在组织中通过沟通建立信任;发生危机或紧急状况时与利益相关者进行沟通。

（五）PRINCE2 模式

环境控制下的项目管理(Projects in Controlled Environments,PRINCE)是由英国政府商务部开发的着眼于组织、管理和控制的项目管理方法。

1975 年,Simpact Systems 公司开发了一种信息系统项目管理方法,即项目组织管理与规划技术(Project Organization Management and Planning Technique,PROMPT)。1979 年,英国政府中央计算机与电信局采纳了 PROMPT 作为政府部门信息系统项目的项目管理方法。在 PROMPT 项目管理方法的基础上,20 世纪 80 年代英国政府中央计算机与电信局出资研究开发 PRINCE,1989 年,PRINCE 正式取代 PROMPT,成为英国政府信息项目的管理标准。

此后，英国政府商务部整合用户需求，提升 PRINCE 成为面向所有类型项目的、通用的、最佳实践的项目管理方法。在英国政府商务部的组织下，大量项目管理专家和学者组成设计与开发团队，超过 150 家公共和私人组织参与评审，并为开发工作提供了有价值的反馈意见，并于 1996 年推出 PRINCE2。PRINCE2 是一项适用于信息系统项目管理的综合标准，在英国十分流行，并逐渐在荷兰和澳大利亚等国家发展起来，在中国也设立了办事处，目前世界上已有 50 多个国家引进 PRINCE2。

随着信息治理在全世界的兴起，PRINCE2 作为信息系统项目管理的高效方法，成为信息治理重要的支持工具。PRINCE2 并不试图将项目管理涉及的各方面都囊括进来，尤其是项目管理过程涉及的具体技术，因为具体的技术方法会因每个项目所处环境、设定目标等因素的不同而产生很大的差异。

PRINCE2 为包括信息系统项目在内的项目管理提供了通用的管理方法，内置了在项目管理实践中已证明成功的最佳实践，为所有参与者提供通用语言，便于被广泛理解和接受。PRINCE2 鼓励正式确认项目责任，即谁具体负责什么（Who），强调项目应交付什么（What）、为何交付（Why）、交付时间（When）、为谁交付（Whom）。PRINCE2 能带给项目以下功能：①组织可控的良好的开端、过程和结尾；②在决策关键点时重新审视项目计划和业务状况；③自动管理和控制对计划的任何偏离；④股东和高级管理者只在恰当的时机介入项目；⑤在项目组、项目管理层、组织的其他人员之间搭建畅通的交流通道。

（六）GTAG 模式

IIA 制定的系列全球信息系统审计指南（GTAG）用于指导首席审计官（审计师）、审计委员会和审计主管解决有关信息技术管理、控制和安全方面的问题。从 2005 年 3 月 IIA 颁布第一个指南 GTAG1 以来，目前共出台了 19 项信息系统审计指南，涉及信息技术控制、变更和补丁管理控制、持续审计、信息系统审计管理、管理和审计隐私风险、管理和审计信息系统薄弱点、信息技术外包、审计应用软件控制、确认和存取管理、业务持续性管理、制定信息系统审计计划、实施信息系统审计项目、舞弊的自动化预防与检测、理解和审计大数据等方面。

IIA 的信息系统审计指南由通用指南、基于风险的信息系统控制评价指南和全球信息系统审计指南三部分组成，框架为审计师的工作提供了多层次的指引。

第一部分为通用指南（General）。IIA 制定的通用指南描述了首席审计官和审计师在日常工作中需要注意的事项，规定了审计过程中需要达到的基本要求，是首席审计官和审计师在工作中需要遵守的最基本的规范。IIA 一共发布了 31 项通用指南，涉及审计的各个方面，包括如何处理审计与舞弊、外部审计和审计的关系，如何发表审计意见，如何进行风险评估，内审人员如何与董事会进行沟通等。

第二部分为基于风险的信息系统控制评价指南（GAIT）。这一指南描述了商业风险、商业活动中关键控制和其他自动控制或信息系统控制之间的关系。其中，每种指南都提到有关信息系统风险和控制评价的方法。表 12-4 为 GAIT 具体指南及其发布时间。

表 12-4　基于风险的信息系统控制评价指南

执行指南——GAIT	发布时间
GAIT:方法论	2009 年 1 月
GAIT:信息系统一般控制缺陷的评估	2009 年 1 月
GAIT:商业和信息系统风险	2009 年 1 月

第三部分为全球信息系统审计指南。到目前为止,IIA 一共发布了 19 项指南,它们的侧重点各有不同(见表 12-5)。

表 12-5　全球信息系统审计指南

GTAG 具体执行指南	发布时间
信息技术风险与控制(第二版)	2012 年 3 月
变更和补丁管理控制:组织成功的关键(第二版)	2012 年 3 月
持续审计:协调持续审计和监控以提供持续保证(第二版)	2009 年 1 月
信息系统审计管理(第二版)	2013 年 1 月
信息技术外包(第二版)	2012 年 6 月
审计应用控制	2009 年 1 月
身份识别和访问管理	2009 年 1 月
业务持续性管理	2009 年 1 月
拟定信息系统审计计划	2009 年 1 月
信息系统项目审计	2009 年 3 月
舞弊的自动化预防和检测	2009 年 1 月 2
审计用户开发应用	2010 年 6 月
信息安全治理	2010 年 6 月
数据分析技术	2011 年 8 月
审计智能设备	2016 年 8 月
评估网络安全风险:三种防线的作用	2016 年 9 月
理解和审计大数据	2017 年 5 月
审计信息治理	2018 年 1 月
审计内部威胁项目	2018 年 8 月

以上 19 项指南大致可以划分为三个类别,分别是信息系统审计内容,信息系统审计程序、审计技术与审计方法,信息系统审计质量控制与管理。

第一类是信息系统审计内容。比如前期的几个指南(GTAG 1-3)主要涉及信息系统控制与审计的问题。这三个指南从信息系统控制概念入手,明确了信息系统控制的内容、类型与组织控制、信息治理、信息系统管理之间的关系,构建了信息系统控制框架,规定了信息系统控制测试与评价的程序和方法。以此为基础,指南系列逐步确立了变更和补丁管理控制的基本思路与方法,并系统地设计了持续审计的路径框架等。

第二类是信息系统审计程序、审计技术与审计方法,包括信息技术外包、审计应用控制到身份识别和访问管理、业务持续性计划与开发信息系统审计计划、审计智能设备、审计大数据等,逐渐深入、系统地确定了信息系统审计的基本程序、特别技术和主要方法等工具性内容及应用要求。

第三类是信息系统审计质量控制与管理。从信息系统范围的界定开始,研究了与信息系统控制审计有关的风险,确立了审计师在履行信息系统审计职责时应执行的标准和管理框架,明确了信息系统审计资源管理的主要内容,架构了信息系统审计管理框架,为保障信息系统审计质量明确了管理方向。

近年来,信息技术不断发展,全球信息系统审计指南有必要跟随技术的发展而不断更新。自 GTAG1 准则发布以来,IIA 就在不断地关注信息技术的变化,并在原有指南的基础上更新修订。

四、组织与信息系统的统一

(一) 信息系统管理

基于信息治理,信息系统管理能影响并作用于整个组织,促进组织和信息系统的联系。信息系统管理的治理结构和过程提供了一种机制,用以连接整个组织的战略和目标。组织和信息系统之间的关系有助于保证有限的资源被集中在正确的时间做正确的事情。信息系统和组织之间的信息传递应该是自由流动的,这也提供了观察信息系统是如何帮助组织实现目标以及这些努力处于什么样的地位的能力。审计师应该关注二者间的一致性,并判断是否存在强大的投资组合管理过程;同时,组织和信息系统在优先权、提议及整体投资决策上能相互配合。

1. 了解信息系统管理在实现组织目标上的能力

信息系统部门应该定位自己的战略和战术,确保信息系统的日常服务能够高效且无差错地交付,从而促进组织的发展。度量指标和目标的建立旨在帮助信息系统执行战术以及指导提高个人的工作熟练度。这样会使信息系统部门有效执行战略并实现既定目标。审计师可以判断信息系统的指标和目标是否与组织目标一致,测度已批准计划的进度,并就指标是否与目标相关、是否有效地提出意见。另外,审计师可以帮助验证指标是否准确,并对基于战术和战略的信息系统的运行及治理提出建议。

2. 企业风险管理和信息系统管理

风险管理是组织内有效的信息治理结构的重要组成部分。信息治理能帮助组织开展风险管理活动,包括 ERM(企业风险管理)。信息治理应该成为企业全面风险管理工作的一个组成部分,这样一些合适的技术就成为信息治理的一部分,包括与重要利益相关者的交流。审计应该关注风险管理活动并判断信息风险管理和企业风险活动是否有足够的联系,从而适度关注风险。由 ITGI(国际信息科技管理协会)标准发展而来的 RITPG 以及 ISACA 的 COBIT 框架,都提供了识别和测试信息风险的框架。

3. 信息治理能提高信息系统适应组织和信息系统环境变化的能力

信息治理通过界定流程和信息系统人员的角色定位,给信息治理提供了一个更好的管理组织目标和接受组织支持的基础。因为在组织中有了这样的地位,信息系统能够识别日常中潜在的异常及趋势并引导识别其根本成因。另外,信息系统能更好地适应新的或加强的组织能力。审计师能评估数据源支持和问题管理工作,从而评估信息如何解决已知的问题。审计师可以复合信息系统投资组合管理过程,从中了解如何优先化需求,以及组织对于改变优先性是否存在灵活性。

(二) 信息系统管理与审计

审计活动可以评估一个组织中信息系统管理结构和活动的价值,以下是一些能够实现有效信息治理的关键点。

1. 领导力

评价信息系统目标、组织当前的战略需求及信息系统领导力之间的关系,从而有效地实现信息系统与组织个体之间的交流。评估信息系统领导力在实现组织战略目标时对组织执行流程的影响。判断信息系统在组织实现目标的过程中是如何被测度的,关注角色和职责在信息系统组织中是如何分配的以及它们是如何被执行的,关注高管及董事会如何帮助建立及巩固强效的信息治理。

2. 组织结构

关注管理层与信息技术人员如何互动交流组织现有及未来需求,包括使信息系统能够成为组织需要的重要角色,同时提供解决评估和优化需求的机会,信息系统如何在企业架构中反射组织结构也应包括在其中。

3. 过程

评估信息系统活动过程及信息系统控制以减少组织控制风险,判断信息系统是否提供了对信息传递过程及基础系统的必要保证。并评估信息系统组织运用什么样的程序来维护信息系统环境及预期服务。

4. 风险

审查信息系统组织运行的过程,从而识别、评估及检测信息系统环境的风险。另外,判断个人职责是否在风险管理范围内以及风险预期是否合理。

5. 控制

评估被信息系统界定为管理组织活动和帮助实现组织整体目标的关键控制因素。审计活动应该关注所有权、文件和自我验证方面的报告。另外,这些控制应该有足够的效力,以解决在组织的风险偏好程度和承受水平内的已识别风险以及满足其他任何合理的要求。

6. 绩效测度和监控

评估组织架构和系统,测度及监控信息系统对组织成果的作用,这对提升信息运行及开发方面的内部输出起到重要作用。

(三)信息治理控制和优化

有效的信息治理包括确保组织战略和目标得到满足的控制措施。为了适当地管理信息系统并在一定程度上管理组织的知识资本,信息治理过程应该包括一套统一、管理人员、流程和技术的硬控制与软控制。有效的信息治理在高级管理层在整个信息系统投资生命周期中发挥重要作用,并对结果执行问责制。高层管理人员积极参与相关决策的制定和实施,自上而下地向利益相关者推行责任制。

从无效的信息治理模式转变为更有效或最优模式是一个不断改进的过程,任何组织都没有一刀切的解决方案或范例,优化过程不是一夜之间完成的。如果董事会和高管不了解信息治理与公司治理之间的基本关系,实现组织与信息系统的最佳协调将是困难的。董事会和高管也应该了解组织内部信息系统控制的一些基本方面。信息系统控制是指支持管理和治理的控制,以及对信息系统基础架构(如应用程序、信息和人员)的通用控制和技术控制。

公司和审计部门应该引入成熟度模型,审计师可以使用成熟度模型进行分析,向董事会和高级管理层通报信息治理环境的当前状态。一旦组织的信息治理成熟度水平得到了评估和记录,高管将得到董事会的支持和指导;一旦组织的信息治理成熟度级别的评估得到了记录,高管将得到董事会的支持和指导,可以开始修改和/或实施有助于信息系统组织信息治理优化的实践、政策和程序。

审计师需要协助组织在组织与信息系统之间保持一致,并加强信息治理。审计师应该比较组织的当前状态与信息治理组件,概述本组织现有的董事会层面的管理机制和高级管理工具,提出如何实现信息治理优化。

第二节 信息系统审计

导读 12-2

信息系统审计准则

信息系统审计准则是审计师执行信息系统审计所必须遵循的标准。在研究和制定信息系统审计准则方面,ISACA 的贡献最大,影响也最广泛。ISACA 的信息系统审计准则是由 ISACA 制定并向全球发布的信息系统审计规范。

信息系统审计准则是由 ISACA 下的准则部（Standard Board）制定的。准则部成员每年通过选举产生，任期 1 年，负责制定相关的标准、程序等。准则的制定以信息及相关技术控制目标标准（COBIT）为依据。在制定准则时，ISACA 准则委员会致力于广泛的咨询和磋商。

ISACA 的信息系统审计准则体系由信息系统审计准则（Standard）、信息系统审计指南（Guideline）、信息系统审计工具和技术（Tool and Technique）等三个层次组成，为注册信息系统审计师执业提供了多层次的指引。其中，信息系统审计准则定义了信息系统审计和报告的强制性要求；信息系统审计指南为应用信息系统审计准则提供了指导，审计师在确定如何达到上述准则要求时应考虑这些指南，运用准则体系的过程中也要进行职业判断，并要证明对准则的偏离是正当的。

（一）信息系统审计准则

ISACA 的信息系统审计准则体系的第一层次是信息系统审计准则。信息系统审计准则是整个信息系统审计准则体系的总纲，是制定信息系统审计指南与信息系统审计工具和技术的基础依据。信息系统审计准则为信息系统审计工作确定了强制性的要求，规定了信息系统审计师执业时应达到的最低职业道德规范；规定了管理层和其他利益相关方对信息系统审计师工作的期待；信息系统审计师资格持有人未能遵守准则时，可能会导致 ISACA 董事会或 ISACA 委员会对其进行调查并处分等。最新的信息系统审计准则共有 17 项，如表 12-6 所示。

表 12-6　信息系统审计准则

文号	信息系统审计准则	生效日
1001	审计章程	2013.11.1
1002	组织独立性	2013.11.1
1003	专业独立性	2013.11.1
1004	合理预期	2013.11.1
1005	应有的职业谨慎	2013.11.1
1006	业务熟练	2013.11.1
1007	认定	2013.11.1
1008	衡量标准	2013.11.1
1201	项目规划	2013.11.1
1202	规划中的风险评估	2013.11.1
1203	执行和监督	2013.11.1
1204	重要性	2013.11.1
1205	证据	2013.11.1
1206	利用其他专家的成果	2013.11.1
1207	违规和非法行为	2013.11.1

(续表)

文号	信息系统审计准则	生效日
1401	报告	2013.11.1
1402	后续活动	2013.11.1

（二）信息系统审计指南

ISACA 的信息系统准则的第二层次是信息系统审计指南。信息系统审计指南是依据信息系统审计准则制定的，是信息系统审计准则的具体化，为信息系统审计准则体系中 17 项准则的实施提供了指引。它详细规定了注册信息系统审计师实施审计业务、出具审计报告的具体指引，为注册信息系统审计师在执行审计业务中如何遵守审计准则提供指导。信息系统审计师在实施准则的过程中应参考指南，同时做出职业判断，对于背离准则的做法应随时提供解释。信息系统审计指南的目标是为达到信息系统审计准则的要求提供进一步信息。目前仍有效的信息系统审计指南于 2014 年 9 月 1 日开始生效，共有 18 项指南，其中 17 项和信息系统审计准则一一对应，另外 1 项是审计抽样。

（三）信息系统审计工具和技术

ISACA 的信息系统准则的第三层次是信息系统审计工具和技术。信息系统审计审计工具和技术是依据信息系统审计准则和信息系统审计指南制定的，其目标是为达到信息系统审计准则提供进一步信息。它为注册信息系统审计师提供了执行一般审计业务（尤其是审计计划和审计实施阶段业务）的程序和步骤，是遵守准则和指南的一些通用审计程序，为注册信息系统审计师提供了很好的工作范例。但这仅是注册信息系统审计师的一个参照而已，它所提供的只是注册信息系统审计师在审计时能满足审计准则要求的通常做法，并不要求强制执行。注册信息系统审计师在执行具体的审计业务时，要根据特定的信息系统和特定的技术环境做出自己的职业判断，选择适当的审计程序。

ISACA 的信息系统审计准则体系提供了一套规范化、专业化的管理框架，规定了注册信息系统审计师的能力考核、信息系统审计机构的资质认定，指明了审计方、开发方、用户方的关系以及各方的定位、权利、义务和职责，提供了覆盖信息系统全生命周期、可供注册信息系统审计师参照的、实施信息系统审计的准则和依据。注册信息系统审计师按审计准则开展信息系统审计业务，对信息系统进行检查和评价，提出劝告与改进意见，有效地控制与信息系统有关的风险，指导用户最大限度地利用信息技术带来的好处。

资料来源：信息系统审计与控制协会（ISACA）官网，2020 年 1 月访问。

对于企业来说，信息化使企业的经营发展产生了革命性变化，一些企业成了"信息系统依赖型"企业和"信息资源密集型"企业。电子数据、计算机、网络和软件等已经是除资金、人力资源以外的第三种资产，是企业核心竞争力的重要来源之一。

就审计行业而言，信息化一方面带来了先进的审计手段，另一方面却使得审计师面临大量的新增风险,加大了利用信息技术舞弊的可能性及审计风险。这种舞弊行为动摇了以财务会计为基础的信用体系,审计师不仅要对基于信息系统产生的会计数据是否真实、正确、合法进行审计,还要为企业的信息系统提供鉴证服务,从信息系统的硬件、软件、内部控制的健全性与有效性以及整个信息系统的安全性、可靠性等方面进行审计,从而催生了信息系统审计。

一、信息系统审计概述

(一) 信息系统审计的定义

国际上比较认可 ISACA 提出的有关信息系统审计的定义。信息系统审计(Information Systems Audit, ISA)是一个获取并评价证据,以判断计算机系统是否能够保证资产的安全、数据的完整以及有效率地利用组织资源并有效果地实现组织目标的过程。信息系统审计可能会关注信息系统的真实性(比如,信息系统所提供数据的真实性、完整性、可靠性和合法性)、安全性(信息资产的安全性)及信息系统绩效等。

(二) 信息系统审计的目标

一般而言,信息系统审计的目标包括以下几个方面:

(1) 保证组织的信息技术战略充分反映组织的战略目标。既要基于组织的战略目标开发、购买和运行信息系统,也要利用高效率的信息保证组织战略目标得以实现。

(2) 提高组织所依赖的信息系统的可靠性、稳定性、安全性以及数据处理的完整性和准确性。要求保持信息原样,即信息的正确生成、存储和传输,以确保信息系统中的数据要真实地反映企业的生产经营活动。

威胁信息系统安全的因素有外部和内部两种。外部主要是黑客入侵、病毒攻击、线路侦听等;内部主要是被授权的用户访问和修改、删除等操作。信息系统审计可以审查和评价信息系统的内部控制体系,找出制度缺陷,保护资产安全。

(3) 提高信息系统运行的效率和效果。效率性是指充分利用信息系统的各项资源,提高系统的效率,从而保证信息处理快速、及时并符合成本效益原则。通过独立的信息系统审计,可以分析信息系统给组织带来的各种影响,可以在安全性、稳定性和效率、效用之间进行权衡,为企业信息系统的改进提供建议。

(4) 提高系统的合法性、合规性。合法性、合规性是指信息系统在购买、使用、开发、更新、维护、转移等过程中必须符合相关法律、法规、准则、行规以及企业内部的规定等。在信息化环境下,一个组织依赖于信息系统,对信息系统的输入、处理、输出及控制功能是否符合国家的法律、法规和有关部门规章制度进行审查,不仅可以有效堵塞犯罪,而且可以避免组织和国家遭受由此带来的损失。

二、信息系统审计的主要内容

由于审计的具体目的的不同,审计内容也有所不同。总的来说,从控制的角度来看,信息系统审计是指信息系统内部控制系统的审计。从信息系统生命周期的角度来看,信息系统审计包括系统开发过程的审计、系统运行维护过程的审计、系统生命周期共同业务的审计。

（一）从控制的角度来看

信息系统审计主要是对组织层面信息技术控制、信息技术一般性控制及业务流程层面应用控制的审查和评价。

1. 组织层面信息技术控制

组织层面信息技术控制是指董事会或者最高管理层对信息治理职能及内部控制重要性的态度、认识和措施。组织层面信息技术控制是公司信息技术整体控制环境，决定了信息技术一般性控制和信息技术应用控制的风险基调。组织层面信息技术控制情况代表了公司的信息技术控制的整体环境，包括该公司对信息技术的重视程度和依赖程度、信息技术的复杂性、对于外部信息技术资源的使用和管理情况、信息技术风险偏好等，这些要素会影响该公司信息技术一般性控制和信息技术应用控制的部署与落实。

2. 信息技术一般性控制

信息技术一般性控制是指与网络、操作系统、数据库、应用系统及相关人员有关的信息技术政策和措施，以确保信息系统持续、稳定地运行，支持应用控制的有效性。

一般性控制包含组织控制、系统开发控制、系统安全控制、硬件和系统软件控制等方面。良好的一性般控制是应用控制的基础，可以为应用控制的有效性提供有力的保障。当计算机整体环境控制薄弱时，应用控制就无法真正提供合理保障，信息技术一般性控制的有效与否会直接关系到信息技术应用控制的有效性能否信任。因此，如果一般性控制审计结果很差，应用控制审计就没有执行的必要。

3. 业务流程层面应用控制

业务流程层面应用控制是指在业务流程层面为了合理保证应用系统准确、完整、及时完成业务数据的生成、记录、处理、报告等功能而设计、执行的信息技术控制。

信息系统应用控制是用于对具体应用系统进行控制，是针对具体的应用系统和程序而设置的各种控制措施。由于各应用系统有着不同的目的、任务和运行规律，因此需要根据特定的应用系统设置相应的控制措施。一个应用系统一般由多个相关的计算程序组成，有些应用系统可能是复杂的综合系统，牵涉多个计算机程序和组织单元，与此相应，应用控制包括包含在计算机编码中的日常控制，以及与用户活动相关的政策和流程。对信息系统应用控制的测评内容包括各项业务的授权控制、完整性控制和准确性控制。

一方面，由于应用控制涉及各种类型的业务，每种业务及各自数据处理有其特殊流程的要求，这就决定了具体的应用控制设计需结合具体的业务。另一方面，由于数据处理过程一般是由输入、处理和输出三个阶段构成的，从这一共性出发，可将应用控制划分为输入控制、处理控制和输出控制。应用控制也是由手工控制和程序化控制构成的，但以程序化控制为主。

一般而言,信息系统应用控制审计可以分为手工控制的审查和程序化控制的审查。对于手工实现的应用控制,一般采用手工方法进行审查;而对程序化控制的审查,要通过计算机进行,即采用计算机辅助审计技术。

信息系统内部控制系统审计有两个目的:一是在内部控制审计的基础上对信息系统的处理结果进行审计;二是加强内部控制,完善内部控制系统。

(二) 从信息系统生命周期的角度来看

从信息系统生命周期的角度来看,信息系统审计包括信息治理审计、信息系统开发与变更审计、信息系统运行和维护审计、信息安全审计、信息科技风险管理审计、信息系统外包审计以及系统生命周期其他专项审计(见图 12-8)。

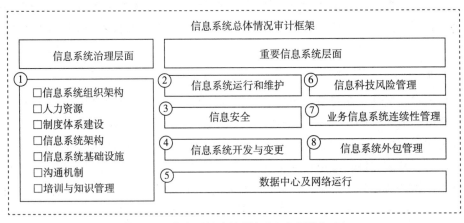

图 12-8 信息系统审计框架(生命周期角度)

1. 信息治理审计

信息治理审计是针对组织的信息技术战略规划对业务战略规划的契合度、信息治理制度体系的建设、信息系统架构及其对财务和业务流程的支持度、董事会或者最高管理层的信息沟通模式、信息技术部门的组织结构和关系、信息技术政策/信息安全制度的传递与沟通、信息治理相关职权与责任的分配、信息技术人力资源管理、对用户的信息技术教育和培训等方面的审计。

2. 信息系统开发与变更审计

信息系统开发审计是针对组织应用系统及相关系统基础架构的开发和采购的授权审批,系统开发的方法论,开发环境、测试环境、生产环境严格分离情况,系统的测试、审核、移植到生产环境等环节的审计。信息系统变更审计是针对组织的应用系统及相关系统基础架构的变更、参数设置变更的授权与审批、变更测试、变更移植到生产环境的流程控制等的审查。一方面要检查开发和变更活动是否受到恰当的控制以及系统开发、变更的方法是否科学、先进和合理,另一方面要检查系统开发和变更过程中是否产生了必要的系统文档资料以及这些文档资料是否符合规范。审计师通过对这一过程的审计、可以熟悉系统的结构、功能和控制措施,了解系统控制的强弱。

3. 信息系统运行和维护审计

信息系统运行审计是针对组织的信息技术资产管理、系统容量管理、系统物理环境控制、系统和数据备份及恢复管理、问题管理和系统日常运行管理等的审计,以发现系统的缺陷与不足以及用户操作管理的疏漏和误区,并提出相应的改进建议。信息系统维护审计是对信息系统维护活动所进行的审计,包括对维护计划、维护实施、改良系统的试运行和旧系统的废除等维护活动的审计。

4. 信息安全审计

信息安全审计是针对组织的信息安全管理政策、物理访问,以及针对网络、操作系统、数据库、运用系统的身份认证和逻辑访问管理机制、系统设置的职责分离控制等的审计。

5. 信息科技风险管理审计

信息科技风险管理审计是针对组织的信息科技及其风险管理工作进行全面的审计,包括信息科技治理、信息科技风险管理、信息安全管理、信息系统开发测试管理、信息科技运行维护和业务连续性等方面进行审计。

6. 信息系统外包审计

信息系统外包审计是针对外包方选择、外包谈判、外包协议,外包执行中的信息安全等方面进行审计。

7. 系统生命周期其他专项审计

系统生命周期其他专项审计是指诸如信息系统人员的管理、信息文档的管理、信息技术投资管理、业务连续性计划、委托业务管理和灾难应对政策等的审计。

三、信息系统审计实务流程及关键环节

信息系统审计流程与普通审计流程没有明显的差异,一般也可以分为计划阶段、实施阶段和报告阶段,如图12-9所示。

(一)识别和评估信息技术风险

审计师在识别和评估组织层面、一般性控制层面的信息技术风险时,需要关注以下内容:①业务关注度,即组织的信息技术战略与组织整体发展战略规划的契合度,以及信息技术(包括硬件及软件环境)对业务和用户需求的支持度;②信息资产的重要性;③对信息技术的依赖程度;④对信息技术部门人员的依赖程度;⑤对外部信息技术服务的依赖程度;⑥信息系统及其运行环境的安全性、可靠性;⑦信息技术变更;⑧法律规范环境;⑨其他。

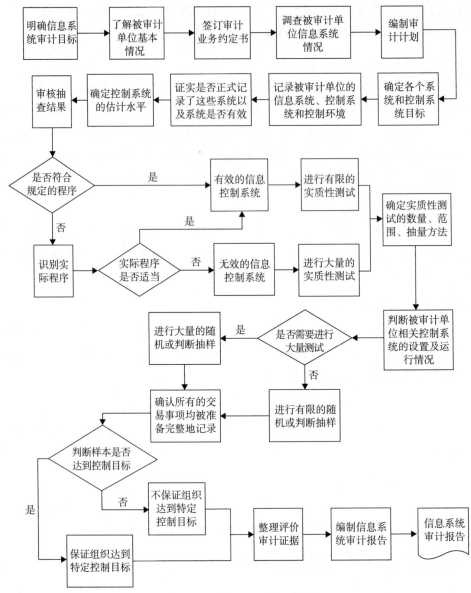

图 12-9 信息系统审计实务流程

业务流程层面的信息技术风险受行业背景、业务流程的复杂程度和组织层面以及一般性控制层面的控制有效性等因素的影响而存在差异。一般而言,内部审计师在识别和评估业务流程层面的信息技术风险时,应当关注以下与数据输入、数据处理及数据输出环节相关的控制活动:授权与批准、系统配置控制、异常情况报告和差错报告、接口/转换控制、一致性核对、职责分离、系统访问权限、系统计算和其他。

审计师应当充分考虑风险评估的结果,合理确定信息系统审计的内容及范围,并对组织的信息技术内部控制设计合理性和运行有效性进行测试。

（二）信息系统控制测试范围的确定

信息系统对控制的影响，取决于被审计单位对信息系统的依赖程度。与财务报告相关的控制活动一般由一系列手工控制和自动控制组成。自动控制程度越高，信息系统对控制的影响越大。无论被审计单位运用信息技术的程度如何，注册会计师均需了解与审计相关的信息技术一般性控制和应用控制。理论上，每个自动系统控制的测试都要与对应的手工控制一起施行，才能得到控制是否可信赖的结论。

实务中，我们根据对信息系统的信赖程度决定系统控制测试的范围，如表12-7所示。

表12-7　信息系统审计范围

对信息系统的依赖程度	对系统环境的了解与评估（是/否）	验证手工控制（是/否）	验证系统应用控制（是/否）	了解、验证系统一般性控制（是/否）
（1）不依赖信息系统	是	否	否	否
（2）仅依赖手工控制，此类手工控制不依赖系统生成的信息或报告	是	是	否	否
（3）仅依赖手工控制，此类手工控制依赖系统生成的信息或报告，审计需要通过实质性程序验证控制的有效性	是	是	否	否
（4）同时依赖手工及自动控制	是	是	是	是

（三）信息系统实质性测试常用的审计技术

信息系统实质性测试常用的审计技术主要有测试数据法和平行模拟法：

1. 测试数据法

测试数据法是指审计师按照交易处理的基本步骤，模拟某些业务数据，并将预先设置的数据输入被审计单位信息系统，比较系统处理的结果与预先计算的结果，检查被审计单位信息系统处理实际业务的正确性以及对错误数据的鉴别能力的方法。

2. 平行模拟法

平行模拟法是指由审计师自行编写一个与被审计单位信息系统的处理控制功能相似的模拟信息系统，将被审计单位的业务数据输入这个模拟的信息系统，然后比较模拟信息系统处理结果与被审计单位的信息系统处理结果，从而对被审计单位的信息系统的可靠性和正确性进行评价并最终得出结论的方法。

第三节 数据审计

导读 12-3

数据审计查出"虚列收入"

金梅集团公司属于生产销售企业,审计组在审计集团公司 2012—2016 年损益情况时,发现集团公司存在"虚列收入"的现象。具体审计过程如下:

1. 审计准备阶段

(1) 开展信息系统调查研究。集团公司与 Oracle 公司合作,全面引入并实施 ERP 系统,包括总账、应收、应付、资产、现金、采购管理、库存管理等模块。

(2) 了解业务流程,确定审计重点。审计组查看业务流程图等,了解各业务模块的核心功能,各模块之间的关联关系、数据交互情况等,并采用座谈、查阅资料、进行控制测试等方式,分析和讨论集团公司业务流程,最终确定把审计重点放在销售模块。在熟悉集团公司销售业务的基本流程后,审计组将审计关注点放在收入确认是否充分、是否存在财务造假等方面。

2. 审计实施阶段

(1) 采集、整理数据,建立审计中间表。审计组采集的数据总量达到 320G、审计中间表 620 个、数据库用户 150 个、数据表 36 000 个。

(2) 分析、验证数据。根据集团公司关于销售业务流程的规定,门卫放行是销售业务必经环节。如果商品提货但在门卫放行系统中显示为"已提货放行",则可判断商品已经发货,销售收入确认符合收入确认的相关规定。审计组根据"销售模块中已确认收入的提货表数据"和"门卫放行系统中未提货放行数据",分析集团公司是否存在虚列销售收入的情况。审计组从销售模块提取"已确认收入提货表",再从门卫系统提取"成品放行表",并将两个表进行关联,从中筛选出"已确认收入而未在门卫系统中标识为放行"的记录。在筛选出上述记录后,延伸取证落实,得出审计结论。

3. 审计结论

在 2012—2016 年已确认收入的商品提货数据中,门卫放行系统无放行记录的达数百万元。审计抽查 2016 年 92 笔发货提货单,金额达 420 万元,其中 32 笔未见提货人签名确认收货记录,金额达 230 万元。

资料来源:罗旋、绉奇:《企业计算机数据审计案例分析》,《中国审计》,2017 年。

上述案例属于典型的数据审计,即先构建审计平台进行数据分析,然后精确延伸取证,这是大数据时代下较为系统和前沿的取证模式。数据审计不同于任何一种审计模式,它不是针对账目或信息化环境下的电子账套,而是将电子数据作为直接的审计对象,而不必将其转换成规定的电子账套。

一、数据审计的特征与风险

(一) 数据审计的特征

1. 审计对象从账目系统变成了电子数据

数据审计的最大特征就是对电子数据的直接利用。在进行数据采集时,深入被审计单位计算机信息系统的底层数据库,获取更多、更广泛的内部数据,对这些数据进行分析处理,并结合从相关单位和部门采集的外部数据的关联分析,得到大量的多种类型的有用信息。在数据审计方式下,审计师面对的不再是纸质环境下的会计账簿,也不是电算化环境下的电子账套,而是将被审计单位的计算机信息系统及其处理的电子数据作为直接的审计对象。

2. 扩大了审计范围和审计内容

数据审计丰富了审计师的可用信息,使其不再局限于传统的账套和财务信息。数据库中存储的各类数据,包括大量的业务数据和外部数据,只要与审计有关,审计师都可以将其作为数据采集的对象。这些信息不仅包括账目系统所反映的传统账务信息和财务数据所反映的其他财务信息,还包括业务数据所反映的非财务信息,以及财务数据和业务数据组合、内部数据和外部数据组合所反映的综合信息。这些类型的信息在传统账套中是无法轻易取得的,但凭借计算机强大的数据处理能力,可以迅速而准确地处理海量数据,为数据审计提供了有力的技术支持,解决了手工条件下审计师因人力和时间有限想做而不可能做事情的难题。

3. 审计方法从查账变成了数据分析

在早期的手工审计中,审计师基本是在重复执行会计人员的核算过程,用详查法验证簿记的正确性。随着审计事项规模的不断扩大和日益复杂,详查法已越来越难以胜任。为了科学地缩小审计范围、减轻审计工作量、提高审计效率,审计师开始使用建立在概率论和数理统计原理之上的审计抽样技术,通过对样本的审查测试实现对总体的监督和评价。测试法逐步取代详查法,成为审计的核心方法。从"簿记审计"到"测试审计"的转变,使审计方法发生了实质性的变化,产生了真正意义上的现代审计。凭借计算机快速、准确的数据处理能力,在计算机辅助审计的条件下,无论是抽样审查还是详细审查,执行起来都不再困难,但信息系统所带来的新特征和风险却与日俱增。因此,审计师面对的主要问题已不再是选择测试法还是详查法,而是如何对信息系统中的数据进行有效的分析,数据分析方法成为审计的核心方法。建立在数据式审计基础上的数据分析方法不同于传统的分析性测试。分析性测试的对象是会计信息,这些信息具有特定的格式和确定的内容,对其只能进行有限的再利用。而数据分析的对象是数据库中的底层数据,可以直接对其进行各种数据处理,形成满足审计目标的多类型信息。

4. 采用了新型的审计技术

数据审计是一种全新的审计模式,需要革新传统的技术方法,创建全新的技术方法,具体流程主要分为以下几个步骤:审前调查以获取信息;采集数据,整理数据;进行数据转换、数据清理和验证;创建审计中间表;进行数据分析,找出审计重点;构建审计分析模型,分析数据;延伸落实审计取证。在数据采集与数据整理阶段,审计师在审前调查的基础上,按照审计目标,采用一定的工具和方法采集被审计单位信息系统的相关数据,并将其转换为审计软件所需的电子数据类型。审计师采集到的被审计单位原始数据,可能存在的数据质量问题有很多种,包括不完整的数据、不准确的数据、不一致的数据、重复的数据、与审计无关的数据等。因此,要对转换后的数据进行清理、整理和验证,剔除无用信息,验证数据真伪,以提高数据的质量。

审计中间表是面向审计分析的数据存储模式(或称目标模式),它是将转换、清理、验证后的源数据按照提高审计分析效率、实现审计目标的要求进一步选择、整合而形成的数据集合,是审计师进行数据分析的对象、资源和平台。创建审计中间表是构建审计分析模型的前提和基础,是实现数据审计的关键技术之一。按照使用目的不同,又可分为基础性审计中间表和分析性审计中间表。前者可以帮助审计师选定审计所需的基础性数据,后者可以帮助审计师实现对数据的模型分析。

审计分析模型是审计师用于数据分析的数学公式或逻辑表达式,它是按照审计事项应该具有的性质或数量关系,由审计师通过设定、计算、判断或限制一定的条件而建立起来的,用于验证审计事项的性质或数量关系,从而对被审计单位经济活动的真实、合法及效益情况做出科学的判断。常见的审计分析模型有以下几种:根据法律规定的状态建立;根据业务的逻辑关系建立,根据不同类型数据之间的对应关系建立,根据审计师的经验或预测建立等。构建审计分析模型是数据审计区别于传统审计模式的重要特征。对审计师来说,能否熟练地构建模型,表现出其个人的审计能力和水平;对审计事业来说,能否对审计分析模型做出正确、深刻的理论概括,能否总结出模型构建的一般规律,标志着计算机审计的整体发展水平。

(二)数据审计的风险

大数据审计在改善审计工作模式、提升审计工作效率方面发挥了重要作用,但在数据采集、管理、使用中也存在一些风险,需要引起注意。

1. 数据采集和整理风险

数据采集风险主要体现在两方面:一方面是对被审计单位的数据缺乏有效的验证手段,不能保证数据的完整性和真实性,只能通过后期的延伸调查核实部分数据的真实有效性;另一方面是采集数据的质量不高,大量的无效数据会严重影响数据分析的质量。此外,采集被审计单位之外的数据(如网络媒体、社交网站等)的过程中也存在较高的数据风险。在数据整理方面,不少审计机关采集了多个行业领域的数据,但各个行业的数据标准、数据格式不尽相同,即便是同一个行业,各机构使用的数据格式也参差不齐。在当前未统一审计数据标准的情况下,数据整理难度较大,多领域的数据关联分析方法在实际应用过程中仍有较大难度。

2. 数据分析和使用风险

数据分析风险主要体现在审计师的分析思路和分析方法上。审计师在不熟悉业务、数据建模能力不强的情况下,在实际分析中容易出现逻辑错误,造成数据分析结果偏差;在数据使用方面,受到数据真实性、完整性和数据表逻辑关联等因素的影响,数据分析结果往往与实际情况存在较大偏差,直接使用会存在较大的风险,审计师需要谨慎对待。

3. 数据管理风险

数据管理风险主要表现为数据在存储、传输过程中出现丢失、泄密、销毁等情况。审计采集的数据涉及诸多行业的信息,数据遗失、泄密将给相关单位造成较大损失,同时对审计机关的权威性、公信力也会产生负面影响。其中,数据管理风险主要来自数据存储设备的管理,如审计师的计算机及移动存储介质等发生遗失、机房设备防灾能力不强、数据网络加密不足等,这些应是防范数据管理风险的重点关注领域。

二、数据审计实务流程

从发展的角度来看,数据审计分为数据式审计和大数据审计两个阶段。大数据审计是在扩大数据采集范围、扩展数据分析方法的基础上对数据式审计的深化。

无论是数据式审计还是大数据审计,其审计流程都包括审计平台构建、审计数据分析、审计数据分析报告撰写和审计延伸取证四个阶段。但大数据审计是在采集结构化数据、半结构化数据和非结构化数据的基础上,运用大数据审计方法开展数据分析工作,其审计流程如图 12-10 所示。

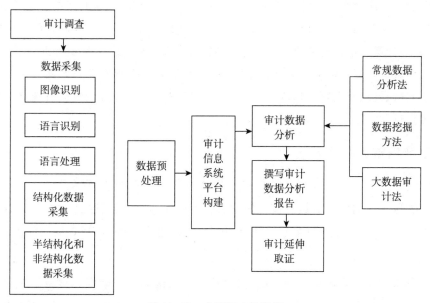

图 12-10 大数据审计流程

（一）审计平台构建

审计平台又称审计资源平台，是开展数据审计的前提和基础。数据审计取证的切入点是被审计单位的信息系统和底层的电子数据，但底层的电子数据需要导入审计机构的软硬平台，经过数据清理、转换后形成审计中间表，进而构建审计信息系统，由此才能服务于审计师开展数据分析。这个阶段的主要工作有审前调查、数据采集、数据预处理和创建审计中间表等。

（二）审计数据分析

审计数据分析是以审计资源平台为基础，结合审计目标，开展针对性的数据分析，主要包括系统分析模型、类别分析模型和个人分析模型的构建。其中，系统分析模型和类别分析模型的构建可以帮助审计师把握被审计单位总体情况，锁定审计重点，选择合适的审计突破口。个体分析模型沟通数据分析方法，查找审计线索，形成数据分析报告，为延伸取证奠定检查的基础。

（三）审计数据分析报告撰写

审计数据分析报告是记录审计中间表数据分析的过程和结果的文书。数据分析报告撰写应分三个阶段进行，首先让负责数据分析工作的审计人员根据自身的数据分析结果撰写数据分析报告，其次由审计组负责人撰写审计数据分析报告，最后由审计组检查或审核审计数据分析报告，验证审计数据分析报告的科学性和合理性。

（四）审计延伸取证

在数据分析报告形成后，审计师根据数据分析中发现的审计线索进行延伸取证落实，获取被审计单位相关证据，辅助财务审计、工程项目审计等工作的开展。

大数据审计流程和数据式审计流程的主要区别在于数据采集的范围更加广泛，运用数据分析的方法更加多样。例如，大数据审计的数据来自语言、文本以及数据库等多种数据源，数据种类和格式也非常丰富，包括结构化数据、半结构化数据和非结构化数据。随着社会化数据和新兴数据的兴起，被审计单位和审计机构越发需要真实可靠的数据以确保信息的可靠性、降低审计风险，将广泛运用诸如社会网络分析、数据可视化分文本挖掘分析等新分析方法。

三、数据审计技术方法

（一）以审计专家经验和常规审计分析技术为基础的审计方法

这些方法是面向用户对数据库中的记录进行访问和查询，可通过 SQL 等语言交互式地描述查询要求，或根据查询需求采用开发工具定制查询软件，实现查询型分析。

1. 合规分析方法

合规分析方法是指用审计软件的会计核算部分，根据会计准则和被审计单位业务处理逻辑的数据处理要求，检查以下事项是否有账证不符、账账不符、账表不符、表表不符的情况,账户对应关系是否正常,是否存在非正常挂账、非正常调账现象,账户余额方向是否存在异常,是否有违背被审计单位业务处理逻辑的情况等。

2. 趋势分析方法

趋势分析方法是指审计师将被审计单位若干期相关数据进行比较和分析,从中找出规律或发现异常变动的方法。它是审计师利用少量时间点或期间的经济数据进行比较分析的特殊时间序列法,有助于审计师从宏观上把握实务的发展规律。审计师可根据审计需要确定时间序列的粒度,如年、季、月、旬、日等。

3. 比率分析方法

比率是两个相关联的经济数据的相对比较,主要用除法形式表达,体现了各要素之间的内在联系。比率分析方法计算简单、结果简单,便于审计师判断。由于采用了相对数,它可以适用于不同国家、地区、行业、规模的客户。

4. 结构分析方法

结构分析方法也称比重分析法,是通过计算各个组成部分占总体的比例来揭示总体的结构关系和各个构成项目的相对重要程度,从而确定重点构成项目,提示进一步分析的方向。结构分析方法和趋势分析方法还可以结合应用,进行数据结构比例在若干期间的变动趋势分析。运用结构分析方法和趋势分析方法,对被审计单位的资产、负债、损益和现金流进行结构分析、趋势分析以及结构比例的趋势分析,从而对被审计单位的总体财务状况、经营成果和现金流量形成总体的了解。

5. 经验分析方法

审计师长期地反复审计的某类问题之后,往往能摸索、总结出此类问题的表征。在审计实践中抓住这种表征,从现象分析至实质,可以较为方便地核查出问题。将审计师的这种经验应用到计算机审计中,将问题的表征转化为特定的数据特征,编写结构化查询语句(SQL)或利用审计软件检索、查询出可疑的数据,并深入核实、排查以判断、发现问题,便能实现根据审计经验构建个体分析模型的目的。

(二) 以审计分析模型和多维数据分析技术为基础的审计方法

这些方法是指用户先提出自己的假设,然后利用各种工具通过反复的、递归的检索查询,以验证或否定自己的假设。从用户的观点来看,他们是从数据中发现事实,因而实现的是验证型分析。

联机分析处理(OLAP)工具为多维数据分析提供了十分有效的功能,它能够从多种角度对从原始数据中转化出来的、可真正为用户所理解的、真实反映企业的多维特性信息进行快速、一致、交互的存取,从而深入了解数据。多维数据的审计分析思路如下:

1. 上卷单维度分析审计总体数据

上卷(Roll-up)是指在数据立方体中,对多维数据执行聚集的一种操作,通常通过在维度级别中上升或者消除一个或多个维度来观察更为概括的数据,例如沿着时间维度上卷,从"月度"上升到"季度"。

在实施延伸审计的过程中,审计师所发现的具有较明显特征的问题或线索是比较零散的,难以满足审计全覆盖要求,难以形成有力的审计证据。利用上卷技巧可以有针对性地集合多维数据集,达到由个体到整体、由点到线、由线到面地反映问题全貌。例如在国税审计中,审计师对于税款征收、税款减免、税收入库等的分析,可以在税务机构维度上从区县税务局到省级税务局、在时间维度上从月份到年度、在单位性质维度上从个体到行业等,逐步掌握整体情况。

2. 下钻追根溯源分析审计疑点

下钻(Drill-down)是指从某个更低层次的维度下降或引入一个或多个维度来更细致地观察、分析数据的操作。它是上卷的逆操作,沿着维度级别层次向下。下钻是从整体到个体、从一般到特殊、由面到线、由线触点的分析方法,有助于审计师掌握整体情况后突出审计重点。上卷是为了全面了解进而从面上分析数据的结构和趋势,信息性质相对宏观;下钻则是在掌握总体情况后为分析疑点寻求线索以深入分析个案数据,信息性质相对微观。

3. 旋转多维度研判审计重点

旋转(Rotate)是指改变数据维度方向,以得到不同视角的数据。在审计中,旋转多维度数据分析伴随着审计师思路的变化而生成不同形态的数据,有利于审计师从多角度审视审计数据,选择科学的审计范围、时间和重点,判断数据的发展趋势,剥茧抽丝、逐步深入地寻找存在的问题、成因和系统风险。例如国税审计,以某市国税局税收征收明细表为事实表,将征收基数状态、地区、经济类型、时间作为维度。在确定重点关注的时间范围后,先将时间维度旋转到地区维度,确定重点审计区域;然后将地区维度旋转到经济类型,确定重点征收对象类型;最后交换时间维度与征收基数状态维度,分析判断征收趋势。

4. 切片单维度分析审计重点事项

切片(Slice)是指在数据立方体中,对单一维度进行选择性操作,结果会得到一个二维的平面数据。在审计实践中,可以根据审计视角,通过一次或多次切片,分析某一维度的构成和趋势,不同于上卷、旋转技巧,切片侧重于就审计重点深入研究。例如保险审计,在理赔率分析中,将地区、保险产品类型作为维度。按地区维度切片,选择理赔率突出的分公司作为审计重点;按保险产品类型维度切片,选择理赔率突出的险种,可以核实理赔的真实性。

5. 切块多维度分析审计重点事项

切块(Dice)是指在给定的两个或多个维度上进行的选择性操作,结果会得到一个子立方体。切块是切片的拓展,得到的仍然是一个多维数据集。

审计师为突出审计重点,往往需要对一个时间跨度、一个或多个区域范围等数据进行分析,切片难以达到目的,而切块则可以将数据集切割成多个更贴近审计需要的子立方体。例如保险审计,在了解整体情况并确定一些审计重点之后,接下来审计师需要对某些分公司、某些保险产品种类、某些销售渠道等进行重点分析,可以将审计重点数据按不同纬度逐步切块,剔除非关键因素,使得到的子数据集更贴合审计重点。

（三）以数据挖掘技术为基础的审计方法

数据挖掘(Data Mining)是从大量数据中提取隐含的、事先未知但又潜在有用的信息和知识的过程,它是在全面而深刻认识数据集的基础上,对数据内在本质的高度抽象和概括,也是对数据从理性认识到感性认识的升华。常用的数据挖掘方法有聚类、分类、回归、关联分析、时间序列预测等(见表12-8)。数据挖掘方法千差万别,不同的方法适用于不同的领域和对象,审计师在实践中应当根据所要解决的具体问题选择合适的方法。

表12-8　常见的数据挖掘方法

数据挖掘方法	概念	常见方法
聚类	依据样本特征将事例分到多个族中,使得同一族中的事例"相似",而与其他族中的事例"不相似"	K均值、自组织图、层次聚类、谱聚类
分类	把一些事例映射到给定类型的过程,特点是根据事例的某些属性,估计一个特定属性的值	贝叶斯、决策树、K最近邻、神经网络分类、支持向量
回归	研究一个随机变量y对另一个变量x或一组变量的相关关系的统计分析方法,在数据挖掘实践中常用来进行预测	单线性回归、多项式回归、多元线性回归、多变量回归、Logistic回归、泊松回归、非线性回归
关联分析	从大量事务数据中发现事项之间的关联	Apriori、FP-Tree
时间序列预测	由历史的和当前的事件推测未来的事件	移动平均法、趋势外推法、自回归滑动平均模型
其他方法		神经网络和遗传算法

以数据挖掘技术为基础的审计方法是针对日益庞大的电子数据应运而生的一种新型信息处理技术,它会排除人为因素而通过自动的方式从大量数据中发现数据,是一种预测趋势和行为的数据分析模式;它能挖掘数据间潜在的模式,发现用户可能忽略的信息,并为审计师做出前瞻性的、基于知识的决策提供帮助,因而实现的是发现型分析,有助于审计由"验证性"转向"发掘性"。

1. 运用统计分析技术发现偏差数据

统计分析技术是指利用统计学原理对数据库字段项之间存在的函数关系或相关关系进行科学分析的方法,包括常用统计(求大量数据中的最大值、最小值、汇总、均值等)、回归分析(用回归方程表示变量间的数量关系)、差异分析(从样本统计量值得出差异以确定总体参数之间是否存在差异)等。

审计师建立统计模型对被审计单位以及同类型单位大量的财务、业务历史数据进行分析,挖掘其内部存在的函数关系或相关关系,然后对审计期间内的相关数据进行合理预测,将分析的预测值和审计值进行比较,帮助审计师发现疑点。例如,根据个人或家庭的购买模式估计个人或家庭的收入水平,通过与个人或家庭的正常收入水平的比较,或许能找出个人或家庭收入方面的一些问题。对于某个企业或单位,也可以按此逻辑分析其收入或支出等方面数据的正常性。一般情况下,估值可以作为分类的前期工作,输入特定的数据,通过估值分析,得到一些难以直接获取的变量的数值,然后根据预定的分类规则进行分类。例如银行的个人消费信贷业务,可以运用估值分析,给各个客户打分,然后根据一定的分类标准,将客户按级别分类。

2. 运用关联分析技术揭示关键属性

关联分析技术是指从操作数据库的所有细节或事件中抽取频繁出现的数据,进而总结出一组事件或条目与其他事件或条目的相互联系。

审计师可利用关联规则挖掘技术对审计对象数据库中的数据进行分析,找出数据库中各数据之间的相互联系,发现某些数据之间的异常联系,并以此为基础寻找审计线索,发现审计疑点。例如利用关联规则分析,可以发现一个企业的原材料消耗量、职工工资总额、生产量、销售费用、销售额和应纳增值税税额或消费税税额之间的关联性,查找相关企业这些数据的对应关系,据此或许能发现该企业在缴纳增值税或消费税方面存在的问题。

3. 运用孤立点分析技术挖掘审计疑点

孤立点是指明显偏离其他数据,即不满足一般模式或行为的数据。孤立点分析是一项重要的数据挖掘技术,用来发现数据源中显著不同于其他数据或行为的异常数据和异常行为。面对海量的电子数据,审计师需要利用计算机强大的数据分析能力,采用孤立点检测算法,发现异常审计数据或异常发生频率等,从而发现有可能隐藏的违规行为。

4. 运用聚类分析技术确定审计重点

聚类分析就是把一个数据集分解或划分成不同的组,使同一组中的对象尽可能相似、不同组中的对象尽可能相异。通过聚类,容易识别出密集的和稀疏的区域,发现全局的分布模式和数据属性之间的相互关系。

在审计实践中,通常利用聚类分析技术对信息系统中被审计单位的同类型财务数据或者业务数据进行分组,使其成为有相似特性的数据集。一般说来,财务数据及重要业务数据(如销售数据)的变动具有一定的规律性。如果某些数据处于稀疏区域,则说明其变动表现异常,需要重点关注,观察该区域记录的特征,可以发现审计需要查证的问题特征。例如在对银行的信贷业务进行审计时,可将各种业务划分为低风险、中风险、高风险三类,然后分配各笔业务到预先定义的业务分片。分类就是要达到"物以类聚"的目的,分类规则一旦确立,各种数据就可自动通过数据挖掘系统归类聚集。

在大数据的推动下,社会网络分析、数据可视化分析、文本挖掘分析等面向非结构化数据的分析方法也在审计领域广泛应用。

1. 社会网络分析方法

社会网络分析(Social Network Analysis)是指对数据中巨大的节点和节点之间共同构成的网络进行分析的方法。在信息化背景下,分析多种数据构成的复杂网络有助于审计师发现审计对象的网络特征,为挖掘其特征提供基础。基于关系的网络分析方法包括社团发现、节点影响力分析、子图索引等。

2. 数据可视化分析方法

数据可视化分析是指利用数据进行绘图的方法。传统数据分析中存在大量的以图形表示的数据,但随着数据量的增加以及运用场景的变化,传统图形已经不能完成相关任务。目前流行的数据可视化分析是一种通过交互式的可视化界面,辅助审计师对大规模复杂数据进行分析推理的科学技术方法。根据分析目的,数据可视化分析分为探索性可视化和解释性可视化。探索性可视化是指审计师对审计原始数据进行必要的转换、清理和验证后,再通过视觉编码和交互手段实现数据可视化,有助于审计师更加轻松地把握数据结构及其分布规律,节省审计师书写大量 SQL 语句的时间。解释性可视化可以帮助审计师将成果以最直观的形式展现在报告使用者面前,免去大段文字说明,可增强报告内容的丰富性和多样性,其可视化图形具有简洁、美观、信息量大等优点。

3. 文本挖掘分析方法

文本挖掘分析属于典型的非数值分析方法,运用文本挖掘技术,能够对文本信息进行有效的组合与整理,实现对信息的准确检索与定位,为审计师提供有用的审计线索。常见的文本挖掘分析方法有中文分词、分类、聚类等。

知识要点

信息治理定义　信息治理五要素　信息治理关键成功因素　信息治理关键目标指标　信息治理关键绩效指标　信息管理　COBIT 框架　ITIL 框架　ISO 框架　GTAG 框架　信息治理框架中的审计　信息系统审计的定义　信息系统审计的主要内容　ISACA 的信息系统审计准则体系　信息系统审计基本流程数据分析

行动学习

中国移动全息交互智慧审计体系

中国移动通信集团有限公司(以下简称"中国移动")高度重视内部审计工作,认真贯彻中央审计委员会会议精神,积极创新审计理念、推进科技强审。在多年数据审计工作实践的基础上,创新性地提出构建"全息交互智慧审计体系"的发展目标并全面实施,推动审计工作机制与流程发生根本性变革,进一步优化审计资源,进一步拓展审计深度和审计广度。

一、构建审计"全息"数据集市,大力拓展数据审计多维应用

充分运用大数据、云计算等技术,基于 HADOOP 平台构建审计"全息"数据集市,"全方位、多样性"地采集审计数据。在引入业务运营支撑系统、财务系统、网络综合资源管理系统等结构化数据的同时,广泛引入合同文档、财务凭证、业务影像资料等非结构化数据。当前接入数据接口达 100 余个,使用数据 150 余亿条,涵盖 20 多个应用领域。

大力拓展数据审计的多维应用,完善智慧审计系统。一是快速扩充数据审计模型,模型总数达 130 余个,涵盖 9 个主要业务流程、38 个子流程。二是打造智慧审计云中枢,充分整合现场审计与数据审计的审计成果,在"云端"进行集中汇总、处理及展现,支持从不同领域、单位、时期综合研判审计风险,形成对被审计单位全面、立体的风险监控及评价,既能统观公司风险整体分布,又可"下钻"至任意一笔具体的违规业务操作,为管理层开展工作决策部署、执行层开展问题分析定位提供有效支撑。

二、创立"远程+现场"互动审计模式,促进远程数据审计与现场审计的"交互"协同

"远程+现场"互动审计模式打破了远程数据审计与现场审计各自为战的局面,在"远程"与"现场"间建立了高效的协同机制,在不同项目、不同工作阶段呈现不同的协同形态:"现场"挖掘审计发现并总结共性特征,反馈"远程";"远程"运用系统固化审计模型,采集全量数据进行模型运算,在更大审计范围内对更多问题进行"探针式"定位,向"现场"提供确切的审计线索和疑似审计发现;"现场"精准核查并将审计结果反馈给"远程"。通过循环迭代,不断提升"远程+现场"审计的组合效用。

2018 年以来,已在 50 余个现场审计项目中实施"远程+现场"互动。"远程"为"现场"提出审计选题建议 20 余个,提供数据线索并协助确认审计发现 160 余个;"现场"协助"远程"固化审计模型 40 余个,优化模型 60 余个。"现场"投入人力减少,审计覆盖面提高,大部分领域实现全量审计。

三、引入人工智能技术,建设"智慧"型数据审计能力

合同和会计凭证是记录公司主要经济事项的重要媒介,由于资料数量庞大,人工审计抽样率低,致使审计风险高。中国移动自主研发了合同及会计凭证智能审计产品,利用自然语言处理(NLP)、光学文字识别(OCR)等人工智能技术,自动提取合同文本及会计凭证影像中的关键字段信息,并与相关结构化数据进行大数据关联分析,直接得出审计结果,实现全量审计。该产品在清理企业欠款审计、经济责任审计等项目中试点使用,已上线 20 余个智能审计模型,自动审计原始资料 102 余万份,有效地揭示了合同关键要素缺失、预付款比例约定过高、发票与合同收款方不一致等传统数据审计难以发现的违规问题,大幅提升了审计效率。

此外,中国移动还探索利用机器学习技术实现数据审计模型的智能化建模,利用机器人流程自动化技术(RPA)实现审计过程资料的自动归档并上传,进一步扩大人工智能技术应用范围,有效提升了审计效率及审计质量。

资料来源:审计署内部审计指导监督司,中国移动:创新审计工作模式 引入人工智能技术构建"全息交互智慧审计体系",2019 年 7 月下载,http://www.audit.gov.cn/n9/n1640/n1643/c133405/content.html。

质疑和讨论：

结合中国移动全息交互智慧审计体系，讨论在信息治理下审计的变革以及如何应对这些变革。

案例分析

网络游戏公司的信息系统审计

以网络游戏公司为例，中国证监会 2012 年度财务报告专项检查核查程序规定，发行人为互联网或移动互联网服务企业的，核查其是否采用技术手段或其他方法指使关联方或其他法人、自然人冒充互联网或移动互联网客户与发行人（互联网或移动互联网服务企业）进行交易以实现收入、盈利的虚假增长等。2017 年 5 月，中国证监会发布《关于网络游戏类公司 IPO 信息披露指引》，特别要求对信息系统进行专项核查。

（一）信息系统测试

信息系统审计在网络游戏行业收入确认的存在性、完整性和准确性方面发挥着重要作用。收入确认很大程度上依赖于游戏公司内部的运营数据系统，审计师对数据系统的可靠性要给予重点关注。一是关注信息系统控制，包括但不限于系统的开发、变更权限、运行与维护、安全、备份、逻辑访问等流程控制情况（是否存在超权限，是否通过信息系统或后台数据库伪造数据等舞弊行为，是否存在导致数据异常的重大事故），重点关注自行开发的信息系统，考虑舞弊行为出现的可能性；二是查看系统的运营日志、业务流程、识别业务流程中可能存在的数据造假风险点（主网页浏览量、IP 地址、MAC 地址、下载量、订单量、订单号、第三方支付数据等），识别是否存在机器软件模拟正常用户，识别所获取的运营数据是否被软件或其他方法篡改，判断所获取的运营数据是否真实、准确和完整；三是查看财务系统，对财务系统引用运营系统数据的流程进行核查和测试。

（二）数据分析

1. 分析是否存在自充值情形

核查网络信息检索并检查与被审计单位主要收入来源有关的门户网站、主要社区论坛等，以及被审计单位与公众组织或运营公司的往来情况，分析是否存在通过分发任务等方式利用游戏公会或类似公司组织进行自充值。

2. 利用大数据分析，判断财务数据和运营数据是否真实、准确和完整

审计师可以利用大数据分析，以风险防控为导向，结合业务模式，深入分析关键业务指标和财务指标的变化趋势及匹配性，进一步核查指标异常时段，以判断财务数据和运营数据是否真实、准确和完整。一是核心数据匹配性及趋势分析，如 ARPU、付费转换率、留存率、付费用户数、活跃用户数、下载激活令、充值消耗比等，并与行业数据进行分析；二是异常充值消费行为分析；三是充值金额分布、方式分布、行为分布等的分析；四是游戏运营平台浏览量分析；五是对比分析充值卡收入金额的变化趋势与行业内其他相同或

类似公司的充值卡收入金额的变化趋势等。

要求：

1. 相比于传统行业，互联网行业的各种业务依靠信息系统来完成，运营数据和财务数据大多由用户自动产生，像生成订单、付款甚至产品的使用，都是由用户自己来操作的。结合案例，讨论由此带来的审计挑战和应对策略。

2. 信息系统在互联网行业审计中是最关键和具核心影响力的审计对象，必须依靠信息系统审计，对信息系统进行有效的测试和分析，以验证信息系统是否安全、可靠，被审计单位提供的会计资料是否真实、准确。结合案例，讨论信息系统审计和财务报表审计的联系与区别。

补充阅读

陈伟、S. Wally：《大数据环境下的电子数据：机遇、挑战与方法》，《计算机科学》，2016年第1期。

国际审计师协会：《国际审计专业实务框架》，中国审计协会译，北京：中国财政经济出版社，2017年版。

李晓慧、王彩：《区块链环境下注册会计师行业的创新与业务拓展》，《财会月刊》，2019年第3期。

〔美〕莫勒尔：《布林克现代审计学》（第六版），李海风译，北京：中国时代经济出版社，2006年版。

COBIT 标准认证机构（http://www.isaca.org/）。

GTAG，国际内部审计师协会 IIA（http://na.theiia.org/）。

James A. Hall, *Information Technology Auditing*（4th Edition）, Cengage Learning, 2015.

Angel R. Otero, *Information Technology Control and Audit*（5th Edition）, Auerbach Publications, 2018.

参考文献

阿尔文·阿伦斯、兰德尔·埃尔德、马克·比斯利:《审计学:一种整合方法》(第 14 版),北京:中国人民大学出版社,2013 年版。
AO 应用实例丛书编写组:《AO 财政审计应用实例》,北京:中国时代经济出版社,2013 年版。
AO 应用实例丛书编写组:《AO 经济责任审计应用实例》,北京:中国时代经济出版社,2013 年版。
AO 应用实例丛书编写组:《AO 行政事业审计应用实例》,北京:中国时代经济出版社,2013 年版。
AO 应用实例丛书编写组:《AO 专项资金审计应用实例》,北京:中国时代经济出版社,2013 年版。
财政部会计司:《2017 年注册会计师行业发展和行业管理情况报告》,财政部网站,2018 年。
陈关亭:《我国上市公司财务报告舞弊因素的实证分析》,《审计研究》,2007 年第 5 期。
陈汉文、韩洪灵:《审计理论与实务》,北京:中国人民大学出版社,2019 年版。
陈俊、韩洪灵、陈汉文:《审计质量双维研究范式及其述评》,《会计研究》,2009 年第 12 期。
陈伟、〔加〕Wally:《大数据环境下的电子数据:机遇、挑战与方法》,《计算机科学》,2016 年第 1 期。
陈伟利、郑子彬:《区块链数据分析:现状、趋势与挑战》,《计算机研究与发展》,2018 年第 9 期。
崔春:《大数据助推审计基本理论问题发展探讨——基于区块链技术》,《经济体制改革》,2018 年第 3 期。
大信会计师事务所:《中国证券市场 IPO 审核财务问题 800 例》,北京:经济科学出版社,2015 年版。
董大胜:《审计本质:审计定义与审计定位》,《审计研究》,2015 年第 2 期。
国际内部审计师协会:《国际内部审计专业实务框架》,中国内部审计协会译,北京:中国财政经济出版社,2017 年版。
国际审计师协会,《国际审计专业实务框架》,中国审计协会译,北京:中国财政经济出版社,2017 年版。
洪峰:《关于上市公司内部控制重大缺陷的研究综述》,《财会月刊》,2012 年第 22 期。
胡为民:《内部控制与企业风险管理实务操作指南》(第 3 版),北京:电子工业出版社,2013 年版。
黄世忠:《会计数字游戏:美国十大财务舞弊案例剖析》,北京:中国财政经济出版社,2003 年版。
黄世忠:《旧标尺衡量不了新经济——论会计信息相关性的恶化与救赎》,《当代会计评论》,2018 年第 4 期。
黄世忠:《上市公司财务造假的八因八策》,《财务与会计》,2019 年第 16 期。
阚京华:《国际审计与鉴证准则理事会审计报告模式变革特征及启示》,《南京审计大学学报》,2017 年第 2 期。

李若山、周勤业:《注册会计师法律责任理论与实务》,北京:中国时代经济出版社,2002年版。

李晓慧:《风险管理框架下审计理论与流程研究》,大连:东北财经大学出版社,2009年版。

李晓慧:《国家审计变革与审计学科建设》,《审计研究》,2017年第4期。

李晓慧、何玉润:《内部控制与风险管理:理论、实务与案例》(第2版),北京:中国人民大学出版社,2016年版。

李晓慧、蒋亚含:《政府审计对年报审计市场的影响——基于供需双方力量变化的视角》,《中央财经大学学报》,2019年第6期。

李晓慧、蒋亚含:《政府审计对注册会计师审计的影响:"顺风车"还是"威慑力"》,《会计研究》,2018年第3期。

李晓慧、金彪:《中央企业领导人员经济责任审计的现状及其特征研究》,《审计研究》,2013年第6期。

李晓慧、孟春:《有效内部控制的关键环节研究——来自巴林银行、兴业银行和瑞士银行的多案例研究》,《财政研究》,2012年第2期。

李晓慧:《如何提升内部审计在企业中的定位和价值》,《中国内部审计》,2012年第11期。

李晓慧、孙蔓莉:《业绩归因分析在审计风险识别中的运用研究》,《会计研究》,2012年第9期。

李晓慧、王彩:《区块链环境下注册会计师行业的创新与业务拓展》,《财会月刊》,2019年第3期。

李晓慧、张明祥、李哲:《管理层自利与企业内部控制缺陷模仿披露关系研究:基于制度理论分析》,《审计研究》,2019年第2期。

李晓慧、赵雪媛、黄益建:《审计专题教学案例精选》,北京:经济科学出版社,2015年版。

李晓慧、郑海英:《审计教学案例精选》,北京:北京大学出版社,2018年版。

李晓慧:《中国工商管理案例精选》(第五辑),北京:中国财政经济出版社,2016年版。

李晓慧、周羽杰:《对注册会计师职业怀疑缺失的问题分析及建议:以利安达对天丰节能IPO审计失败为例》,《中国注册会计师》,2015年第11期。

李晓慧主编.审计专题教学案例精选[M].北京:经济科学出版社,2014年版。

李晓慧:《资本市场会计信息披露案例》,北京:经济科学出版社,2011年版。

刘家义:《中国特色社会主义审计理论研究》,北京:中国时代经济出版社,2015年版。

刘明辉、胡波:《法务会计、舞弊审计与审计责任的历史演进》,《审计与经济研究》,2005年第6期。

[美]C. W. 尚德尔:《审计理论》,汤韵味、吴云飞译,北京:中国财政经济出版社,1992年版。

[美]R. K. 莫茨、H. A. 夏拉夫:《审计理论结构》,文硕译,北京,中国商务出版社,1990年版。

[美]贝利、格拉姆林、拉姆蒂:《内部审计思想》,王光远译,北京:中国时代经济出版社,2006年版。

[美]莫勒尔:《布林克现代审计学》(第六版),李海风译,北京:中国时代经济出版社,2006年版。

潘博:《关于企业经济责任审计评价的几个问题的理解》,《审计研究简报》,2012年第6期。

企业内部控制编委委员会:《企业内部控制基本规范及配套指引案例讲解》,上海:立信会计出版社,2017年版。

秦荣生:《大数据、云计算对审计的影响研究》,《审计研究》,2014年第6期。

曲明:《政府绩效审计:沿革、框架与展望》,大连:东北财经大学出版社,2016年版。

审计审计署审计科研所、审计署境外审计司、审计署国际合作司:《国外审计监督制度简介》,北京:中国时代经济出版社,2013年版。

审计署审计科研所:《国家审计案例故事》,北京:中国时代经济出版社,2017年版。

审计署审计科研所:《世界主要国家和国际组织审计概况》,北京:中国时代经济出版社,2014年版。

审计署:"十三五"国家审计工作发展规划,2016年12月2日,http://www.gov.cn/xinwen/2016-06/02/content_5078941.htm。

谭丽丽、罗志国:《内部审计工作法》,北京:机械工业出版社,2017年版。

唐建华:《国际审计与鉴证准则理事会审计报告改革评析》,《审计研究》,2015年第1期。

王学龙:《经济效益审计》,大连:东北财经大学出版社,2012年版。

习近平:加强党对审计工作的领导,新华网,2018年5月23日。

杨治国:《加强版审计报告:理论与运用》,北京:中国财经出版传媒集团,2018年版。

尹平、郑石桥:《国家治理与国家审计》,北京:中国时代经济出版社,2014年版。

张国峰:《IPO企业上市典型案例深度剖析:疑难问题与解决对策》,北京:法律出版社,2013年版。

张国峰:《走向资本市场:企业上市尽职调查与疑难问题剖析》,北京:法律出版社,201年版。

张龙平、王泽霞:《美国舞弊审计准则的制度变迁及其启示》,《会计研究》,2003年第4期。

郑石桥:《领导干部经济责任审计本质:理论框架和例证分析》,《财会月刊》,2018年第14期。

郑石桥:《领导干部经济责任审计界定:理论框架和例证分析》,《财会月刊》,2018年第20期。

郑石桥:《领导干部经济责任审计运用:理论框架和例证分析》,《财会月刊》,2018年第22期。

中国内部审计准则释义编写组:《中国内部审计准则释义》,北京:中国时代经济出版社,2014年版。

中国审计师协会:《中国注册会计师审计准则问题解答第14号——关键审计事项》和《中国注册会计师审计准则问题解答第15号——其他信息》,2019年。

中国审计师协会:《中国注册会计师审计准则问题解答第10号——集团财务报表审计》,2015年。

中国证监会会计部:2017年上市公司年报会计监管报告,http://www.csrc.gov.cn,2018年。

中国证监会会计部:2016年上市公司年报会计监管报告,http://www.csrc.gov.cn,2017年。

中国证监会会计部:2018年上市公司年报会计监管报告,http://www.csrc.gov.cn,2019年。

中国证监会会计部:2019年上市公司年报会计监管报告,http://www.csrc.gov.cn,2020年。

中国证券监督管理委员会、财政部会计司:2017年注册会计师行业发展和行业管理情况报告,证监会网站,2018年。

中国证券监督管理委员会:首发业务若干问题解答,中国证券监督管理委员会官网,2019年。

中国注册会计师协会:《注册会计师行业课题研究报告》(第一辑),北京:中国财政经济出版社,2004年版。

周华、刘俊海:《审计监督体系的完善路径研究——从注册会计师审计制度的局限性谈起》,《社会科学》,2019年第4期。

American Institute of Certified Public Accountants(AICPA). Rules of Professional Conduct. New York, NY: AICPA, 1973.

American Institute of Certified PublicAccountants(AICPA). A History of Accounting & Auditing Standards. New York, NY: AICPA, 2002.

American Institute of Certified PublicAccountants(AICPA). RE: PCAOB Rulemaking Docket Matter N0. 004-Statement Regarding the Establishment of Auditing and Other Professional Standards. New York, NY: AICPA, 2003.

Angel R. Otero, *Information Technology Control and Audit*(5th Edition), Auerbach Publications, 2018.

Beasley M. S. An Empirical Analysis of the Relation between the Board of Director Composition and Financial Statement Fraud. *Accounting Review*, 1996(71): 443-465.

Bell T. B., Landsman W. R., Shackelford D. A. Auditors' Perceived Business Risk and Audit Fees: Analysis and Evidence. *Journal of Accounting Research*, 2001(1): 35-43.

Brown R. G. Changing Audit Objectives and Techniques. *The Accounting Review*, 1962(4): 696-703.

Chaney P. K., Philioich K. L. Shredded Reputation: The Cost of Audit Failure. *Journal of Accounting Research*, 2002(4): 1221-1245.

Choi S. K., Jeter D. C. The Effects of Qualified Audit Opinion on Earnings Response Coefficients. *Journal of Accounting and Economics*, 1992(15): 229-247.

COBIT(Control Objectives for Information and related Technology), http://www.isaca.org/.

Dye R. A. Auditing Standards, Legal Liability and Auditor Wealth. *Journal of Political Economy*, 1993(5): 887-914.

Elliot J. Subject toAudit Opinions and Abnormal Security Returns: Outcomes and Ambiguities. *Journal of Accounting Research*, 1982(20): 617-638.

Enhanced Auditor's Report: Survey of First Year Experience in Singapore. 2017.

European Commission: Green Paper Audit Policy: Lessons from the Crisis. 2010.

Firth M. Qualified Audit Reports: Their Impact On Investment Decisions. *The Accounting Review*, 1978(3): 642-650.

FRC. Enhanced Auditors Reports: Review of First Year Experience in HongKong. 2017.

FRC. Extended Auditors Reports: A Further Review of Experiencer. 2016.

GAO. Performance and Accountability Report Fiscal Year 2017. www.gao.gov.

Geiger M. A. *Setting the Standard for the New Auditor's Report: An Analysis of Attempts to Influence the Auditing Standards Board*. Greenwich, Conn.: JAI Press, 1993.

GTAG. http://www.theIIA.org/.

Healy P. The Impact of Bonus Schemes on the Select of Accounting Principles. *Journal of Accounting and Economics*, 1985(1-3): 85-107.

IAASB. A Framework for Audit Quality: Key Elements That Create an Environment for Audit Quality, 2014.

IAASB. Question and Answer, 2016.

IAASB. Reporting on Audited Financial Statements: Proposed New and Revised International Standards on Auditing(ISAs), 2013.

International Auditing and Assurance StandardsBoard. Handbook of International Quality Control, Auditing, Review, Other Assurance and related Service pronouncements (2016-2017).

International Peer Review of the Performance and Financial Audit Practices of the United States Government Accountability Office, September(2017). source: www.gao.gov.

James A. Hall. *Information Technology Auditing*(4th Edition), Cengage Learning, 2015.

Jones F. TheInformation Content of the Auditor's Going Concern Evaluation. *Journal of Accounting and Public Policy*, 1996(1): 1-27.

Kirschenheiter M. Optimal Contracting, Accounting Standards, and Market Structures. *Contemporary Accounting Research*, 1999(2): 243-276.

Lin Z., Tang Q., Xiao J. An Experimental Study of Users' Responses to Qualified Audit Reports and Taxation in China. *Journal of International Accounting Auditing and Taxation*, 2003(12): 1-22.

Mohrman M. B. The Use of Fixed GAAP Provisions in Debt Contracts. *Accounting Horizons*, 1996(10): 78-91.

Natalia K., William F. M. Strategic Analysis and Auditor Risk Judgments. *Auditing: A Journal of Practice & Theory*, 2011(5): 33-46.

Stice J. D. Using Financial and Market Information to Identify Pre-Engagement Factors Associated with Lawsuits Against Auditors. *The Accounting Review*, 1991(3): 516-533.

Treadway Commission. Report of the National Commission on Fraudulent Public Reporting. AICPA, 1987.

Watts, Zimmerman. AgencyProblems, Auditing, and the Theory of the Firm: Some Evidence. *Journal of Law and Economics*, 1983(3): 613-633.

XRB, FMA. Key Audit Matters: A Stock Take of the First Year in New Zealand, 2017.

Zeff S. A. The Rise of Economic Consequences. *Journal of Accountancy*, 1978(6): 56-63.

教辅申请说明

北京大学出版社本着"教材优先、学术为本"的出版宗旨,竭诚为广大高等院校师生服务。为更有针对性地提供服务,请您按照以下步骤通过**微信**提交教辅申请,我们会在1~2个工作日内将配套教辅资料发送到您的邮箱。

◎ 扫描下方二维码,或直接微信搜索公众号"北京大学经管书苑",进行关注;

◎ 点击菜单栏"在线申请"—"教辅申请",出现如右下界面:

◎ 将表格上的信息填写准确、完整后,点击提交;

◎ 信息核对无误后,教辅资源会及时发送给您;如果填写有问题,工作人员会同您联系。

温馨提示: 如果您不使用微信,则可以通过以下联系方式(任选其一),将您的姓名、院校、邮箱及教材使用信息反馈给我们,工作人员会同您进一步联系。

联系方式:

北京大学出版社经济与管理图书事业部
通信地址:北京市海淀区成府路205号,100871
电子邮箱:em@pup.cn
电　　话:010-62767312 / 62757146
微　　信:北京大学经管书苑(pupembook)
网　　址:www.pup.cn